CENTRO DE DIREITO DO CONSUMO
FACULDADE DE DIREITO
UNIVERSIDADE DE COIMBRA

ESTUDOS DE DIREITO DO CONSUMIDOR

Publicação do Centro de Direito do Consumo

Director
ANTÓNIO PINTO MONTEIRO

N.º 2 — COIMBRA, 2000

Ficha Técnica

CENTRO DE DIREITO DO CONSUMO

Título: Estudos do Direito do Consumidor - N.º 2

Ano: 2000

Edição: Centro de Direito do Consumo

Director: António Pinto Monteiro

Correspondência: Centro de Direito do Consumo
　　　　　　　　 Faculdade de Direito da Universidade de Coimbra
　　　　　　　　 3004-545 Coimbra

Depósito Legal n.º 159774/00

ISBN 972-98463-1-6

Execução Gráfica: G.C. – Gráfica de Coimbra, Lda.

APRESENTAÇÃO

Em 1999 apresentámos os **Estudos de Direito do Consumidor**, *ao iniciarmos, com o nº 1, a série de publicações do* **Centro de Direito do Consumo** *(CDC) da Faculdade de Direito da Universidade de Coimbra.*
Como então prometemos, publicamos, em cada ano, doutrina, legislação e jurisprudência com relevo no vasto campo do direito do consumidor, sem esquecer o direito comunitário. Assim como damos sempre conta de aspectos da actividade do **Centro** *que se afiguram de maior relevo, seja no tocante a (novas) ligações entretanto estabelecidas (através de Protocolos, designadamente), seja relativamente ao* **Curso de Direito do Consumo**, *pela publicação de conferências nele proferidas e de trabalhos de estudantes do Curso.*

O nº 2 dos **Estudos,** *que agora se publica, cumpre, no que se refere ao ano 2000, tais objectivos e promessas. Continuamos a beneficiar do apoio do Instituto do Consumidor. E desejamos poder contribuir, com este volume, para o enriquecimento do* **direito do consumidor**.

Coimbra, Dezembro de 2000

António Joaquim de Matos Pinto Monteiro

O CDC — Centro de Direito do Consumo

O Centro de Direito do Consumo (CDC) da Faculdade de Direito da Universidade de Coimbra é um centro de documentação, investigação e ensino. Foi criado em Janeiro de 1998, por deliberação dos Conselhos Directivo e Científico da Faculdade. E constituiu-se como associação sem fins lucrativos em 26 de Fevereiro de 1998.

Entre os principais objectivos do Centro incluem-se a promoção e o desenvolvimento da investigação de nível universitário na área do direito do consumo, a organização do Curso de Direito do Consumo da Faculdade de Direito de Coimbra, a realização de congressos, colóquios, seminários ou outras actividades congéneres, a publicação de monografias, lições, textos de seminários e outros trabalhos de divulgação e investigação, assim como a consultadoria a instituições públicas e a outras organizações.

No âmbito da sua actividade o Centro dispõe de professores universitários, assistentes, investigadores e de profissionais na área do direito do consumidor.

O CDC desenvolve a sua actividade nas instalações da Faculdade de Direito. Além do seu próprio *staff*, o Centro conta com o apoio das estruturas e serviços da Faculdade.

Em 15 de Março de 1998 foi assinado, na Faculdade de Direito, um Protocolo entre o CDC e o Instituto do Consumidor, tendo o mesmo sido subscrito pelos Prof. Doutor Avelãs Nunes, Presidente do Conselho Directivo da Faculdade, e Prof. Doutor Pinto Monteiro, Presidente da Direcção do CDC, em nome do Centro, e pelos Dr. Lucas Estêvão, Presidente do Instituto do Consumidor, e Eng. José Sócrates, Ministro Adjunto do Primeiro-Ministro, que homologou o Protocolo. Este Protocolo tem a duração de 5 anos, podendo ser renovado por acordo das partes.

Em Março de 1998 foi subscrita uma carta de intenções com o Brasilcon — Instituto Brasileiro de Política e Direito do Consumidor, o Instituto Ibero-Americano de Direito do Consumidor e o Instituto Argentino de Derecho del Consumidor, tendo em vista a celebração de um protocolo entre o CDC e aquelas entidades.

Ainda no Brasil, o CDC acedeu a colaborar com a AMB — Associação de Magistrados Brasileiros, que tem enviado juizes para frequentar o curso do CDC.

Na Europa, e com o mesmo objectivo, foram já efectuados contactos com o Centre de Droit de la Consommation, de Louvain-la--Neuve, e com outros Centros de Direito do Consumo, designadamente de Montpellier, Genève e Roma.

Tem igualmente havido estreita colaboração com a DG XXIV, Política dos Consumidores, da Comissão Europeia.

Em Janeiro de 2000, foi celebrado um protocolo o CDC e a DECO.

Em Outubro de 2000, foi celebrado um protocolo entre o CDC e o Governo Regional da Madeira, bem como um protocolo entre o CDC e a AACCDC – Associação de Arbitragem de conflitos de Consumo do Distrito de Coimbra.

No ano de 2000 o CDC colaborou com o Centro de Estudos Judiciários na organização de um seminário na área do direito do consumo.

Órgãos estatutários

ASSEMBLEIA GERAL

> *Prof. Doutor Rui Moura Ramos* – Presidente da Mesa
> *Mestre Maria João Antunes* – Vice-Presidente
> *Mestre José Eduardo Figueiredo Dias* – Secretário

DIRECÇÃO

> *Prof. Doutor António Pinto Monteiro* – Presidente
> *Mestre Paulo Mota Pinto* – Vogal
> *Mestre Pedro Maia* – Vogal

SECRETÁRIO DO CDC

> *Mestre Carolina Cunha*

CONSELHO FISCAL

> *Prof. Doutor João Calvão da Silva* – Presidente
> *Mestre Luís Pedro Cunha* – Vogal
> *Mestre Paulo Henriques* – Vogal

Diário da República de 18 de Maio de 1998, III Série, p. 10686 (6)

CDC — CENTRO DE DIREITO DE CONSUMO

"Certifico que, por escritura de 26 de Fevereiro de 1998, lavrada a fl. 17 do livro n.º 48-H do 4.º Cartório Notarial de Coimbra, a cargo da licenciada Maria Dina de Freitas Alves Martins, notária do mesmo, foi constituída uma associação sem fins lucrativos com a denominação em epígrafe, abreviadamente designada por CDC, com sede em Coimbra, na Faculdade de Direito da Universidade de Coimbra, abreviadamente designada por FDUC.

A associação, cujo objectivo principal é a promoção e o desenvolvimento da investigação de nível universitário na área de direito do consumo, a organização do Curso de Direito do Consumo da Faculdade de Direito de Coimbra, bem como o desenvolvimento de acções no domínio da formação complementar profissional e de pós-graduação, a realização de congressos, colóquios, seminários ou outras actividades congéneres e o incentivo à participação dos seus associados e estudantes em iniciativas do mesmo tipo, em Portugal ou no estrangeiro, publicação de monografias, lições, textos de seminários e outros trabalhos de divulgação e investigação, consultadoria a instituições públicas e outras organizações ou organizações ou entidades, públicas ou privadas, no domínio do Direito do Consumo, concessão de bolsas de estudo ou subsídios de investigação, colaboração com outras entidades, públicas ou privadas, nacionais, estrangeiras ou comunitárias, em trabalhos, estudos ou acções para que seja solicitada ou de que tome a iniciativa, constituição e desenvolvimento de um centro de documentação, e a realização de outras acções, estudos ou iniciativas que contribuam para o desenvolvimento, em geral, do direito de consumo.

Podem ser associados do CDC a Universidade de Coimbra, através da sua Faculdade de Direito, os membros do corpo docente da FDUC, os docentes do curso de Direito do Consumo, os professores jubilados ou aposentados da FDUC, pessoas e entidades de reconhecido mérito na área do direito do consumo, sob proposta da direcção, bem como, nos mesmos termos, pessoas e entidades que hajam dado ao CDC contribuição especialmente relevante; são associados fundadores do CDC as pessoas que subscreveram os presentes estatutos, bem como aqueles que se inscreveram até à realização da primeira assembleia geral.

Perde-se a qualidade de associado: por desejo do próprio, uma vez comunicado por escrito à direcção; por falta de pagamento da quotização, nos termos a definir pela assembleia geral; por exclusão deliberada pela assembleia geral, após proposta fundamentada da direcção ou a requerimento de, pelo menos, um terço dos associados.

São causas de exclusão de um associado o desrespeito reiterado dos seus deveres para com a associação ou o não cumprimento injustificado das deliberações legalmente tomadas pelos órgãos do CDC; a adopção de uma conduta que contribua para o descrédito, desprestígio ou prejuízo do Centro.

A deliberação de exclusão de um associado só pode ser tomada se na reunião estiverem presentes, pelo menos, metade dos associados e se a proposta de exclusão for aprovada por dois terços dos votos expressos.

A sua duração é por tempo indeterminado.

Está, na parte respeitante, em conformidade com o original".

Curso de Direito do Consumo

O CDC organiza anualmente um Curso de Pós-Graduação em Direito do Consumo, encontrando-se a decorrer, no ano lectivo 2000--2001, o 3.º Curso. Podem candidatar-se os titulares de uma licenciatura em Direito ou em outras licenciaturas adequadas, bem como, excepcionalmente, pessoas cujo curriculum e experiência ou actividade profissional o justifiquem. As candidaturas devem ser apresentadas na Secretaria do CDC durante o mês de Setembro. O curso tem a duração de um ano lectivo e funciona à Sexta-feira à tarde e ao Sábado de manhã.

O elenco das disciplinas e módulos do curso é o seguinte:

DISCIPLINAS

- Direito dos Contratos
    - *Prof. Doutor António Pinto Monteiro*

- Direito Internacional e Comunitário do Consumo
    - *Prof. Doutor Moura Ramos*
    - *Prof. Doutor Thierry Bourgoignie*
    - *Mestre Mário Tenreiro*

- Direito da Publicidade
    - *Mestre Paulo Mota Pinto*

MÓDULOS

- Introdução ao Direito do consumidor
    - *Prof. Doutor António Pinto Monteiro*

- Direito Penal do Consumo
    - *Mestre Augusto Silva Dias*

- Direitos Fundamentais do Consumidor
    - *Prof. Doutor Vieira de Andrade*

- Responsabilidade por Informações
  - *Prof. Doutor Sinde Monteiro*

- Responsabilidade Civil do Produtor
  - *Prof. Doutor Calvão da Silva*

- Time-Sharing
  - *Prof. Doutor Henrique Mesquita*

- Garantias
  - *Prof. Doutor Ferreira de Almeida*

- Viagens Organizadas
  - *Prof. Doutor Sousa Ribeiro*

- O Endividamento dos Consumidores, Perspectiva sócio-económica
  - *Prof. Doutora Maria Manuel Leitão Marques*, com a colaboração do *Mestre Vítor Neves*

- Sistema organizatório de protecção do consumidor
  - *Prof. Doutora Maria da Glória Pinto Garcia*

- Protecção do Consumidor de serviços financeiros
  - *Mestre Almeno de Sá*

- Sinais Distintivos
  - *Mestre Nogueira Serens*

- Obrigação Geral de segurança
  - *Mestre Cassiano dos Santos*

- Meios processuais de defesa do consumidor
  - *Mestre Maria José Capelo*

Outras intervenções

CONFERÊNCIAS DE:

Dr. *Cunha Rodrigues,* Procurador Geral da República
Dr. *Pires de Lima,* Bastonário da Ordem dos Advogados
Prof. *Doutor Antunes Varela*
Prof. *Doutor Mário Júlio de Almeida Costa*
Prof. *Doutor Rui de Alarcão*
Prof. *Doutor Oliveira Ascensão*
Prof. *Doutor Menezes Cordeiro*
Prof. *Doutor Miguel Teixeira de Sousa*
Prof. *Doutor Bernd Stauder*
Prof. *Doutor Guido Alpa*
Dr. *Newton de Lucca*
Prof. *Doutor Gilles Paisant*
Prof. *Doutor Paulo Luiz Netto Lôbo*
Dr. *Joaquim Carrapiço,* Presidente do Instituto do Consumidor
Dr. *Manuel Tomé Soares Gomes*
Dr.ª *Manuela Flores*
Dr. *Christian Baldus*

DEBATES COM:

Instituto do Consumidor
Associações de defesa do consumidor

Protocolos

PROTOCOLO CELEBRADOS PELO CENTRO DE DIREITO DO CONSUMO NO ANO 2000 (*)

PROTOCOLO

ENTRE O CENTRO DE DIREITO DO CONSUMO – CDC

E A DELEGAÇÃO REGIONAL DE COIMBRA DA DECO, ASSOCIAÇÃO PORTUGUESA PARA A DEFESA. DO CONSUMIDOR

É celebrado o seguinte protocolo de colaboração.

Considerando que o CDC é uma associação ligada à Faculdade de Direito da Universidade de Coimbra, fundada por Professores e Assistentes desta Escola, os quais vêm desenvolvendo, em cooperação com entidade nacionais e estrangeiras, cursos, estudos e pareceres no âmbito do Direito do Consumo;

Considerando que a DECO é uma associação de âmbito nacional com estatuto de utilidade pública e representatividade genérica, já reconhecida como parceiro social;

Considerando que pela sua crescente importância social, económica e científica, é conveniente estabelecer laços de cooperação entre as diferentes entidades que se ocupam, seja a nível científico, seja a nível prático, das questões do consumo;

Considerando que, em geral, a cooperação entre as duas entidades pode ser mutuamente vantajosa para ambas as partes na prossecução dos seus fins específicos;

O Protocolo com o Instituto do Consumidor, celebrado no ano de 1998, encontra-se publicado no n.º 1 dos *Estudos de Direito do Consumidor*.

Decidem:

Art. 1.º – Qualquer das partes propõe-se considerar os estudos e acções que a outra deseje submeter à sua apreciação.

Art. 2.º – O CDC propõe-se considerar os convites de colaboração que lhe sejam dirigidos pela DECO em acções concretas que esta leve a cabo, designadamente para coordenação técnico-pedagógica dos cursos de curta duração no ambito do Direito do Consumo para jovens licenciados em Direito à procura do primeiro emprego, que a DECO venha a ministrar, designando para essa função de coordenação o Dr. Pedro Maia, membro da direcção do CDC.

Art. 3.º – A DECO – Delegação Regional de Coimbra propõe-se cooperar com o CDC no âmbito próprio da sua actividade, designadamente fornecendo informação respeitante à aplicação prática do direito do consumo e a queixas e problemas apresentados pelos consumidores.

Coimbra, 26 de Janeiro de 2000

O Presidente
do Conselho Directivo da FDUC

O Presidente
da Direcção do CDC

(Prof. Doutor António José
Avelãs Nunes)

(Prof. Doutor António
Pinto Monteiro)

O Presidente da Direcção
da Delegação da DECO
de Coimbra

O Presidente
da Direcção da DECO

(José da Silva Nunes)

(Dr. João Diogo Nabais
dos Santos)

PROTOCOLO

ENTRE A SECRETARIA REGIONAL DOS RECURSOS HUMANOS DO GOVERNO REGIONAL DA MADEIRA E O CENTRO DE DIREITO DO CONSUMO DA FACULDÀDE DE DIREITO DA UNIVERSIDADE DE COIMBRA.

A Constituição da República Portuguesa consagra formalmente os direitos dos consumidores e, por sua vez, a Lei de Defesa do Consumidor, a Lei n.º 24/96, de 31 de Julho, atribui ao Estado, às Regiões Autónomas e às Autarquias Locais o dever de proteger o consumidor.

A informação, a educação e a formação dos consumidores constituem assim, tarefas inalienáveis das entidades governamentais, cabendo-lhes um papel decisivo com vista a permitir aos indivíduos adquirir os ensinamentos, os modos de pensar e os conhecimentos práticos que lhes permitam actuar como consumidores activos, responsáveis e conscientes dos seus direitos e deveres.

A Secretaria Regional dos Recursos Humanos é a entidade a quem, na Região Autónoma da Madeira, estão atribuídas as competências em matéria de defesa dos direitos dos consumidores, razão pela qual implementou, em Março de 1999, o Serviço de Defesa do Consumidor.

A este Serviço incumbe essencialmente a informação, a formação, e a educação dos consumidores, o tratamento e o encaminhamento dos pedidos de informação e de reclamações dos consumidores, assim como a mediação e conciliação dos litígios na área do consumo. Compete-lhe ainda a dinamização e o apoio à criação de centros de arbitragem de conflitos de consumo, o incentivo à criação de estruturas descentralizadas de apoio aos consumidores e o fomento de organizações de consumidores.

A Faculdade de Direito da Universidade de Coimbra, através do seu Centro de Direito de Consumo tem sido, no país, uma entidade com um papel de vanguarda no que respeita à investigação e à formação superior nesta vertente do Direito.

Revela-se, por isso, de interesse mútuo, o estabelecimento de formas de cooperação entre as duas entidades, de modo a que o trabalho a desenvolver na Região Autónoma da Madeira, no âmbito da Defesa do Consumidor, possa ser enriquecido com a experiência e os conhecimentos do Centro de Direito do Consumo da Universidade de Coimbra

Assim, as duas partes, acordam no seguinte:

Aos quatro dias do mês de Outubro de 2000, na cidade do Funchal, entre a Secretaria Regional dos Recursos Humanos do Governo Regional da Madeira (SRRH) e o Centro de Direito do Consumo da Faculdade de Direito da Universidade de Coimbra (CDC), estabelecem um protocolo nos seguintes termos:

I

1. As duas partes cooperarão entre si em todos os domínios relacionados com a problemática do Direito dos Consumo, realizando acções e projectos no domínio da Defesa do Consumidor, como sejam:

   a) Intercâmbios de informação técnica e científica, designadamente publicações e outro material editados pelas partes;
   b) Realização de acções de formação, seminários ou outros eventos sobre a problemática da Defesa do Consumidor;
   c) Acesso a bases de dados sobre o consumo e disponibilização de toda a informação útil de que as partes disponham;
   d) Apoio a estudos e/ou trabalhos de investigação bem como planos de formação nesta área, que venham a ser realizados pelas partes.

2 – Os encargos financeiros decorrentes dos projectos e acções acordados serão suportados pela parte Beneficiária ou, conforme acordo específico, assumido entre as partes.

II

Nos termos da cooperasão estabelecida ao nível da formação, é acordada a realização de um Curso de Pós-Graduação em Direito do

Consumo, para o ano lectivo de 2000-2001, na Região Autónoma da Madeira, o qual se regerá pelos parâmetros seguintes:

1 – A organização técnica, científica e pedagógica da Pós-Graduação será assumida pelo Centro de Estudos de Direito do Consumo.
2 – A Secretaria Regional dos Recursos Humanos assegurará a organização administrativa e logística da acção e coordenará o seu desenvolvimento nas fases em que o mesmo decorrer na Região Autónoma.
3 – Os encargos financeiros serão suportados pela Secretaria Regional dos Recursos Humanos e pelos formandos, de acordo com o que vier a ser convencionado.

III

O presente Protocolo vigorará pelo prazo de um ano, a partir da data da sua assinatura, renovando-se automática e sucessivamente, por idêntico período, salvo se qualquer das partes decidir a sua denúncia com, pelo menos, 30 dias de antecedência relativamente ao seu termo.

Funchal, 04 de Outubro de 2000

O Secretário Regional dos Recursos Humanos

(Dr. Eduardo Antonio Brazão de Castro)

O Presidente do Centro de Direito do Consumo
da Faculdade de Direito da Universidade de Coimbra

(Prof. Dr. António Pinto Monteiro)

O Presidente do Conselho Directivo
da Faculdade de Direito da Universidade de Coimbra

(Prof. Dr. Manuel Lopes Porto)

PROTOCOLO DE COOPERAÇÃO

ENTRE:

A **A.A.C.C.D.C. – ASSOCIAÇÃO DE ARBITRAGEM DE CONFLITOS DE CONSUMO DO DISTRITO DE COIMBRA**, que gere e suporta o Centro de Arbitragem de Conflitos de Consumo do Distrito de Coimbra, representada pelo Presidente do Conselho de Administração, Dr. António José Gomes Teles Grilo

e

O **C.D.C. – CENTRO DE DIREITO DO CONSUMO, DA FACULDADE DE DIREITO DA UNIVERSIDADE DE COIMBRA**, representado pelo Presidente da Direcção, Prof. Doutor António Pinto Monteiro

É celebrado o seguinte Protocolo de Cooperação.

Considerando que:

O Centro de Arbitragem de Conflitos de Consumo do Distrito de Coimbra, criado pela Associação de Arbitragem de Conflitos de Consumo do Distrito de Coimbra, tem por fim resolver, segundo as regras da Arbitragem Voluntária, os litígios de consumo de natureza civil, que ocorram no Distrito de Coimbra;

O Centro de Direito de Consumo é uma associação ligada à Faculdade de Direito da Universidade de Coimbra, fundada por professores e assistentes desta Escola, os quais vêm desenvolvendo, em colaboração com entidades nacionais e comunitárias e centros de investigação congéneres, estudos e pareceres no ambito do Direito do Consumo;

É vantajosa para ambas as entidades a cooperação e a troca de experiências no domínio da defesa do consumidor:

CLÁUSULA 1.ª

O Centro de Direito do Consumo colaborará com o Centro de Arbitragem de Conflitos de Consumo do Distrito de Coimbra, considerando prioritariamente os convites relativos a acções concretas ou a consultas relativas a problemas jurídicos na área do Direito do Consumo.

CLÁUSULA 2.ª

A Associação de Arbitragem de Conflitos de Consumo do Distrito de Coimbra através do Centro de Arbitragem de Conflitos de Consumo do Distrito de Coimbra, propõe-se colaborar com o Centro de Direito do Consumo, nomeadamente, através da disponibilização de informação, de carácter técnico ou científico, relativa aos problemas da aplicação prática do Direito do Consumo.

CLÁUSULA 3.ª

As condições, regras e contraprestações das acções referidas nas cláusulas anteriores serão objecto de acordos específicos, para cada caso, conforme o que as partes entenderem mais adequado, na sequência de consulta entre os representantes de ambas as partes signatárias.

CLÁUSULA 4.ª

O presente protocolo tem a duração de cinco anos a contar da sua assinatura, podendo ser renovado por acordo das partes.

Coimbra, 10 de Outubro de 2000

Pela
ASSOCIAÇÃO DE ARBITRAGEM DE CONFLITOS
DE CONSUMO DO DISTRITO DE COIMBRA

Dr. António José Gomes Teles Grilo

Pelo
CENTRO DE DIRETO DO CONSUMO

Prof Doutor António Pinto Monteiro

Pela
FACULDADE DE DIREITO DA UNIVERSIDADE DE COIMBRA

Prof. Doutor Manuel Lopes Porto

Sessão de Abertura do 2.º Curso de Pós-Graduação em Direito do Consumo

DISCURSO NA SESSÃO DE ABERTURA DO 2.º CURSO DE DIREITO DO CONSUMO ANO LECTIVO 1999/2000 (*)

António Pinto Monteiro
*Professor da Faculdade de Direito
da Universidade de Coimbra*

1. É com o maior prazer que saúdo e agradeço a presença de V^{as}. Exc^{as}, que muito nos honra e sensibiliza, dirigindo a todos palavras de boas vindas.

Faço-o em meu nome pessoal, mas também em nome do Centro de Direito do Consumo, que escreve hoje mais uma página da sua história com o *início* do 2.º Curso de pós-graduação em Direito do Consumidor, ao mesmo tempo que nesta cerimónia se *consagram* os alunos do 1.º Curso, premiando o seu esforço, dedicação e saber, através da atribuição do respectivo certificado.

2. Tem esta cerimónia, pois, um duplo significado e alcance, *festejando* aqueles que, com êxito, prestaram já as suas provas, e *acolhendo*, com esperança, todos quantos iniciam hoje o seu percurso.

Os primeiros chegaram há um ano. Em número elevado. Foram 96 os alunos que se inscreveram no 1.º Curso; e são 54 os que irão hoje receber o certificado.

Para eles uma palavra de muito apreço; e de merecidos parabéns. São eles as «*pedras vivas*» desta obra que vamos construindo!

---

* Na Faculdade de Direito da Universidade de Coimbra, em 12 de Novembro de 1999, na qualidade de Presidente da Direcção do CDC e Responsável Científico do Curso.

Uma palavra de muito apreço e reconhecimento é também devida aos Colegas do Curso, pela sua permanente dedicação e competência. E ainda pelo esforço que fizeram para que os exames fossem concluídos a tempo de os certificados poderem ser entregues hoje, nesta cerimónia.

Incluo neste agradecimento a Drª Ana Rosete, a Milú e o Costa, que deram execução, num espaço de tempo muito reduzido, às tarefas indispensáveis à preparação deste evento.

E permitam-me que dirija também uma palavra de reconhecimento aos meus Colegas de Direcção, Drs. Paulo Mota Pinto e Pedro Maia, pela sua importante contribuição para esta cerimónia e para o arranque do novo ano lectivo. A este propósito, o Dr. Pedro Maia pode bem dar conta da muita paciência que é necessário ter para organizar o horário das aulas e conferências e *compatibilizar* as «*incompatibilidades*» dos Colegas – «incompatibilidades» com o calendário, entenda-se!

3. Este 2.º Curso que hoje começa conta com já 52 novos alunos inscritos, a que acrescem alguns que vêm do ano passado e outros cujo processo não está ainda totalmente regularizado.

Mantém-se a nossa colaboração com o Instituto do Consumidor, no âmbito do Protocolo que subscrevemos.

Mantém-se, igualmente, o nosso relacionamento com a AMB – Associação de Magistrados Brasileiros, que este ano enviou para o Curso de Direito do Consumo dois alunos, a Drª Adalgisa Baldotto Emery e o Dr. Júlio César Costa Oliveira, ambos juízes no Rio de Janeiro. Refira-se, a propósito, que teremos outra aluna brasileira, a Drª Daniela Moura Ferreira, advogada em São Paulo.

Mantêm-se as ligações que vimos estabelecendo com a Comissão Europeia, com o «Centre de Droit de la Consommation» da Universidade de Louvain-la-Neuve e com outras instituições europeias e brasileiras semelhantes.

Mantém-se e intensificou-se mesmo a colaboração de vultos destacados do direito do consumo europeu no nosso Curso, pois além da participação do Prof. Thierry Bourgoignie, que vem já do Curso anterior, contamos também, no presente ano lectivo, com o Prof. Guido Alpa, da Universidade "La Sapienza", de Roma, e com o Prof. Bernd Stauder, da Universidade de Genève.

E mantém-se – convém sublinhá-lo – a nossa firme disposição de contribuir para o estudo do *direito do consumidor*, para o esclarecimento dos problemas que neste domínio se colocam, na certeza de que é a Universidade a sede *mais adequada* para que essa investigação, estudo e reflexão sejam feitas.

A Universidade de Coimbra, Magnífico Reitor, pode a este propósito orgulhar-se da obra que vem sendo feita no seu seio – e a Faculdade de Direito, Senhor Presidente do Conselho Directivo, pode reclamar para si parte importante desses louros. A vossa presença nesta cerimónia é também significativa da importância que atribuem ao nosso trabalho – muito obrigado por continuarem a confiar em nós.

4. Senhor Secretário de Estado Acácio Barreiros, dirijo-me agora especialmente a V. Exc.ª, neste que será, creio, um dos primeiros actos públicos em que participa. Agradeço-lhe a sua presença, que interpreto como sinal de apoio ao nosso Curso e ao nosso Centro, na linha da colaboração que sempre mantivemos com o Senhor Ministro José Sócrates, anterior titular da pasta da defesa do consumidor.

Pode V. Exc.ª contar connosco. O Centro de Direito do Consumo tem como fins principais, entre outros, a *investigação* de nível universitário na área do direito do consumidor e a organização do *Curso de pós-graduação*.

O Curso foi uma experiência *pioneira* em universidades portuguesas. E foi uma aposta ganha! Temos esperança de que no próximo ano diremos o mesmo relativamente ao Curso que hoje inicia a sua caminhada!

Quanto à *investigação* na área do direito do consumidor, ela vai sendo feita e em breve daremos testemunho público disso, com a primeira publicação deste Centro.

Senhor Secretário de Estado, estamos abertos, como sempre, dentro das nossas limitações e possibilidades, a colaborar convosco no estudo dos problemas do consumidor e nas medidas juridicamente adequadas à sua protecção. A presença de V. Exc.ª nesta cerimónia, que muito nos honra, será, com certeza, o primeiro passo, indiciador de que confia em nós e que poderemos manter esse bom relacionamento.

5. Senhor Bastonário da Ordem dos Advogados, é a V. Exc^a que me dirijo agora a fim de lhe agradecer, uma vez mais, ter aceitado o nosso convite para proferir a conferência inaugural no 2.º Curso de Direito do Consumo.

Sei das especiais dificuldades que a sua presença aqui lhe causa, pelos compromissos que tem ainda hoje em Lisboa. E sensibiliza-me a prontidão com que, apesar disso, V. Exc^a se disponibilizou a participar nesta cerimónia – o que muito nos honra —, assumindo o encargo de proferir a 1ª Lição no Curso do presente ano lectivo. Muito obrigado, Senhor Dr. Pires de Lima. E atrevo-me a pedir-lhe, desde já, o texto da sua intervenção para o publicamos na Revista deste Centro.

6. Uma última palavra para os estudantes do Curso. São eles, afinal, a razão de ser desta cerimónia.

A uns, apresento felicitações renovadas; aos outros, desejo boa sorte no Curso que vão iniciar. A todos lembro que este Centro continua a ser, ou passa a ser, também uma *Casa* vossa, que compartilharão sempre connosco!

Muito obrigado por terem vindo.

DISCURSO NA SESSÃO DE ABERTURA DO 2.º CURSO DE DIREITO DO CONSUMO ANO LECTIVO 1999/2000

A. Pires de Lima
Bastonário da Ordem dos Advogados

1. A Constituição, no N.º 1 do Artigo 60.º, diz que:

"os consumidores têm direito à qualidade dos bens e serviços consumidos, à formação e à informação, à protecção da saúde, da segurança e dos seus interesses económicos, bem como a reparação de danos."

Todos consumimos:

E, por isso, eu arriscaria afirmar, perante aquela disposição, que a qualidade de consumidor pertence a toda e qualquer pessoa jurídica, física ou colectiva.

Esta conclusão, "economicamente correcta" não tem consagração legal.

2. O artigo 2.º da Lei 24/96 de 31 de Julho define como consumidor todo aquele a quem sejam fornecidos bens, prestados serviços ou transmitidos direitos, destinados a uso não profissional, por pessoa que exerça, com carácter profissional uma actividade económica que vise a obtenção de benefícios.

Quer isto dizer que não são consumidores os que adquirem para uso profissional?

Que não é acto de consumo a aquisição a quem não faz do comércio, da venda, actividade profissional?

3. A existência de um consumidor pressupõe, as mais das vezes, a de um produtor-fornecedor.

O Legislador – penso que bem – não se preocupou com os problemas inerentes ao auto consumo, – aos casos em que a pessoa do consumidor coincide com a pessoa do produtor. E digo que concordo com essa "despreocupação" porque é legítimo que cada um disponha de si próprio e do que lhe pertence.

As limitações e até "disponibilidades" a este direito ocorrem quando e nas relações com terceiros, não têm de verificar-se no âmbito das relações internas sem carácter económico.

Mas ponho dúvidas quanto à razoabilidade da restrição que o Artigo 2.º da Lei 24/96 faz relativamente aos direitos consagrados no Artigo 60.º da Constituição.

Se percorrermos as obrigações dos vendedores e os direitos dos compradores, ou melhor dito, as obrigações que impendem sobre as partes que intervêm num contrato, concluiremos que toda a operação que tem em vista o consumo está condicionada a regras comuns que constituem (ou pretendem assegurar) a sua respeitabilidade.

A título de exemplo (não estamos numa aula, mas num acto informativo), o Artigo 227.º do C. Civil que impõe a prática das regras da boa-fé a quem negoceia.

A boa-fé não é um saco sem fundo.

Deve considerar-se que a sua consolidação – e limitação – coincide, as mais das vezes, com os principios éticos:

E estes, para uns, ao contrário do que se propala, não são elásticos e indefinidos.

Desculpem-me a divagação.

4. O que eu pretendo justificar é a afirmação de que os princípios enunciados no Artigo 3.º da Lei 24/96 vigoram para todos os que consomem ou gastam:

seja esse consumo um acto profissional,
seja uma mera acção privada.

Diz o Artigo 3.º que o consumidor tem direito:

a) – à qualidade dos bens e serviços;
b) – à protecção da saúde e de segurança física;
c) – à formação e à educação para o consumo;
d) – à informação para o consumo;
e) – à protecção dos interesses económicos;
f) – à prevenção e à reparação dos danos patrimoniais ou não patrimoniais que resultem da ofensa de interesses ou direitos individuais homogéneos, colectivos ou difusos;
g) – à protecção jurídica e a uma justiça acessível e pronta;
h) – à participação, por via representativa na definição legal ou administrativa dos seus dirietos e interesses.

Tenho de reconhecer que o Legislador quis que alguns destes princípios fossem objecto de um tratamento específico, ou melhorado, quando o consumidor não destine os bens para uma actividade profissional própria. Isto é, quando o consumidor se enquadra na definição do Artigo 2.º já antes citado.

(É o caso da incumbência que o Estado assumiu de inserir em programas e actividades escolares, a promoção de uma política educativa dos consumidores.) (N.º 1 do Artigo 6.º da Lei 24/96).

Mas este reconhecimento que faço é tão real quanto a irrealidade do cumprimento de promessas por parte do Estado.

5. Que tem isto a ver com o Advogado?

O Advogado, enquanto não está no exercício da sua profissão, é um consumidor.

E, quando no exercício da profissão é um prestador de serviços.

(Eu não posso deixar de vos confessar a minha atracção e preferência pela advocacia tradicional, que presta serviços de acordo com a sua consciência a quem o procura por razões de confiança - quero dizer: também acredito nos grandes grupos de Advogados que em função da complexidade de certos negócios formulem estudos e soluções anónimas, ou incolores, com grande elevação e proficiência).

O que se me solicitou, para esta intervenção, foi que emitisse uma opinião sobre a relação do Advogado - como profissional - perante o consumidor.

Permitam-me que refira apenas dois aspectos:

– a qualidade.
– a informação e a representação forense.

(E prometo ser sucinto, tanto quanto é certo que não quero abusar da paciência de quem me convidou e que me ouve).

6. A qualidade do Serviço Jurídico.

Desenha-se em França – que eu saiba, ainda só em França – um movimento no sentido de instituir um sistema de certificação de qualidade dos escritórios de Advogados.

Em função da demora no atendimento do tempo de resposta, dos registos de documentação, etc.

Recebi, há dias, a notícia da institucionalização dessa prática.

Não se estranhará que, dentro em pouco, a O.A. tenha o seu nome ligado a uma convenção de Jovens Advogados que se propõe estudar aquele tema.

Divulguei esses documentos.

É necessário que se conheçam – se estudem e se critiquem (construtivamente) –.

Não me incumbe travar iniciativas: mas há temas em que não tenho de tomar a dianteira, mas incentivar que outros – mais jovens, mais preparados e com mais fôlego – possam avançar, contando com a disponibilidade da O.A. – ou até, das suas sugestões.

Mas a par deste movimento, também há quem pense que a O.A. deveria preocupar-se com a qualidade do ensino universitário, chegando mesmo a propôr-se que intervenha na fiscalização do cumprimento das obrigações de ensino por parte das Universidades.

Não tenho a menor duvida em afirmar o empenhamento da O.A. na qualidade do Ensino Universitário.

Não fosse esse empenhamento e, provavelmente, ainda não teria arrancado a fiscalização do ensino público e privado do Direito.

Daí a entrar na verificação do cumprimento das obrigações de ensino que recaiem sobre as escolas ... vai uma larga distância.

Não tardaria, e a O.A. estaria a pedir explicações sobre a forma como se ensina – o que se ensina e o que se omite – nas escolas secundárias ou até nas primárias.

Estamos em crer que as Universidades se assumirão o papel de auto ou/e recíproco Controle, em prol do sue bom nome.

A qualidade do Serviço Jurídico do consumidor depende da preparação dos que o prestam.

Hoje, como antes – mas agora com mais notariedade – a qualidade do serviço é um requisito essencial, até porque, para além do seu conteúdo, se prende com a rapidez da pretensão.

7. A Informação.

Não me refiro à informação económica para o consumo.

Aludo à informação jurídica.

A consulta jurídica, como o patrocínio, são actos de advocacia, próprios da profissão e exclusivos desta (Artigo 53.º E.A.O.).

É sabido que prolifera a prática da consulta por quem não está habilitado à sua prestação.

Não faço um apelo contra a procuradoria ilícita para defesa dos Advogados.

Mas apelo – isso sim – à consciência dos consumidores e das suas associações, para a necessidade imperiosa de se orientarem *para a utilização de serviços de quem esteja legalmente habilitado à sua prestação e possa ser responsabilizado pelas orientações ou opiniões que emita.*

A luta contra a procuradoria ilícita não é um combate que se imponha aos Advogados e Solicitadores em defesa de suas profissões, mas nas dos consumidores.

Corro o risco de ir além do que se me pede como Bastonário e, por isso, não vou arriscar uma afirmação, mas tão só formular uma pergunta:

Não será tempo de pensar que qualquer empresa só pode prestar informação jurídica desde que esta seja da autoria de profissional autorizado?

Outra questão é a da possibilidade de Informação:

Quantas leis temos sobre o consumo?

Quantas especificidades, peculiariedades, às situações de excepção?

Com que rapidez se está mudando de critérios, de orientação?

O volume de legislação dispersa sobre o consumo tornou incontrolável o conhecimento destas matérias.

Não só para o consumidor. Não só para o intérprete – o Advogado.

Até também para a fiscalização.

É urgente – e absolutamente essêncial – que a legislação sobre consumo seja objecto não só de codificação (o que pressupõe sistematização compreensível), mas de "higienização".

8. E, neste particular, concluo com um desafio:

Não seremos nós – todos nós – os consumidores das normativas produzidas pelo poder legislativo?

Será ainda necessário maior descontrole, mais demonstrações de incompetência, novas comprovações do mais completo desconhecimento da língua portuguesa *para que nós, consumidores,* reclamemos do Legislador que se imponha a si próprio o respeito pela qualidade, pela segurança, pela formação, pela informação, pela protecção, enfim, por todos estes princípios enunciados no Artigo 3.º da Lei 24/96 e que se recusa a praticar?

Perdoem-me estas divagações.

Obrigado pela vossa atenção.

Doutrina

A PROTECÇÃO DO CONSUMIDOR NO QUADRO DA DIRECTIVA SOBRE O COMÉRCIO ELECTRÓNICO

Alexandre L. Dias Pereira
Assistente da Faculdade de Direito
da Universidade de Coimbra

Sumário

Introdução. §I. Sociedade da informação e economia digital. §II. Comércio electrónico: caracterização geral e leque de questões jurídicas. §III. O novo Direito Electrónico: directivas comunitárias e medidas nacionais. §IV. Serviços da sociedade da informação: noção e modalidades. §V. O conceito (caleidoscópico) de consumidor. §VI. Sequência. §VII. O princípio do país de origem e o nível de protecção dos consumidores. §VIII. Contratos por correio electrónico e a (des)protecção do consumidor. §IX. Publicidade por correio electrónico (*marketing* directo). §X. Contratos à distância. §XI. Contratos de Adesão na Internet. §XII. Responsabilidade do produtor de *software*. Bibliografia

Este trabalho versa sobre a problemática da protecção do consumidor no quadro da Directiva sobre o comércio electrónico. Trata-se de uma dimensão jurídica importante da sociedade da informação e da economia digital, uma vez que da confiança jurídica dos consumidores na comercialização à distância por via electrónica dependerá, em larga medida, o crescimento da utilização deste novo meio de comunicação no plano das relações económicas. Neste sentido, assiste-se à formação de um quadro jurídico complexo, sobretudo de fonte comunitária, sendo de destacar o acervo de Directivas já apro-

vadas no domínio das comunicações electrónicas, a que se juntam outras medidas ainda em discussão; no plano interno, sucedem-se as iniciativas jurídico-políticas (Iniciativa Nacional do Comércio Electrónico, Iniciativa Internet – Portugal Digital), ao mesmo tempo que se vai desenhando, ainda que fragmentariamente, o leque de soluções jurídico-legais do direito electrónico.

Assim, interessa fazer uma breve caracterização do comércio electrónico e apontar as suas modalidades principais. Seguidamente, analisar a noção jurídica de serviços da sociedade da informação, na qual se baseia o comércio electrónico, procurando apresentar um catálogo de exemplos das actividades económicas abrangidas por estes serviços. Por outro lado, revisitaremos o problema do conceito caleidoscópico de consumidor, sendo de referir que a Directiva comunitária acrescenta mais uma definição legal de consumidor às já existentes quer no direito comunitário quer no direito interno.

A Directiva sobre o comércio elctrónico prossegue o objectivo de um "alto nível de protecção dos consumidores" em ordem a criar um ambiente jurídico favorável ao seu florescimento. Todavia, para além das Directivas sobre contratos à distância, cláusulas abusivas e acções inibitórias, não é certo qual o papel do restante acervo comunitário do direito dos consumidores, nomeadamente não é claro como intervirá o direito publicitário e a responsabilidade do produtor no domínio dos bens informacionais (em especial, dos programas de computador). Além disso, certas medidas da Directiva sobre o comércio electrónico parecem não atender àquele objectivo principal, nomeadamente quando se trata de contratos negociados e celebrados exclusivamente por meio de correio electrónico. Um outro aspecto de alcance mais geral e que também é aqui tratado diz respeito à alegada redução do nível de protecção dos consumidores a praticar pelos Estados-membros em virtude do alcance do princípio do país de origem.

1. A construção da Sociedade da Informação surge como uma missão política prioritária neste limiar de milénio [1]. Ao mesmo tempo

---

[1] Veja-se, a nível europeu, *A Europa e a Sociedade da Informação*, Recomendação do Grupo de Alto Nível sobre a Sociedade da Informação ao Conselho

afirma-se a emergência da economia digital [2], em virtude da "informatização da sociedade e da economia" operada pela "revolução" das tecnologias da informação e da comunicação [3].

O crescimento exponencial do ambiente digital das redes abertas como a Internet tornou possível o comércio electrónico à escala global, generalizando os problemas com que se debatia o EDI (*Electronic Data Interchange*). Em vista disso, desenvolveram-se esforços internacionais e nacionais no sentido de promover o comércio electrónico, por via da remoção dos obstáculos jurídicos [4]. Estes desenvolvimentos

---

Europeu de Corfu, Relatório Bangemann, 26.V.1994. O *nomen* "Sociedade da Informação" ter-se-á afirmado no Livro Branco da Comissão *Crescimento, Competitividade, Emprego — os desafios e as pistas para entrar no sec. XXI*, Luxemburo, 1994, p. 113 ss. Por outro lado, a Comissão tem apresentado, em diversos domínios, vários documentos em torno da divisa Sociedade da Informação. Veja-se, *inter alia*: Plano de Acção da Comissão *A Via Europeia para a Sociedade da Informação — plano de acção*, COM(94) 347 final, 19.07.1994; Livro Branco da Comissão *Aprender na Sociedade da Informação — Plano de acção para uma iniciativa europeia no domínio da educação*, COM(96) 471, 02.10.1996; Livro Verde *Viver e trabalhar na Sociedade da Informação: prioridade à dimensão humana*, COM(96) 389, 22.07.1996; Comunicação da Comissão ao Conselho e ao Parlamento Europeu *A Normalização e a Sociedade Global da Informação: a abordagem europeia*, COM(96) 359 final, 24.07.1996; Comunicação da Comissão *As Implicações da Sociedade da Informação nas Políticas da União Europeia — preparação das próximas etapas*, COM(96) 395, 24.07.1996; Comunicação da Comissão ao Conselho, ao Parlamento Europeu, ao Comité Económico e Social e ao Comité das Regiões sobre *A Sociedade da Informação: de Corfu a Dublin — as novas prioridades emergentes*, COM(96) 395, 24.0.1996; Comunicação da Comissão *Conteúdo Ilegal e Lesivo na Internet*, COM(96) 487 final, 16.10.1996; Comunicação da Comissão, *A Europa na vanguarda da Sociedade da Informação: Plano de Acção Evolutivo*, COM(94) 347, 19.07.1994.

[2] *The Emerging Digital Economy*, US Department of Commerce, Secretariat on Electronic Commerce, 1998.

[3] Cfr. Forester, *The Information Technology Revolution*, Oxford, 1990. Sobre esta problemática veja-se, por exemplo: Katsch, *Law in a Digital World*, New York//Oxford, 1995; Idem, *The Electronic Media and the Transformation of Law*, New York/Oxford, 1989; Negroponte, *Being Digital*, New York, 1995; Tapscott, *Economia Digital*, São Paulo, 1997; Tinnefeld/Phillips/Heil (Hrsg.), *Informationsgesellschaft und Rechtskultur in Europa*, Baden-Baden, 1995.

[4] Para um quadro geral de problemas do comércio electrónico, com especial ênfase na problemática da protecção dos consumidores, poderá ver-se também o nosso

legais apoiaram-se no quadro de segurança tecnológica oferecido pelas tecnologias robustas. Trata-se das tecnologias de cifragem e de estenografia na produção de assinaturas digitais e envelopes criptográficos, com função de autenticidade, integridade e confidencialidade dos dados electronicamente transmitidos. Com efeito, as redes electrónicas abertas, como a Internet, estão cada vez mais a ser utilizadas na nossa sociedade como plataforma para a comunicação, indicando todas as previsões que "o comércio electrónico será um dos principais motores da sociedade global da informação. [...] Para aproveitar devidamente as oportunidades comerciais oferecidas pelas comunicações electrónicas através de redes abertas, há que estabelecer um ambiente mais seguro. As tecnologias criptográficas são amplamente reconhecidas como ferramentas essenciais para a segurança e a confiança nas redes abertas. Duas importantes aplicações de criptografia são as assinaturas e a cifragem"[5].

Por outro lado, a expansão da Internet como infra-estrutura global do comércio electrónico resulta do processo de convergência tecnológica das telecomunicações, do audiovisual e da informática. Insere-se também no quadro de liberalização dos mercados das telecomunicações e das tecnologias da informação. A eliminação dos estrangulamentos de capacidade de processamento e transmissão de dados, e a garantia da interoperabilidade num ambiente concorrencial surgem aqui como dois imperativos de ordem tecnológica[6].

Comércio Electrónico na Sociedade da Informação: Da Segurança Técnica à Segurança Jurídica, Coimbra: Almedina, 1999, em que nos basearemos em alguns passos deste trabalho.

[5] *Garantir a segurança e a confiança nas comunicações electrónicas – contribuição para a definição de um quadro europeu para as assinaturas digitais e a cifragem*, Comunicação da Comissão ao Conselho, ao Parlamento Europeu, ao Comité Económico e Social e ao Comité das Regiões, COM(97) 503 final, 08.10.1997. Para mais desenvolvimentos sobre as "tecnologias robustas" veja-se, por exemplo, o *Guide To Enactment Of The Uncitral Model Law On Electronic Commerce*, 1996.

[6] Cfr. *Convergência dos sectores das telecomunicações, dos meios de comunicação social e das tecnologias da informação e às suas implicações na regulamentação – para uma abordagem centrada na Sociedade da Informação, Livro Verde da Comissão*, COM(97) 623 final.

2. Definir o comércio electrónico é tarefa difícil e complexa. Não há consenso quanto a uma noção unitária desta realidade em virtude da variedade de actividades que pode abranger. Todavia, em termos gerais e puramente para efeitos expositivos, podemos caracterizar o comércio electrónico como a negociação realizada à distância por via electrónica, isto é, através do processamento e transmissão electrónicos de dados, incluindo texto, som e imagem. Dentro das diversas actividades que abrange são de destacar o comércio electrónico de bens e serviços, a entrega em linha de conteúdo digital multimedia, as transferências financeiras electrónicas, o comércio electrónico de acções, conhecimentos de embarque electrónicos, leilões comerciais, concepção e engenharia em cooperação, pesquisa em linha das melhores fontes para aquisições (*sourcing*), contratos públicos, comercialização directa ao consumidor e serviços pós-venda.

Depois, distinguem-se fundamentalmente duas modalidades de comércio electrónico. Por um lado, o comércio electrónico *indirecto*, ou seja, a encomenda electrónica de bens, que têm de ser entregues fisicamente por meio dos canais tradicionais como os serviços postais ou os serviços privados de correio expresso. Por outro lado, o comércio electrónico *directo*, que consiste na encomenda, pagamento e entrega directa (em linha) de bens incorpóreos, como programas de computador, conteúdos de diversão ou serviços de informação. O comércio electrónico indirecto está dependente de vários factores externos, como a eficácia do sistema de transportes. Pelo contrário, o comércio electrónico directo explora todo o potencial dos mercados electrónicos mundiais, uma vez que permite transacções electrónicas sem descontinuidades à escala global, isto é, sem fronteiras geográficas.[7]

3. A promoção do comércio electrónico depende não apenas da segurança técnica mas também da confiança jurídica dos intervenientes. Este ambiente de confiança favorável ao crescimento do comércio

---

[7] Cfr. *Uma iniciativa europeia para o comércio electrónico*, Comunicação ao Parlamento Europeu, ao Conselho, ao Comité Económico e Social e ao Comité das Regiões COM (97) 157 final.

electrónico requer a criação de um quadro jurídico adequado à protecção dos interesses dos agentes envolvidos. Diversos documentos oficiais definiram já o quadro geral de problemas dos serviços da sociedade da informação, em que assenta o comércio electrónico [8].

Esse quadro deverá atender, por um lado, a certas questões específicas do comércio electrónico, como sejam a validade dos contratos celebrados à distância por via electrónica, o valor jurídico das assinaturas digitais e dos serviços de certificação e, ainda, o regime da actividade das instituições de moeda electrónica. Por outro lado, o comércio electrónico coloca certos problemas que dizem respeito, por exemplo, à determinação do local de estabelecimento das chamadas ciberempresas, à transparência regulamentar, e à responsabilidade dos prestadores de serviços em linha, mormente quando actuam como meros intermediários de informação digital.

Um outro grupo de interesses cuja protecção é essencial ao florescimento do comércio electrónico é composto por um leque complexo e diversificado de sujeitos. Trata-se quer dos titulares de direitos privativos, como os dados pessoais e os direitos de propriedade intelectual (direito de autor e direitos conexos, marcas e outros sinais distintivos), quer dos titulares de interesses legalmente protegidos, como sejam os concorrentes no comércio electrónico, destacando-se a problemática da comunicação comercial (a chamada infopublicidade) e a protecção dos serviços de acesso condicional. Neste último grupo de sujeitos encontram-se os consumidores, cuja confiança jurídica constituirá um factor essencial do alargamento e do aprofundamento do comércio electrónico.

---

[8] Veja-se, entre nós, o *Livro Verde Para A Sociedade da Informação em Portugal*, Missão para a Sociedade da Informação (MSI), 1997 (Ponto 9); *Iniciativa Nacional para o Comércio Electrónico*, criada pela Resolução do Conselho de Ministros n.º 115/98, e o respectivo *Documento Orientador*, aprovado pela Resolução do Conselho de Ministros n.º 94/99. No plano comunitário, veja-se especialmente a referida *Iniciativa europeia para o comércio electrónico*, COM (97) 157 final. No direito comparado, veja-se, nos EUA, William J. Clinton & Albert Gore, Jr., *A Framework for Global Electronic Commerce*, 1997. A nível internacional veja-se, especialmente, o *OECD Forum on Electronic Commerce, Progress Report on the OECD Action Plan for Electronic Commerce*, Paris, Oct. 1999.

4. A Comissão Europeia tem sido um verdadeiro motor neste processo de adaptação do direito à nova realidade. Com efeito, em ordem à criação de um quadro regulamentar da Sociedade da Informação, traçado na sequência do Relatório Bangemann sobre A Europa e a Sociedade da Informação (1994), foram propostas e adoptadas diversas medidas de harmonização a nível comunitário. Assim foram adoptadas Directivas, por exemplo, sobre Bases de Dados Electrónicas (96/9/CE), Protecção de Dados Pessoais (95/46/CE), Contratos Celebrados à Distância (97/7/CE), Serviços de Telecomunicações (97/13/ /CE), Privacidade nas Telecomunicações (97/66/CE), Transparência Regulamentar (98/34 e 48/CE), Serviços de Acesso Condicional (98/ /84/CE) e Assinaturas Electrónicas (1999/93/CE). Além disso, foram apresentadas propostas de directivas sobre Direitos de Autor na Sociedade da Informação [COM(97) 628 final, 10.12, alterada, COM(99) 250 final] e, outras outras, especificamente sobre Comercialização à Distância de Serviços Financeiros [COM(98) 297 final, 13.5] e sobre Comércio Electrónico [COM(98) 586 final, 18.11], entretanto alterada [COM(99) 427 final] e já aprovada: a "Directiva sobre o comércio electrónico"[9].

Entre nós, a necessidade de se viabilizar o comércio electrónico num ambiente baseado na economia digital foi identificada no Livro Verde para a Sociedade da Informação em Portugal, elaborado pela Missão para a Sociedade da Informação. Com base nisso, o Conselho de Ministros resolveu criar a Iniciativa Nacional para o Comércio Electrónico, definindo-lhe como objectivos genéricos, entre outros, a criação de um quadro legislativo e regulamentar adequado ao pleno desenvolvimento e expansão do comércio electrónico[10]. Nesse quadro incluir-se-iam o estabelecimento do regime jurídico aplicável aos documentos electrónicos e às assinaturas digitais, bem como à factura electrónica, e um quadro base de regras harmonizadas respeitantes à segurança das transacções efectuadas por via electrónica, à protecção

---

[9] Directiva 2000/31/CE do Parlamento Europeu e do Conselho de 8 de Junho de 2000 relativa a certos aspectos legais dos serviços da sociedade da informação, em especial do comércio electrónico, no mercado interno ("Directiva sobre comércio electrónico").

[10] Resolução n.º 115/98, DR n.º 201, I, Série B, 1.9.1998.

das informações de carácter pessoal e da vida privada, à defesa dos direitos dos consumidores e à protecção dos direitos de propriedade intelectual. Em harmonia, seriam posteriormente adoptados vários diplomas, nomeadamente, sobre a protecção dos dados pessoais [11], normas técnicas [12] e bases de dados [13], que se destinam, no essencial, a transpor Directivas. Além disso, foi aprovado o regime jurídico dos documentos electrónicos e das assinaturas digitais [14], procedeu-se à equiparação da factura electrónica à factura em suporte papel [15], tendo sido aprovados, ainda, o Documento Orientador da Iniciativa Nacional para o Comércio Electrónico [16] e, mais recentemente, a Iniciativa Internet – Portugal Digital [17].

5. O comércio electrónico é baseado nos chamados serviços da sociedade da informação. Um serviço típico da sociedade da informação é o acesso a bases de dados electrónicas em linha [18]. Mas como se definem estes serviços?

---

[11] Lei n.° 67/98, de 26 de Outubro, e Lei n.° 69/98, de 28 de Outubro.

[12] Decreto-Lei n.° 58/2000 de 18 de Abril.

[13] Decreto-Lei n.° 122/2000 de 4 de Julho.

[14] Decreto-Lei n.° 290-D/99, de 2 de Agosto (ver também o Decreto-Lei n.° 234/2000 de 25 de Setembro que criou o Conselho Técnico de Credenciação como estrutura de apoio ao Instituto das Tecnologias da Informação na Justiça no exercício das funções de autoridade credenciadora de entidades certificadoras de assinaturas digitais).

[15] Decreto-Lei n.° 375/99 de 18 de Setembro (regulamentado pelo Decreto-Regulamentar n.° 16/2000 de 2 de Outubro).

[16] Resolução do Conselho de Ministros 94/99.

[17] Resolução do Conselho de Ministros n.° 110/2000.

[18] As bases de dados electrónicas, bem como os programas de computador utilizados para a sua utilização, podem ser protegidos por direitos de propriedade intelectual. Cfr. Decreto-Lei n.° 252/94 de 20 de Outubro e Decreto-Lei n.° 122/2000 de 4 de Julho, que transpõem, respectivamente, a Directiva n.° 91/250/CEE, do Conselho, de 14 de Maio, relativa à protecção jurídica dos programas de computador, e a Directiva 96/9/CE do Parlamento Europeu e do Conselho de 11 de Março de 1996 relativa à protecção jurídica das bases de dados. No plano internacional, veja-se, especialmente, o Acordo sobre os Aspectos dos Direitos de Propriedade Intelectual relacionados com o Comércio (ADPIC, 1994) e o Tratado da OMPI sobre Direito de Autor (Genebra, 1996). Sobre a adaptação do instituto do direito de autor e dos direitos conexos ao ambiente digital, *maxime* em rede, veja-se a nossa dissertação *Informática, direito de autor e propriedade tecnodigital*, Coimbra 1998.

Entre nós, o regime dos operadores de rede de distribuição por cabo [19] previa já os serviços interactivos de natureza endereçada acessíveis quer mediante solicitação individual (tais como os serviços da

---

[19] Aprovado pelo Decreto-Lei n.º 241/97 de 18 de Setembro. Porém, os serviços interactivos não parecem ser expressamente previstos na Lei das Telecomunicações (Lei n.º 91/97, de 1 de Agosto, que define as bases gerais a que obedece o estabelecimento, gestão e exploração de redes de telecomunicações e a prestação de serviços de telecomunicações). Com efeito, nos termos da definição constante do art. 2.º, 4, da Lei das Telecomunicações, por "serviços de telecomunicações entende-se a forma e o modo da exploração do encaminhamento e ou distribuição de informação através de redes de telecomunicações." Sendo que, a delimitação desta definição depende de dois conceitos, que o legislador também fornece: telecomunicações e redes de telecomunicações. Relativamente ao primeiro, por telecomunicações entende-se, nos termos do art. 2.º, 2: "a transmissão, recepção ou emissão de sinais, representando símbolos, escrita, imagens, sons ou informações de qualquer natureza por fios, por sistemas ópticos por meios radioeléctricos e por outros sistemas electromagnéticos." Relativamente ao segundo, por redes de telecomunicações entende-se, nos termos do art. 2.º, 7, "o conjunto de meios físicos, denominados infra-estruturas, ou electromagnéticos que suportam a transmissão, recepção ou emissão de sinais." Especial importância assume a interligação das redes, isto é, "a ligação física e lógica das redes de telecomunicações utilizadas por um mesmo ou diferentes operadores por forma a permitir o acesso e as comunicações entre os diferentes utilizadores dos serviços prestados" (art. 2.º, 9). Em suma, vertendo todos estes elementos num conceito unitário global, os serviços de telecomunicações definem-se como a forma e o modo da exploração do encaminhamento e ou distribuição de informação através de redes de telecomunicações em interligação (isto é, de conjuntos de meios físicos ou electromagnéticos que suportam a transmissão, recepção ou emissão de sinais, representando símbolos, escrita, imagens, sons ou informações de qualquer natureza por fios, por sistemas ópticos, por meios radioeléctricos e por outros sistemas electromagnéticos, sendo que as redes utilizadas por um mesmo ou diferentes operadores encontram-se em ligação física e lógica por forma permitir o acesso e as comunicações entre os diferentes utilizados dos serviços prestados).

Por outro lado, os serviços de telecomunicações são classificados em dois tipos segundo duas ordens de critérios. Para começar, distinguem-se consoante sejam destinados ao público em geral ou ao uso próprio ou a um número restrito de utilizadores, denominando-se, respectivamente: a) serviços de telecomunicações de uso público; b) e serviços de telecomunicações privativas (art. 5.º, 5). Segunda, quer sejam de uso público, quer privativas, distinguem-se nos serviços de telecomunicações os que implicam prévio endereçamento daqueles em que a comunicação se realize num só sentido, simultaneamente, para vários pontos de recepção e sem prévio endereçamento: a) enquanto os primeiros chamam-se serviços de telecomunicações endereçados; b) os segundos designam-se serviços de telecomunicações de difusão ou teledifusão (art. 2.º, 6). Esta última distinção é importante na delimitação do âmbito de aplicação do diploma, porque este "não se aplica aos serviços de telecomunicações de difusão" (art. 1.º, 2).

Apesar de a radiodifusão ser excluída do âmbito deste diploma, é prevista como uma das espécies de serviços de telecomunicações. Por outro lado, os termos amplos em que o nosso legislador definiu o conceito de serviços de telecomunicações, abrangendo a radiodifusão, suscita o problema de saber se nessa noção são incluídos os teleserviços de que fala a TDG alemã ou os "serviços da sociedade da informação", na terminologia comunitária. Com efeito, apesar de ter operado a definição, e as respectivas classificações, dos serviços de telecomunicações, o legislador não forneceu um elenco, sequer exemplificativo, das "formas e os modos de exploração do encaminhamento e ou distribuição de informação de redes de telecomuniações". Na verdade, o texto legal não fornece ao intérprete um catálogo de exemplos capazes de ilustrarem concretamente os serviços de telecomunicações. Mas, não poderia o legislador ter ilustrado esta noção com exemplos típicos na *praxis* concreta dos serviços de telecomunicações? Na verdade, esta norma definitória é susceptível de gerar dificuldades ao nível da sua concretização interpretativa. Quais são, *in concreto casu*, as formas e os modos de exploração do encaminhamento e ou distribuição de informação de redes de telecomunicações? *Prima facie*, parece estabelecer-se uma noção ampla de serviços de telecomunicações, abrangendo, segundo as classificações operadas, não apenas os destinados ao público em geral (uso público) e ao uso próprio ou a um número restrito de utilizadores (privativas), mas também os que implicam prévio endereçamento (endereçados) e, ainda, aqueles em que a comunicação se realiza num só sentido, simultaneamente, para vários pontos de recepção e sem prévio endereçamento (difusão ou teledifusão).

Não obstante, a concretização exemplificativa desta noção é importante, uma vez que define o género de serviços de telecomunicações previstos na hipótese do respectivo regime jurídico, o qual, apesar de excluir do seu âmbito de aplicação os serviços de telecomunicações de difusão, define as bases gerais a que obedece o estabelecimento, gestão e exploração de redes de telecomunicações e a prestação de serviços de telecomunicações. Pelo que, interessa saber, em particular, quais as diferentes espécies de serviços de telecomunicações e como se denominam na linguagem corrente. Exemplos de serviços de telecomunicações endereçados parecem ser o telégrafo, o telefone, o telefax e o videofone. Por seu turno, parece que a difusão por satélite ou por cabo de sinais radiofónicos e televisivos constituem serviços de telecomunicações. Refira-se, a este propósito, a distinção entre serviços de telecomunicações, serviços de cabo e serviços de informações constante da Lei das Telecomunicações estadunidense de 1996 (*Telecommunications Act of 1996*, Pub. L. 104-104, Feb.

8, 1996). Consistindo as telecomunicações na "transmission, between or among points specified by the user, of information of the user's choosing, without change in the form or content of the information as sent and received" (47USC §153 (48)), os serviços de telecomunicações são definidos como "offering telecommunications for a fee directly to the public or to such classes of users as to be effectively available directly to the public, regardless of the facilites used" (47USC §153 (51)). Ao lado da categoria dos serviços de telecomunicações são previstos dois tipos especiais de serviços à distância com faculdade de interactividade: os serviços de cabo e os serviços de informação. Os serviços de cabo consistem na "one-way transmission to subscribers of video or other programming service and subscriber interaction, if any, required for selection or use of such programming or other service" (47 USC §522(6)). Os serviços de informação consistem em "offering a capability for generating, acquiring, storing, transforming, processing, retrieving, or making available information via telecommunications including electronic publishing" (47USC §153(41)). Ou seja, ao lado dos serviços de telecomunicações distinguem-se os serviços de cabo e, ainda, os serviços de informação. Estes últimos distinguem-se pela nota da interactividade, que também pode estar presente nos serviços de cabo, embora, ao que parece, sejam prestados via telecomunicações. Portanto, ao lado dos serviços de telecomunicações em sentido estrito, existem outros que, embora sejam feitos através deste modo de comunicação, daqueles se distinguem. A esta distinção parece corresponder, aliás, aquela operada pelo legislador alemão entre serviços de telecomunicações, radiodifusão e os serviços de informação em linha.

Por outro lado, há ainda outros casos que se afiguram mais problemáticos. Trata-se da comunicação à distância no mercado virtual, potenciado pelas tecnologias digitais e pela convergência tecnológica da informática, das telecomunicações e dos media, naquilo que se chamam os sistemas multimedia em linha, *maxime* na Internet. Em particular, são os serviços electrónicos de informação em linha, a televisão interactiva e, de um modo geral, os teleserviços (por exemplo, o telebanco, a telemedicina, a teleconsultadoria, a telepedagogia, audio-vídeo-a-pedido). Trata-se, ainda, nestes casos de serviços de telecomunicações? Ou, antes pelo contrário, estaremos perante uma realidade diferente? O legislador terá querido abranger, também, estas situações na definição de serviços de telecomunicações? Assim, por exemplo, dever-se-á considerar que o vídeo-a-pedido constitui uma forma e um modo da exploração do encaminhamento e ou distribuição de informação através de redes de telecomunicações? Em termos idênticos, a prestação de informação em linha via Internet constituirá uma forma e um modo da exploração do encaminhamento e ou distribuição de informação através de redes de telecomunicações? Os exemplos sucedem-se e a resposta negativa afigura-se, de algum modo, problemática. *Quid iuris?* Em face da nossa lei, estes serviços deverão ser qualificados como serviços de telecomunicações?

Socorrendo-nos da noção de teleserviços da lei alemã, decorre que a prestação destes serviços depende da prestação de serviços de telecomunicações. Assim, por exemplo, só poderá ser prestado o teleserviço de acesso à Internet, bem como os demais que esta torna possíveis, a quem for utilizador de um serviço telefónico de telecomunicações. O mesmo vale, *mutatis mutandis*, para os telejogos, o *telebanking*, etc. Com efeito, uma coisa são as "infra-estruturas da informação e da comunicação" e os serviços que as compõem. Trata-se das "auto-estradas da informação" e dos serviços de telecomunicações, os quais abrangem a difusão por satélite e por cabo, na definição do nosso legislador. Outra coisa é a informação *lato sensu* que aí corre e os serviços em que se traduz. Trata-se, agora, dos teleserviços, isto é, dos serviços cuja prestação é tornada possível pelos meios de telecomunicações, a saber: o *telebanking*, os serviços de informação, os telejogos, o audiovisual a pedido, etc. Porém, da letra da nossa lei das telecomunicações resulta uma noção algo ampla dos serviços de telecomunicações, parecendo abranger também os teleserviços. Os serviços de telecomunicações, definidos como "a forma e o modo da exploração do encaminhamento e ou distribuição de informação através de redes de telecomunicações" (art. 2.°, 4), são susceptíveis de revestir, portanto, dois sentidos. Um, mais amplo, abrangendo, de igual modo, os teleserviços. Outro, mais restrito, excluindo estes últimos, isto é, considerando apenas os serviços de telecomunicações, independentemente dos restantes serviços que a sua prestação torna possível. Não obstante, casos há que suscitam algumas dúvidas, em virtude da sua natureza algo híbrida ou mista. Pense-se, por exemplo, nos sistemas telemáticos, como o célebre Minitel francês, e nas redes digitais com integração de serviços (RDIS) que se utilizam, por exemplo, na comunicação entre empresas via EDI ou TEDIS (troca electrónica de dados informatizados). Pense-se, ainda, na video-conferência e no correio electrónico. A lei alemã, como vimos, inclui na definição de teleserviços os serviços de troca de dados e de prestação de acesso à Internet e a outras redes. Não obstante, há pontos duvidosos, uma vez que, em certos casos, estes teleserviços são prestados no seio de uma infra-estrutura de telecomunicações criada especialmente para o efeito, ou seja, os teleserviços parecem confundir-se com os serviços de telecomunicações. Um outro exemplo da complexidade deste fenómeno é o serviço de televenda previsto e regulado pela Directiva Televisão alterada, que, *inter alia*, altera o regime dos tempos de emissão, subordinando os serviços de televenda a um conjunto de regras adequadas que regulamentam a forma e o conteúdo dessas emissões (cons. 36). Nos termos do art. 1.°, 1, d), por televenda entende-se a "difusão de ofertas directas ao público, com vista ao fornecimento de produtos ou à prestação de serviços, incluindo bens móveis, direitos e obrigações, a troco de remuneração." O nosso legislador acrescentou a esta noção o elemento de realização dessa difusão por canais televisivos, parecendo excluir outras formas de difusão (cfr. art. 25.°-A do Código da Publicidade). Mas, será a televenda um serviço de telecomunicações ou antes um teleserviço? Segundo a nossa lei, tratar-

Internet e de vídeo a pedido) quer mediante acto de adesão, e a possibilidade de ligações bidireccionais para transmissão de dados, autorizando a sua oferta pelos operadores de rede de distribuição por cabo. Mais recentemente, foi introduzido na ordem jurídica, por via legal, um conceito mais preciso dos chamados serviços da sociedade da informação. Ao invés da Proposta, incluindo a sua versão alterada [20],

---

-se-á, ainda, de um serviço de telecomunicações uma vez que consiste numa actividade de radiodifusão. A lei alemã dos teleserviços (TDG) não abrangerá estes serviços no conceito de teleserviços, uma vez que do seu âmbito é excluída a radiodifusão. Porém, estes serviços de televenda serão, ainda, enquadráveis na noção de serviços à distância constante da Directiva sobre a protecção jurídica dos serviços de acesso condicional. Note-se, ainda, que os serviços de televendas não se confundem com as técnicas de comunicação à distância que utilizam, sendo de referir que a Directiva Contratos à Distância (Directiva 97/7/CE do Parlamento Europeu e do Conselho, de 20 de Maio de 1997, relativa à protecção dos consumidores em matéria de contratos à distância) contempla no catálogo indicativo das técnicas de comunicação à distância (art. 2.°, 4, e Anexo I) o telefone, a rádio, a televisão, o telefax, o correio electrónico, o videofone e o videotexto, os quais integram o sistema de venda ou prestação de serviços à distância organizado pelo fornecedor (art. 2.°, 1). Vale isto por dizer que o sistema de *teleshopping* organizado pelo fornecedor, embora se socorra de serviços prestados pelo operador de técnicas de comunicação (isto é, "qualquer pessoa singular ou colectiva, pública ou privada, cuja actividade profissional consista em pôr à disposição dos fornecedores uma ou mais técnicas de comunicação à distância", nos termos do art. 2.°, 5, Directiva Contratos à Distância), não se confunde com elas, podendo dizer-se que a utilização destes sistemas, não obstante ser feita por via de um serviço de telecomunicações – *et pour cause* –, constitui, de *per se*, a prestação de um serviço, de um teleserviço. Acrescente-se que, nessa medida, o regime especial da venda por correspondência (cfr. art. 8.° do Decreto-Lei n.° 272/87, de 3 de Julho, que transpõe para a ordem jurídica interna a Directiva 85/577/CEE do Conselho, de 20 de Dezembro de 1985, relativa à protecção dos consumidores no caso de contratos negociados fora dos estabelecimentos comerciais, posteriormente alterado pelo Decreto-Lei n.° 243/95, de 13 de Setembro) poderá ser aplicável a certas formas de teleserviços. O que se revestirá de especial importância como medida de protecção do consumidor no âmbito do comércio electrónico, como veremos. Sobre a determinação dos serviços em linha interactivos em face da nossa lei das telecomunicações, cfr. o nosso *Comércio electrónico na sociedade da informação: da segurança técnica à confiança jurídica*, Coimbra, 1999, p. 81 e seg.

[20] Proposta alterada de directiva sobre aspectos jurídicos do comércio electrónico [COM(99) 427 final]. Sobre a versão inicial poderá ver-se o nosso *Comércio Electrónico na Sociedade da Informação: Da Segurança Técnica à Confiança Jurídica*, Coimbra, Almedina, 1999, com mais referências.

a Directiva sobre o comércio electrónico [21] não define os serviços da sociedade da informação, limitando-se a remeter para o conceito anteriormente firmado nas Directivas sobre transparência técnica [22] e sobre protecção dos serviços de acesso condicional [23]. Ora, a primeira destas Directivas foi recentemente transposta para a ordem jurídica interna. Nos termos do diploma de transposição [24], constitui serviço da sociedade da informação qualquer prestação de actividade à distância, por via electrónica e mediante pedido individual do seu destinatário, geralmente mediante remuneração. Trata-se, em suma, de serviços prestados normalmente contra remuneração (1), à distância (2), por via electrónica (3) e mediante pedido individual de um destinatário de serviços (4).

Parecem ser três os elementos essenciais da definição destes serviços: 1.º "à distância" significa um serviço prestado sem que as partes se encontrem simultaneamente presentes; 2.º "por via electrónica" significa um serviço enviado na origem e recebido no destino por meio de equipamentos electrónicos de tratamento (incluindo a compressão numérica ou digital) e de armazenagem de dados, inteiramente transmitido, encaminhado e recebido por fios, por rádio, por meios ópticos ou por quaisquer outros meios electromagnéticos; 3.º "mediante pedido individual de um destinatário de serviços" significa um serviço fornecido por transmissão de dados a pedido individual. Um quarto elemento natural destes serviços, embora não essencial, é a sua prestação mediante remuneração [25].

---

[21] Directiva 2000/31/CE do Parlamento Europeu e do Conselho de 8 de Junho de 2000 relativa a certos aspectos legais dos serviços da sociedade da informação, em especial do comércio electrónico, no mercado interno ("Directiva sobre comércio electrónico").

[22] Directiva 98/34/CE do Parlamento Europeu e do Conselho, de 22 de Junho de 1998, relativa a um procedimento de informação no domínio das normas e regulamentações técnicas, alterada pela Directiva 98/48/CE do Parlamento Europeu e do Conselho, de 20 de Julho de 1998.

[23] Directiva 98/84/CE do Parlamento Europeu e do Conselho de 20 de Novembro de 1998 relativa à protecção jurídica dos serviços que se baseiem ou consistam num acesso condicional.

[24] Decreto-Lei n.º 58/2000 de 18 de Abril.

[25] A interactividade é uma característica típica dos serviços da sociedade da informação. A noção destes serviços remonta à Proposta de Directiva do Parlamento

Por outro lado, esta caracterização de serviços à distância parece corresponder à noção de "teleserviços" constante da Lei alemã sobre a Utilização dos Teleserviços [26]. Visando estabelecer condições económicas uniformes para as várias aplicações dos serviços electrónicos de informação e comunicação (§ 1), a TDG define os teleserviços, aos quais se aplica, como "todos os serviços electrónicos de informação e comunicação, destinados a utilização individual de dados combináveis tais como caracteres, imagens e sons, e baseados em transmissão por meios de telecomunicações" (§ 2(2)). Esta noção de teleserviços é, depois, ilustrada mediante um catálogo de exemplos, no sentido de abranger, expressamente: 1. os serviços financeiros à distância (*telebanking*), a troca de dados; 2. os serviços de informação sobre o trânsito, o clima, o ambiente ou o mercado bolsista e a disseminação de informação sobre bens e serviços; 3. serviços prestando acesso à Internet ou a outras redes; 4. serviços oferecendo acesso a telejogos; 5. bens e serviços oferecidos e listados em bases de dados electronicamente acessíveis e com acesso interactivo e a possibilidade de encomenda directa. Depois, o § 2 (4) exclui do âmbito de aplicação da TDG, *inter alia*: 1. os serviços de telecomunicações e a prestação comercial de serviços de telecomunicações previstos no § 3 da Lei das Telecomunicações, de 25 de Julho de 1996 (*Telekommunikationsgesetz* — TKG); 2. a radiodifusão. Ou seja, a radiodifusão, bem como os serviços de telecomunicações, são excluídos da noção de teleserviços para efeitos da TDG.

6. Ora, entre nós, como vimos, estes serviços foram inicialmente previstos no regime dos operadores de rede de distribuição por cabo, aprovado pelo Decreto-Lei n.º 241/97 de 18 de Setembro, e encontram-se actualmente definidos no Decreto-Lei n.º 58/2000 de 18 de

---

Europeu e do Conselho que alterava pela terceira vez a Directiva 83/189/CEE relativa a um procedimento de informação no domínio das normas e regulamentações técnicas (COM(96) 392 final, 16.10.1996), que os definiu como os "serviços prestados à distância, por via electrónica e mediante pedido individual de um destinatário de serviços".

[26] *Teledienstegesetz* (TDG), Artigo 1 da Lei Federal dos Serviços de Informação e Comunicação (*Informations- und Kommunikationsdienste-Gesetz* – IuKDG), de 1 de Agosto de 1997.

Abril[27]. Além disso, esta definição de serviços da sociedade de informação corresponde ao *acquis communautaire* do direito da sociedade da informação, tendo sido retomada pela Directiva 98/84/CE do Parlamento Europeu e do Conselho de 20 de Novembro de 1998 relativa à protecção jurídica dos serviços que se baseiem ou consistam num acesso condicional, e, mais recentemente, pela Directiva 2000/31/CE do Parlamento Europeu e do Conselho de 8 de Junho de 2000 relativa a certos aspectos legais dos serviços da sociedade da informação, em especial do comércio electrónico, no mercado interno ("Directiva sobre comércio electrónico").

Apesar de a Directiva sobre o comércio electrónico remeter para a noção comunitária de serviços da sociedade da informação, fornecida pelas Directivas sobre normas técnicas e sobre serviços de acesso condicional, não deixou de explicitar no preâmbulo o seu sentido e alcance, delimitando positiva e negativamente os seus contornos. Com efeito, considera-se que essa definição abrange qualquer serviço, em princípio pago à distância, por meio de equipamento electrónico de processamento (incluindo a compressão digital) e o armazenamento de dados, e a pedido expresso do destinatário do serviço. Delimitando positivamente este conceito de serviços da sociedade da informação, diz-se que abrange uma grande diversidade de actividades económicas, como sejam, nomeadamente: a venda de mercadorias em linha (1); serviços que não são remunerados pelo respectivo destinatário, na medida em que sejam actividades económicas, como os que consistem em prestar informações em linha ou comunicações comerciais, ou ainda os que fornecem ferramentas de pesquisa, acesso e descarregamento de dados (2); a transmissão de informação por meio de uma rede de comunicações, de fornecimento de acesso a uma rede de comunicações ou de armazenagem de informações prestadas por um destinatário do serviço (3). Pela negativa, o preâmbulo da Directiva sobre comércio electrónico (cons. 18) esclarece que a noção de ser-

---

[27] Transpõe para a ordem jurídica interna a Directiva 98/34/CE do Parlamento Europeu e do Conselho, de 22 de Junho de 1998, relativa a um procedimento de informação no domínio das normas e regulamentações técnicas e das regras relativas aos serviços da sociedade da informação, alterada pela Directiva 98/48/CE do Parlamento Europeu e do Conselho, de 20 de Julho de 1998.

viços da sociedade da informação não abrange diversas actividades, como sejam: os serviços enumerados na lista indicativa do anexo V da Directiva 98/34/CE que não envolvem tratamento e armazenamento de dados (1); actividades como a entrega de mercadorias enquanto tal ou a prestação de serviços fora de linha (2); a radiodifusão televisiva, na acepção da Directiva 89/552/CEE, e a radiodifusão, dado não serem prestados mediante pedido individual (3)[28]; a utilização do correio electrónico ou de comunicações comerciais equivalentes, por exemplo, por parte de pessoas singulares agindo fora da sua actividade comercial, empresarial ou profissional, incluindo a sua utilização para celebrar contratos entre essas pessoas (4); a relação contratual entre um assalariado e a sua entidade patronal (5); e, de um modo geral, as actividades que, pela sua própria natureza, não podem ser exercidas à distância e por meios electrónicos, tais como a revisão oficial de contas de sociedades, ou o aconselhamento médico, que exija o exame físico do doente (6).

7. No tratamento da problemática da protecção do consumidor de serviços da sociedade da informação interessa, por outro lado, saber o que se entende por consumidor[29]. A Directiva sobre o comércio electrónico oferece mais uma noção de consumidor, definindo-o como qualquer pessoa singular que actue para fins alheios à sua actividade comercial, empresarial ou profissional[30].

---

[28] Com efeito, não será abrangida a radiodifusão televisiva na Internet quando se trate apenas de um meio de transmissão suplementar, integral e inalterada de emissões de radiodifusão televisiva já transmitidas por via hertziana, por cabo ou por satélite. Nessa medida, parece não ser aplicável a estes serviços da sociedade da informação o regime previsto na Directiva Televisão, que contempla regras, *inter alia*, sobre patrocínio publicitário e televendas (Directiva 89/552/CEE do Conselho de 3 de Outubro de 1989 relativa à coordenação de certas disposições legislativas, regulamentares e administrativas dos Estados-membros relativas ao exercício de actividades de radiodifusão televisiva, alterada pela Directiva 97/36/CE do Parlamento Europeu e do Conselho de 30 de Junho de 1997).

[29] Na verdade, o conceito jurídico de consumidor só por si levanta diversos problemas, resultantes de uma certa indeterminação da categoria (cfr. Zeno-Zencovich, "Consumatore (tutela del)", in *Enciclopedia Giuridica*. Sobre esta problemática, *vide* o nosso *Comércio electrónico, cit.*, p. 86 e seg..

[30] Directiva sobre o comércio electrónico, art. 2.º-e)

Esta noção aproxima-se da prevista na Directiva sobre contratos à distância [31], que dispõe no art. 2.°, 2, que, por consumidor, para efeitos desta directiva, entende-se qualquer pessoa singular que, nos contratos abrangidos pela presente directiva, actue com fins que não pertençam ao âmbito da sua actividade profissional. O termo profissional encontra-se definido na al. c) da Directiva sobre cláusulas abusivas [32], dispondo que por profissional entende-se, para efeitos desta directiva, qualquer pessoa singular ou colectiva que, nos contratos abrangidos pela presente directiva, seja activa no âmbito da sua actividade profissional, pública ou privada.

Mas, há ainda outras noções de consumidor no direito comunitário. Assim, por exemplo, a Directiva Viagens Organizadas [33] dispõe, no art. 2.°, 4, que, por consumidor, para efeitos desta directiva, entende-se a pessoa que adquire ou se compromete a adquirir a viagem organizada (o contratante principal) ou qualquer pessoa em nome da qual o contratante principal se compromete a adquirir a viagem organizada (os outros beneficiários) ou qualquer pessoa em nome da qual o contratante principal ou um dos outros benficiários cede a viagem organizada (o cessionário). Estamos, portanto, em face de uma definição diferente daquelas acima referidas, em especial da constante da Directiva sobre o comércio electrónico.

Por outro lado, a noção de consumidor fornecida pela Directiva sobre o comércio electrónico também não coincide com a noção do nosso direito interno. Assim, por exemplo, o art. 1.° do DL 230/96, 29.11, na sequência da Lei relativa à protecção do utente de serviços públicos [34], estabelece, em certos termos, a gratuitidade do fornecimento ao consumidor da facturação detalhada do serviço público de telefone, remetendo para a definição de consumidor constante da Lei do Consumidor. Lei essa que começou por ser a pioneira Lei n.° 29/

---

[31] Directiva 97/7/CE do Parlamento Europeu e do Conselho de 20 de Maio de 1997, relativa à protecção dos consumidores em matéria de contratos à distância.

[32] Directiva 93/13/CEE do Conselho de 5 de Abril de 1993 relativa às cláusulas abusivas nos contratos celebrados com os consumidores.

[33] Directiva 90/314/CEE do Conselho de 13 de Junho de 1990 relativa às viagens organizadas, férias organizadas e circuitos organizados.

[34] Lei n.° 23/96, de 26 de Julho.

/81, de 22 de Agosto (art. 2.º), mas que, foi revogada pela nova Lei do Consumidor [35].

Todavia, levanta-se o problema de saber se tal noção abrange as pessoas jurídicas *stricto sensu* ou, apenas, as pessoas humanas. Com efeito, à partida, em abstracto, nada parece obstar a que as pessoas colectivas possam, de igual modo, destinar bens, serviços ou direitos a uso não profissional. Mas, mesmo no caso de só serem previstas pessoas humanas, estarão abrangidos os menores, os inabilitados e os interditos? Isto é, a capacidade de exercício de direitos *tout court* é requisito de obtenção da qualidade jurídica de consumidor? Ou pelo menos, não constituirão estes um grupo especial de consumidores? Além disso, o requisito da destinação ao uso profissional não deverá ser preenchido por referência à natureza não remuneratória das actividades a cujo exercício se destina o uso desses bens? E se se tratar de actividades remuneradas exercidas de modo habitual e constante, por exemplo, no seio de uma organização de tráfico ilícito? Nestes casos os bens fornecidos àquele são ou não destinados a uso não profissional? As mesmas interrogações valem, *mutatis mutandis*, para a pessoa que exerça com carácter profissional uma actividade económica que vise a obtenção de benefícios.

Por outro lado, mesmo que se consiga estabilizar um conceito de consumidor, uma questão de alcance geral deverá, ainda, ser resolvida. Trata-se do valor sistemático de uma tal definição. Na verdade, outros

---

[35] Lei n.º 24/96, de 31 de Julho. A actual Lei do Consumidor reconfigurou a noção de consumidor no sentido de, ao mesmo tempo, excluir e abranger, expressamente, outras espécies aí não previstas e de subsumibilidade discutida, consagrando os seguintes elementos essenciais do conceito consumidor: 1.º todo aquele a quem sejam fornecidos bens, prestados serviços ou transmitidos quaisquer direitos; 2.º destinados a uso não profissional; 3.º por pessoa que exerça com carácter profissional uma actividade económica que vise a obtenção de benefícios. Ao invés da definição anterior, abrange-se, por um lado, a transmissão de direitos, para além do fornecimento de bens e da prestação de serviços. Por outro lado, consagra-se o uso não profissional, restringindo, ao que parece, a expressão uso privado. Por último, considera-se, ainda, expressamente, como pessoa fornecedora, em sentido amplo, entidades providas de *ius imperii*, como sejam os organismos da Administração Pública, as pessoas colectivas públicas, as empresas de capitais públicos ou detidos maioritariamente pelo Estado, as Regiões Autónomas ou as autarquias locais e as empresas concessionárias de serviços públicos.

diplomas há que consagram, também, definições de consumidor. A saber: é a definição de consumidor uma noção unitária geral com função operatória no sistema jurídico, *maxime* nos textos jurídicos atinentes aos direitos dos consumidores? Poder-se-ia responder pela afirmativa, ainda que com a ressalva de um tal conceito carecer de concretização casuística na jurisprudência e de explicitação dogmática na doutrina. Acresce que, enquanto conceito de género relativo ao tipo subjectivo do acto de consumo, não deveria excluir-se a hipótese de o legislador criar espécies para determinados grupos de casos concretos e particulares que exijam regimes especiais, como, aliás, parece já suceder.

Nessa medida, apesar de problemática, a noção de consumidor constante da nova Lei do Consumidor deveria valer como conceito operatório no tratamento do problema da protecção jurídica do consumidor de serviços da sociedade da informação, entendendo-se por consumidor, de um modo geral, todo aquele a quem sejam fornecidos bens, prestados serviços ou transmitidos quaisquer direitos, destinados a uso não profissional, por pessoa singular ou colectiva, privada ou pública, que exerça com carácter profissional uma actividade económica que vise a obtenção de benefícios [36]. Apesar de ser mais ampla,

---

[36] A importância de encontrar uma definição clara e concisa de consumidor será tanto maior no Código do Consumidor *in fieri*, de modo a que este não seja um '"código-coxo'" (António Pinto Monteiro, *A protecção do consumidor de serviços públicos essenciais*, in AJURIS 1998, p. 224). Além disso, será fundamental que o Código do Consumidor tenha em conta o novo ambiente digital do comércio electrónico dominado pela tecnologia "push", evidenciando, justamente que: "*Proteger o consumidor é* [...] *proteger o acto de comunicação*" (António Pinto Monteiro, *Comunicação e Defesa do Consumidor – Conclusões do Congresso*, in *Comunicação e Defesa do Consumidor*, IJC, 1996, p. 492).

Note-se, porém, que esta orientação parece ser contestada por alguns. Foi publicado na revista *Forum Iustitae* um artigo (resumo) de Mário Tenreiro sobre o tema Um Código do Consumo ou do Consumidor? (Mário Tenreiro, *Um código de protecção do consumidor ou um código do consumo?*, in *Forum Iustitiae*, n.º 7, Dezembro de 1999, p. 34-41 (resumo e tradução de Ana Paula Barros). Entende o Autor do referido artigo que, por se tratar este de um direito "em redor" do consumidor, tal significaria que não seria necessária uma noção unitária de consumidor, excepto no domínio dos contratos. De resto, a caracterização empírica serviria os propósitos deste ramo do direito (em sentido próximo, recentemente, veja-se o estudo de Paulo Duarte, *O Conceito Jurídico de Consumidor, segundo o Art. 2.º/1 da Lei de Defesa do Consumidor*, publicado no Boletim da Faculdade de Direito, 1999, p. 649).

E, com efeito, constatamos que, ao invés da nossa lei quadro de defesa dos consumidores, no direito comunitário não há "o" consumidor, mas antes "os" consumidores. Não será excessivo dizer que praticamente cada directiva consagra a sua noção de consumidor... Quando muito poder-se-ia falar numa noção "caleidoscópica" de consumidor no direito comunitário do consumo. Isso poderia ter, aliás, um outro significado: o direito do consumo, que se terá formado com base numa intenção de justiça protectiva (a protecção dos consumidores), "evoluiu" para um ramo do direito da economia (ou, se quisermos, do mercado) no qual convergem outros interesses que não apenas os dos "pobres consumidores". Nesse sentido, o direito do consumo constroi-se "a propósito" do consumidor. Mas, não havendo nem sendo desejável uma noção jurídica estável de consumidor (o beneficiário virtual de protecção e justificativo da regulamentação), o direito do consumo, só por coincidência, será verdadeiramente um direito de protecção dos consumidores. Daí a teoria de protecção dos "interesses difusos".

Não interessa falar aqui sobre o relevo económico e concorrencial do direito do consumo. Há até quem diga que se trata de um direito inventado para proteger os concorrentes mais fortes contra a entrada dos novos concorrentes no mercado, elevando as exigências de negociação, produção, distribuição, marketing, etc. O fenómeno seria semelhante ao sucedido com o direito do trabalho: de direito de protecção dos trabalhadores passou a direito de regulação do mercado do trabalho. Sempre diremos, porém, que sob pena da completa economização tecnológica do direito, seria importante "re-colocar" o consumidor como o "centro de gravidade" do direito do consumo, identificando-lhe uma intenção de justiça, que não meramente de regulação de mercados – mas antes de protecção de partes verdadeiramente mais fracas no ciclo do processo produtivo. Daí que talvez não seja tão indesejável, como faz a nossa lei quadro, encontrar uma noção jurídica de consumidor com um mínimo de estabilidade, sem prejuízo de a concretizar em regimes especiais. Claro que, como dizem os antigos, toda a definição é perigosa. Mas, esse é um esforço que se exige à doutrina: compete-lhe esse labor mais "teórico" e "científico", isso se espera dela, mesmo correndo o risco de a noção se tornar ultrapassada pelas realidades – mas contra esse risco não há nada a fazer senão ir procurando actualizar ponderadamente os conceitos, segundo as novas exigências. O Autor reconhece a importância dessa noção no domínio dos contratos. Mas repare-se que o direito do consumo tem um relevo contratual muito significativo, pelo que essa definição de consumidor nos contratos acabará por influenciar o direito do consumo de um modo geral.

Retomando uma breve reflexão sobre esta questão ("Sobre um Código do Consumidor *in faciendo*", Coimbra, 1997), diríamos que a elaboração de um Código do Consumidor é uma nobre empresa. Servindo-nos de uma metáfora, diremos que o Código será o *baú* dentro do qual cumpre guardar e arrumar um vasto e rico *espólio* de direitos: os direitos conquistados na *cruzada* da defesa dos consumidores. Tarefa árdua, porém. Não apenas pela *indeterminação* do titular destes direitos – *o consumidor* –, mas também pela sua localização em textos legislativos, tão dispersos quanto heterogéneos e, mesmo, fragmentários. Duas questões prévias, portanto: apurar quem é consumidor e que normas do *corpus iuris* cuidam dos seus interesses. Da resposta que para elas se encontre dependerá o êxito da feitura de um direito dos consumidores *sub specie codicis*. Porque se trata, afinal, desde logo, de "dar o seu a seu dono". Mas o êxito deste empreendimento legislativo comporta ainda o ónus de ser relativamente *pioneiro*, mesmo na Europa, esse *berço dos Códigos*, como diz André-Jean Arnaud, no seu livro *O pensamento jurídico europeu*. E, porque 'candeia que vai à frente ilumina duas vezes', incumbe a este Código, em gestação, a responsabilidade de ser um modelo, um padrão, *um precedente exemplar da arte de bem legislar*. Significa isto que, para além de respeitar a tradição herdada – *et pour cause* –, deverá o Código comprometer-se com as exigências da *law in action* e, nessa medida, adequar as normas já existentes ao actual contexto económico-social e ousar lançar setas no deveniente horizonte problemático do *consumerism*. Não mero depósito de relíquias, mas antes baú aberto de tesouros polidos, por conseguinte. Ou, melhor ainda, servindo-nos d'*O Processo*, de Kafka, um Código que *não feche as portas ao consumidor quando ele por elas quiser entrar*.

E nobre é a empresa, porque nobre é o seu desígnio: proteger o consumidor, ou seja, digamo-lo já, proteger a pessoa humana – *pois que o direito é o último guardião da sua dignidade*. Está em causa a protecção do Homem na sua veste de agente do processo económico. Assim é que a Lei Fundamental acolhe os direitos dos consumidores (art. 60.° CRP) enquanto *direitos fundamentais*, inserindo-os no capítulo atinente aos *direitos e deveres económicos*, a par, *inter alia*, com os direitos dos trabalhadores. É que, a ratio essendi da necessidade de um regime especial de protecção do consumidor radica, em termos aparentemente paradoxais, na *debilidade* e na *força* da posição que o homem-consumidor ocupa no processo económico. Debilidade porque o homem-consumidor encontra-se diminuído na sua liberdade e igualdade. Força, porque é o próprio sistema económico que, a fim de evitar a *entropia*, carece de regras que assegurem a confiança dos seus agentes, em especial do consumidor. Ou seja, para que o próprio sistema subsista, é necessário que o consumidor "possa" acreditar na publicidade, confiar na letra miúda dos contratos, presumir a segurança e a qualidade dos produtos que consome, e dispor de expedientes jurídicos que lhe permitam obter, em caso de desvio, um *Ersatz*." (cfr. António Pinto Monteiro, *Do Direito do Consumo ao Código do Consumidor*, in *Estudos de Direito do Consumidor*, I, Centro de Direito do Consumo, Coimbra, 1999, p. 208).

Elaborar um Código do Consumidor é, pois, não apenas proteger o homem-consumidor, que, nessa qualidade de agente do processo económico, se encontra particularmente vulnerável, mas ainda proteger o próprio processo económico contra a entropia, promovendo a *confiança social* nas suas regras. O paralelo com os *direitos dos trabalhadores* parece pertinente. Trabalhadores e consumidores ocupam no processo económico uma posição semelhante. São ambos a parte mais fraca, por referência, respectivamente, ao empregador e ao produtor. Mas, ao mesmo tempo, o sistema económico carece vitalmente deles. Como produzir sem trabalhadores, ainda que técnicos especializados em robótica? Para quê produzir, se não houver quem consuma? Ao jeito de Mr. de la Palisse, ou da dialéctica hegeliana do Senhor e do Servo, enunciam-se, assim, as traves mestras, os princípios dadores de sentido a um Código do Consumidor: proteger o Homem, pois que, na sua veste de consumidor, se encontra diminuído na sua liberdade e na sua igualdade; e, ao mesmo tempo, defender a organização social, prescrevendo regras que assegurem a confiança no processo económico vigente.

A problemática dos direitos dos consumidores encontra-se intimamente ligada aquela outra da *Sociedade de consumo*, socorrendo-nos do título de um livro do conhecido sociólogo Jean Baudrillard. A sociedade de consumo tem como núcleo polarizador o *acto de consumo*, o qual se pode definir como a utilização de um bem económico, ou de um serviço, na satisfação directa de uma necessidade (Galhardo, *Consumo, in Verbo – Enciclopedia Luso-Brasileira*, 5, 1531). Ora, no acto de consumo são discerníveis, por um lado, o sujeito (o consumidor), e, por outro, o objecto (o bem consumido). Sendo que se fundem no acto pela presumida aptidão do segundo para a satisfação de uma necessidade do primeiro – e que influem ambos na caracterização desse mesmo acto, que o direito visa tutelar. No que toca ao *lado subjectivo* do acto de consumo, importa referir que a categoria consumidor sofre de alguma *indeterminação*. Por um lado, *prima facie*, consumidores somos todos nós, porque todos carecemos de bens para a satisfação de necessidades, ao menos, vitais. Mas, bastará consumir um bem para se adquirir a qualidade jurídica de consumidor? Não operará nenhum critério selectivo, que filtre e distinga o consumo digno de tutela, daqueloutro que já a não possa reclamar. Vincenzo Zeno-Zencovich, num artigo dedicado à tutela do consumidor publicado na *Enciclopedia Giuridica*, põe em destaque este ponto, ao escrever que "il 'consumatore' non costituisce un soggetto giuridicamente autonomo nell'ordinamento positivo italiano, ma una figura rapresentativa di istanze – meritevoli della massima attenzione, senz'altro – che si estrinsecano *de iure condendo* e in sede di politica del diritto." Ademais, nas palavras do mesmo Autor, o conceito de consumidor corre o risco de ser "restritivo perhé se ci si ferma al 'consumatore' *stricto sensu* si escludono dall'ambito di un'eventuale tutela quei soggetti che nel sistema di common law vengono definiti *bystanders*, termine che solo approssimativamente si può tradurre con 'astanti' e che connota quanti, pur non acquirenti o consomatori, subiscono un danno da un prodotto di consumo." No que toca ao *lado objectivo* do acto de consumo, por bem consumido ou "consumer good", entende-se, "in economics, any tangible commodity produced and subsequently purchased to satisfy the current wants and perceived needs of the buyer" (*Brittanica* 3, 577).

Ora, tendo em conta a importância sistemática da definição de consumidor constante da Lei-quadro de defesa do consumidor, parece que o legislador tem configurado o lado subjectivo do acto de consumo por referência ao seu lado objectivo. Por outras palavras, parece que a qualidade de sujeito de um acto de consumo juridicamente tutelado dependerá de uma experiência aquisitiva do bem de consumo. O que vale ainda por dizer, que, para efeitos jurídicos, o conceito de consumidor será modelado por referência ao conceito económico de bem de consumo. Mas será esta, porventura, a solução mais adequada? É que, em bom rigor, ao conceito económico não interessa tanto o efectivo 'consumo' desse bem, mas antes o impacto que tal acto de procura tem no mercado. Acresce que os economistas clássicos não relevavam o consumo no quadro da ciência económica, devendo-se a Marx a sua introdução por via da máxima 'a cada um segundo as suas necessidades' (cfr. *Novíssimo Digesto*, 359). Ademais, um conceito puramente económico afigura-se como *redutor* das exigências que o acto de consumo põe ao direito. É que, a protecção do consumidor não se esgota num cálculo das utilidades marginais obtidas com a aquisição de um bem.

Importa, pois, compreender o acto de consumo na sua plenitude de sentido. O que nos leva a começar por perguntar pelas *condicionantes* ou *envolventes* da formação do acto de consumo. Perguntar, enfim, pelo Homem, e questionar: é o acto de consumo fundado numa decisão livre em condições de igualdade? Não será antes, as mais das vezes, imposto por uma *Massicultura e medicultura*, de que nos fala Dwight Macdonald, em *A Industria da Cultura*. Ou, ainda mais radicalmente: fará ainda sentido falar do Homem? Não terá este, tendo *A ciência e a técnica como ideologia*, no dizer de Jürgen Habermas, sido conduzido para o *consumismo*? E, com a *consequente devastação do espaço vital*, cometido, dando voz à obra de Konrad Lorenz, um d' *Os oito pecados mortais da civilização*? Alvin Toffler visionou, há já alguns anos atrás, o mundo como uma *Aldeia Global*. E nela habitamos hoje, em virtude da Revolução das Comunicações. É a nossa a *Era da Comunicação*, como diz Humberto Eco. E com ela, como diria Derrida, a *disseminação* à escala planetária de uma linguagem: a linguagem do *marketing*, a Babel que desponta no limiar do Terceiro Milénio. Esperanto? Ou, antes, *Novi-lingua*, ao estilo orwelliano?

Nesta *condição pós-moderna*, dizendo-o com Lyotard, o centro de gravidade passou da *fábrica* para o *mercado*. E o mercado é controlado por quem domina a *alquimia da informação*, como refere o casal Toffler, em *Criando uma Nova Civili-*

zação. Ou se quisermos, pelos *Imagógolos*, de que fala Milan Kundera, em *A Imortalidade*. O consumidor actualiza diariamente essa informação através do *Big-Brother* que os *media*, sobretudo a televisão, são. E com base nela toma, as mais da vezes, decisões de praticar o consumo *para além do valor de uso* dos bens, como refere Jean Baudrillard, em *Para uma economia política do signo*. Acresce que, para além de ser impelido ao consumo pela *magia do signo* realizada, via de regra, pela *profundiade publicitária* – de que fala Roland Barthes, em *Mitologias* –, o consumidor vê o seu poder de negociação junto dos fornecedores dos bens reduzido, via de regra, à aceitação ou não de condições pré-elaboradas. E porque a satisfação das necessidades o impelem a consumir, não lhe resta senão fazer-fé na letra miúda, e esperar que o produto não seja defeituoso. *Normalização, standardização, performance são os comandos desta linguagem do mercado* (sobre esta matéria poderá ver-se os nossos *Comunicação e defesa do consumidor*, Coimbra, 1993, *Abril Revisitado: Dos Cravos da Revolução aos Escravos da Comunicação?*, Cantanhede, 1995). É caso para perguntar, então: não estará o homem reduzido ao estatuto funcional de consumidor? Não será tempo de ajuntar um novo predicado ao homo *sapiens sapiens*, para além de *oeconomicus, loquens, ludens, communicans*? Não será este o tempo, por força da evolução, do homo *consumans*? E, por outro lado: não será, em obediência ao *Diktat* economicista, o Código do Consumidor, em gestação, mais um exemplo da economização tecnológica do direito, por definição *wertfrei*?

Ora bem. É ainda *em nome do Homem*, e da sua dignidade, que se justifica um Código do Consumidor. Pois que, no acto de consumo, ocupa uma posição débil ou fraca: limitado na sua liberdade, diminuído na sua igualdade. Pode, pois, o Homem exigir ao Direito que intervenha ao seu serviço, em nome do respeito por estes mesmos valores, pois que integram aquele mínimo de dignidade humana que cumpre ao direito salvaguardar e promover. Acresce que o próprio sistema económico, que opera em termos de mercado em livre concorrência, tem como seu agente essencial o consumidor. E que, a fim de evitar a entropia, carece de regras que promovam a confiança social: que o consumidor possa acreditar na publicidade, confiar na letra miúda e presumir a segurança e qualidade dos bens que consome. E que disponha de um complexo de expedientes adequados à reparação dos danos sofridos. E até que sejam previstas *sanções compulsórias*, que dissuadam eventuais tentações contabilísticas de incumprimento. Enfim, a elaboração de um direito dos consumidores *sub specie codicis* é feita em nome de valores fundamentais à vida do homem-com-os-outros. Em causa está reger um *acto de comunicação* – o acto de consumo –, que afecta não apenas o homem-consumidor individualmente considerado, mas também o arquétipo vigente do processo económico em que ocorre.

Como nos dá conta Guido Alpa, na *Enciclopedia Giuridica*, desde o *leading case* (caso *Mc Pherson*) sobre *products liability*, ocorrido em 1916 na jurisprudência norte-americana, passando pelo *Ombudsmann* dos consumidores na Suécia e por

esta noção parece abranger a definição de consumidor fornecida pela Directiva sobre o comércio electrónico, nos termos da qual será consumidor qualquer pessoa singular que actue para fins alheios à sua actividade comercial, empresarial ou profissional [37].

8. Em ordem a criar um ambiente jurídico de confiança, a defesa do consumidor é um aspecto fundamental da promoção do comércio electrónico [38]. Dentro do amplo leque de medidas que compõem o

---

diversas intervenções legislativas em diversos domínios (publicidade enganosa, cláusulas contratuais gerais e *Unfair Contract Terms*, responsabilidade objectiva do produtor, etc.), tem-se assistido à emergência de uma série de normas destinadas a proteger o consumidor. E que compõem o chamado *direito do consumo*, como disciplina jurídica que rompe fronteiras dogmáticas, na busca de respostas para os problemas das sociedades de consumo. Torna-se, pois, exigível ao Estado, que, desde logo, através do seu poder legislativo, se desincumba da sua tarefa de proteger o consumidor, mediante *leis claras, curtas e concisas*, de preferência, *sub specie codicis*. Sobre esta matéria, *vide*, fundamentalmente, António Pinto Monteiro, *Do Direito do Consumo ao Código do Consumidor*, in *Estudos de Direito do Consumidor*, I, Centro de Direito do Consumo, Coimbra, 1999, p. 201 *et seq.*

Claro que ao invés da criação de um Código do Consumidor autónomo poder-se-ia enxertar esta regulamentação no Código Civil, à semelhança do que sucedeu em alguns países, nomeadamente na Holanda. Em legislação avulsa ficaria o chamado direito económico do consumo, no qual a intenção de protecção de consumidor já não encontra ressonância no regime positivo, não surgindo muitas vezes senão como um mero "a propósito" ou "dogma protocolar", pois que se trata essencialmente de regulação do mercado (incluindo a produção). Assim, o direito do consumidor propriamente dito seria integrado num trabalho mais amplo de revisão do Código Civil. Trata-se, fundamentalmente, de um problema de política legislativa. Porém, este é um tempo de fragmentaridade, de mosaicos de leis avulsas, mais determinados pela oportunidade do espectro mediático e das pressões dos interesses do que pela qualidade da produção legislativa. Oxalá o Código do Consumidor possa inverter esta tendência. No estado actual, há três vias possíveis. Uma é abrir o Código Civil e enriquecê-lo com estes novos desenvolvimentos provenientes principalmente do direito comunitário. Outra via é deixar tudo como está, transpondo as Directivas comunitárias mediante leis avulsas, engrossando o volume das colectâneas de leis do consumidor (ou do consumo, tanto faz). Por fim, a terceira via é, na impossibilidade de abrir e rever o Código Civil, criar um novo Código, que se juntará a vários outros que gravitam em torno do Código Civil: é a via do Código do Consumidor, a via *per mezzo*.

[37] Directiva sobre o comércio electrónico, art. 2.°-e)
[38] Sobre esta matéria veja-se António Pinto Monteiro, *A protecção do consumidor de serviços de telecomunicações*, in *As telecomunicações e o direito na*

acervo comunitário de protecção dos consumidores [39], abordaremos fundamentalmente duas medidas com relevo contratual: as Directivas

---

sociedade da informação, IJC, Coimbra, 1999, p. 155 s; poderá ver-se também o nosso *Comércio Electrónico na Sociedade da Informação: Da Segurança Técnica à Confiança Jurídica*, Coimbra, Almedina, 1999. No direito comparado, veja-se, por exemplo, Arnold Dirk, *Verbraucherschutz im Internet*, CR 1997, p. 526; H. Köhler, *Die Rechte des Verbrauchers beim Teleshopping (TV-Shopping, Internet-Shopping)*, NJW 1998, p. 185; D. Valentino, *Obblighi di informazione e vendite a distanza*, Rassegna 1998, p. 375; M. Martinek, *Verbraucherschutz im Fernabsatz – Lesehilfe mit Merkpunkten zur neuen EU-Richtlinie*, NJW 1998, p. 207; M. Trochu, *Protection des consommateurs en matière de contrats à distance: directive n.º 97-7 CE du 20 mai 1997*, Recueil Dalloz, 1999, p. 179.

[39] Para além das medidas que serão referidas no texto, veja-se, especialmente, com relevo no domínio das comunicações electrónicas: Directiva 90/314/CEE do Conselho de 13 de Junho de 1990 relativa às viagens organizadas, férias organizadas e circuitos organizados (no direito interno, veja-se o Regime de acesso e exercício da actividade de agências de viagens e turismo, aprovado pelo Decreto-Lei n. 209/97 de 13 de Agosto, alterado pelo Decreto-Lei n.º 12/99 de 11 de Janeiro); Directiva 98/6/ CE do Parlamento Europeu e do Conselho, de 16 de Fevereiro de 1998, relativa à defesa dos consumidores em matéria de indicação dos preços dos produtos oferecidos aos consumidores, transposta pelo Decreto-Lei n.º 162/99 de 13 de Maio, que altera o Decreto-Lei n.º 138/90, de 26 de Abril; Directiva 87/102/CEE do Conselho de 22 de Dezembro de 1986 relativa à aproximação das disposições legislativas, regulamentares e administrativas dos Estados-membros relativas ao crédito ao consumo, alterada pela Directiva 90/88/CEE do Conselho de 22 de Fevereiro de 1990, e, mais recentemente, pela Directiva 98/7/CE do Parlamento Europeu e do Conselho de 16 de Fevereiro de 1998 (no direito interno, veja-se o Decreto-Lei n.º 359/91, de 21 de Setembro); Directiva 98/27/CE do Parlamento Europeu e do Conselho de 19 de Maio de 1998 relativa às acções inibitórias em matéria de protecção dos interesses dos consumidores; Directiva 1999/44/CE do Parlamento Europeu e do Conselho de 25 de Maio de 1999 relativa a certos aspectos da venda de bens de consumo e das garantias a ela relativas; Directiva 84/450/CEE do Conselho de 10 de Setembro de 1984 relativa à aproximação das disposições legislativas, regulamentares e administrativas dos Estados-membros em matéria de publicidade enganosa, alterada pela Directiva 97/55/ /CE do Parlamento Europeu e do Conselho de 6 de Outubro de 1997 para incluir a publicidade comparativa; Directiva 89/552/CEE do Conselho de 3 de Outubro de 1989 relativa à coordenação de certas disposições legislativas, regulamentares e administrativas dos Estados-membros relativas ao exercício de actividades de radiodifusão televisiva, alterada pela Directiva 97/36/CE do Parlamento Europeu e do Conselho de 30 de Junho de 1997; Directiva 92/28/CEE do Conselho de 31 de Março de 1992 relativa à publicidade dos medicamentos para uso humano; Directiva 98/43/CE do Parlamento Europeu e do Conselho de 6 de Julho de 1998 relativa à aproximação das

Contratos à Distância [40] e Cláusulas Abusivas [41]. A Directiva sobre o comércio electrónico ressalva o acervo comunitário essencial para a protecção do consumidor constituído por estas Directivas, considerando-as integralmente aplicáveis aos serviços da sociedade da informação [42]. Outros aspectos que focaremos dizem respeito à publicidade domiciliária por *marketing* directo e ao problema da aplicação do regime da responsabilidade do produtor aos conteúdos informativos transaccionados electronicamente, em especial quando se trata de programas de computador.

No direito alemão, a TDG responsabiliza os prestadores de tele-serviços (*Teledienste*) pelos conteúdos informativos próprios que tornam disponíveis nos termos gerais, excluindo, porém, o regime da "*Produkthaftung*" [43]; depois, prescreve o critério da *culpa in vigilando* para os conteúdos de terceiros no contexto da "edição electrónica" e exclui a sua responsabilidade nos casos de simples prestação de acesso a conteúdo de terceiros [44]. Não obstante, este precedente de direito comparado não deixa de ser problemático, ao excluir, por argumento *a contrario*, o regime jurídico da responsabilidade do produtor [45], sobretudo, se se entender que é extensível a produtos digitalizados,

---

disposições legislativas, regulamentares e administrativas dos Estados-membros em matéria de publicidade e de patrocínio dos produtos do tabaco (no direito interno, veja-se o Código da Publicidade).

[40] Directiva 97/7/CE do Parlamento Europeu e do Conselho de 20 de Maio de 1997, relativa à protecção dos consumidores em matéria de contratos à distância.

[41] Directiva 93/13/CEE do Conselho de 5 de Abril de 1993 relativa às cláusulas abusivas nos contratos celebrados com os consumidores.

[42] Veja-se, também, a Resolução do Conselho de 19 de Janeiro de 1999 sobre os aspectos relativos ao consumidor na sociedade da informação, e o documento da OCDE *Recommendations of the OECD Council Concerning Guidelines For Consumer Protection in the Context of Electronic Commerce*.

[43] Cfr. § 5(1) TDG.

[44] Cfr. M. Schaefer / C. Rasch / T. Braun, *Zur Verantwortlichkeit von Online-Diensten und Zugangsvermittlern*, ZUM 1998, p. 452.

[45] Veja-se, entre nós, o Decreto-Lei n.º 383/89, de 6 de Novembro, que transpõe para a ordem jurídica interna a Directiva n.º 85/374/CEE do Conselho, de 25 de Julho de 1985, relativa à aproximação das disposições legislativas, regulamentares e administrativas dos Estados-membros em matéria de responsabilidade decorrente de produtos defeituosos.

como sejam os programas de computador e os produtos multimedia em geral, equiparando-os à electricidade que não é excluída da noção de produto consagrada na directiva [46]. Além do mais, distingue a mera prestação de serviço de acesso da distribuição de produtos de informação via electrónica, sejam produzidos pelo próprio, sejam de terceiros. A distribuição em rede (*maxime*, na Internet) de conteúdos informativos digitalizados ganha significado crescente com o desenvolvimento do comércio electrónico. Em vez da informação incorporada em suportes materiais de dados, pratica-se cada vez mais a pura transferência em linha dos produtos, sendo de referir, ainda, que determinadas formas de programas, como os *Browsers* ou os *Scanners* de Virus na Internet, podem permitir o controlo de vias de distribuição na Internet. Por todas estas razões, não deixa de ser problemática a responsabilidade do produtor de informação e os termos do "privilégio" estabelecido pela nova lei alemã [47]. Todavia, a dimensão de serviços envolvida e a natureza incorpórea destes produtos são dois argumentos favoráveis à exclusão do regime da responsabibilidade objectiva ao produtor deste tipo de bens. Isso permitirá clarificar a questão, sendo que ainda há meia dúzia de anos se escrevia que: "Hoje é completamente não claro saber se a informação é considerada um produto no sentido da Directiva. Os poucos comentadores que se manifestaram sobre o assunto até agora estão divididos" [48].

O problema da responsabilidade do produtor de informação defeituosa, em especial programas de computador, e dos prestadores de serviços em linha constitui, é certo, uma questão horizontal, que tem a ver com a responsabilidade extracontratual na Internet e com a aplicação neste domínio de regras válidas para outros meios de comunicação, por ex., a radiodifusão audiovisual [49]. Como se deu conta no

---

[46] Cfr. G. Vandenberghe, *European Perspectives*, in Sieber (ed.), *Liability for On-Line Data Bank Services*, p. 402 ("Products also include electricity.").

[47] Cfr. G. Spindler, *Verschuldensabhängige Produkhaftung im Internet*, MMR 1998, p. 23.

[48] G. Vandenbergue, *European Perspectives*, in Sieber (ed.), *Liability for On-Line Data Bank Services,* p. 402.

[49] Sobre esta questão veja-se, nomeadamente, C. von Heyl,, *Teledienste und Mediendienste nach Teledienstegesetz und Mediendienste-Staatsvertrag*, ZUM 1998,

Livro Verde Convergência, referindo-se a este problema: "Em alguns casos pode haver o risco de, apesar das definições actuais, a nível comunitário, de actividades de radiodifusão e de telecomunicações, os regulamentadores de alguns Estados-membros submeterem um determinado serviço novo a um dado regime regulamentar, enquanto noutros Estados-membros se considera que esse serviço está sujeito a um regime diferente (...) Um exemplo de insegurança regulamentar ocorreu durante a recente campanha eleitoral em França. As regras que proíbem a publicação de resultados de sondagens na semana que precede as eleições foram aplicadas aos meios de comunicação social fora de linha, mas não à Internet. Nestas circunstâncias, diversos editores ignoraram a proibição que colocava em desvantagem os meios de comunicação social tradicionais"[50].

Um outro exemplo é saber se o regime das mensagens publicitárias se deverá aplicar no ambiente digital das redes informáticas, de que é exemplo paradigmático a Internet. Com efeito, os serviços de difusão por satélite e por cabo de sinais televisivos e radiofónicos encontram-se sujeitos ao regime da publicidade vertido, entre nós, no Código da Publicidade. Este Código não apenas transpõe para a ordem jurídica interna a Directiva Publicidade Enganosa e Comparativa[51]. Além disso, o Código da Publicidade transpõe também regras da Directiva Televisão[52], além de receber no ordenamento nacional a

---

p. 115; C. Degenhart, *Rundfunk und Internet*, ZUM 1998, p. 333; W.-D. Ring, *Rundfunk und Internet*, ZUM 1998, p. 358; Al. Tettenborn, *Europäische Union: Rechtsrahmen für die Informationsgesellschaft*, MMR 1998, p. 18.

[50] *Livro Verde relativo à Convergência dos sectores das telecomunicações, dos meios de comunicação social e das tecnologias da informação e às suas implicações na regulamentação — para uma abordagem centrada na Sociedade da Informação*, COM(97) 623 final, 3.12.1997, p. 22.

[51] Directiva 84/450/CEE do Conselho, de 10 de Setembro de 1984, relativa à aproximação das disposições legislativas, regulamentares e administrativas dos Estados-membros em matéria de publicidade enganosa, e a Directiva 97/55/CE do Parlamento Europeu e do Conselho, de 6 de Outubro de 1997, que altera a Directiva 84//450/CEE relativa à publicidade enganosa para incluir a publicidade comparativa. Sobre a directiva da publicidade (enganosa e) comparativa veja-se, por ex., Tilmann, *Richtlinie vergleichende Werbung*, GRUR Int. 1997, p. 790.

[52] Directiva 89/552/CEE do Conselho de 3 de Outubro de 1989 relativa à coordenação de certas disposições legislativas, regulamentares e administrativas dos

Convenção Europeia sobre a Televisão sem Fronteiras. Ora, serão válidos no ambiente digital em rede os princípios da licitude, do respeito dos direitos dos consumidores, da identificabilidade e da veracidade que regulam o direito da publicidade? Será aplicável neste domínio a medida cautelar consagrada no art. 41.°, 7, do Código da Publicidade, segundo a qual, quando a gravidade do caso o exija e sempre que do facto resulte contribuição para a reparação dos efeitos da publicidade ilícita, podem as entidades competentes para a fiscalização ordenar ao anunciante a difusão, a expensas suas, de publicidade correctora, determinando o respectivo conteúdo, modalidade e prazo de difusão? E, para além das regras sobre a publicidade televisiva e as televendas, serão aplicáveis as regras do patrocínio, como, por exemplo, a que a Directiva Televisão alterada introduziu, no sentido de o permitir, em certos termos, a favor de entidades cujas actividades incluam o fabrico ou venda de medicamentos e tratamentos médicos[53]? E as regras relativas à "protecção dos menores e ordem pública", no sentido de as emissões televisivas dos organismos de radiodifusão não incluirem quaisquer programas susceptíveis de prejudicar gravemente o desenvolvimento físico, mental ou moral dos menores (cenas de pornografia ou de violência gratuita, incitamento ao ódio por razões de raça, sexo, religião ou nacionalidade)?[54]

De facto, é questionável que haja analogia entre estas duas formas de comunicação, a radiodifusão e a Internet, pois que, justamente, "as informações transmitidas não são realmente nenhum programa em sentido próprio e que praticamente cada um pode encontrar-se seja

---

Estados-membros relativas ao exercício de actividades de radiodifusão televisiva, alterada pela Directiva 97/36/CE do Parlamento Europeu e do Conselho de 30 de Junho de 1997. Sobre a publicidade no direito comunitário veja-se ainda a Directiva 92/28/CEE do Conselho de 31 de Março de 1992 relativa à publicidade dos medicamentos para uso humano, e a Directiva 98/43/CE do Parlamento Europeu e do Conselho de 6 de Julho de 1998 relativa à aproximação das disposições legislativas, regulamentares e administrativas dos Estados-membros em matéria de publicidade e de patrocínio dos produtos do tabaco.

[53] Cfr. art. 1.°, 19-b, Directiva 97/36/CE.

[54] Sobre esta questão veja-se o nosso *Comércio electrónico na sociedade da informação: da segurança técnica à confiança jurídica*, Coimbra, 1999, p. 89.

como fornecedor de informação seja como utilizador"[55]. Com efeito, serão mobilizáveis, neste domínio, precedentes jurisprudenciais firmados no domínio dos serviços de telecomunicações de sinais televisivos, como é exemplo paradigmático o caso *Hillsboro* no reino Unido (*Alcock v. Chief Constable of South Yorkshire Police*?[56]

Em suma, a protecção do consumidor na Internet levanta diversas questões[57]. É uma questão importante saber quais os direitos dos consumidores no ambiente digital em rede interactiva. Entre nós, os consumidores, enquanto tais, têm direitos fundamentais consagrados na letra da lei constitucional (art. 60.° CRP), nomeadamente, os direitos à qualidade dos bens e serviços, à formação e à informação, à reparação de danos. Direitos estes que são explicitados na Lei de Defesa do Consumidor[58], e têm carácter injuntivo. Topicamente, é importante saber se e em que termos são aplicáveis, no ambiente digital em rede, diversas normas, como, por exemplo, a regra segundo a qual a informação das mensagens publicitárias poderá, em certos ter-

---

[55] M. Büttler, *Information Highway – Rundfunk- oder Fernmeldedienst?*, in R. Hilty (Hrsg.), *Information Highway (Beiträge zu rechtlichen und tatsäschlichen Fragen)*, München: Beck, 1996, p. 173-4.

[56] Em traços gerais, os telespectadores de um programa televisivo viram imagens reais na televisão de um desastre em massa envolvendo pessoas queridas e reclamaram ter sofrido choques nervosos por causa disso; a *House of Lords* reconheceu a diferença entre ver uma tal cena na televisão e ler sobre isso nos jornais, mas tratou de limitar o número de potenciais *claimants* por via da requisição de um *nexus* apertado entre o receptor da radiodifusão e o assunto i.e. uma relação próxima de amor e afecto entre o telespectador e a pessoa cuja morte ou mutilação estava sendo descrita; porém, os factos do caso não eram constitutivos de responsabilidade porque as imagens de radiodifusão, de acordo com os códigos de radiodifusão, não identificavam especificamente indivíduos vítimas/parentes dos telespectadores. Cfr. R. Taylor, *Consumer Protection in the Telecommunications Field*, in *Comunicação e Defesa do Consumidor*, IJC, 1996, p. 393.

[57] Sobre o problema veja-se, nomeadamente, H. Köhler, *Die Rechte des Verbrauchers beim Teleshopping (TV-Shopping, Internet-Shopping)*, NJW 1998, p. 185; D. Valentino, *Obblighi di informazione e vendite a distanza*, Rassegna 1998, p. 375; M. Martinek, *Verbraucherschutz im Fernabsatz – Lesehilfe mit Merkpunkten zur neuen EU-Richtlinie*, NJW 1998, p. 207; M. Trochu, *Protection des consommateurs en matière de contrats à distance: directive n.º 97-7 CE du 20 mai 1997*, Recueil Dalloz, 1999, p. 179.

[58] Lei n.° 24/96, de 31 de Julho, arts. 3.° a 15.°, art. 16.°.

mos, considerar-se parte integrante do conteúdo dos contratos que venham a celebrar-se, tendo-se por não escritas as cláusulas contratuais em contrário (art. 7.°, 5); o relevo especial do dever de informação que sobre o fornecedor impende (art. 8.°); a protecção da inércia do consumidor, não tendo, nomeadamente, a obrigação de pagar bens ou serviços que não tenha expressamente encomendado ou solicitado (art. 9.°, 5); a proibição de o fornecedor fazer depender o fornecimento de um bem ou a prestação de um serviço do fornecimento de um bem ou da prestação de outro serviço (art. 9.°, 6); o "direito de retratação" nos contratos celebrados fora dos estabelecimentos comerciais do prestador dos serviços (art. 9.°, 7); o direito de acção inibitória e a legitimidade processual activa dos consumidores directamente lesados (arts. 10.° e 13.°). Para além dos direitos previstos nesta *magna carta* dos consumidores, é importante definir os termos de aplicação do regime jurídico das cláusulas contratuais gerais [59] às chamadas licenças

---

[59] Decreto-Lei n.° 446/85, de 25 de Outubro, alterado pelo Decreto-Lei n.° 220/95, de 31 de Janeiro (e pelo Decreto-Lei n.° 249/99, de 31 de Julho), que transpõe a Directiva 93/13/CEE do Conselho de 5 de Abril de 1993 relativa às cláusulas abusivas nos contratos celebrados com os consumidores. Antes da alteração de 1999, concordámos com a defesa da interpretação do art. 1.° da nossa Lei em conformidade com a Directiva, de modo a que, ao menos no âmbito das relações com os consumidores, o regime se aplicasse a cláusulas pré-elaboradas, independentemente do requisito da sua generalidade e indeterminação (assim, António Pinto Monteiro, *El problema de las condiciones generales de los contratos y la directiva sobre cláusulas abusivas en los contratos de consumidores*, RDM 1996, p. 101, sustentando a interpretação conforme à directiva e criticando a solução legislativa, por esta não ter resolvido convenientemente o problema: "el legislador, habiendo intervenido, debería haber encarado y resuelto este problema de forma clara e inequívoca. Y podría haber bastado (excepto las disposiciones sobre la acción inhibitoria) a todas las cláusulas redactadas previamente, en los términos anteriormente expuestos, al menos en las relaciones con los consumidores." – veja-se ainda, Idem, *The Impact of the Directive on Unfair Terms in Consumer Contracts on Portuguese Law*, ERPL 1995, p. 231 s; tratar-se-á esta de uma excepção infeliz à regra segundo a qual: "Es ist manchmal eine übertriebene Sorge unseres Gesetzgebers festzustellen, den Richtlinien sehr nahe – fast wörtlich – zu folgen." Idem, *Harmonisierung des Portugiesischen Verbraucherschutzrechts*, BFD 1993, p. 359).

Acrescentámos, ainda, que o DL 249/99, de 31 de Julho veio "corrigir" uma deficiência na transposição da Directiva, que na verdade não tinha inteiramente razão de ser (neste sentido, ver Mário Júlio de Almeida Costa, *Síntese do Regime Jurídico*

click-wrap, ao nível não apenas da formação do contrato, mas também do controlo do conteúdo e, ainda, a nível orgânico-processual (pondo-se, aqui, a questão da pertinência de um serviço electrónico em linha de registo das cláusulas contratuais abusivas). Para além do problema

Vigente das Cláusulas Contratuais Gerais, 2.ª ed. rev. e act., Lisboa, 1999, p. 18: "Motivou essencialmente esta intervenção legislativa o facto de se considerar, quanto a nós sem fundamento, que o legislador português omitira a transposição da mencionada Directiva a respeito das cláusulas destinadas a contratos individualizados."). Com efeito, o diploma de alteração vem dispor que o regime das cláusulas contratuais gerais "aplica-se igualmente às cláusulas inseridas em contratos individualizados, mas cujo conteúdo previamente elaborado o destinatário não pode influenciar" (art. 1.º, 2). Esta solução tem sido criticada (*vide* António Pinto Monteiro, *La Directive "Clauses Abusives", 5 Ans Après – A Transposição para a Ordem Jurídica Interna da Directiva 93/13/CEE*, BFD 1999, p. 535: "*não foi feliz*, a nosso ver, o *modo* nem os *termos* por que o legislador de 99..."; Alexandre Dias Pereira, *Comércio Electrónico na Sociedade da Informação, cit.*, p. 106: "A fórmula adoptada não é inteiramente feliz.").

Com efeito, o que são contratos individualizados? Serão contratos que contêm cláusulas contratuais gerais "moldadas" em atenção ao contrato individual, mas que no essencial se integram na disciplina de uma série indeterminada de contratos? É que a integração de tais cláusulas numa disciplina de série indeterminada, embora individualizada no contrato individual, não nos parece ser elemento exigido pela Directiva, uma vez que a Directiva não se destina a regular tais "contratos individualizados", mas antes as cláusulas contratuais que não tenham sido objecto de negociação individual, isto é, que tenham sido redigidas previamente e, consequentemente, o consumidor não tenha podido influir no seu conteúdo, em especial no âmbito de um contrato de adesão (art. 3.º, 1 e 2, Directiva sobre cláusulas abusivas). De todo o modo, mesmo os contratos não individualizados que não se integram numa displina contratual de série indeterminada serão abrangidos pelo regime das "cláusulas contratuais gerais". Tal resulta, não da alteração literal que foi operada – que é equívoca –, mas da interpretação que fazemos do art. 37.º. Em suma, o diploma das cláusulas contratuais gerais é aplicável também às cláusulas não negociadas individualmente contidas em propostas aceites ou subscritas pelo aderente, e não apenas às cláusulas contratuais gerais *stricto sensu*. Na verdade, se o diploma ressalva a aplicação das disposições legais que, em concreto, se mostrem mais favoráveis ao aderente do que o regime das cláusulas contratuais gerais, então, por maioria de razão, isso significa que o aderente já beneficiará sempre deste regime independentemente de estarem em causa cláusulas contratuais gerais, cláusulas contratuais gerais individualizadas ou antes, simplesmente, cláusulas não negociadas individualmente (cfr. Alexandre Dias Pereira, *Comércio Electrónico na Sociedade da Informação, cit.*, p. 104 s; Idem, *Programas de Computador, Sistemas Informáticos e Comunicações Electrónicas: Alguns Aspectos Jurídico-Contratuais*, ROA, 1999, III, p. 987, em nota).

das cláusulas abusivas nas licenças *on line*, seria importante apurar os termos da aplicação do regime do crédito ao consumo no contexto do *telebanking* [60].

É, portanto, amplo o leque de problemas que se abre no tratamento do problema da protecção jurídica do consumidor no domínio do comércio electrónico [61]. Além disso, será de registar o trabalho que

---

[60] Decreto-Lei n.° 359/91, de 21 de Setembro, que transpõe para a ordem jurídica interna a Directiva 87/192/CEE do Conselho, de 22 de Dezembro de 1986, relativa à aproximação das disposições legislativas, regulamentares e administrativas dos Estados-membros relativas ao crédito ao consumo (alterada pela Directiva 90/88//CEE do Conselho de 22 de Fevereiro de 1990, e, mais recentemente, pela Directiva 98/7/CE do Parlamento Europeu e do Conselho de 16 de Fevereiro de 1998).

[61] Por outro lado, o problema da protecção jurídica do consumidor de serviços da sociedade da informação deve ser enquadrado, actualmente, no âmbito de uma caracterização prévia da Sociedade de Informação. Com efeito, sendo a sociedade função do direito, uma vez que *ubi societas, ibi ius*, interessa descrever os traços mais salientes daquele macro-cosmos englobante, a Sociedade de Informação, em ordem a compreender o modo como este micro-cosmos englobado, o Direito, é chamado a actuar. Sendo que o sentido da sua actuação é já apontado pelo termo primeiro da enunciação do problema: a protecção do consumidor. Por outras palavras, estamos, por assim dizer, num plano, ao mesmo tempo, infra- supra- e trans-sistemático que o direito do consumo constitui, como ramo cientificamente autónomo, porquanto nele convergem influxos provenientes de lugares dispersos do mundo da juridicidade por referência a uma intenção de justiça protectiva do acto de consumo. Seguiremos, a fim de caracterizar a Sociedade de Informação nos seus traços mais distintivos, alguns depoimentos credenciados, apresentados no relatório do Ministério da Economia da Baviera (BMWi Report, de seu título *Die Informationsgesellschaft*, Bonn, 1995). Trata-se de um documento pioneiro no horizonte dos Estados-membros da União Europeia, contendo, *inter alia*, opiniões de profissionais oriundos do meio académico, científico, político, cultural e empresarial, que, de um modo geral, retratam, assaz amiúde, as novas realidades vazadas sob a designação Sociedade de Informação.

Para começar, as expressões auto-estradas da informação, multimedia, ciberespaço são alguns dos mais importantes conceitos-chave na economia presente e futura. Significam a mudança estrutural das modernas sociedades industriais de informação. Na verdade, as tecnologias da comunicação e da informação assumiam já, em 1995, um valor na economia mundial de cerca de 3 biliões de US dolares. Ao valor económico destas novas tecnologias junta-se a circunstância de que com a Internet e os restantes instrumentos de telecomunicação electrónica, o Tempo e o Espaço perdem grande parte do seu significado tradicional. Com efeito, num universo em que a informação pode ser processada, armazenada, solicitada e comunicada, anonima e instantaneamente, através de redes à escala mundial (Internet), categorias fundamentais como o tempo e o espaço são reequacionadas, adquirindo uma nova significação. Neste contexto, apenas quem é informado pode aproveitar as possibilidades e os riscos das novas técnicas e alcançar confiança na Sociedade de Informação (Günter Rexrodt, *Vertrauen in die Informationsgesellschaf*). Podemos, assim, dizer que a informação integra hoje, juntamente com as matérias primas, o trabalho e o capital, o quadro dos principais factores económicos produtivos. Vale isto por dizer que o processo económico junta a informação aos seus meios tradicionais.

Ademais, o actual desenvolvimento tecnológico é determinado por três tendências de inovação fundamentais: a digitalização, a miniaturização e a integração (Jörg Harms, *Computertechnik, Telekommunikation, Unterhaltungselektronik und Medien wachsen zusammen*). Sendo que, num quadro de liberalização dos mercados de telecomunicações, assiste-se ao surgimento de um mercado global da comunicação. Esse mercado é potenciado pela convergência entre diferentes domínios tecnológicos, pondo em directa concorrência empresas de media, de equipamentos electrónicos, da indústria dos computadores e das telecomunicações, seja por satélite ou via cabo. Depois, prevalece neste mercado uma situação concorrencial ambivalente, caracterizada simultaneamente pela cooperação e pela concorrência, ou seja, aquelas empresas concorrem e cooperam, ao mesmo tempo, entre si (Mark Wössner, *Konvergenz – Kooperation – Konkurrenz. Zu den Ursachen der Allianzen auf dem internationalen Medienmarkt*). Fala-se, a este propósito, de mercado no ciberespaço, no qual são oferecidos novos produtos, sobretudo os Multimedia, que conjugam, num só, textos, imagens, sons, interactivamente processados por programas de computador. Trata-se, desde logo, dos serviços de bases de dados electrónicas, seja em linha, seja via CD--Rom, tornados possíveis pela tecnologia digital (pense-se na importância do *scanner*). Por outro lado, a publicação electrónica potencia, ainda mais, um consumo de cultura em massa. As tecnologias da comunicação à distância tornaram possíveis, para além dos media tradicionais de telecomunicação (telefone, rádio, televisão, telefax, etc.), o mercado virtual, no qual são oferecidos, entre tantos outros, serviços telemáticos, como sejam: a televisão interactiva, o correio electrónico, o *teleshopping* e o *telebanking*, a telemedicina, a telepedagogia, o *video-on-demand*, a video-conferência, etc.

Pelo que, se no domínio laboral, conceitos como horário e local de trabalho estão em redefinição com o chamado Teletrabalho, também no domínio do direito do consumidor se abre todo um leque de problemas, a começar, desde logo, pela chamada *computer literacy* no *Cyberspace* (Hilmar Hoffmann, *Die Chance des Lesers*) ou, por outras palavras, do *PC-Analphabetismus* (Fredy Weling, *Geht uns die Arbeit aus? Die Informationstechnologie verändert Arbeitsstrukturen*). Ou seja, à semelhança do que se passa com outros ramos do direito que tutelam agentes nucleares do processo económico, como sejam os trabalhadores, também o direito do consumo é confrontado com esta nova realidade problemática, nela sendo chamado a actuar a intenção de justiça protectiva que o norteia. Com efeito, na Sociedade de Informação assiste-se a uma mudança de paradigma, de um mercado real para um mercado virtual, em que a transparência do mercado, a promoção da concorrência e a protecção do consumidor são reequacionadas. Nesse sentido, para que a informação e a formação, como traves mestras da defesa do consumidor, funcionem na Sociedade de Informação, nessário se torna, desde logo, compreender que a progressiva digitalização das transacções comerciais entre oferentes e consumidores altera ou, pelo menos, afecta as estruturas fundamentais das relações negociais mercantis. São, nomeadamente, os problemas da decisão de compra através de *teleshopping*, do pagamento através de *dinheiro cibernético* (*Cybergeld*), da publicidade na *Internet* ou, ainda, da responsabilidade do produtor de bases de dados por informação defeituosa. Por outro lado, sendo ainda desconhecido cerca de um terço dos riscos decorrentes da incerteza e da fiabilidade dos novos sistemas técnológicos, cabe ao consumidor desempenhar, desde logo, uma função de sensor (*Sensorfunktion*), reconhecendo novos problemas e reclamando soluções adequadas (Heiko Steffens, *Gefahren für den Verbraucher? Mehr Schutz für Teleshopper auf virtuellen Märkten*).

Assim, proteger o consumidor de serviços da sociedade da informação é proteger o consumidor no mercado virtual: é proteger, se quisermos, o *Cyberconsumer*. E, para isso, é preciso, desde logo, fazer valer os seus direitos nesse ambiente digital da Internet, do *teleshopping*, do *pay per view*, etc. A codificação do direito do consumo deverá, pois, adequar o direito a esta nova realidade, sob pena de o Código ser um "nado-morto". Melhor ainda, se quiser evitar "a revolta dos factos contra o Código", o futuro direito do consumo deverá acautelar, desde logo, os já existentes direitos dos consumidores no ciberespaço, isto é, na nossa "Civilização Cibernética". Como em tantos outros domínios, não se trata bem de novos problemas. O que há de novo é o modo como se põem, isto é, os termos com que se tecem. Os grandes problemas são clássicos. E, em regra, estão resolvidos, pelo menos, em grande parte. Trata-se, principalmente, de adequar a letra das normas às realidades tecnológicas actuais. Por outras palavras, dando-se o acto de comunicação, que o consumo seguramente é, por via destes novos meios tecnológicos, deve proteger-se o consumidor em termos consonantemente adequados. Nesse sentido, em muitos dos serviços da sociedade da informação o consumidor é já protegido. Assim, por exemplo, o Código da Publicidade protege o consumidor de serviços de telecomunicações, como sejam, a televisão, a rádio, o fax e os demais restantes meios de comunicação, contra todas as formas de comunicação de mensagens de natureza promocional de produtos ou serviços, incluindo o patrocínio, que sejam, nomeadamente, enganosas, ou que, de um modo geral, atentem contra os direitos dos consumidores. Especial importância no mercado virtual revestem os regimes jurídicos das cláusulas abusivas. Com efeito, são frequentes no *teleshopping* as chamadas licenças electrónicas (*electronic schrink-wrap licences*), nos termos das quais, com o simples premir de um botão expressa-se a adesão a uma série de cláusulas pré-estipuladas pelo oferente dos bens. O problema põe-se em virtude do *supra* referido "analfabetismo informático" do *cyberconsumer*, sendo necessário acautelar, nomeadamente, os seus direitos à informação e ao esclarecimento, ao nível da formação e da celebração dos contratos, para além dos problemas gerais postos pela digitalização da declaração negocial. Por outro lado, tais cláusulas tendem a excluir a responsabilidade do produtor de informação. No mercado virtual do ciberespaço interactivo a informação é explorada como bem económico, sendo mesmo, como alguém disse, o "petróleo" das nossas sociedades. Com efeito, assiste-se à criação de um vasto mercado da informação, através da produção e distribuição, em massa, de bases de dados informáticas e sistemas electrónicos de informação. A distribuição na Internet de informação e de produtos digitalizados, como programas de computador, assume especial relevo. Em vez de informação incorporada em suportes de dados, como os CD-Rom, assiste-se cada vez mais à transmissão em linha de produtos multimedia, em que o único suporte são os impulsos energéticos que correm nos circuitos electrónicos da rede. Certos produtos como os *Browsers* e os *detectores de vírus*, são distribuídos sobretudo na Internet, a fim de assegurar a segurança das transacções. Porém, não se exclui a possibilidade de informações, em especial programas de computador, serem portadores de defeitos e de, nessa medida, ser reclamada a responsabilização do seu produtor. Ora, enquanto bem suceptível de aproveitamento económico, a informação, *maxime* na forma de produtos multimedia, coloca também problemas em sede de responsabilidade jurídica. Em especial, saber se a informação deve ser tratada como produto, para efeitos de responsabilização do seu produtor pelos seus defeitos. Trata-se, portanto, de proteger o consumidor de informação, garantido-lhe o direito à reparação por danos sofridos em virtude de defeito informático. De igual modo, regras que protegem já o consumidor na negociação de contratos fora dos estabelecimentos comerciais e nos contratos à distância, devem ser feitas valer no novo ambiente digital, em que cada utilizador de um computador ligado à rede é um potencial adquirente de bens ou serviços. Sendo que, não apenas a negociação, mas também o pagamento e a entrega dos bens se podem fazer por via electrónica, incluindo a obtenção de crédito, sendo necessário apurar como valerão nesse domínio as regras do crédito ao consumo. Por último, a protecção do *cyberconsumer* no mercado virtual, para ser eficaz, deve assentar em mecanismos judiciais de acesso à justiça, pelos quais ele possa fazer valer com celeridade os seus direitos. Com efeito, sob pena de os direitos dos consumidores não passarem de declarações de princípio, quais proposições linguísticas comunicadas pelo legislador mas desprovidas de conteúdo performativo, necessário se torna adjectivar, em termos orgânico-processuais, a sua significação substantiva, dando *viva vox* à máxima "a cada direito corresponde uma acção". Só desse modo o direito do consumo converter-se-á, de mera *law in the books* em verdadeira *law in action*, adequando-se, de facto, à vida que lhe cumpre servir.

Resulta do que fica dito que o extenso corpo de regras que protegem o consumidor, bem como assim os princípios que o animam, deverão ser feitos valer no mercado virtual do *cyberconsumer*. Assim, direitos do consumidor, como sejam, por exemplo, o direito de resolução (*cooling-off period*) no crédito ao consumo e nas "vendas à distância" e o direito a ser informado sobre esse direito, bem como, ainda, o direito à informação nos contratos de adesão formados e celebrados via EDI ou o direito à reparação de danos por produtos multimedia defeituosos, toda esta gama de direitos, dizíamos, deve ser actuada no novo ambiente digital de convergência das telecomunicações, da informática, dos media, naquilo que se chamam as auto-estradas da informação ou a infra-estrutura económica da informação. O Código *in faciendo* deverá, pois, abrir as suas portas ao consumidor deste mercado cibernético, dando-lhe confiança para que possa fazer-fé na letra miúda das licenças *on-line*, para que possa presumir a segurança dos produtos multimedia e acreditar na publicidade que recebe no seu correio electrónico ou na Internet, para que possa contar com a garantia de que os danos sofridos pelo consumo de tais bens serão ressarcidos. Disso depende a confiança social no arquétipo económico vigente, a disseminação das novas tecnologias e o bem-estar dos consumidores. Na verdade, as aplicações multimedia oferecem ao consumidor possibilidades interessantes e novas oportunidades, que o direito do consumo deverá promover. Por exemplo, o consumidor pode escolher em casa pela Internet uma grande variedade de bens que apenas estão disponíveis no estrangeiro. Além disso, podem poupar-lhe muito tempo. Porém, deve o seu direito de resolução deve ser acautelado, bem como assim o de devolução do produto, caso este não corresponda à informação que serviu de base à decisão de aquisição via *teleshopping*. Em especial, deve o consumidor ser protegido contra o excesso de informação, pois que aqui não será inteiramente válida a máxima: *quod abundat non nocet*. Antes pelo contrário, o excesso de informação, a sobre-informação (em inglês, *over load information*), pode conduzir a que o consumidor não seja devidamente informado desses seus importantes direitos. Vale isto por dizer, que não interessa apenas a informação em si, mas antes também o modo como se informa, isto é, os termos como essa informação é comunicada ao consumidor.

Em suma, em jeito de conclusão, todas estas questões devem, pois, ser respondidas no tratamento do problema da protecção do consumidor no âmbito do comércio electrónico. Trata-se de pôr o direito "em dia" na Sociedade de Informação no domínio do consumo, tal como noutros domínios. No centro das preocupações deve estar o Homem, que não o androide, uma vez que proteger o *cyberconsumer* dos mercados virtuais é, ainda, proteger o acto de comunicação e, nessa medida, lutar pelo respeito da *dignitas* do Homem. Sem que essa protecção entorpeça, porém, o desenvolvimento tecnológico e o progresso civilizacional proporcionado pela ciência. Na verdade, um equilíbrio deve ser encontrado, por via da ponderação prudencial dos interesses conflituantes nos "pratos da balança" referida aos valores essenciais da Comunidade.

tem sido levado a cabo pelas instâncias comunitárias através da adopção de diversas medidas de harmonização do direito do consumidor, antevendo-se, agora, um movimeno de codificação de um direito civil europeu em ordem a assegurar uma interpretação das cláusulas gerais conforme aos resultados prosseguidos por essas medidas [62]. Nesse sentido aponta o novo Código Civil da Holanda que acolhe *"no seu seio o direito do consumo"* [63].

9. Apesar de todas as críticas de que foi alvo, a Directiva sobre o comércio electrónico acabou por consagrar o princípio do país de origem [64]. Mas traduzir-se-á este princípio na redução dos padrões normativos de defesa dos consumidores praticados nos Estados-membros. Com efeito, na perspectiva do BEUC, a Proposta apresentada pela Comissão [65] não satisfazia as exigências de uma política de protecção dos consumidores no domínio do comércio electrónico [66]. Neste

---

Se, por um lado, a protecção do consumidor impõe o acautelamento dos seus direitos neste novo ambiente digital, já, por outro lado, o progresso tecnológico oferecido pela ciência deve ser disseminado e posto ao serviço da comunidade e, ao mesmo tempo, dos próprios consumidores deste mercado virtual.

[62] Cfr. K. Tonner, *Die Rolle des Verbraucherrechts bei der Entwicklung eines europäischen Zivilrechts*, JZ 1996, p. 533.

[63] António Pinto Monteiro, *Discurso do Presidente da Comissão do Código do Consumidor*, BFD 1996, p. 407 (referindo ainda "os esforços que de alguns lados vêm sendo feitos no sentido de um *Código Civil Europeu*" – p. 408).

[64] Directiva sobre o comércio electrónico, art. 3.º (mercado interno).

[65] Proposta de Directiva do Parlamento Europeu e do Conselho relativa a certos aspectos jurídicos do comércio electrónico no mercado interno, Bruxelas, 18.11.1998, COM(1998) 586 final.

[66] Cfr. *Electronic Commerce – the Commission's proposal for a directive*, BEUC/033/99, 19.02.1999. Nos comentários iniciais à Proposta sustentou-se a necessidade de uma nova abordagem estratégica de modo a assegurar os benefícios do aumento da concorrência e da escolha do consumidor, mantendo e promovendo ao mesmo tempo elevados padrões de marketing e de práticas comerciais. Primeiro, a nova abordagem deveria ser multidimensional, no sentido de abranger não apenas a regra do país de origem, mas também, em certos casos, o país de destinação. De outro modo, o proposto princípio do país de origem seria aplicado universalmente ao marketing sem considerar outros factores, como grupos especiais de consumidores ou "target groups" (por ex., as crianças), ou a existência ou não de regras harmonizadas ou códigos de conduta. Segundo, considerou-se que a Proposta tratava vários aspectos

quadro, as críticas dirigem-se particularmente ao princípio do país de origem, considerando-se não aceitável a imposição universal do princípio do país de origem no domínio dos serviços da sociedade da informação.

Este princípio significaria que os prestadores de serviços da sociedade da informação teriam que respeitar (apenas) a legislação do Estado-membro no qual estivessem estabelecidos, mas já não a legislação de outros Estados-membros nos quais os seus serviços pudessem ser recebidos, sendo que, em consequência da aplicação universal deste princípio, os direitos dos consumidores poderiam ser afectados por várias razões [67]. Efectivamente, quer em domínios não cobertos

---

jurídicos do comércio jurídico através de normas separadas que não se encontrariam interligadas por uma estratégia ou quadro comum, sustentando-se que a nova abordagem deveria abranger códigos de conduta e os mais elevados padrões comuns de marketing, mas todos estes elementos deveriam ser interligados no quadro de uma estratégia comum suficientemente flexível para se adaptar aos novos desenvolvimentos. Com efeito, os códigos de conduta seriam promovidos sem uma indicação clara do contexto, do modo como poderiam ser acedidos e de qual seria a sua relação com normas legais. Defendeu-se, ainda, que a Proposta não providenciaria a necessária flexibilidade para responder aos novos desenvolvimentos neste domínio sujeito a mudanças rápidas.

[67] Para começar, os prestadores destes serviços tenderiam a procurar estabelecer-se nos Estados-membros com padrões normativos de protecção dos consumidores menos exigentes. Com efeito, estando sujeitos apenas à legislação de um Estado-membro, os prestadores destes serviços poderiam ser conduzidos a escolher o Estado-membro com padrões normativos menos exigentes em matéria de direitos dos consumidores para aí se estabelecerem. Em virtude disso, poderia gerar-se o risco de os Estados-membros diminuírem os seus padrões normativos de protecção dos consumidores em ordem a acolher o estabelecimento dos prestadores destes serviços. Na realidade, em ordem a promover o estabelecimento destes prestadores de serviços nos seus territórios, os Estados-membros poderiam ser levados a suprimir, eliminar ou, pelo menos, reduzir padrões normativos em matéria de defesa dos consumidores. Depois, a aplicação universal do princípio do país de origem aos prestadores de serviços da sociedade da informação comportaria o risco de uma diminuição dos níveis de protecção dos consumidores quer em domínios não harmonizados quer em domínios sujeitos a medidas de harmonização mínima No que respeita aos primeiros, trata-se de actividades não cobertas por medidas de harmonização, sujeitas portanto ao critério de cada Estado-membro em sede de protecção do consumidor. Isto significaria tratar-se de áreas deixadas à discricionariedade de cada Estado-membro em matéria de adopção de regras de protecção do consumidor. Relativamente aos segundos, trata-se

por medidas de harmonização, quer em domínios abrangidos apenas por medidas de harmonização mínima, a aplicação universal do princípio do país de origem poderia gerar um risco de diminuição generalizada dos padrões normativos em matéria de protecção dos consumidores nos Estados-membros, em razão de tal princípio potenciar uma "concorrência" entre os Estados-membros no sentido da criação de ambientes jurídicos nacionais mais favoráveis ao estabelecimento dos prestadores daqueles tipos de serviços, em detrimento, portanto, dos níveis de tutela dos consumidores [68].

Em nosso entender, porém, a questão não estaria tanto em saber quais as regras de protecção dos consumidores dos serviços da sociedade da informação que poderiam ser eliminadas ou reduzidas em virtude do princípio do país de origem, mas antes em identificar as normas que, na ordem jurídica nacional, poderiam consagrar um nível de protecção mais elevado do que o previsto nas medidas de harmonização ou, ainda, que interviessem em áreas não harmonizadas, em termos de poderem ser julgadas contrárias ao direito comunitário por se traduzirem em restrições à liberdade de prestação destes serviços não necessárias nem adequadas nem proporcionais ao objectivo de

---

de domínios que, apesar de terem sido harmonizados a nível comunitário, foram sujeitos apenas a uma harmonização mínima (não completa), querendo isto dizer que ficou ao arbítrio de cada Estado-membro proceder a medidas de protecção dos consumidores mais exigentes de acordo com os respectivos padrões normativos, uma vez satisfeito o resultado mínimo de tutela pretendido pela medida de harmonização (como medidas de harmonização mínima, *vide*, em especial, as directivas sobre publicidade enganosa, contratos negociados fora dos estabelecimentos, crédito ao consumo, cláusulas abusivas, viagens organizadas, "time-sharing", contratos à distância).

[68] Isto mesmo seria provado mediante exemplos concretos de legislação (ou disposições de auto-regulamentação que sejam bem observadas) de cada Estado-membro que estabelecessem padrões normativos elevados em matéria de protecção do consumidor e que estivessem em risco em razão do proposto âmbito universal do princípio do país de origem, especialmente nas áreas da publicidade, em especial a publicidade para crianças, das ofertas promocionais (descontos, prémios e bónus, etc.), do marketing directo (pelo "correio electrónico"), dos jogos, das obrigações pré-contratuais (em especial os deveres de informação), da indicação de preço (em especial a obrigação de indicar o preço em moeda nacional), dos requisitos linguísticos (a obrigação de fornecer os termos do contrato numa linguagem específica) e da informação sobre o prestador de serviços.

defesa do consumidor [69]. Na realidade, da análise do texto da Proposta resultava já então que o princípio do país de origem não era de âmbito universal, uma vez que eram consagradas expressamente diversas derrogações. No que diz respeito especificamente ao direito dos consumidores, tal era o caso, desde logo, das actividades de jogos a dinheiro não realizadas para fins de comunicação comercial (art. 22.º, 1, Anexo I) e, mais concretamente, das obrigações contratuais relativas aos contratos celebrados pelos consumidores e, ainda, à comunicação comercial não solicitada por correio electrónico ou por uma comunicação individual equivalente, para não falar em todo o domínio excluído dos serviços de seguros (art. 22.º, 2, Anexo II).

Para além destes domínios, previa-se também expressamente que a defesa dos consumidores poderia justificar restrições à liberdade de prestação destes serviços no mercado europeu, na medida em que fossem conformes ao direito comunitário, isto é, que fossem necessárias, adequadas e proporcionais a esse objectivo. É verdade que as medidas assim tomadas estavam sujeitas a um procedimento prévio de cooperação entre os Estados-membros e ao controlo da Comissão. Contudo, tal não significava, em nosso entender, que este controlo se traduzisse necessariamente na eventual diminuição dos padrões normativos de protecção dos consumidores praticados em cada Estado-membro segundo os níveis de harmonização já definidos. Com efeito, a própria Comissão reconhecia que ainda não tinha sido feito o estudo necessário para concluir da suficiência ou insuficiência desses níveis, pelo que poderiam ser superados na medida em que tal não fosse contrário ao direito comunitário, isto é, não se traduzisse em restrições desnecessárias, inadequadas ou desproporcionais ao objectivo de defesa dos consumidores.

Ora, no essencial, a Directiva sobre o comércio electrónico seguiu a orientação imprimida já na Proposta, embora tenha melhorado substancialmente em termos de clareza formal [70].

---

[69] Cfr. o nosso *Comércio electrónico na sociedade da informação*, cit., p. 78-9.

[70] Cfr. Directiva sobre o comércio electrónico, art. 3.º (mercado interno).

10. Não obstante, interessa considerar esta problemática, que é de grande importância para a protecção dos consumidores no comércio electrónico. O objectivo visado pelas organizações representativas dos consumidores consistia em que a promoção do comércio electrónico no espaço europeu não fosse feita à custa dos elevados níveis de protecção dos consumidores nos Estados-membros. Em causa estaria salvaguardar os mais elevados padrões normativos de protecção dos consumidores praticados em cada Estado-membro em domínios não cobertos por medidas de harmonização ou sujeitos apenas a uma harmonização mínima. Padrões esses que poderiam ser eliminados ou, pelo menos, reduzidos em razão do âmbito universal do princípio do país de origem estabelecido em sede de prestação de serviços da sociedade da informação. Em ordem a salvaguardar esses padrões, a identificação de exemplos em certas áreas (por ex., publicidade, ofertas promocionais) nas legislações nacionais permitiria sustentar uma diminuição do âmbito do referido princípio, limitando o seu alcance a certos grupos de casos. Tratar-se-ia, em suma, de justificar o afastamento ou, pelo menos, excepções ao princípio do país de origem em sede de prestação de serviços da sociedade da informação.

Esta problemática punha em causa, desde logo, o princípio da subsidiariedade, pois que se o princípio do país de origem tivesse efectivamente o risco de supressão generalizada dos padrões normativos nacionais de protecção dos consumidores, então neste domínio as medidas de harmonização já adoptadas acabariam por se tornar o único quadro jurídico aplicável em sede de prestação de serviços da sociedade da informação. Ou seja, os consumidores destes serviços acabariam afinal por não ter mais direitos do que aqueles garantidos pelas directivas europeias (ainda que estas tivessem sido adoptadas como medidas de harmonização mínima), uma vez que os prestadores de tais serviços estabelecer-se-iam no Estado-membro cujo ambiente jurídico fosse o mais favorável. Ambiente este que, por essa via, acabaria por coincidir com tais directivas. Na prática, a lógica de mercado poderia retirar aos Estados-membros a liberdade de intervir nesta matéria em defesa dos consumidores, porque, mesmo que o fizessem, os consumidores destes serviços só teriam os direitos que o prestador dos serviços teria que observar no Estado-membro de estabelecimento.

Por outro lado, a crítica ao princípio universal do país de origem poderia ceder em face da argumentação segundo a qual as medidas de harmonização, incluindo a Proposta (agora a Directiva), seriam suficientes para proteger os consumidores deste tipo de serviços. Significa isto que seria necessário provar que os serviços da sociedade da informação apresentam especificidades próprias que justificassem medidas adequadas de protecção dos consumidores, e que o acervo comunitário, incluindo a Directiva sobre comércio electrónico, não seria suficiente para atender às especiais necessidades de protecção dos consumidores deste tipo de serviços. Seria necessário provar, ainda, a existência, a nível nacional, de regras de defesa dos consumidores neste domínio sem equivalente a nível da legislação europeia. Na realidade, só a especial natureza dos serviços da sociedade da informação poderia justificar limites à livre prestação de serviços no mercado europeu através de regulamentações nacionais destinadas a proteger interesses dos consumidores ainda não devidamente acautelados por medidas de harmonização. Com efeito, a excepção ao âmbito universal do princípio do país de origem traduzir-se-ia numa forma de limitação à livre prestação de serviços no mercado interno. E, sendo verdade que a protecção dos consumidores é aceite pelo Tribunal de Justiça Europeu como fundamento de justificação de tais limitações [71],

---

[71] A jurisprudência do TJCE reconhece aos Estados-membros o poder de imporem certas restrições a esta liberdade, na medida em que se verifiquem certos requisitos. Trata-se da famosa *rule of reason* de interpretação dos artigos do Tratado de Roma respeitantes à liberdade de prestação de serviços, elaborada em diversos *leading cases* sobre variadas actividades (cfr. inter alia, caso 2/74, 21.6.1974 (*Reyners*), ECR 1974, p. 631; caso 33/74, 3.12.1974, (*van Binsbergen*), ECR 1974, 1974, p. 1299; caso 279/80, 17.12.1981 (*Webb*), ECR 1981, p. 3305; caso 205/84, 4.12.1986 (*Commission v. Germany*), ECR 1986, p. 3755; caso 427/85, 25.2.1988 (*Commission v. Germany*), CMLR 1989, p. 677). Em suma, segundo a *rule of reason* do TJCE, os artigos 59 (1) e 60 (3) do Tratado têm efeito directo e requerem a abolição de toda e qualquer discriminação contra a pessoa que presta serviços, em virtude do seu Estado-membro de origem. Porém, poderá existir discriminação se aquela pessoa que se encontre a prestar temporariamente os seus serviços tiver que observar todas as condições impostas aos nacionais desse Estado-membro. De todo o modo, a especial natureza de certos serviços poderá justificar a imposição de certas restrições ao exercício da liberdade de prestação de serviços, se e na medida em que forem respeitadas as seguintes condições: a) *condição do interesse geral*, segundo a

a verdade é que seria necessário que as regulamentações nacionais que produzissem tais efeitos não se destinassem a acautelar interesses já protegidos pelo acervo comunitário neste domínio [72].

qual, as restrições deverão ser justificadas por razões imperativas de protecção do interesse geral, tais como, nomeadamente, a protecção dos consumidores e a defesa do ambiente; b) *condição da necessidade*, segundo a qual, as restrições só serão admitidas na medida em que o interesse geral não seja já salvaguardado pelas disposições às quais o prestador dos serviços esteja submetido no Estado-membro de origem (*princípio da equivalência*); c) *condição da proporcionalidade*, segundo a qual, os requisitos restritivos deverão ser objectivamente justificados de molde a que o mesmo resultado não possa ser obtido por regras menos restrivas; d) *condição da não-discriminação*, segundo a qual, as restrições deverão ser aplicadas a todas as pessoas ou empresas que operem no território do Estado-membro onde o serviço seja prestado.

[72] Dentro do amplo leque de possibilidades que assim se abriria, importaria proceder à interpretação de diversos instrumentos normativos europeus e nacionais em abstracto aplicáveis no domínio dos serviços da sociedade de informação. Assim, para darmos alguns exemplos, seria necessário saber em que medida é que o DL 446/85, 25.10 (cláusulas contratuais gerais, alterado pelos DLs 220/95, 31.8, e 249/99, 31.7), contém normas que reforçam a protecção do consumidor dos serviços da sociedade de informação em confronto com a Directiva 93/13/CEE, 5.4.93 (cláusulas abusivas nos contratos celebrados com os consumidores). O mesmo valeria para o Código da Publicidade (DL 330/90, 23.10, alterado pelos DL 6/95, 17.1, e DL 275/98, 9.9.98), em confronto especialmente com as Directivas 84/450/CEE, 10.9.84 (publicidade enganosa) e 97/55/CE, 6.10.97 (altera aquela para incluir a publicidade comparativa). Especial atenção deveria ser dada, ainda, à Directiva 97/7/CE, 20.5.97 (contratos à distância), em vias de transposição, e também ao regime das "vendas por correspondência" (DL 272/87, 3.7 – transpõe a Directiva 85/577/CEE, 20.12.1985 [contratos celebrados fora dos estabelecimentos comerciais] –, alterado pelo DL 243/95, 13.9). Além disso, seria ainda necessário saber se, entre nós, os consumidores de serviços da sociedade da informação beneficiam dos direitos previstos nas normas injuntivas da nova Lei de Defesa do Consumidor (L 24/96, 31.7; v. por ex., arts. 7.º, 5, 8.º, 9.º, 5/6/7), e em que medida é que esta magna carta dos consumidores não tem equivalente no acervo comunitário. Sempre se deveria realçar, porém, que os direitos dos consumidores têm, entre nós, dignidade constitucional, integrando o catálogo de direitos fundamentais acolhidos na letra da Constituição (art. 60.º CRP). Além disso, a problemática da protecção dos consumidores está na agenda de prioridades do legislador nacional, seja no âmbito do projecto do código do consumidor, seja em especial no quadro das anunciadas medidas legislativas de defesa do consumidor no domínio do comércio electrónico. Com efeito, a Resolução do Conselho de Ministros n.º 115/98, 1.9, reafirmando "a necessidade de se viabilizar e dinamizar o comércio electrónico... num ambiente baseado na economia digital", decidiu criar para o efeito a Iniciativa

Além do mais, a crítica dirigida aos efeitos negativos que a aplicação universal do princípio do país de origem em sede de livre prestação de serviços da sociedade da informação poderia ter sobre os padrões normativos de protecção dos consumidores de cada Estado-membro, em termos da sua eliminação ou, pelo menos, redução, para além de pressupor a identificação de um *plus* de protecção jurídica dos consumidores de serviços da sociedade da informação no direito interno dos Estados-membros em relação ao acervo comunitário, parecia não ter em conta as cláusulas de derrogação previstas na Proposta [73] em termos de prevenir o risco de produção do referido efeito negativo.

11. A Proposta foi apresentada na sequência da Comunicação da Comissão *Uma iniciativa europeia para o comércio electrónico* [74], juntando-se a outras propostas neste contexto, em especial as relativas às assinaturas digitais e à moeda electrónica [75]. Destinava-se a promover o comércio electrónico por via da remoção dos obstáculos jurídicos existentes, os quais seriam responsáveis, *inter alia*, pela falta de confiança dos consumidores [76].

Nacional para o Comércio Electrónico, tendo por objectivos genéricos, *inter alia*, a definição de um quadro de base de regras harmonizadas relativas, nomeadamente, à defesa dos direitos dos consumidores (1-a/d).

[73] E retomadas pela Directiva sobre o comércio electrónico (art. 3.º, 4-a/i), ajuntando agora porém os investidores aos consumidores, o que se clarifica no preâmbulo: (cons. 27) "A presente directiva, juntamente com a Directiva 2000/.../CE do Parlamento Europeu e do Conselho, de ..., relativa à comercialização à distância de serviços financeiros junto dos consumidores, contribui para criar um enquadramento legal para a prestação de serviços financeiros em linha. A presente directiva não prejudica futuras iniciativas no domínio dos serviços financeiros, em especial no que diz respeito à harmonização das regras de conduta neste domínio. *A faculdade conferida pela presente directiva aos Estados-Membros de em certas circunstâncias, restringirem a liberdade de prestação de serviços da sociedade da informação, por forma a proteger os consumidores, abrange igualmente medidas no domínio dos serviços financeiros, em especial medidas destinadas a proteger os investidores.*" (itálico nosso).

[74] COM(97) 157 final, 16.4.1997.

[75] Respectivamente: COM(98) 461 final, 21.09.1998; COM(98) 297 final, 13.05.1998.

[76] Para o efeito, propunha-se regular cinco aspectos jurídicos do comércio electrónico: o local de estabelecimento dos prestadores de serviços da sociedade da

Seguindo a proposta inicial, a Directiva sobre o comércio electrónico prescreve que o acesso à actividade de prestador dos serviços da sociedade da informação está sujeito ao princípio de não autorização prévia (art. 4.º, 1)[77]. Depois, apesar de o estabelecimento não estar sujeito a autorização prévia, compete ao Estado-membro, em cujo território um prestador de serviços da sociedade da informação

---

informação, a comunicação comercial (publicidade, marketing directo, etc.), a celebração de contratos por via electrónica (requisitos de forma, local de celebração), a responsabilidade dos prestadores de serviços em linha no que se refere à transmissão e à armazenagem de informações pertencentes a terceiros ("responsabilidade dos intermediários"), e a aplicação das regulamentações (elaboração de códigos de conduta comunitários, obrigação de instituição de um sistema de recurso jurídico rápido e eficaz adaptado ao ambiente em linha).

[77] O prestador de serviços da sociedade da informação considera-se estabelecido no Estado-membro em que exerça, de forma efectiva, uma actividade económica através de uma instalação estável, por um período indefinido, independentemente da presença e da utilização de meios técnicos e de tecnologias para prestar o serviço. Esta determinação do local de estabelecimento é feita de acordo com a jurisprudência do Tribunal de Justiça, esclarecendo-se que: 1. quando se tratar de uma sociedade fornecedora de serviços através de um sítio Internet, o local de estabelecimento não será aquele onde se encontra a tecnologia de apoio a esse sítio ou o local em que o mesmo é acessível; 2. quando um prestador estiver estabelecido em mais de um Estado-membro, a jurisdição competente será a do Estado-membro em cujo território o prestador tiver o seu centro de actividades, sendo previstos mecanismos de cooperação entre os Estados-membros e a convocação urgente do Comité Consultivo para determinar o Estado-membro de estabelecimento em caso de dificuldades. Nos termos da Directiva sobre o comércio electrónico: "(19) A determinação do local de estabelecimento do prestador deve fazer-se de acordo com a jurisprudência do Tribunal de Justiça, segundo a qual do conceito de estabelecimento é indissociável a prossecução efectiva de uma actividade económica, através de um estabelecimento fixo por um período indefinido. Este requisito encontra-se igualmente preenchido no caso de uma sociedade constituída por um período determinado. O local de estabelecimento, quando se trate de uma sociedade prestadora de serviços através de um sítio internet, não é o local onde se encontra a tecnologia de apoio a esse sítio ou o local em que este é acessível, mas sim o local em que essa sociedade desenvolve a sua actividade económica. Quando um prestador está estabelecido em vários locais, é importante determinar de que local de estabelecimento é prestado o serviço em questão. Em caso de dificuldade especial para determinar a partir de qual dos vários locais de estabelecimento é prestado o serviço em questão, considera-se que esse local é aquele em que o prestador tem o centro das suas actividades relacionadas com esse serviço específico."

esteja estabelecido, exercer a supervisão prudencial relativamente ao cumprimento das exigências do "domínio coordenado" estabelecidas pela directiva; por outro lado, os restantes Estados-membros não poderão, em princípio, restringir a livre prestação dos serviços da sociedade da informação provenientes de outro Estado-membro por razões que se prendem com o domínio coordenado da directiva, cujo controlo pertencerá exclusivamente, portanto, ao "país de origem" (art. 3.º, 1 a 3) [78].

Deste modo, parece que a protecção dos consumidores dos serviços da sociedade da informação ficará limitada ao "domínio coordenado" da proposta de directiva, cujo controlo caberá exclusivamente ao Estado-membro de estabelecimento. Mas, será esse "domínio coordenado" informado por razões de política de tutela dos consumidores? Isto é, a protecção dos consumidores no comércio electrónico será um dos objectivos da Directiva? E sendo-o, em que termos?

No considerando 6 da Proposta escrevia-se que "a directiva deve assegurar um alto nível de protecção dos objectivos de interesse geral, em especial a defesa do consumidor."[79] A Proposta era pois informada

---

[78] Em ambos os casos são excepcionados os domínios previstos no anexo, como sejam, nomeadamente, os domínios relativos aos direitos de propriedade intelectual, à emissão de moeda electrónica, às obrigações contratuais relativas aos contratos celebrados pelos consumidores e à autorização de comunicações comerciais não solicitadas por correio electrónico.

[79] Além disso, mais explicitamente, o ponto 7 da abordagem adoptada (Capítulo IV da Exposição de Motivos) tem justamente por título "Garantir um elevado nível de defesa do consumidor". Nele se pode ler (p. 18), que a directiva (proposta) prevê "uma série de medidas que irão reforçar a defesa do consumidor e aumentar a sua confiança nos novos serviços existentes na Europa. Em particular, a directiva vai:
– *reduzir os riscos de actividades ilegais* na Internet, prevendo um controlo efectivo das autoridades nacionais, directamente exercido na fonte das actividades (no Estado-membro em que estiver estabelecida a empresa em questão) e determinando a responsabilização das referidas autoridades no que se refere à sua obrigação de assegurarem uma protecção do interesse geral não só no interior das suas fronteiras, mas também no conjunto da Comunidade e a bem dos cidadãos dos outros Estados-membros; – impor obrigações de *informação e transparência* aos operadores, obrigações que são indispensáveis para que o consumidor possa tomar decisões esclarecidas; – prever algumas garantias novas nas *relações contratuais* e, especialmente, a obrigação de colocar à disposição dos utilizadores meios que permitam corrigir erros de manipulação, a clarificação do momento de celebração em linha de um contrato

por uma preocupação de garantir um elevado nível de protecção dos consumidores, prosseguindo tal objectivo através das regras específicas nela contidas, as quais acresceriam ao acervo comunitário em matéria de protecção do consumidor aplicável aos serviços da sociedade da informação, sendo de destacar as Directivas Cláusulas Abusivas (93/13CEE), Contratos à Distância (97/7/CE), Publicidade Enganosa e Comparativa (84/450/CEE e 97/55/CE), Viagens Organizadas (90/314/CEE), Crédito ao Consumo (87/102CEE, com a redacção da 98/7/CE), Indicação de Preços (98/6/CE) [80] [81].

---

e a necessidade de o prestador enviar um aviso de recepção; – assegurar melhores *meios de recurso*, promovendo a elaboração de códigos de conduta, tornando possível a utilização em linha de mecanismos extrajudiciais de resolução de diferendos (conciliações, arbitragem), facilitando a existência de recursos jurisdicionais eficazes e rápidos e estabelecendo pontos de contacto nos Estados-membros, encarregados de prestar assistência aos consumidores. / Além do mais, a directiva deixa aos Estados--membros a possibilidade de, por razões de defesa do consumidor e sob certas condições, tomarem medidas que restrinjam a livre circulação dos serviços da sociedade da informação, nomeadamente no domínio dos contratos com os consumidores. / Convém assinalar que os critérios da Convenção de Roma relativa à lei aplicável às obrigações contratuais, que permitem a aplicação de um regime derrogatório a favor do consumidor, serão preenchidos, por exemplo, no caso de a celebração do contrato ter sido precedida, no país do consumidor, de uma proposta especialmente feita através do envio de uma mensagem electrónica e se o consumidor tiver realizado, no seu país, os actos necessários à celebração do contrato. / Por último, atendendo à *rapidez* e ao *alcance* geográfico dos danos que as actividades ilícitas na Internet podem causar, é desejável que os Estados-membros permitam que o acto que estiver na origem do recurso a uma jurisdição nacional seja transmitido pelas vias electrónicas e redigido numa língua comunitária diferente da do Estado-membro da jurisdição."

[80] A estas medidas acresceriam outras adoptadas não a propósito da protecção do consumidor mas antes, em termos mais gerais, da saúde pública (Publicidade a Medicamentos e Tabaco: 92/28/CEE, 98/43/CE).

[81] Na perspectiva do BEUC, porém, a Proposta não seria sustentada por uma estratégia que assegurasse aos consumidores os benefícios potenciais do comércio electrónico, e ao mesmo tempo elevados padrões de marketing, condutas comerciais e protecção do consumidores. Nesta abordagem, orientada por uma estratégia de política do consumidor na regulamentação do comércio electrónico, dever-se-ia evitar a redução dos padrões de protecção do consumidor, redução essa possível e provável em razão da existência de importantes diferenças de nível e de forma dentro da União Europeia. De igual modo, deveriam ser criadas regras e padrões comuns elevados,

utilizando todos os meios disponíveis apropriados, abrangendo regras legais e voluntárias devidamente coordenadas. Dever-se-ia, ainda, ser capaz de responder aos novos desafios e problemas resultantes de mudanças dos métodos de marketing em conjunto com o desenvolvimento do comércio electrónico. Por último, deveriam ser procuradas soluções apropriadas para a União Europeia e capazes de enfrentar o desafio global.

De facto, apesar de apoiar algumas das suas soluções, o BEUC pronunciou-se no sentido de que a Proposta não iria providenciar uma estratégia coerente e integrada para lidar com os complexos desafios e os potenciais benefícios e problemas do comércio electrónico. Em suma, são as seguintes as críticas do BEUC: 1.º o âmbito universal do princípio do país de origem, em virtude da inexistência de um nível de harmonização mais elevado em matéria de protecção dos consumidores (por ex., no que respeita à publicidade dirigida a menores); 2.º a falta de clareza relativamente ao âmbito da Proposta, que parece ter precedência sobre níveis mais elevados de protecção estabelecidos pelos Estados-membros no quadro da legislação europeia de harmonização mínima (por ex., em matéria de publicidade enganosa, contratos à distância, crédito ao consumo, cláusulas abusivas, viagens organizadas, time-sharing, etc.); 3.º a inexistência de um quadro legal que integre e garanta a eficácia da auto-regulação da indústria (por ex., códigos de conduta); 4.º a inadequação do princípio do país de origem para proteger os consumidores europeus numa abordagem global do comércio electrónico; 5.º a concorrência a que a Proposta conduz entre legislações de mais baixos níveis de protecção dos consumidores como instrumento de promoção do estabelecimento dos prestadores de serviços da sociedade da informação; 6.º por último, o facto de a Proposta não ter em conta as mudanças dos métodos de marketing, sendo de destacar o facto de a distinção dos media tradicionais entre publicidade e conteúdo editorial poder ser eliminada no comércio electrónico em razão das tecnologias cada vez mais sofisticadas de processamento de dados e de personalização interactiva de mensagens. Ora, para superar estas insuficiências da Proposta de Directiva, o BEUC propôs que lhe fossem introduzidas duas alterações consonantes com os pontos fundamentais da estratégia delineada.

Em primeiro lugar, a imposição universal do princípio do país de origem no domínio do comércio electrónico deveria ser suprimido da Directiva (art. 3.º). Em sua substituição introduzir-se-ia uma norma prevendo o desenvolvimento de critérios para definir em que casos se aplicaria o princípio do país de origem ou antes o princípio do país de destinação. O procedimento para estabelecer estes critérios deveria ser decidido em conjunto com o Comité Consultivo da Comissão (art. 23.º). Esta proposta de alteração assenta no ponto 2. da estratégia que consiste em desenvolver princípios para determinar as regras que têm que ser observadas em matéria de marketing. Tais princípios permitiriam determinar em que casos deveria ser aplicada a lei do país de

Porém, na versão inicial, o art. 1.°, 3, previa que a directiva completaria o direito aplicável aos serviços da sociedade da informação, sem prejuízo do nível existente de protecção da saúde pública e do consumidor, estabelecido pelos instrumentos comunitários, incluindo os que foram adoptados para efeitos do funcionamento do

---

origem ou antes a lei do país de destinação; sendo que na sua formulação deveriam ser tidos em conta, entre outros, factores como: a) a especificidade dos mercados visados, sujeitando-se os prestadores destes serviços a regras específicas consoante os respectivos mercados; b) a especificidade dos consumidores visados, podendo aplicar-se regimes diferentes, por exemplo, no marketing dirigido a crianças; c) a existência de regras harmonizadas ou códigos de conduta; d) diferentes expectativas dos consumidores. Em segundo lugar, sustentava-se que a futura Directiva deveria prever uma obrigação de os prestadores de serviços actuarem lealmente e de cumprirem os mais elevados padrões de protecção, particularmente no que respeita ao marketing dirigido às crianças. Em abono desta alteração defende-se que a consagração de um tal princípio geral de "concorrência leal" forneceria o quadro básico para o desenvolvimento de regras detalhadas (por ex., códigos de conduta) a ser aplicadas a diferentes práticas de marketing. Depois, tal como para a primeira alteração, o procedimento de estabeler estas regras detalhadas (códigos de conduta) bem como o papel que lhes é atribuído deveria ser decidido em conjunto com o Comité Consultivo da Comissão. Esta segunda alteração visa dar satisfação ao ponto 1. da estratégia nos termos do qual seria necessário elaborar elevados padrões comuns (harmonizados) de marketing para as transacções do comércio electrónico. Tal incluiria normas legais harmonizadas, algumas específicas outras formulando princípios mais gerais. De igual modo, defende-se que os códigos de conduta poderiam jogar um papel importante na criação de padrões comuns, mas apenas se estivessem ligados ao quadro legal. Dentro das várias maneiras pelas quais os códigos de conduta poderiam estar ligados a um quadro legal básico, aponta-se a introdução de uma cláusula geral de utilizar práticas leais de marketing, através de uma alteração à Directiva Publicidade Enganosa ou incluindo uma norma específica na Proposta. A obrigação de marketing leal considerar-se-ia cumprida através da adesão, em certas circunstâncias, a um código de conduta.

Assim, a posição inicial do BEUC atingia a Proposta de Directiva em dois aspectos distintos de acordo com os pontos fundamentais da estratégia delineada. Por um lado, sustenta o desenvolvimento de elevados padrões comuns de marketing, utilizando um misto de normas legais vinculantes e de códigos de conduta ("soft law") ligados às regras legais através de uma obrigação geral de práticas leais de marketing. Por outro lado, defende uma abordagem dinâmica e atenta às especifidades de diferentes grupos de casos na questão do princípio do país de origem ou antes do princípio do pais de destinação. Cfr. *Electronic Commerce – the Commission's proposal for a directive*, BEUC/033/99, 19.02.1999

mercado interno. Parecia assim que a proposta trazia uma harmonização completa do direito dos consumidores aplicável aos serviços da sociedade da informação, limitando a liberdade de os Estados-membros praticarem níveis de protecção superiores aos do acervo comunitário. Todavia, não seguimos esta interpretação [82]. Com efeito, o propósito, exposto no plano dos motivos, de garantir uma elevada protecção dos consumidores analisava-se ainda, por outro lado, na delimitação do âmbito de aplicação da directiva proposta. Desde logo, este era limitado à livre prestação de serviços da sociedade da informação entre Estados-membros (art. 1.º, 1)[83]; além disso, assumia especial relevo o Capítulo IV relativo às exclusões do âmbito de aplicação e derrogações, que se justificariam em virtude do vasto âmbito de aplicação da directiva e da necessidade de garantir um certo grau de flexibilidade e de margem de manobra na sua implementação.

Assim, por um lado, o art. 22.º, 1, afastava expressamente do âmbito de aplicação da directiva, entre outros, as actividades de serviços da sociedade da informação enunciadas no Anexo I, isto é, as actividades de notariado, representação e defesa de um cliente em tribunal, e as actividades de jogos a dinheiro, excepto as efectuadas para fins de comunicação comercial. A exclusão destas actividades ficar-se-ia a dever ao facto de não ser possível garantir a livre prestação dos serviços entre Estados-membros em razão da ausência de reconhecimento mútuo ou de harmonização suficiente para assegurar um nível de protecção equivalente dos objectivos de interesse geral.

Por outro lado, era afastado expressamente em determinados grupos de casos o princípio do país de origem através da chamada derrogação à "clausula mercado interno". Com efeito, dispunha o art. 22.º, 2, que o art. 3.º (princípio do país de origem) não se aplicaria aos domínios enunciados no Anexo II, como sejam, nomeadamente, as

---

[82] Cfr. o nosso *Comércio electrónico, cit.*, p. 63 ss.

[83] Significando isto que não se aplicava aos serviços provenientes de prestadores de serviços estabelecidos em países terceiros, que ficariam sujeitos ao controlo do país de destinação, se bem que se considerasse que, dada a dimensão mundial do comércio electrónico, deveria ser garantida a coerência do quadro comunitário com o quadro internacional, em termos de não interferir, nomeadamente, com os resultados das discussões em curso nas organizações internacionais (OMC, OCDE, CNUDCI).

obrigações contratuais relativas aos contratos celebrados pelos consumidores e a comunicação não solicitada por correio electrónico ou por uma comunicação individual equivalente. Nestes domínios, para além da supervisão prudencial a que os prestadores de serviços da sociedade da informação estariam sujeitos no Estado-membro de estabelecimento (país de origem), caberia ainda aos Estados-membros de destinação (país de recepção) exercer o controlo adicional da actividade dos prestadores destes serviços [84]. Pelo que, nestes domínios, não seria justificado o receio manifestado de redução dos padrões normativos de protecção dos consumidores, visto estarem expressamente excluídos do princípio do país de origem.

Em terceiro lugar, eram ainda previstas derrogações à livre prestação de serviços em casos específicos. O art. 22.º, 3, permitia às autoridades competentes dos Estados-membros a adopção, em conformidade com o direito comunitário, de medidas que visassem restringir a livre circulação de um serviço da sociedade da informação, medidas essas que seriam consideradas incompatíveis com o n.º 2 do art. 3.º [85]. Não obstante, a adopção de medidas no exercício da faculdade concedida por estas derrogações não seria livre, antes sendo vinculada à "conformidade com direito comunitário". Para o efeito, a adopção destas medidas restritivas ficaria sujeita a um quadro regulamentar de condições (art. 22.º, 3) [86]. Este terceiro grupo de derrogações suscitava

---

[84] Para justificar essa derrogação aduzia-se claramente que certas matérias específicas não poderiam beneficiar do país de origem em razão de impossibilidade de aplicar o princípio de reconhecimento mútuo resultante da jurisprudência do Tribunal de Justiça em sede de princípios de livre circulação previstos no Tratado (1), ou de ausência de harmonização suficiente capaz de garantir um nível de protecção equivalente nos Estados-membros nos casos em que não fosse possível o reconhecimento mútuo (2), ou de disposições de directivas existentes claramente incompatíveis com o princípio do país de origem em virtude de preverem explicitamente a realização do controlo no país de origem (3).

[85] Esta norma, como vimos, proíbe aos Estados-membros restringirem a livre circulação dos serviços da sociedade da informação provenientes de outro Estado-membro por razões que se prendem com o domínio coordenado da directiva.

[86] Primeiro, as medidas deveriam ser justificadas por uma das razões enunciadas, entre as quais se conta a defesa do consumidor a par com a segurança pública, a protecção da saúde e a ordem pública, em especial a protecção de menores ou a luta contra a instigação ao ódio com base na raça, no sexo, na religião ou na nacionalidade.

algumas dúvidas quanto ao seu sentido e alcance. A defesa do consumidor era apontada como uma das razões justificativas da necessidade de adopção pelos Estados-membros de medidas restritivas, ainda que a título cautelar, à livre prestação de serviços da sociedade da informação entre eles, nos referidos termos. Contudo, a norma parecia admitir dois sentidos interpretativos com resultados divergentes. Por um lado, parece que cada Estado-membro poderia controlar o respeito pelas suas leis de protecção dos consumidores em relação aos prestadores de serviços da sociedade da informação recebidos no seu

Segundo, para além de necessárias por alguma destas razões, tais medidas deveriam ser tomadas relativamente a um serviço da sociedade da informação que lesasse aqueles objectivos (ordem pública, protecção do consumidor, protecção da saúde, etc.) ou que comportasse um risco sério e grave para a prossecução desses objectivos. Terceiro, tais medidas deveriam ainda ser proporcionais às razões que justificam a sua adopção. Para além destas condições relativas às características da medida restritiva (necessidade, adequação, proporcionalidade), eram ainda estabelecidas condições quanto ao comportamento do Estado-membro que as adoptasse. Na verdade, previa-se que, antes da adopção de tais medidas, o Estado-membro de recepção (país de destinação) deveria solicitar ao Estado-membro de estabelecimento do prestador de serviços (país de origem) a adopção de medidas, sem que este as tenha tomado ou que o tenha feito em termos insuficientes; o Estado-membro de recepção deveria ainda notificar a Comissão e o Estado-membro de estabelecimento da sua intenção de tomar tais medidas. Não obstante, em vista da rapidez dos prejuízos e danos eventualmente sofridos, era facultado aos Estados-membros a instituição de um procedimento cautelar nas suas legislações, nos termos do qual, em caso de urgência, as referidas condições de solicitação e notificação não se aplicariam, se bem que as medidas adoptadas devessem ser comunicadas à Comissão e ao Estado-membro de estabelecimento do prestador de serviços com a maior celeridade possível, aduzindo as razões justificativas da situação de urgência. Por último, as derrogações à livre prestação de serviços nestes casos específicos estariam sujeitas a um procedimento de vigilância por parte da Comissão, a qual poderia deliberar sobre a compatibilidade das medidas restritivas com o direito comunitário, devendo o Estado-membro, em caso de decisão negativa, abster-se de tomar as medidas previstas ou pôr termo urgentemente às medidas já tomadas nos termos do procedimento cautelar. Em comentário à norma, esclarecia-se que, no exercício dos poderes deste procedimento de vigilância ou controlo, a abordagem da Comissão deveria ser flexível, destinando-se sobretudo a evitar casos de restrições disfarçadas ou desproporcionadas à livre prestação dos serviços não justificadas pela protecção de interesses essenciais da sociedade em cada Estado-membro. Como exemplo de uma medida restritiva considerada necessária e proporcional à protecção de um interesse essencial da sociedade apontava-se uma proibição de recepção num Estado-membro de mensagens racistas.

território. Ora, se assim fosse, as críticas das organizações dos consumidores quanto aos efeitos negativos do âmbito universal do país de origem seriam infundadas, porquanto, em última análise, a proposta teria reservado a cada Estado-membro a observância pelos seus padrões normativos de protecção dos consumidores. Pelo que não seria necessário proceder à análise das legislações dos Estados-membros em matéria de consumo em relação a domínios não harmonizados ou sujeitos apenas a harmonização mínima, uma vez que se efectivamente o problema se viesse a colocar em concreto, sempre competiria às autoridades competentes de cada Estado-membro invocar a derrogação constante do art. 22.°, 3, em ordem a proteger os consumidores no seu território de acordo com as suas leis.

Porém, esta derrogação não se aplicava a todo o art. 3.°, mas apenas ao art. 3.°, 2, nos termos do qual nenhum Estado-membro poderia, por razões que se prendessem com o domínio coordenado da directiva proposta, restringir a livre circulação dos serviços da sociedade da informação provenientes de outro Estado-membro. Parece assim que as medidas restritivas adoptadas por um Estado-membro em razão da necessidade de defesa do consumidor destes serviços deveriam integrar o domínio coordenado da directiva proposta[87]. Ora, justamente, poder-se-ia objectar a que a legislação nacional dos Estados-membros em matéria de direitos dos consumidores integraria esse domínio coordenado, estando o problema então em saber quais as disposições nacionais que decorreriam do domínio coordenado, para determinar assim se a protecção do consumidor integraria este domínio[88]. Pelo que, em suma, se fosse de considerar que o domínio

---

[87] Isto é, o Estado-membro, actuando no exercício da faculdade concedida pelo art. 22.°, 3, só poderia restringir a livre prestação de serviços da sociedade da informação provenientes de outro Estado-membro em relação a exigências aplicáveis aos prestadores destes serviços e a esses mesmos serviços, como era definido o "domínio integrado" (art. 2.°-f).

[88] Isso resultaria também da anotação à alínea f) do art. 2.°: esta definição permitia determinar as regulamentações nacionais cujo respeito deveria ser garantido pelos Estados-membros por força do art. 3.°, entendendo-se que abrangia todas as exigências que pudessem impor-se a um operador actuando como prestador de serviços da sociedade da informação ou aos serviços da sociedade da informação.

coordenado não abrangia a legislação nacional dos direitos dos consumidores, então já as críticas teriam o fundamento.

12. Em nossa opinião, o domínio coordenado abrangia (e abrange) os direitos dos consumidores [89], devendo nessa medida o Estado-membro de estabelecimento assegurar que os serviços da sociedade da informação fornecidos por um prestador estabelecido no seu território respeitassem as suas legislações em matéria de direito dos consumidores (art. 3.°, 1). Este controlo prudencial exercido pelo Estado-membro de estabelecimento tornaria dispensável, em princípio, o controlo adicional pelo país de destinação, o qual não poderia mesmo, em princípio, por razões que se prendessem com o domínio coordenado da directiva proposta, restringir a livre circulação dos serviços da sociedade da informação provenientes de outro Estado-membro (art. 3.°, 2). Todavia, em derrogação a este princípio, o art. 22.°, 3, permitia que, em certos termos, os Estados-membros de destinação (país de recepção) adoptassem medidas restritivas a essa liberdade por razões, nomeadamente, de defesa do consumidor. Este controlo adicional destinar-se-ia justamente a garantir a observância de direitos dos consumidores, fossem esses direitos garantidos por medidas de harmonização, fossem esses direitos instituídos pelo próprio Estado-membro em matérias não harmonizadas ou em reforço de harmonização mínima. A referência feita na proposta ao acervo comunitário (às medidas de harmonização em sede do consumo) não teria portanto um carácter limitador, mas antes uma natureza de garantia mínima. Ou seja, este controlo adicional poderia ser exercido para que fossem observadas, ao menos, essas regras de protecção dos consumidores já harmonizadas a nível comunitário. Mas tal não significaria que o Estado-membro de recepção não pudesse controlar também o respeito pela sua legislação do consumo nos termos referidos. Por outras palavras, mesmo que o país de origem observasse todo o direito europeu do consumo, mesmo assim o país de recepção ainda poderia, em razão da

---

[89] Cfr. o nosso *Comércio electrónico, cit.*, p. 71.

defesa do consumidor, controlar a observância no seu território do seu direito dos consumidores [90].

Todavia, a adopção destas medidas restritivas da liberdade de prestação destes serviços no mercado europeu ficaria, porém, excepto em casos de urgência, sujeita a um procedimento especial de cooperação e notificação entre os Estados-membros, bem como ao procedimento de vigilância ou controlo por parte da Comissão, que poderia deliberar sobre a compatibilidade das medidas com o direito comunitário (art. 22.º, 3-d). Ora, este controlo da compatibilidade das medidas restritivas adoptadas pelo Estado-membro de recepção no exercício dos seus poderes supervisão adicional com o direito comunitário não se destinaria a verificar a observância do direito comunitário derivado em matéria de direito dos consumidores, mas antes, em nossa opinião, a sua conformidade com os critérios de adopção de medidas restritivas à livre prestação de serviços no mercado europeu. Tratar-se-ia, portanto, de controlar, em concreto, se, a propósito da defesa dos consumidores, não se estaria a introduzir restrições a esta liberdade fundamental do mercado interno, por não serem necessárias, adequadas ou proporcionais à defesa efectiva dos direitos dos consumidores.

Não obstante, parecia que os padrões normativos de cada Estado--membro em sede de defesa dos consumidores, no domínio da pres-

---

[90] Em suma, o domínio coordenado abrangia uma série de matérias cujas disposições nacionais seriam aplicáveis e controláveis pelo Estado-membro de estabelecimento. Além disso, ficava reservado aos Estados-membros de recepção o controlo adicional das suas legislações em certas matérias que integram esse domínio coordenado, entre elas se contando a defesa do consumidor, a par, *inter alia*, com razões de ordem pública. Este controlo adicional poderia traduzir-se em medidas restritivas à livre prestação de serviços da sociedade da informação entre os Estados-membros, sendo a própria proposta que previa tal possibilidade, limitando o âmbito universal do princípio do país de origem. Nestes termos, sendo objectivo da proposta garantir um elevado nível de defesa dos consumidores, tal justificaria não apenas a consagração de especiais medidas destinadas a acautelar os interesses dos consumidores no comércio electrónico, mas também a introdução de uma cláusula de derrogação que permitisse aos Estados-membros, por razões, *inter alia*, de defesa dos consumidores, restringir a livre prestação de serviços da sociedade da informação provenientes de outros Estados-membros, quer por não terem sido observadas regras harmonizadas em matéria de direito dos consumidores quer por não respeitarem as legislações nacionais neste domínio.

tação de serviços da sociedade da informação, ficaria sujeito ao controlo da Comissão, a quem competiria pronunciar-se sobre a conformidade de tais medidas com o direito comunitário, devendo o Estado-membro, em caso de decisão negativa, abster-se de tomar tais medidas ou pôr termo urgentemente às medidas já tomadas. Neste sentido, importaria saber se a Comissão seria de opinião de que o direito comunitário derivado em matéria de defesa dos consumidores oferecia um nível de protecção suficientemente elevado, de acordo com o objectivo exposto na proposta. Considerando que a Resolução de 3 de Novembro de 1998 do Conselho de Ministros sobre a dimensão consumerista da sociedade da informação salientou que a defesa dos consumidores merecia uma protecção especial no quadro desta sociedade, a Comissão propõe-se estudar os termos em que as regras de defesa do consumidor existentes fornecem uma protecção adequada no que diz respeito à sociedade da informação, identificando as possíveis lacunas dessa legislação e os aspectos em relação aos quais poderão vir a ser necessárias medidas adicionais, e devendo, se for caso disso, apresentar propostas específicas adicionais com vista a colmatar as lacunas assim identificadas (cons. 23). Ora, isto era, a nosso ver, o reconhecimento claro de que a Comissão não defendia que as diversas directivas em matéria de direitos dos consumidores definem completamente o quadro jurídico aplicável ao nível dos serviços da sociedade da informação [91].

---

[91] Na realidade, se a Comissão já tivesse estudado os termos em que as regras de defesa do consumidor existentes fornecem uma protecção adequada relativamente à sociedade da informação, então seria sustentável que o controlo da conformidade ao direito comunitário das medidas restritivas adoptadas pelos Estados-membros fosse limitado às regras de harmonizações já existentes. Porém, reconhece-se claramente que esse estudo ainda não foi feito, sendo isso mesmo que justifica a cláusula de derrogações específicas (art. 22.º, 2). Por outras palavras, admite-se a existência de lacunas neste domínio, para cuja integração poderiam ser propostas medidas específicas adicionais. Contudo, enquanto tal não sucedesse, permite-se aos Estados--membros a adopção de medidas restritivas à liberdade de prestação de serviços da sociedade da informação em razão da necessidade de defesa do consumidor. Tratar-se-ia de regras nacionais adoptadas em domínios não harmonizados ou sujeitos apenas a harmonização mínima, mas que poderiam ser objecto, no futuro, de harmonização completa. Enquanto tal não suceder, poderão os Estados-membros aplicar as suas regras de defesa do consumidor a estes serviços, na medida em que não contrariem o direito comunitário, e nos termos referidos do procedimento de cooperação e controlo.

Note-se, em todo o caso, que o direito dos consumidores é um direito marcadamente económico [92], constituindo domínio extremamente sensível às exigências normativas do mercado europeu, nomeadamente à liberdade de circulação de mercadorias e de prestação de serviços. Isto significa que, ao contrário de domínios não directamente relacionados com o funcionamento do mercado interno, o grau de liberdade política deixada aos Estados-membros é reduzido, pois que a adopção de regras neste domínio ficará sempre sujeita ao direito económico europeu. A inexistência de harmonização completa do direito dos consumidores de serviços da sociedade da informação justifica que os Estados-membros possam adoptar regras diferentes. Nessa medida, tais regras poderão traduzir-se em restrições à liberdade de prestação de serviços. Porém, deverão estar em conformidade com o direito comunitário, no sentido de serem necessárias, adequadas e proporcionais ao objectivo de defesa dos consumidores. Este controlo de conformidade ao direito comunitário, que sempre existiria, é, neste grupo de derrogações, reforçado, no sentido de prever um procedimento de cooperação entre os Estados-membros e de sujeitar tais medidas a um controlo especial por parte da Comissão. Tal procedimento de cooperação e de controlo admnistrativo prévio justificar-se-á em razão de se tratar de um domínio que, apesar de a Comissão não considerar que a harmonização é completamente suficiente, tem sido objecto de diversas medidas de harmonização. Nessa medida, a conformidade ao direito comunitário ficará, neste domínio, sujeita a um "controlo apertado", não para retirar aos Estados-membros a liberdade de praticarem padrões normativos de protecção dos consumidores mais elevados que as medidas de harmonização, mas antes para evitar que tais padrões se traduzam em restrições disfarçadas ou desproporcinadas à livre prestação destes serviços, tendo em conta o elevado nível de protecção já garantido pelas directivas adoptadas e pela Proposta de Directiva ela mesma.

Em suma, segundo a nossa interpretação, a Proposta limitava-se a estabelecer um procedimento de cooperação e controlo prévio da

---

[92] Acompanhamos sumariamente a argumentação que expusemos em *Comércio electrónico na sociedade da informação*, cit., p. 77.

conformidade ao direito comunitário de medidas nacionais restritivas da liberdade de prestação de serviços da sociedade da informação no mercado europeu, não se tratando de fixar o direito comunitário derivado do consumo como padrão suficiente e único em matéria de serviços da sociedade da informação, tanto mais que não se concluiu ainda pela sua suficiência e adequação, propondo-se estudá-lo no futuro com vista à apresentação de propostas integradoras de lacunas eventualmente identificáveis nesse estudo a realizar.

13. Ora, se a redacção da proposta inicial se prestava a dúvidas quanto ao sentido e alcance do princípio do país de origem e sua relação com o direito dos consumidores no que respeita ao "domínio coordenado", a Directiva sobre o comércio electrónico, na versão final, clarificou a questão no sentido da interpretação que sustentámos. Na verdade, ao invés de se propor "completar" o direito aplicável aos serviços da sociedade da informação, a Directiva dispõe expressamente que "é complementar da legislação comunitária aplicável aos serviços da sociedade da informação, *sem prejuízo do nível de protecção*, designadamente da saúde pública e dos interesses dos consumidores, *tal como consta dos actos comunitários e da legislação nacional de aplicação destes, na medida em que não restrinjam a liberdade de prestação de serviços da sociedade da informação.*" (art. 1.º, 3). Depois, mantém a derrogação ao princípio do país de origem para certas matérias de direito dos consumidores como as obrigações contratuais relativas aos contratos celebrados pelos consumidores (art. 3.º, 3, e Anexo)[93] e, além disso, prevê a possibilidade de os Estados-membros tomarem medidas derrogatórias em relação a determinado

---

[93] A este respeito é de referir que a Directiva sobre o comércio electrónico não afecta a legislação aplicável às obrigações contratuais relativas aos contratos celebrados pelos consumidores, não podendo portanto ter como resultado privar o consumidor da protecção que lhe é concedida pelas disposições compulsivas relativas às obrigações contratuais, constantes da legislação do Estado-Membro em que este tem a sua residência habitual (cons. 55). Considera-se ainda que as obrigações contratuais relativas aos contratos celebrados pelos consumidores devem ser interpretadas como abrangendo as informações sobre os elementos essenciais do contrato, incluindo os direitos do consumidor, que têm uma influência determinante na decisão de contratar (cons. 56).

serviço da sociedade da informação em razão da protecção, *inter alia*, dos consumidores, nos termos do procedimento de notificação e cooperação já constante da proposta (art. 3.º, 4 a 6)[94].

Neste sentido, parece-nos seguro que os Estados-membros poderão manter e adoptar medidas de protecção dos consumidores em domínios não cobertos por medidas de harmonização ou sujeitos apenas a harmonização mínima, na medida em que não se traduzam em restrições à liberdade de prestação de serviços no mercado inter-

---

[94] Artigo 3.º (Mercado interno): 1. Cada Estado-Membro assegurará que os serviços da sociedade da informação prestados por um prestador estabelecido no seu território cumpram as disposições nacionais aplicáveis nesse Estado-Membro que se integrem no domínio coordenado. 2. Os Estados-Membros não podem, por razões que relevem do domínio coordenado, restringir a livre circulação dos serviços da sociedade da informação provenientes de outro Estado-Membro. 3. Os n.ºs 1 e 2 não se aplicam aos domínios a que se refere o anexo. 4. Os Estados-Membros podem tomar medidas derrogatórias do n.º 2 em relação a determinado serviço da sociedade da informação, caso sejam preenchidas as seguintes condições: a) As medidas devem ser: i) Necessárias por uma das seguintes razões: – defesa da ordem pública, em especial prevenção, investigação, detecção e incriminação de delitos penais, incluindo a protecção de menores e a luta contra o incitamento ao ódio fundado na raça, no sexo, na religião ou na nacionalidade, e contra as violações da dignidade humana de pessoas individuais, – protecção da saúde pública, – segurança pública, incluindo a salvaguarda da segurança e da defesa nacionais, – defesa dos consumidores, incluindo os investidores; ii) Tomadas relativamente a um determinado serviço da sociedade da informação que lese os objectivos referidos na subalínea i), ou que comporte um risco sério e grave de prejudicar esses objectivos; iii) Proporcionais a esses objectivos; b) Previamente à tomada das medidas em questão, e sem prejuízo de diligências judiciais, incluindo a instrução e os actos praticados no âmbito de uma investigação criminal, o Estado-Membro deve: – ter solicitado ao Estado-Membro a que se refere o n.º 1 que tome medidas, sem que este último as tenha tomado ou se estas se tiverem revelado inadequadas, – ter notificado à Comissão e ao Estado-Membro a que se refere o n.º 1 a sua intenção de tomar tais medidas. 5. Os Estados-Membros podem, em caso de urgência, derrogar às condições previstas na alínea b) do n.º 4. Nesse caso, as medidas devem ser notificadas no mais curto prazo à Comissão e ao Estado--Membro a que se refere o n.º 1, indicando as razões pelas quais consideram que existe uma situação de urgência. 6. Sem prejuízo da faculdade de o Estado-Membro prosseguir a aplicação das medidas em questão, a Comissão analisará, com a maior celeridade, a compatibilidade das medidas notificadas com o direito comunitário; se concluir que a medida é incompatível com o direito comunitário, a Comissão solicitará ao Estado-Membro em causa que se abstenha de tomar quaisquer outras medidas previstas, ou ponha termo, com urgência, às medidas já tomadas.

no [95]. Por outras palavras, o nível de defesa dos consumidores a praticar por cada Estado-membro não será limitado pelo direito comunitário derivado do consumo, incluindo as especiais medidas de protecção constantes da Directiva, mas antes pelo direito económico europeu, em especial a liberdade de prestação de serviços tal como entendida pela Jurisprudência do Tribunal de Justiça. Aliás, a este Tribunal competirá resolver os litígios entre a Comissão e os Estados-membros no caso de estes pretenderem aplicar aos serviços da sociedade da informação medidas de protecção dos consumidores que no entender da Comissão não sejam necessárias, adequadas ou proporcionais ao objectivo de defesa do consumidor, não obstante cumpridos os termos do procedimento de notificação e cooperação. Caberá ao Tribunal, em última análise, decidir se a medida do Estado-membro é contrária ou não à liberdade de prestação de serviços no mercado interno.

Por outro lado, como se pode ler no preâmbulo, a fim de garantir a segurança jurídica e a confiança do consumidor, é essencial que a presente directiva estabeleça um quadro geral claro, que abranja certos aspectos legais do comércio electrónico no mercado interno (7). Todavia, de acordo com o princípio da proporcionalidade, as medidas previstas na presente directiva limitam-se ao mínimo estritamente necessário para alcançar o objectivo do correcto funcionamento do mercado interno, embora vise assegurar um alto nível de protecção dos

---

[95] Tanto mais que se mantém o entendimento de que a Comissão ainda não sabe quais são as áreas em que serão necessárias medidas especiais de protecção dos consumidores, no domínio do acervo comunitário de protecção dos consumidores. Como se dá conta no preâmbulo, à semelhança da proposta inicial: "O Conselho de Ministros, na sua resolução, de 19 de Janeiro de 1999, sobre os aspectos relativos ao consumidor na sociedade da informação, salientou que a defesa dos consumidores merecia uma atenção especial neste domínio. A Comissão irá analisar em que medida as regras de defesa do consumidor existentes facultam uma protecção adequada no contexto da sociedade da informação, identificando, quando necessário, as possíveis lacunas dessa legislação e os aspectos em relação aos quais poderão vir a ser necessárias medidas adicionais. Se necessário, a Comissão deverá apresentar propostas específicas adicionais destinadas a preencher as lacunas assim identificadas" (cons. 65). Veja-se também o art. 21.º sobre as matérias a tratar pelo relatório da Comissão.

objectivos de interesse geral, em especial a protecção dos menores e da dignidade humana, a defesa do consumidor e a protecção da saúde pública (10). Este "alto nível de protecção" acresce a medidas do acervo comunitário, pois que se considera que a directiva não prejudica o nível de protecção, designadamente, da saúde pública e do consumidor, estabelecido por instrumentos comunitários; nomeadamente a Directiva 93/13/CEE do Conselho, de 5 de Abril de 1993, relativa às cláusulas abusivas nos contratos celebrados com os consumidores e a Directiva 97/7/CE do Parlamento Europeu e do Conselho, de 20 de Maio de 1997, relativa à protecção dos consumidores em matéria de contratos à distância constituem um elemento essencial da protecção do consumidor em matéria contratual, aplicando-se estas directivas "igualmente na sua integralidade aos serviços da sociedade da informação", sendo a directiva sobre comércio electrónico "complementar dos requisitos de informação fixados nas directivas citadas, e em especial na Directiva 97/7/CE" (11) [96].

---

[96] Acrescenta-se que fazem igualmente parte desse acervo a Directiva 84/450/CEE do Conselho, de 10 de Setembro de 1984, relativa à publicidade enganosa e comparativa, a Directiva 87/102/CEE do Conselho, de 22 de Dezembro de 1986, relativa à aproximação das disposições legislativas, regulamentares e administrativas dos Estados-Membros relativas ao crédito ao consumo, a Directiva 93/22/CEE do Conselho, de 10 de Maio de 1993, relativa aos serviços de investimento no domínio dos valores mobiliários, a Directiva 90/314/CEE do Conselho, de 13 de Junho de 1990, relativa às viagens organizadas, férias organizadas e circuitos organizados, a Directiva 98/6/CE do Parlamento Europeu e do Conselho, de 16 de Fevereiro de 1998, relativa à defesa dos consumidores em matéria de indicações dos preços dos produtos oferecidos aos consumidores, a Directiva 92/59/CEE do Conselho, de 29 de Junho de 1992, relativa à segurança geral dos produtos, a Directiva 94/47/CE do Parlamento Europeu e do Conselho, de 26 de Outubro de 1994, relativa à protecção dos adquirentes quanto a certos aspectos dos contratos de aquisição de um direito de utilização a tempo parcial de bens imóveis, a Directiva 98/27/CE do Parlamento Europeu e do Conselho, de 19 de Maio de 1998, relativa às acções inibitórias em matéria de protecção dos interesses dos consumidores, a Directiva 85/374/CEE do Conselho, de 25 de Julho de 1985, relativa à aproximação das disposições legislativas, regulamentares e administrativas dos Estados-Membros em matéria de responsabilidade decorrente dos produtos defeituosos, a Directiva 1999/44/CE do Parlamento Europeu e do Conselho, de 25 de Maio de 1999, relativa a certos aspectos da venda de bens de consumo e garantias conexas, a Directiva 2000/.../CE do Parlamento Europeu e do Conselho, de ..., relativa à comercialização à distância de serviços financeiros junto

14. A Directiva sobre comércio electrónico [97] regulou alguns aspectos dos contratos electrónicos. Com efeito, considerando que o efeito legal das assinaturas electrónicas é objecto da Directiva 1999/ /93/CE do Parlamento Europeu e do Conselho, de 13 de Dezembro de 1999, relativa a um quadro legal comunitário para assinaturas electrónicas [98], prevê-se que cada Estado-Membro ajustará a sua legislação

---

dos consumidores, a Directiva 92/28/CEE do Conselho, de 31 de Março de 1992, relativa à publicidade dos medicamentos para uso humano. A presente directiva deve ser aplicável sem prejuízo do disposto na Directiva 98/4 3/CE do Parlamento Europeu e do Conselho, de 6 de Julho de 1998, relativa à aproximação das disposições legislativas, regulamentares e administrativas dos Estados-Membros em matéria de publicidade e de patrocínio dos produtos do tabaco, que foi adoptada no âmbito do mercado interno, e nas directivas relativas à protecção da saúde pública.

Porém, como já referimos, a Directiva não esclarece se todas estas medidas são aplicáveis aos serviços da sociedade da informação, limitando-se a remeter para algumas delas, como é o caso da futura Directiva sobre serviços financeiros e da Directiva sobre acções inibitórias. Quanto à primeira, considera-se, inclusivamente, que "a faculdade conferida pela presente directiva aos Estados-Membros de em certas circunstâncias, restringirem a liberdade de prestação de serviços da sociedade da informação, por forma a proteger os consumidores, abrange igualmente medidas no domínio dos serviços financeiros, em especial medidas destinadas a proteger os investidores" (cons. 27). Quanto à segunda, considera também expressamente que a Directiva 98/27/CE "é aplicável aos serviços da sociedade da informação", prevendo um mecanismo para as acções inibitórias em matéria de protecção dos interesses colectivos dos consumidores, o qual contribuirá para a livre circulação dos serviços da sociedade da informação, ao assegurar um elevado nível de protecção dos consumidores (cons. 53).

[97] Directiva 2000/31/CE do Parlamento Europeu e do Conselho de 8 de Junho de 2000 relativa a certos aspectos legais dos serviços da sociedade da informação, em especial do comércio electrónico, no mercado interno ("Directiva sobre comércio electrónico").

[98] O crescimento exponencial do ambiente digital das redes abertas como a Internet tornou possível o comércio electrónico à escala global, generalizando os problemas com que se debatia o EDI (sobre esta matéria veja-se, mais recentemente, Zagami, DII 1996, p. 151; Finocchiaro, CI 1998, p. 956; Schumacher, CR 1998, p. 758; Caprioli, JCP 1998, p. 583; Rossnagel, NJW 1999, p. 1591; Symposium, JC&IL 1999, p. 721). Em vista disso, desenvolveram-se esforços internacionais e nacionais no sentido de promover o comércio electrónico, por via da remoção dos obstáculos jurídicos. Alguns países reconheceram a validade do documento electrónico e da assinatura digital, no sistema de assinatura de chave pública (veja-se, especialmente, a UTAH *Digital Signature Act*, 1996, em Itália a L. n° 59-97, art. 15,

11.3.1997, na Alemanha a *Signaturverordnung* – SigV, Art. 11 da *Informations- und Kommunikationsdiente-Gesetz* – IuKDG, 1.8.1997). No plano internacional, foi aprovada nas Nações Unidas a Lei Modelo sobre Comércio Electrónico em Dezembro de 1996 (*vide* Uncitral Model Law On Electronic Commerce 1996 – with additional article 5 bis as adopted in 1998). Mais recentemente, a nível comunitário, foi adoptada a Directiva sobre as Assinaturas Electrónicas (Directiva 1993/93/CE do Parlamento e do Conselho de 13 de Dezembro de 1999, relativa a um quadro comum para as assinaturas electrónicas – sendo esta uma das medidas fundamentais previstas no plano de acção traçado no documento *Uma iniciativa europeia para o comércio electrónico*, Comunicação ao Parlamento Europeu, ao Conselho, ao Comité Económico e Social e ao Comité das Regiões COM (97) 157, 15/04/97).

Entre nós, a necessidade de definição do regime jurídico aplicável aos documentos electrónicos e assinatura digital foi apontada no Livro Verde para a Sociedade da Informação em Portugal (cfr. Ponto 9 do documento pioneiro da Missão para a Sociedade da Informação (MSI), *Livro Verde Para A Sociedade Da Informação Em Portugal*, 1997) e retomada no diploma que criou a Iniciativa Nacional para o Comércio Electrónico (Resolução do Conselho de Ministros n.º 115/98, de 1 de Setembro), bem como no respectivo Documento Orientador (*vide Documento Orientador da Iniciativa Nacional para o Comércio Electrónico*, aprovado pela Resolução do Conselho de Ministros n.º 94/99). Entretanto, tinha sido já adoptada uma medida conducente ao reconhecimento do valor jurídico da correspondência da Administração trocada por via electrónica (Resolução do Conselho de Ministros n.º 60/98). Além disso, são diversos os actos que vêm dar relevo jurídico-legal às comunicações electrónicas (veja-se, especialmente, a Lei n.º 59/98 de 25 de Agosto, que altera o Código de Processo Penal, o Decreto-Lei n.º 433/99 de 26 de Outubro, Código do Procecimento e de Processo Tributário, e o Decreto-Lei n.º 183/2000 de 10 de Agosto, que altera o Código de Processo Civil, na redacção que lhe foi dada pelo Decreto-Lei n.º 329-A/95, de 12 de Dezembro, pelo Decreto-Lei n.º 180/96, de 25 de Setembro, e pelo Decreto-Lei n.º 375-A/99, de 20 de Setembro, e o Decreto-Lei n.º 269/98, de 1 de Setembro, na redacção que lhe foi dada pelo Decreto-Lei n.º 383/99, de 23 de Setembro). Nesta linha de acção e antes mesmo da Directiva sobre as Assinaturas Electrónicas, foi adoptado entre nós o regime jurídico dos documentos electrónicos e das assinaturas digitais (aprovado pelo Decreto-Lei n.º 290--D/99, de 2 de Agosto; em Macau foi adoptado o Decreto-lei n.º 64/99/M, de 25 de Outubro, que regula aspectos gerais no domínio do comércio electrónico), seguido da equiparação entre a factura emitida em suporte papel e a factura electrónica (Decreto--Lei n.º 375/99 de 18 de Setembro; sobre estes diplomas veja-se Lopes Rocha / Marta Rodrigues / Miguel Andrade / M. Pupo Correia / Henrique Carreiro, *As Leis do Comércio Electrónico*, 2000; Pupo Correia, *Documentos electrónicos e assinatura digital: perspectiva da nova lei*, www.digital-forum.net, 18/02/2000; veja-se também

relativa a requisitos, nomeadamente de forma, susceptíveis de dificultar o recurso a contratos por via electrónica, devendo o exame das legislações que necessitem deste ajustamento ser sistemático e abranger todas as etapas e actos necessários ao processo contratual, incluindo a celebração do contrato, em termos de esse ajustamento ter como resultado tornar exequíveis os contratos celebrados por via electrónica. Por outro lado, por via da directiva não é afectada a possibilidade de os Estados-Membros manterem ou fixarem requisitos legais, gerais ou específicos para os contratos, que possam ser preenchidos por meios electrónicos, em especial os requisitos relativos à certificação de assinaturas electrónicas. Além disso, os Estados-Membros podem manter restrições à celebração de contratos por meios electrónicos quando estes exijam, por lei, a intervenção de tribunais, entidades públicas ou profissões que exercem poderes públicos, abrangendo essa possibilidade igualmente os contratos que exijam a intervenção de tribunais, entidades públicas ou profissões que exercem poderes públicos para

---

sobre os trabalhos preparatórios do diploma da factura electrónica, Lopes Rocha, *A factura electrónica: uma reforma necessária?*, in *As telecomunicações e o direito na sociedade da informação*, IJC, Coimbra, 1999, p. 275 s). Em termos muito breves, o nosso diploma veio regular não apenas o reconhecimento e o valor jurídico dos documentos electrónicos e das assinaturas digitais, mas também confiar o controlo da actividade de certificação de assinaturas a uma entidade a designar, definindo os poderes e procedimentos, bem como as condições de credenciação da actividade e os direitos e os deveres das entidades certificadoras. Em especial, é de referir que, de acordo com a orientação comunitária então em discussão, o regime não sujeitou a autorização administrativa prévia a actividade de certificação de assinaturas digitais, embora tenha previsto um sistema voluntário de credenciação e fiscalização das entidades certificadoras por uma autoridade competente, em ordem a controlar as suas condições de idoneidade e segurança. Para uma análise deste diploma quanto à forma e força probatória do documento electrónico (art. 3.º), à sua comunicação (art. 6.º) e à validade da assinatura digital (art. 7.º e 8.º), veja-se o nosso estudo, ROA 1999, p. 973 s. Mais recentemente, o Decreto-Lei n.º 234/2000 de 25 de Setembro criou o Conselho Técnico de Credenciação como estrutura de apoio ao Instituto das Tecnologias da Informação na Justiça no exercício das funções de autoridade credenciadora de entidades certificadoras de assinaturas digitais. Além disso, foi também aprovado o Decreto-Regulamentar n.º 16/2000 de 2 de Outubro, que regulamenta o Decreto-Lei n.º 375/99 de 18 de Setembro relativo à equiparação entre a factura emitida em papel e a factura electrónica.

que possam produzir efeitos em relação a terceiros; bem como os contratos legalmente sujeitos a reconhecimento ou autenticação notariais. Considera-se ainda que a obrigação de os Estados-Membros não colocarem obstáculos à celebração de contratos por meios electrónicos apenas diz respeito aos resultantes de requisitos legais, e não aos obstáculos práticos resultantes da impossibilidade de utilizar meios electrónicos em determinados casos, sendo a obrigação de os Estados-Membros não colocarem obstáculos à celebração de contratos por meios electrónicos aplicada de acordo com as exigências legais aplicáveis aos contratos consagradas no direito comunitário [99].

Assim, nos termos do regime aprovado (art. 9.º), cabe aos Estados-Membros assegurar que os seus sistemas legais permitam a celebração de contratos por meios electrónicos, garantindo, nomeadamente, que o regime jurídico aplicável ao processo contratual não crie obstáculos à utilização de contratos celebrados por meios electrónicos, nem tenha por resultado a privação de efeitos legais ou de validade desses contratos, pelo facto de serem celebrados por meios electrónicos. Todavia, é ressalvada aos Estados-membros a faculdade de determinar que este regime não se aplique a todos ou a alguns contratos que se insiram numa das categorias seguintes: contratos que criem ou transfiram direitos sobre bens imóveis, com excepção de direitos de arrendamento (1); contratos que exijam por lei a intervenção de tribunais, entidades públicas ou profissões que exercem poderes públicos (2); contratos de caução e garantias prestadas por pessoas agindo para fins exteriores à sua actividade comercial, empresarial ou profissional (3); contratos regidos pelo direito de família ou pelo direito sucessório (4).

Por outro lado, as informações a prestar são reguladas (art. 10.º) em termos de caber aos Estados-Membros assegurar, salvo acordo em contrário das partes que não sejam consumidores, e antes de ser dada a ordem de encomenda pelo destinatário do serviço, que, no mínimo, o prestador de serviços preste em termos exactos, compreensíveis e inequívocos, a seguinte informação: as diferentes etapas técnicas da celebração do contrato (1); se o contrato celebrado será ou não

---

[99] Cfr. Directiva sobre o comércio electrónico, cons 35 a 38.

arquivado pelo prestador do serviço e se será acessível (2); os meios técnicos que permitem identificar e corrigir os erros de introdução anteriores à ordem de encomenda (3); as línguas em que o contrato pode ser celebrado (4). Estas informações acrescem a outros requisitos de informação constantes da legislação comunitária, como seja a Directiva Contratos à Distância. Além disso, cabe ainda aos Estados--Membros assegurar, salvo acordo em contrário das partes que não sejam consumidores, que o prestador indique os eventuais códigos de conduta de que é subscritor e a forma de consultar electronicamente esses códigos. Todavia, estas obrigações de informação não são aplicáveis aos contratos celebrados exclusivamente por correio electrónico ou outro meio de comunicação individual equivalente, mas em qualquer caso os termos contratuais e as condições gerais fornecidos ao destinatário têm de sê-lo numa forma que lhe permita armazená-los e reproduzi-los.

Quanto à ordem de encomenda (art. 11.º), a Directiva incumbe os Estados-Membros de assegurar, salvo acordo em contrário das partes que não sejam consumidores, que, nos casos em que o destinatário de um serviço efectue a sua encomenda exclusivamente por meios electrónicos, se apliquem os seguintes princípios: o prestador de serviços tem de acusar a recepção da encomenda do destinatário do serviço, sem atraso injustificado e por meios electrónicos – salvo se se tratar de contratos celebrados exclusivamente por correio electrónico ou outro meio de comunicação individual equivalente (1); considera-se que a encomenda e o aviso de recepção são recebidos quando as partes a que são endereçados têm possibilidade de aceder a estes (2), entendendo-se que o aviso de recepção por parte de um prestador de serviços pode revestir a forma da prestação em linha do serviço pago [100]. Além disso, cabe aos Estados-Membros assegurar, salvo acordo em contrário das partes que não sejam consumidores, que o prestador de serviços ponha à disposição do destinatário do serviço os

---

[100] Cfr. Directiva sobre o comércio electrónico, cons. 34. A este propósito, *vide* o que escrevemos sobre o critério do momento da celebração do contrato constante da Proposta no artigo *Programas de Computador, Sistemas Informáticos e Comunicações Electrónicas: Alguns Aspectos Jurídico-Contratuais*, ROA 1999, p. 977.

meios técnicos adequados, eficazes e acessíveis, que lhe permitam identificar e corrigir erros de introdução antes de formular a ordem de encomenda, salvo se se tratar de contratos celebrados exclusivamente por correio electrónico ou outro meio de comunicação individual equivalente.

Este regime é, como vimos, informado por uma preocupação de defesa do consumidor. Porém, malogradamente parece não se aplicar sempre que se trata de contratos celebrados exclusivamente por correio electrónico ou outro meio de comunicação individual equivalente (arts. 10.º, 4, e 11.º, 3). O que, afinal, poderá deixar o consumidor, que se quer proteger, sem tal protecção no universo das comunicações electrónicas. Em conformidade, pode ler-se no preâmbulo da Directiva que as excepções às disposições relativas aos contratos celebrados exclusivamente por correio electrónico, ou outro meio de comunicação individual equivalente, previsto na presente directiva, no tocante às informações a prestar e às ordens de encomenda, não devem dar lugar a que os prestadores de serviços da sociedade da informação possam contornar as referidas disposições (cons. 39). Isto é particularmente importante no domínio do comércio electrónico directo, que consiste na encomenda, pagamento e entrega directa em linha de bens incorpóreos (por ex., programas de computador e conteúdos de diversão) e serviços; o comércio electrónico indirecto, por seu turno, traduz-se na encomenda electrónica de bens, que têm de ser entregues fisicamente por meio dos canais tradicionais como os serviços postais ou os serviços privados de correio expresso [101].

A nosso entender, porém, parece-nos que a solução da Directiva não está inteiramente de acordo com os objectivos a que se propõe. Com efeito, no domínio do comércio electrónico directo com consumidores, por que razão não deverá o prestador de serviços cumprir as obrigações de informação e as relativas à nota de encomenda? Não é justamente nestas situações que o consumidor necessitará mais daquela protecção? Parece, com efeito, existir um contra-senso na solução da Directiva. Resta saber, todavia, se a Directiva proíbe os

---

[101] Cfr. *Uma iniciativa europeia para o comércio electrónico*, Comunicação da Comissão, COM(1997) 157 final.

Estados-membros de não seguirem tal via na transposição para as respectivas ordens jurídicas internas.

De todo o modo, apesar de em tais casos não se aplicarem as obrigações relativas às informações a prestar e à ordem de encomenda, parece-nos que serão todavia de aplicar, nomeadamente, as obrigações de informação previstas no regime dos contratos à distância e dos "contratos de adesão", para além das regras do direito da publicidade.

15. Um dos princípios fundamentais do direito da publicidade é o princípio do respeito pelos direitos do consumidor, nos termos do qual é proibida a publicidade que atente contra os direitos do consumidor (art. 12.º). Esta trave mestra do regime jurídico da publicidade é objecto de uma concretização especial no Código, devendo além disso ser enquadrada na Constituição, em cujo texto os direitos dos consumidores surgem expressamente consagrados como direitos fundamentais (art. 60.º CRP, prevendo, nomeadamente, os direitos à formação e à informação e à reparação de danos).

Além disso, estes direitos são explicitados na Lei-quadro de Defesa do Consumidor (arts. 3.º a 15.º), em que revestem carácter injuntivo (art. 16.º). Especial relevo assume neste domínio a regra segundo a qual a informação das mensagens publicitárias poderá, em certos termos, considerar-se parte integrante do conteúdo dos contratos que venham a celebrar-se, sendo consideradas não escritas as cláusulas contratuais em contrário: nos termos do art. 7.º, 5, da Lei do Consumidor, as informações concretas e objectivas contidas nas mensagens publicitárias de determinado bem, serviço ou direito consideram-se integradas no conteúdo dos contratos que se venham a celebrar após a sua emissão, tendo-se por não escritas as cláusulas em contrário.

Ora, o Código da Publicidade [102] é informado por um conceito de publicidade (art. 3.º), o qual abrange, em nossa opinião, as mensagens promocionais contidas em comunicações à distância por via electró-

---

[102] Código da Publicidade, aprovado pelo Decreto-Lei n.º 330/90, de 23 de Outubro, alterado pelos Decretos-Leis n.º 74/93 de 10 de Março, 6/95 de 17 de Janeiro, e 275/98 de 9 de Setembro, e pela Lei n.º 31-A/98, de 14 de Julho.

nica. Isto é, a noção de publicidade do Código da Publicidade abrange o *marketing* directo, o qual é, além do mais, expressamente integrado na noção de publicidade domiciliária e por correspondência, a qual consiste numa forma especial de publicidade regulada pelo Código e pela Lei sobre publicidade domiciliária [103]. Dispõe o art. 23.º do Código que, sem prejuízo do disposto em legislação especial, a publicidade entregue no domicílio do destinatário, por correspondência ou qualquer outro meio, deve conter de forma clara e precisa, *inter alia*, o nome, domicílio e os demais elementos necessários para a identificação do anunciante. Este artigo contém o regime geral da publicidade domiciliária. Ressalva, porém, o disposto em legislação especial, sendo de destacar a chamada Lei da Publicidade Domiciliária por telefonia e por telecópia, a qual regula a publicidade domiciliária *tout court*, nomeadamente, por via postal, distribuição directa, telefone e telecópia (art. 1.º), à excepção porém da publicidade por correio electrónico (art. 1.º, 2).

Em face disto, somos de entender que a publicidade efectuada por correio electrónico integra a hipótese do art. 23.º do Código e preencheria também a do art. 1.º, 1, da referida Lei. Porém, o legislador afastou expressamente este meio de difusão de mensagens publicitárias do âmbito de aplicação desse corpo normativo, pelo que não restará senão remeter a publicidade por correio electrónico para o regime da publicidade domiciliária previsto no Código. Por outras palavras, a publicidade por correio electrónico integra a noção de publicidade para efeitos do Código, sujeitando-se ao regime da publicidade domiciliária aí previsto (art. 23.º), não se sujeitando à referida legislação especial uma vez que esta a afasta expressamente do seu âmbito.

---

[103] Lei n.º 6/99, de 27 de Janeiro. Sobre esta lei *vide* Paulo Mota Pinto, *Notas sobre a Lei n.º 6/99, de 27 de Janeiro – Publicidade domiciliária, por telefone e por telecópia*, in *Estudos de Direito do Consumidor*, Centro de Direito do Consumo, FDUC, n.º 1, 1999, p. 117; veja-se também do mesmo Autor, *Publicidade domiciliária não desejada ('Junk Mail, Junk Calls e Junk Faxes')*, BFD 1998, p. 273. Sobre a questão específica do «spamming» nas redes de comunicação electrónica interactiva veja-se, por exemplo T. Hoeren, *Werberecht im Internet am Beispiel der ICC Guidelines on Interactive Marketing Communications,* in M. Lehmann (Hrsg), *Internet – undMultimediarecht (Cyberlaw),* Stuttgart, Schaffer Pschel, p. 114.

Assim, sucintamente, esta publicidade deverá conter de forma clara e precisa o nome, domicílio e demais elementos necessários para a identificação do anunciante, bem como a indicação do local onde o destinatário pode obter as informações de que careça, não bastando a indicação apenas de um apartado ou qualquer outra menção que não permita a localização imediata do anunciante. Além disso, deve conter ainda a descrição rigorosa e fiel do bem ou serviço publicitado e das suas características, só podendo referir-se a artigos de que existam amostras disponíveis para exame do destinatário, o qual não é obrigado a adquirir, guardar ou devolver quaisquer bens ou amostras que lhe tenham sido enviados ou entregues à revelia de solicitação sua.

16. Nos termos da Directiva sobre contratos à distância [104], que deveria ter sido transposta até 4 de Junho de 2000 (arts. 15.º, 1, 18.º), por contrato à distância entende-se qualquer contrato relativo a bens ou serviços, celebrado entre um fornecedor e um consumidor, que se integre num sistema de venda ou prestação de serviços à distância organizado pelo fornecedor, que, para esse contrato, utilize exclusivamente uma ou mais técnicas de comunicação à distância até à celebração do contrato, incluindo a própria celebração (art. 2.º, 1). Estas técnicas de comunicação consistem em qualquer meio que, sem presença física e simultânea do fornecedor e do consumidor, possa ser utilizado tendo em vista a celebração do contrato entre as partes. Exemplos destas técnicas de comunicação são, nos termos do Anexo I, o telefone, a rádio, a televisão, o telefax, o correio electrónico, o videofone e o videotexto.

Esta Directiva consagra um regime de protecção nos contratos à distância, que define, embora o seu âmbito de aplicação seja algo restrito. Em termos gerais, serão de referir os deveres de informação a cargo do fornecedor (arts. 4.º e 5.º), o direito de "livre rescisão" do consumidor (art. 6.º), o pagamento fraudulento com o seu cartão [105]

---

[104] Directiva 97/7/CE do Parlamento Europeu e do Conselho de 20 de Maio de 1997, relativa à protecção dos consumidores em matéria de contratos à distância.

[105] Veja-se sobre esta matéria a Recomendação 97/489/CE da Comissão de 30 de Julho de 1997 relativa às transacções realizadas através de um instrumento de pagamento electrónico e, nomeadamente, às relações entre o emitente e o detentor.

(art. 8.º), o valor do seu silêncio (art. 9.º) e, entre outros aspectos, a questão da protecção da privacidade dos consumidores (art. 10.º).

Trata-se de uma medida de grande importância para a protecção do consumidor na negociação electrónica à distância, que é um meio de celebração de contratos à distância, em especial por via de correio electrónico. O seu âmbito de aplicação é algo restrito, excluindo sectores tão importantes como o *telebanking* (art. 3.º). Com efeito, são excluídos do âmbito de aplicação da directiva os contratos relativos a serviços financeiros referidos no anexo II, que prevê uma lista não exaustiva. Após consulta pública às partes interessadas, a Comissão concluiu pela necessidade de apresentar uma proposta específica relativa à comercialização à distância dos serviços financeiros [106]. Essa proposta, entretanto alterada [107], segue o modelo regulamentar da Directiva sobre contratos à distância (97/7/CE), embora com soluções específicas para a comercialização à distância de serviços financeiros.

Apesar de a Directiva sobre os contratos à distância ainda não ter sido transposta e a proposta sobre os serviços financeiros se encontrar

---

Veja-se anteriormente a Recomendação 87/598/CEE da Comissão de 8 de Dezembro de 1987 relativa a um Código europeu de boa conduta em matéria de pagamento electrónico (Relações entre instituições financeiras, comerciantes-prestadores de serviços e consumidores), e a Recomendação 88/590/CEE da Comissão de 17 de Novembro de 1988 relativa aos sistemas de pagamento e, em especial, às relações entre o titular e o emissor dos cartões. No direito interno vejam-se as seguintes medidas: Lei n.º 23/94 de 18 de Julho (utilização de cartões de débito de pagamento automático); Portaria n.º 1150/94 de 27 de Dezembro (regime especial de preços no serviço de pagamento automático); Decreto-Lei n.º 166/95 de 15 de Julho (actividade das entidades emitentes ou gestoras de cartões de crédito); Aviso n.º 1/95 de 17 de Fevereiro (deveres de informação ao público sobre operações e serviços de instituições de crédito); Aviso n.º 4/95, de 28 de Julho (contratos para emissão de cartão de crédito); Decreto-Lei n.º 206/95 de 14 de Agosto (regime das sociedades financeiras para aquisições a crédito – SFACS); Decreto-Lei n.º 27-C/2000 de 10 de Março (institui o sistema de acesso aos serviços bancários mínimos).

[106] *Serviços Financeiros: dar resposta às expectativas dos consumidores*, Livro Verde da Comissão, COM(96) 209 final, 22/05/1996, e *Serviços financeiros: reforçar a confiança do consumidor*, Comunicação da Comissão, COM(97) 309 final, 26/06//1997.

[107] Proposta alterada de Directiva do Parlamento Europeu e do Conselho relativa à comercialização à distância dos serviços financeiros junto dos consumidores e que altera as Directivas 97/7/CE e 98/27/CE.

em discussão, existirá entre nós algum regime susceptível de proteger os consumidores nos contratos à distância por via electrónica? Em nosso entender, a resposta é afirmativa e encontra-se no regime das vendas por correspondência [108]. Este regime transpõe a Directiva sobre os contratos negociados fora dos estabelecimentos comerciais [109]. Mas, enquanto a Directiva 85/577/CEE não parece abranger os contratos à distância, em razão de parecer exigir a presença física simultânea das partes (art. 1.º), já o nosso regime das vendas por correspondência define-as como a modalidade de distribuição comercial a retalho em que se oferece ao consumidor a possibilidade de encomendar pelo correio, telefone ou outro meio de comunicação os bens ou serviços divulgados através de catálogos, revistas, jornais, impressos ou quaisquer outros meios gráficos ou áudio-visuais (art. 8.º, 1). Ora, esta definição de vendas por correspondência parece acolher os contratos à distância pelos modernos meios de comunicação, como o comércio electrónico na Internet [110]. Deste modo, enquanto a Directiva Contratos à Distância não for transposta e na medida em que o tenha que ser, existirá já entre nós um regime especial de protecção dos interesses dos consumidores nos contratos negociados à distância por via electrónica. Esse regime traduz-se, especialmente, na obrigação de conformação do conteúdo das ofertas [111], na forma [112], conteúdo e valor do

---

[108] Regime da venda ao domicílio e por correspondência, aprovado pelo Decreto-Lei n.º 272/87, de 3 de Julho, e alterado pelo Decreto-Lei n.º 243/95 de 13 de Setembro.

[109] Directiva 85/577/CEE do Conselho de 20 de Dezembro de 1985 relativa à protecção dos consumidores no caso de contratos negociados fora dos estabelecimentos comerciais. Trata-se de uma medida de harmonização mínima, pois os Estados-membros podem adoptar ou manter disposições mais favoráveis à protecção do consumidor no domínio por ela abrangido (art. 8.º).

[110] Neste sentido, António Pinto Monteiro, *A protecção do consumidor de serviços de telecomunicações*, in *As telecomunicações e o direito na sociedade da informação*, IJC, Coimbra, 1999, p. 156. No direito comparado, veja-se, nomeadamente, Tito Ballarino, *Internet nel Mondo della Legge*, Cedam, Padova, 1998, p. 93-5, p. 113-115; J. Ribas Alejandro, *Aspectos Jurídicos del Comercio Electrónico em Internet*, Aranzadi, Pamplona, 1999, p. 62-4; N. Härting, *Internetrecht*, Köln, Otto Schmidt, 1999, p. 84-7 (com mais referências sobre a interpretação da *Haustürwiderrufsgesetz*).

[111] Estas condições de licitude do conteúdo da oferta – que são semelhantes às do regime da publicidade domiciliária (cfr. art. 23.º do Código da Publicidade e Lei

contrato, e na atribuição de um direito de "livre resolução"[113] (arts. 9.º a 12.º).

17. O regime jurídico das cláusulas contratuais gerais (LCCG)[114] é um importante corpo normativo de protecção dos consumidores –

---

n.º 6/99 de 27 de Janeiro) – não se aplicam nos casos de mensagens publicitárias genéricas que não incluam uma proposta concreta para aquisição de bens ou prestação de serviços, pois que tais mensagens não serão sequer consideradas ofertas de venda. A este respeito será de considerar que, nos termos da Lei do Consumidor (Lei n.º 24//96 de 31 de Julho), as informações concretas e objectivas contidas nas mensagens publicitárias de determinado bem, serviço ou direito consideram-se integradas no conteúdo dos contratos que se venham a celebrar após a sua emissão, tendo-se por não escritas as cláusulas contratuais em contrário (art. 7.º, 5).

[112] Nas vendas por correspondência os contratos de valor igual ou superior a dez mil escudos devem ser reduzidos a escrito (Portaria n.º 1300/95, de 31 de Outubro). Todavia, não é exigido tal documento quando a nota de encomenda faça parte integrante do suporte utilizado na oferta de venda.

[113] Este direito de livre rescisão tem correspondente no domínio do crédito ao consumo, sendo de referir o "direito de arrependimento" durante 7 dias após o contrato de que goza o consumidor, bem como o direito de ser informado deste direito. Veja-se o Decreto-Lei n.º 359/91, de 21 de Setembro (estabelece normas relativas ao crédito ao consumo; transpõe para a ordem jurídica interna as Directivas n.º 87/102//CEE. de 22 de Dezembro de 1986, e 90/88/CEE, de 22 de Fevereiro de 1990). Veja-se, no direito comunitário, a Directiva 87/102/CEE do Conselho de 22 de Dezembro de 1986 relativa à aproximação das disposições legislativas, regulamentares e administrativas dos Estados-membros relativas ao crédito ao consumo, alterada pela Directiva 90/88/CEE do Conselho de 22 de Fevereiro de 1990, e, mais recentemente, pela Directiva 98/7/CE do Parlamento Europeu e do Conselho de 16 de Fevereiro de 1998.

[114] Regime Jurídico das Cláusulas Contratuais Gerais (aprovado pelo Decreto-Lei n.º 446/85, de 25 de Outubro, e alterado pelo Decreto-Lei n.º 220/95 de 31 de Janeiro – que transpõe a Directiva 93/13/CEE do Conselho de 5 de Abril de 1993 relativa às cláusulas abusivas nos contratos celebrados com os consumidores –, e pelo Decreto-Lei n.º 249/99, de 31 de Julho). Sobre esta matéria veja-se J. Oliveira Ascensão, *Cláusulas contratuais gerais, cláusulas abusivas e boa-fé*, ROA 2000, p. 573; A. Menezes Cordeiro, *Tratado de Direito Civil Português*, I 1999; M.J. de Almeida Costa, *Síntese do Regime Jurídico Vigente das Cláusulas Contratuais Gerais*, 2.ª ed. rev. e act., Lisboa, 1999; M. J. Almeida Costa/A. Menezes Cordeiro, *Cláusulas Contratuais Gerais. Anotação ao Decreto-Lei n.º 446/85, de 25 de Outubro*, Coimbra, 1990; António Pinto Monteiro, *La Directive "Clauses Abusives", 5 Ans Après – A Transposição para a Ordem Jurídica Interna da Directiva 93/13/CEE*, BFD 1999,

embora nisso não se esgote — nos contratos do comércio electrónico. Em termos breves, ao nível da formação do contrato, os consumidores têm direito à comunicação e à informação, bem como à exclusão dos contratos singulares de cláusulas surpresa *lato sensu* (art. 5.º a 8.º). Ao nível do controlo do conteúdo, gozam da proibição das cláusulas constantes das listas negras e cinzentas, incluindo as previstas para as relações entre empresários ou entidades equiparadas, e não se excluindo a possibilidade de, ainda que não prevista nas listas, a cláusula do caso concreto ser contrária à boa fé (arts. 17.º a 22.º). Assim, por exemplo, são proibidas, em absoluto, quer nas relações entre empresários, quer nas relações com consumidores, as cláusulas que excluam ou limitem a responsabilidade por danos pessoais ou por danos patrimoniais extracontratuais[115], pois que "la clause exonératoire fait partie de la liste 'noire' des clauses interdites de façon absolue"[116]. Porém, na medida em que não sejam contrárias à ordem pública, já poderão ser consideradas válidas as cláusulas limitativas e de exclusão da responsabilidade extracontratual, isto é, "se o bem em risco de vir a ser lesado, fonte de uma eventual responsabilidade extra-contratual, for de índole meramente privada e de natureza disponível"[117].

---

p. 523; Idem, *El problema de las condiciones generales de los contratos y la directiva sobre cláusulas abusivas en los contratos de consumidores*, RDM 1996, p. 79; Idem, *The Impact of the Directive on Unfair Terms in Consumer Contracts on Portuguese Law*, ERPL 1995, p. 231; Idem, *Contratos de adesão (o regime jurídico das cláusulas contratuais gerais instituído pelo Decreto-Lei n.º 446/85, de 25 de Outubro)*, ROA 1986, p. 733; J. Sousa Ribeiro, *O problema do contrato – As cláusulas contratuais gerais e o princípio da liberdade contratual*, Coimbra, 1999; Almeno de Sá, *Cláusulas Contratuais Gerais e Directiva sobre Cláusulas Abusivas*, Coimbra, 1999.

[115] Cfr. arts. 18.º-a, 15.º e 20.º das Cláusulas Contratuais Gerais (Decreto-Lei n.º 446/85, de 25 de Outubro, alterado pelos Decretos-Lei n.º 220/95 de 31 de Janeiro – que transpõe a Directiva 93/13/CEE do Conselho de 5 de Abril de 1993 relativa às cláusulas abusivas nos contratos celebrados com os consumidores –, e 249/99, de 31 de Julho).

[116] António Pinto Monteiro, *Les clauses limitatives et exonératoires de responsabilité et la protection du consommateur*, BFD 1993, p. 171.

[117] António Pinto Monteiro, *Cláusulas de responsabilidade civil*, Coimbra 1990, p. 5. Para mais desenvolvimentos, vide Idem, *Cláusulas limitativas e de exclusão de responsabilidade civil*, Coimbra 1985, p. 409 s, Idem, *Cláusula penal e indemnização*, Coimbra: Almedina, 1990, p. 241 s

A nível orgânico-processual, prevê-se, em especial, um controlo judicial na acção inibitória (art. 25.º) e a existência de um serviço de registo das cláusulas contratuais abusivas (arts. 34.º e 35.º)[118]. Depois, como medidas de reforço da eficácia preventiva e compulsória deste regime é de referir, ainda, a instituição da proibição provisória (art. 31.º) e a sanção pecuniária compulsória (art. 33.º).

O regime das cláusulas abusivas será particularmente importante no domínio das chamadas licenças *click-wrap*. O destinatário do teleserviço manifesta a sua concordância com os termos da licença através do acto de pressionar um ícone do ecrã, à semelhança das licenças *schrink-wrap* em que com o acto de abertura da embalagem em que é contida a cópia do programa de computador ou da obra multimedia o adquirente do *package* adere a tais estipulações. Da licença de utilização constam, *inter alia*, cláusulas que definem o âmbito da autorização de utilização (isto é, as faculdades ou direitos do utilizador), cláusulas que excluem e/ou limitam a responsabilidade do concedente, e, ainda, cláusulas que excluem e/ou limitam garantias, implícitas ou explícitas, ressalvando a sua *enforceability*, absoluta ou relativa, em face da lei aplicável.

As licenças *schrink-wrap* são o modelo típico da *praxis* negocial no âmbito dos contratos de licença de utilização de uma cópia de *Massenware*, embora não exclusivamente[119], suscitando problemas

---

[118] Nos termos da Portaria n.º 1093/95 de 6 de Setembro, o Gabinete de Direito Europeu foi incumbido de organizar e manter actualizado o registo das cláusulas contratuais abusivas. Esta medida deveria ser reforçada através da criação de um serviço de registo em linha acessível à distância por via electrónica mediante solicitação individual, isto é, através de um sítio na Internet. Este registo electrónico incluir-se-ia, aliás, no âmbito das medidas tendentes à informação geral do consumidor cuja adopção cabe ao Estado, às Regiões Autónomas e às autarquias locais e entre as quais se contam a criação de bases de dados e arquivos digitais acessíveis, de âmbito nacional, no domínio do direito do consumo, destinados a difundir informação geral e específica, e também a criação de bases de dados e arquivos digitais acessíveis em matéria de direitos do consumidor, de acesso incondicionado (Lei do Consumidor, art. 7.º, 1-d/e).

[119] Cfr. F. Koch / P. Schnupp, *Software-Recht*, I, Berlin: Springer, 1991, p. 280 s; J. Pagenberg / B. Geissler, *Lizenzverträge. Patente, Gebrauchsmuster, Know-how, Computer Software. Kommentierte Vertragsmuster nach deutschen und europäischen Recht*, 3. Aufl., Köln: Heymanns, 1991, p. 589 s.

extremamente delicados. Em virtude disso, considerou-se recentemente que seria desejável que, quer a nível nacional, quer a nível europeu, "fosse tomada uma posição clara em relação a estas licenças de plástico, e isto provavelmente por via legislativa. Uma tal intervenção, sustentada por uma política clara, deveria procurar conciliar de maneira equilibrada os interesses dos produtores, dos revendedores e dos utilizadores"[120]. Parte esta consideração de uma análise de direito comparado, em que se constata que a solução do problema parece apontar em sentidos divergentes: na Holanda, a jurisprudência superior pronunciou-se no caso *Coss v. TMData* (1995) pela invalidade das licenças de plástico, com o argumento de que a simples abertura do invólucro não seria suficiente para a formação de acordo de vontade e, portanto, para a celebração de um contrato; em Inglaterra, no caso *Beta v. Adobe* (1996), a jurisprudência, criticada por alguns autores, entendeu que a licença de plástico seria apenas uma condição imposta pelo titular de direitos ao contrato de compra e venda das cópias do *software*, que não obstaria, nem seria afectada pela validade deste contrato; em Singapura, no caso *Aztech PTE Ltd. v. Creative Technology Ltd* (1996-7), apesar de o tribunal de primeira instância ter considerado a licença inválida, mobilizando um precedente no domínio das patentes (caso *Betts v. Wilmott*, 1871), o tribunal de recurso pronunciou-se pela validade da licença de plástico, considerando que o adquirente da cópia do *software* teria acordado os termos implícitos da licença, nomeadamente a cláusula que proibia a realização da descompilação para fins de interoperabilidade; nos Estados Unidos, ha vária jurisprudência, sendo de referir o caso *Step Saver Data Systems v. Wyse Technology* (1990-1), em que depois de a primeira instância se ter pronunciado pela validade da licença, o tribunal de recurso inverteu o sentido da decisão, com o argumento de que a abertura do invólucro não seria suficiente manifestação de vontade de contratar não havendo acesso prévio aos termos da licença; nesta linha, foi proposta a alteração do *Uniform Commercial Code*, no sentido da adição da § 2B--308(2), nos termos da qual "numa transacção mercantil em massa, a

---

[120] C. Girot, *Validité des licences de logiciel sous plastique en droit français et comparé*, DIT 1/1998, p. 14.

menos que outra coisa seja acordada, uma obrigação ou limitação que tenha sido razoavelmente comunicada na embalagem do produto ou de outro modo antes do pagamento do preço da licença, ou que foi parte da descrição do produto, torna-se parte do contrato sem manifestação de concordância com uma licença ou uma cláusula contendo uma obrigação ou limitação"; esta proposta afirma a validade de princípio destas licenças de plástico na condição de apresentação clara e anterior à conclusão do contrato das cláusulas que restringem os direitos dos utilizadores; consagra-se assim a orientação jurisprudencial, também firmada no caso *Arizona Retail Syst. v Software Link* (1993), e recentemente reafirmado pelo tribunal de recurso no caso *Pro-CD v. Zeidenberg* (1996) no sentido de aceitar a validade das licenças de plástico, na medida em que as condições da licença tenham sido levadas ao conhecimento do adquirente antes da conclusão da venda [121].

Em suma, as licenças *click-wrap* são o modelo típico da *praxis* negocial no âmbito dos contratos de licença de utilização de conteúdos informativos comercializados na Internet [122], suscitando problemas

---

[121] Sobre estas e outras indicações recentes de direito comparado, *vide* G. Smith, *Schrink-wrap Licences in Europe after the EC Software Directive*, CLJ 1992, p. 597 C. Ward / L. W. Durrant, *Shrink-wrap Licences Revisited: Beta Computers (Europe) Limited v. Adobe Systems (Europe) Limited*, CoL 1994, p. 174; Lemley, Mark, *Intellectual Property and Schrink-Wrap Licenses*, California LR 1995, p. 1239; M. Williamson, *A Brief Defense of Mass Market Software License Agreements*, Rutgers LJ 1996, p. 335 s; C. Kochinke / A. Günther, *Shrinkwrap-Lizenzen und Datenbankschutz in den USA*, CR 1997, p. 129; C. Girot, *Validité des licences de logiciel sous plastique en droit français et comparé*, DIT 1/1998, p. 7 s.

[122] A Proposta de Directiva sobre Comércio Electrónico contemplou-as, prevendo que nos casos em que o destinatário do serviço não tenha alternativa senão clicar um ícone de sim ou não para aceitar ou não uma proposta concreta feita por um prestador, o contrato será celebrado quando o destinatário do serviço tiver recebido do prestador, por via electrónica, o aviso de recepção da aceitação pelo destinatário do serviço e tiver confirmado a recepção desse aviso. Para efeitos deste regime considerava-se, por um lado, que a aceitação de celebrar o contrato, por parte do destinatário do serviço, podia consistir em efectuar o pagamento em linha, e, por outro, que o aviso de recepção por um prestador podia ser constituído pelo fornecimento em linha do serviço pago. Isto significava que, em tais casos, a celebração do contrato coincidiria com o seu cumprimento por parte do prestador do serviço, sendo que poderia ser efectuado um pagamento pelo destinatário antes mesmo de o contrato se considerar celebrado. Todavia, esta matéria acabaria por ser eliminada da Directiva sobre o

muito delicados. Desde logo, põe-se o problema da sua validade. Podemos procurar uma primeira resposta para o problema fazendo a analogia com as licenças *schrink-wrap*. Verificamos que no direito comparado a solução jurisprudencial do problema parece apontar em sentidos divergentes [123]. Recentemente, como vimos, nos EUA foi proposta, a alteração do *Uniform Commercial Code*, no sentido da adição da § 2B--308(2), que afirma a validade de princípio destas licenças de plástico na condição de apresentação clara e anterior à conclusão do contrato das cláusulas que restringem os direitos dos utilizadores [124].

As licenças de plástico constituem, em regra, "contratos de adesão", na medida em que se formam pela mera adesão do cliente às clausulas contratuais gerais pré-determinadas ou pré-elaboradas pela outra parte com vista a uniformizar a disciplina dos contratos a celebrar no futuro. Mesmo que não sejam contratos de adesão em sentido estrito, este regime aplica-se nas relações com consumidores, ainda que tais cláusulas tenham sido meramente pré-definidas para um contrato individual, bastando, portanto, que não tenham sido objecto de negociação individual. Encontrar-se-ão, assim, as respectivas estipu-

---

comércio electrónico, segundo a Posição Comum. E a nosso ver, bem. Com efeito, tal significaria que os contratos *on-line* seriam contratos *quod constitutionem* uma vez que só se considerariam celebrados quando ambas as partes tivessem cumprido a respectiva prestação, melhor ainda, quando o prestador do serviço tivesse realizado a respectiva prestação (por ex., entrega em linha de conteúdo de diversão ou entretenimento digitalizado, como vídeo a pedido na Internet). O tomador do serviço pagaria por um serviço relativo a um contrato que não tinha sido ainda celebrado, resultando daí desprotegido.

[123] Como casos de referências, recordem-se, no sentido da validade, na Inglaterra *Beta v. Adobe* (1996), em Singapura *Aztech PTE Ltd. v. Creative Technology Ltd* (1996-7); no sentido da invalidade, v. nos EUA *Step Saver Data Systems v. Wyse Technology* (1990-1), na Holanda *Coss v. TMData* (1995).

[124] Esta proposta consagra a orientação jurisprudencial, também firmada no caso *Arizona Retail Syst. v Software Link* (1993), e recentemente retomada pelo tribunal de recurso no caso *Pro-CD v. Zeidenberg* (1996) no sentido de aceitar a validade das licenças de plástico, na medida em que as condições da licença tenham sido levadas ao conhecimento do adquirente antes da conclusão da venda. Sobre estas licenças de plástico poderá ver-se também o nosso *Contratos de Software*, in A. Pinto Monteiro, *Direito dos Contratos e da Publicidade (Textos de apoio ao Curso de Direito da Comunicação no ano lectivo 1995/1996)*, Coimbra 1996.

lações sujeitas ao regime jurídico das cláusulas contratuais gerais. Antes do apuramento da consonância do conteúdo de tais estipulações com a boa-fé, e, nomeadamente, da sua conformidade, nos termos prescritos, com as listas negras e cinzentas (arts. 18.°, 19.°, 21.° e 22.°), põe-se, desde logo, o problema do controlo ao nível da formação do acordo.

Trata-se de saber, para começar, se estas licenças cumprem o dever de comunicação prévia e na íntegra das condições gerais constantes da licença de utilização (art. 5.°). Em nosso entender, enquanto selos-avisos de abertura da embalagem do produto, estas licenças parecem cumprir, em princípio, tal dever, uma vez que tornam possível o conhecimento prévio da existência das cláusulas da licença e o conhecimento do seu conteúdo por parte do aderente. Este não apenas é avisado da existência da licença de utilização, mas também prevenido a tomar conhecimento dos seus termos e condições, uma vez que a abertura da embalagem acarreta a sua aceitação. Depois, antes de aderir às condições gerais da licença o utilizador pode solicitar todos os esclarecimentos razoáveis, que lhe são devidos pelo proponente por força do dever de informação que sobre este impende (art. 6.°). Assim, em princípio, as licenças *schrink-wrap* não prejudicam, por si só, o cumprimento dos deveres de comunicação e de informação das cláusulas contratuais gerais, permitindo a sua inclusão, na medida em que não se tratem de cláusulas surpresa, no contrato singular de licença (art. 8.° e art. 4.°).

Por outras palavras, estas licenças de plástico serão, em regra, como se deixou implícito, "contratos de adesão", porquanto se formam pela mera adesão do cliente às clausulas contratuais gerais predeterminadas ou preelaboradas pela *software-house* com vista a uniformizar a disciplina dos contratos de licença de utilização final de cópias do programa a celebrar no futuro [125]; porém, por força da directiva,

---

[125] Cfr. António Pinto Monteiro, *Contratos de adesão (o regime jurídico das cláusulas contratuais gerais instituído pelo Decreto-Lei n.° 446/85, de 25 de Outubro)*, ROA 1986, p. 746. Veja-se também Sousa Ribeiro, *Cláusulas contratuais gerais e o paradigma do contrato*, Coimbra 1990, p. 173, definindo-as como as "cláusulas préformuladas com vista à disciplina uniforme de uma série, em regra indeterminada, de contratos de certo tipo a celebrar pelo predisponente ou por terceiro."

este regime deverá aplicar-se pelo menos nas relações com consumidores ainda que tais cláusulas tenham sido meramente pré-definidas para um contrato individual, bastando, portanto, que não tenham sido objecto de negociação individual [126]. Encontrar-se-ão, assim, as respectivas estipulações sujeitas ao regime jurídico das cláusulas contratuais gerais. Antes do apuramento da consonância do conteúdo de tais estipulações com a boa-fé (art. 16.º LCCG), e, nomeadamente, da sua conformidade, nos termos prescritos, com as listas 'negras' e 'cinzentas' constantes dos arts. 18.º, 19.º, 21.º e 22.º LCCG, põe-se, desde logo, o problema do controlo ao nível da formação do acordo.

Ora, o problema é extremamente delicado, também não havendo, entre nós, consenso quanto á sua validade [127]. Na medida em que os termos da licença não violem os direitos mínimos do utente – incluindo os actos de carregamento e funcionamento necessários à utilização da cópia e a acção de correcção dos respectivos erros –, deverão tais estipulações ser válidas em face dos direitos de propriedade intelectual. Porém, estamos aqui ao nível dos limites internos do direito, aos quais acrescem os limites externos impostos, nomeadamente, pela livre concorrência e pela protecção do consumidor. E um problema que aqui se põe é, desde logo, saber se as licenças de *schrink-wrap* cumprem o dever de comunicação prévia e na íntegra das condições gerais constantes da licença de utilização exigido pelo, e nos termos do art. 5.º LCCG. Ora, enquanto 'selos-avisos' de abertura da embalagem da cópia do programa, as 'licenças *schrink-wrap*' parecem poder cumprir, em princípio, tal dever, uma vez que possibilitam "ao

---

[126] *Vide* António Pinto Monteiro, *La Directive "Clauses Abusives", 5 Ans Après – A Transposição para a Ordem Jurídica Interna da Directiva 93/13/CEE*, BFD 1999, p. 523; Idem, *El problema de las condiciones generales de los contratos y la directiva sobre cláusulas abusivas en los contratos de consumidores*, RDM 1996, p. 79, esp. 98 s; Idem, *The Impact of the Directive on Unfair Terms in Consumer Contracts on Portuguese Law*, ERPL 1995, p. 231.

[127] No sentido da invalidade, José de Oliveira Ascensão, *Direitos do utilizador de bens informáticos*, in *Comunicação e Defesa do Consumidor*, IJC, Coimbra 1996, p. 352. No sentido na validade destas licenças, na medida em que respeitem os direitos mínimos do utilizador definidos pela Directiva Programas de Computador, Manuel Lopes Rocha, *Contratos de licença de utilização e contratos de encomenda de 'software'*, in *Num Novo Mundo do Direito de Autor?*, II, Lisboa, 1994, p. 702.

aderente o conhecimento antecipado da existência das cláusulas contratuais gerais, que irão integrar o contrato singular, bem como o conhecimento do seu conteúdo, exigindo-lhe, para o efeito, também a ele, um comportamento diligente"[128].

Na verdade, o aderente é não apenas avisado da existência da licença de utilização, mas também prevenido a tomar conhecimento dos seus termos e condições, uma vez que a abertura da embalagem acarreta a sua aceitação. Depois, antes de aderir às condições gerais da licença o utilizador pode solicitar todos os esclarecimentos razoáveis, que lhe são devidos pelo proponente por força do dever de informação que sobre este impende (art. 6.º, LCCG), na medida em que não se trate de meras "dúvidas injustificadas ou caprichosas do aderente"[129]. Assim, parece que, em princípio, as licenças *schrink-wrap* não prejudicam, por si só, o cumprimento dos deveres de comunicação e de informação das cláusulas contratuais gerais, permitindo a sua inclusão, na medida em que não se tratem de cláusulas surpresa, no contrato singular de licença (art. 8.º e art. 4.º LCCG)[130]. Semelhante solução deverá valer, *mutatis mutandis*, no domínio das licenças *click-wrap* ou, de um modo geral, para os "contratos de adesão" na Internet.

Não obstante, para além da questão da formação do acordo põe-se uma outra, agora ao nível do controlo do conteúdo[131]. Nos termos da alínea d) do art. 19.º LCCG, são proibidas, consoante o quadro negocial padronizado, as cláusulas contratuais gerais que "imponham ficções de recepção, de aceitação ou de outras manifestações de vontade com base em factos para tal insuficientes". Não deixa ser problemático saber se esta disposição, que fere de nulidade (art. 12.º) tais

---

[128] António Pinto Monteiro, *Contratos de adesão (o regime jurídico das cláusulas contratuais gerais instituído pelo Decreto-Lei n.º 446/85, de 25 de Outubro)*, ROA 1986, p. 749.

[129] Mário Júlio de Almeida Costa / António Menezes Cordeiro, *Cláusulas Contratuais Gerais. Anotação ao Decreto-Lei n.º 446/85, de 25 de Outubro*, Coimbra: Almedina, 1990, p. 26.

[130] No sentido da validade destas licenças na medida em que "o adquirente tenha tido a *possibilidade de tomar conhecimento*, não sendo necessário que tenha efectivamente tomado conhecimento das cláusulas da licença", M. Lopes Rocha, *Contratos de licença, cit.*, p. 701.

[131] Cfr. o nosso *Contratos de "Software"*, p. 185-6.

cláusulas, quer se incluam em contratos singulares celebrados com empresários ou com consumidores (art. 20.º), abrange estes casos. Todavia, deve notar-se que se trata de cláusulas relativamente proibidas ("cláusulas suspeitas" ou lista cinzenta), para as quais, o referente de convocação dos valores fundamentais de direito que informam o princípio da boa-fé em face da situação particular e concreta, é o "quadro negocial padronizado" (arts. 17.º e 19.º)[132]. O que significa, que só após valoração judicial referida a este padrão poderá o tribunal pronunciar-se, no caso concreto, pela sua contrariedade à boa fé e, nessa medida, pela sua nulidade.

De todo o modo, é duvidoso, apesar de a questão ser algo *circulus vitiosis*, que as licenças *schrink-wrap* possam, tal como as deixámos caracterizadas, impôr ao aderente uma ficção de aceitação ou de concordância com os termos e as condições da licença de utilização. Com efeito, o cliente, antes de abrir a embalagem que contém a cópia do programa, é avisado, pelo 'selo', da existência da licença, e prevenido a tomar conhecimento dos respectivos termos e condições, podendo a eles não aderir se com eles não concordar, devolvendo "de imediato o suporte lógico intacto, ao local onde o adquiriu para obter o reembolso completo"[133]. Se, não obstante avisado e prevenido da existência e do conteúdo das condições gerais da licença de utilização, abrir a embalagem, o cliente expressa a sua concordância com os termos e condições de tal licença. Nessa medida, poderá ser sustentável não se tratar de uma ficção de aceitação. Nesse sentido parece apontar, aliás, o art. 234.º do Código Civil [134]: "Quando a proposta, a própria natureza ou circunstâncias do negócio, ou os usos tornem dispensável a declaração de aceitação, tem-se o contrato por concluído logo que a conduta da outra parte mostre a intenção de aceitar a proposta"[135].

---

[132] Cfr. António Pinto Monteiro, *Contratos de adesão, cit.,* ROA 1986, p. 754-5. Igual padrão de referência vale no âmbito do controlo preventivo do conteúdo das cláusulas contratuais gerais, elaboradas para utilização futura e independentemente da sua inclusão prévia efectiva em contratos singulares, nos termos da acção inibitória prevista nos arts. 25 *et seq.*

[133] Cfr. *Acordo de Licença de Suporte Lógico Apple,* p. 22.

[134] Sob epígrafe "Dispensa de declaração de aceitação".

[135] Veja-se, ao nível da dogmática do negócio jurídico, corrigindo teleologicamente a terminologia legal, no sentido de que se trata de uma declaração negocial

Assim, em conformidade com o art. 234.º do CCiv, a abertura do selo-aviso seria uma conduta que, tornando "dispensável a declaração de aceitação" de acordo com a natureza ou circunstâncias deste tipo de negócios (senão mesmo com os usos), mostraria a intenção de aceitar a proposta constante da licença de utilização, não se tratando de uma ficção de aceitação. Sendo que a compreensão do art. 234.º do Código Civil, no caso das licenças *schrink-wrap*, pressupõe o entendimento de que o cliente não adquire do distribuidor quaisquer direitos de utilização da cópia do programa: a licença é-lhe concedida, não pelo distribuidor, mas sim pelo titular dos direitos, por exemplo, a *software-house*. O distribuidor limita-se, nomeadamente, a revender os exemplares que adquiriu junto do produtor, nos termos da respectiva licença de distribuição. Pelo que, não parece inaceitável sustentar a susceptibilidade de mobilização dos critérios prescritos no Codigo Civil para a venda a contento, *maxime* na segunda modalidade [136], para regular, quanto a este ponto, o contrato de compra de venda celebrado entre o distribuidor e o cliente. Em suma, se o cliente não aceitar a proposta de licença de utilização da cópia do programa que lhe é dirigida pelo titular dos direitos, poderá resolver o contrato, *v.g.*, de compra de venda do exemplar, que celebrou, a contento, com o distribuidor.

18. Os programas de computador são um dos bens mais transaccionados no domínio do comércio electrónico directo. Ora, discute-se se o *software* pode ser qualificado como produto para efeitos do regime da responsabilidade objectiva do produtor [137]. Se for de res-

---

não receptícia nem endereçada, em conformidade com a adopção de um conceito amplo de declaração, Paulo Mota Pinto, *Declaração tácita e comportamento concludente no negócio jurídico*, Coimbra: Almedina, 1995, p. 613-30 (superando, assim, a doutrina que concebe ainda esta dispensa de declaração de aceitação como um enunciado tácito de aceitação, por contraposição à declaração expressa, presente em, nomeadamente, Carlos Ferreira de Almeida, *Texto e Enunciado na Teoria do Negócio Jurídico*, II, Coimbra, 1992, p. 793-4).

[136] Art. 924.º do Código Civil.

[137] Decreto-Lei n.º 383/89, de 6 de Novembro (LRP), que transpõe a Directiva n.º 85/374/CEE, do Conselho, de 25 de Julho de 1985, relativa à responsabilidade decorrente de produtos defeituosos. A alteração recente desta Directiva não alterou o

ponder afirmativamente ao problema então ter-se-ão por não escritas as cláusulas limitativas e de exclusão de responsabilidade do produtor perante o lesado, por força da inderrogabilidade da responsabilidade do produtor prescrita pelo art. 10.º LRP. Tais cláusulas deverão ser consideradas como "ineficazes para com a vítima"[138]. E assim será, quer sejam apostas em contratos de adesão, quer em contratos negociados, uma vez que trata-se de um "*desvio*" ao "*regime geral*" decorrente de "razões de ordem pública", a saber "por necessidades sociais de tutela do consumidor"[139].

Ora, nos termos do art. 3.º, 1 LRP, por produto entende-se "qualquer coisa móvel, ainda que incorporada noutra coisa móvel ou imóvel". Contra a assimilação dos programas a esta noção de produto[140], invoca certa orientação doutrinal a natureza incorpórea dos programas de computador[141]. A favor, porém, da subsunção dos programas de computador à noção de produto, uma outra corrente doutrinal, caracterizando o *software* como *instrumentum* (ao nível do código-objecto), que tem por função produzir impulsos eléctricos, sendo, nessa medida, um fenómeno magnético equiparável às "energie naturali aventi valore economico"[142], não excluídas da noção de produto[143], conclui que:

---

sentido que sustentamos no texto (Directiva 1999/34/CE do Parlamento Europeu e do Conselho de 10 de Maio de 1999, que altera a Directiva 85/374/CEE do Conselho de 25 de Julho de 1985 relativa à aproximação das disposições legislativas, regulamentares e administrativas dos Estados-membros em matéria de responsabilidade decorrente dos produtos defeituosos).

[138] Cfr. João Calvão da Silva, *Responsabilidade civil do produtor*, Coimbra: Almedina, 1990, p. 739.

[139] Cfr. António Pinto Monteiro, *Cláusula penal e indemnização, cit.*, p. 257, n. 538.

[140] Entendido enquanto 'bewegliche Sache', ou seja, coisa corpórea móvel.

[141] Cfr. Westphalen, NJW 1990, p. 97: "Software sei kein 'körperlicher Gegenstand', also keine Sache §90 BGB, sondern verkörpere nur eine geistige Leistung"; v., ainda, H-W. Moritz, *Überlassung von Programmkopien – Sachkauf oder Realakt in Vertrag sui generis?*, CR 1994, p. 263.

[142] A. Zaccaria, *La responsabilità del <produttore> di software*, CI 1993, p. 303.

[143] Cfr. art. 2.º, *in fine*, Directiva sobre produtos defeituosos. Veja-se também João Calvão da Silva, *Responsabilidade civil do produtor, cit.*, p. 608-9.

"Software als *Produkt* dem Produkthaftungsgesetz unterliegt [...]"[144]. E se assim fosse, o mesmo deveria valer para o *software individual* e o *software standard*[145].

Neste sentido considerou-se recentemente, em face da lei alemã, que um programa de computador é um produto no sentido da lei da responsabilidade do produtor (*Produkthaftungsgesetzes*) em qualquer caso, quer seja integrado num dispositivo electrónico ou isolado, quer como programa *standard* de aplicação ou como programa individual de aplicação, quer seja entregue num suporte de dados ou transmitido em linha[146]. Porém, entre nós, contra a aplicação do regime da responsa-

---

[144] M. Lehmann, *Produkt- und Produzentenhaftung für Software*, NJW 1992, p. 1724; Idem, *Produzenten- und Produkhaftung für Soft – und Hardware*, in M. Lehmann (Hrsg.), *Rechtsschutz und Verwertung von Computerprogrammen*, 2. Aufl., 1993, München, p. 999. Veja-se, também, J.-P. Triaille, *Responsabilité du fait des produits: logiciels, banques de données, information*, DIT 4/1990, p. 37; Idem, *L'applicazione della direttiva comunitaria sulla responsabilità del produttore nel campo del software*, DII 1990, p. 728; A Zaccaria, *La responsabilità del <produttore> di software*, CI 1993, p. 299 s; A. Günther, *Produkthaftung für Software (Ein obiter dictum aus den USA)*, CR 1993, p. 544.

[145] Cfr. H.-J. Kullmann, *Die Haftung nach dem Produkthaftungsgesetz in Deutschland*, ERPL 1994, p. 215; Zaccaria, *La responsabilità del <produttore> di software*, CI 1993, p. 303 s; M. Lehmann, *Produkt- und Produzentenhaftung für Software*, NJW 1992, p. 1724.

[146] Cfr. J. Taeger, *Außervertragliche Haftung für fehlerhafte Computerprogramme*, Tübingen: Mohr, 1995, p. 169. Entre nós foi também sustentada a aplicação da lei da responsabilidade do produtor ao *software* "tendo presente a grande ideia de justiça, que pretende salvaguardar o consumidor" (Patrícia Sofia Carvalho Rocha, *Responsabilidade civil do produtor de software*, Coimbra 2000, p. 32 – relatório de Mestrado gentilmente cedido pela Autora). Trata-se de uma posição informada por uma preocupação de justiça material. Receamos, porém, que conduza à aplicação analógica de um regime de natureza excepcional, uma vez que mesmo por interpretação extensiva não nos parece que a definição de produto abranja os programas de computador. Claro que é discutível o problema da aplicação analógica das normas excepcionais. Porém, tendo em conta a complexidade de interesses envolvidos, trata--se de uma matéria sobre a qual o legislador deveria pronunciar-se, como, aliás, fez recentemente, a nível comunitário, no sentido de abranger também as matérias-primas agrícolas e os produtos da caça. Assim, numa perspectiva de *iure condendo*, poderemos sustentar que o princípio da protecção do consumidor, que é cada vez mais uma trave-mestra do corpo e do espírito do sistema, justifique a extensão desta lei às coisas incorpóreas, entre as quais se contam os programas de computador. Pois que se abrimos esta lei aos programas de computador, por que razão não a deveremos alargar também às demais coisas incorpóreas?

bilidade civil do produtor ao *software individual* poder-se-á sustentar que neste caso se justifica "mais um tratamento análogo ao das prestações de serviços (responsabilidade profissional), apesar de corporizadas num suporte material"[147].

Estamos perante mais um caso em que os problemas se suscitam em virtude da especial natureza do *software*, sendo nossa opinião que o ponto é "extremamente delicado, afigurando-se algo problemática aquela equiparação, uma vez que os programas de computador são puras coisas incorpóreas, não variando a sua natureza consoante os suportes materiais que sejam utilizados para a sua comercialização"[148]. É, portanto, problemático que os programas de computador, enquanto tais, integrem a noção de produto. "A definição de produto, contida no art. 3.º, abrange os *suportes materiais* em que a obra intelectual se materializa, fixa e comunica, pois são coisas móveis corpóreas, embora inconfundíveis com a obra intelectual em si — bem imaterial"[149].

Ora, os programas de computador são coisas incorpóreas como é entendimento pacífico[150], não variando a sua natureza consoante os suportes materiais que sejam utilizados para a sua comercialização. "Das Computerprogramm selbst ist zwar eine rein geistige Leistung"[151]. E não o deixa de ser pelo facto de a sua comercialização se processar, normalmente, mas não necessariamente, através do "Datenträger" em que se corporiza cada exemplar produzido (disquete, banda magnética, microchip, etc). Este, o *corpus mechanicum*, o suporte material da cópia comercializada, é que constitui uma coisa móvel ("bewegliche Sache"), ou seja, o produto por cujos defeitos será responsável, nos termos da LRP, o respectivo produtor[152]. Aliás, a Direc-

---

[147] João Calvão da Silva, *Responsabilidade civil do produtor cit.*, p. 613-4, n. 3, convocando vária doutrina nesse sentido.

[148] Cfr. o nosso *Contratos de 'Software'*, p. 188.

[149] João Calvão da Silva, *Responsabilidade civil do produtor*, p. 613.

[150] Cfr., entre nós, nomeadamente, José de Oliveira Ascensão, *A protecção jurídica dos programas de computador*, ROA 1990, p. 76.

[151] H.-J. Kullmann, *Die Haftung nach dem Produkthaftungsgesetz in Deutschland*, ERPL 1994, p. 223-4.

[152] Neste sentido, *vide* António Pinto Monteiro, *A responsabilidade civil na negociação informática*, in *Direito da Sociedade da Informação*, FDUL/APDI, Coimbra, 1999, I, p. 236.

tiva Produtos Defeituosos foi recentemente alterada no sentido de alargar a noção de produto, mas nada dizendo no sentido da inclusão dos programas de computador [153].

Em suma, é uma questão controversa saber se o *software* é passível de ser qualificado como produto para efeitos do regime da responsabilidade objectiva do produtor. Nos termos no n.º 1 do art. 3.º desta lei, por produto entende-se "qualquer coisa móvel, ainda que incorporada noutra coisa móvel ou imóvel". Ora, a favor da subsumibilidade dos programas de computador a esta noção de produto (entendido enquanto *bewegliche Sache*, ou seja, coisa corpórea móvel) aduz-se a equiparação funcional do *software*, enquanto *instrumentum* (ao nível do código-objecto), às energias não excluídas da noção de produto, segundo o art. 2.º, *in fine*, da directiva-produtos defeituosos. Respondendo-se afirmativamente ao problema, então, quer sejam apostas em contratos de adesão, quer em contratos negociados [154], têm-se por *não escritas* as cláusulas limitativas e de exclusão de responsabilidade do produtor perante o lesado, por força da inderrogabilidade da responsabilidade do produtor prescrita pelo art. 10.º da lei da responsabilidade do produtor.

Porém, os programas de computador são puras coisas incorpóreas, não variando a sua natureza consoante os suportes materiais que sejam utilizados para a sua comercialização. E não o deixam de ser pelo facto de a sua comercialização se processar, normalmente – mas não necessariamente –, através do *Datenträger* em que se corporiza cada exemplar produzido (disquete, banda magnética, *micro-*

---

[153] Cfr. Directiva 1999/34/CE do Parlamento Europeu e do Conselho de 10 de Maio de 1999, que altera a Directiva 85/374/CEE do Conselho de 25 de Julho de 1985 relativa à aproximação das disposições legislativas, regulamentares e admi-nistrativas dos Estados-membros em matéria de responsabilidade decorrente dos produtos defeituosos. Com efeito, a alteração situa-se ainda ao nível da corporalidade do produto no sentido de eliminar a anterior exclusão das matérias-primas agrícolas e dos produtos da caça.

[154] Trata-se, como vimos, de um "desvio" ao "regime geral" decorrente de "razões de ordem pública", a saber, por "necessidades sociais de tutela do consumidor". Cfr. António Pinto Monteiro, *Cláusula Penal e Indemnização*, Coimbra 1990, p. 257 (n. 538).

chip, etc). Não obstante, já o *corpus mechanicum* – o suporte material da cópia comercializada – constituirá uma coisa móvel, ou seja, o produto, por cujos defeitos deverá ser responsável o respectivo produtor [155]. A recente alteração da Directiva não modica, em nosso entender, esta solução.

Bibliografia

ALPA, GUIDO, *Consumatore (tutela del)*, in *Enciclopedia Giuridica Treccani*, Roma 1989

As telecomunicações e o direito na sociedade da informação, Actas do Colóquio Organizado pelo IJC em 23 e 24 e Abril de 1998, Coimbra: IJC, 1999

ASCENSÃO, JOSÉ DE OLIVEIRA, *Sociedade da Informação*, in *Direito da Sociedade da Informação*, I, Coimbra: Coimbra Editora, 1999, p. 163

——, *A protecção jurídica dos programas de computador*, ROA 1990, p. 69

——, *Direitos do utilizador de bens informáticos*, in *Comunicação e Defesa do Consumidor*, p. 335

——, *Cláusulas contratuais gerais, cláusulas abusivas e boa-fé*, ROA 2000, p. 573

BALLARINO, TITO, *Internet nel Mondo della Legge*, Cedam, Padova, 1998

BARBRY, ERIC, *Le droit du commerce électronique: de la protection... à la confiance*, DIT 2/1998, p. 14

BENSOUSSAN, ALAIN (dir.), *Internet, aspects juridiques*, Paris: Hèrmes, 1996

BERCOVITZ RODRIGUEZ-CANO, RODRIGO, *La responsabilité pour les dommages causés par des produits defecteux dans le Droit Espagnol: l'adaptation à la directive 85/374/CEE*, ERPL 1994, p. 225

BÜTTLER, MARC, *Information Highway – Rundfunk- oder Fernmeldedienst?*, in Hilty (Hrsg.), *Information Highway*, p. 171

COMISSÃO DAS COMUNIDADES EUROPEIAS, *Seguimento do Livro Verde sobre a Comunicação Comercial no Mercado Interno*, COM(1998) 121 final, 4.3.1998

---

[155] Cfr. Alexandre Dias Pereira, *Contratos de "Software"*, in António Pinto Monteiro, *Direito dos Contratos e da Publicidade*, IJC, Coimbra, 1996, p. 120-1; Idem, *Comércio Electrónico na Sociedade da Informação*, cit., p. 110 *et seq.*

——, *Livro Verde relativo à Convergência dos sectores das telecomunicações, dos meios de comunicação social e das tecnologias da informação e às suas implicações na regulamentação – para uma abordagem centrada na Sociedade da Informação*, COM(97) 623 final, 3.12.1997
——, *Comunicação, Plano de acção para fomentar a utilização segura da Internet*, COM(97), 583 final, 26.11.1997
——, *Comunicação, Garantir a segurança e a confiança nas comunicações electrónicas – contribuição para a definição de um quadro europeu para as assinaturas digitais e a cifragem*, COM(97) 503 final, 8.10.1997
——, *Comunicação, Uma iniciativa europeia para o comércio electrónico*, COM(97) 157 final, 16.4.1997
——, *Comunicação, Conteúdo Ilegal e Lesivo na Internet*, COM(96) 487 final, 16.10.1996
——, *Livro Verde relativo à Comunicação Comercial no Mercado Interno*, COM(96) 76 final, 6.3.1996
——, *Livro Branco, Crescimento, Competitividade e Emprego – os desafios e as pistas para entrar no sec. XXI*, Luxemburgo 1994
——, *A Via Europeia para a Sociedade da Informação – plano de acção*, COM(94) 347 final, 19.7.1994
Comunicação e Defesa do Consumidor. Actas do Congresso Internacional organizado pelo Instituto Jurídico da Comunicação da Faculdade de Direito da Universidade de Coimbra, de 25 a 27 de Novembro de 1993, Coimbra 1996
CORDEIRO, António Menezes, *Tratado de Direito Civil Português*, I, Coimbra, Almedina, 1999
COSTA, MÁRIO JÚLIO DE ALMEIDA, *Síntese do Regime Jurídico Vigente das Cláusulas Contratuais Gerais*, 2.ª ed. rev. e act., Lisboa, 1999
COSTA, MÁRIO JÚLIO DE ALMEIDA / CORDEIRO, ANTÓNIO MENEZES, *Cláusulas Contratuais Gerais. Anotação ao Decreto-Lei n.º 446/85, de 25 de Outubro*, Coimbra, Almedina, 1990
DAVIES, CLIVE, *An Introduction to Product Liability in the Computer Industry*, CL&P 1993, p. 99
DEGENHART, CHRISTOPH, *Rundfunk und Internet*, ZUM 1998, p. 333
Die Informationsgesellschaft, BMWi Report, Bonn, 1995
Direito da Sociedade da Informação, FDUL/APDI, Coimbra, 1999, I
DIRK, ARNOLD, *Verbraucherschutz im Internet*, CR 1997, p. 526
EGAN, BRUCE L., *Information Superhighways (the economics of advanced public communication networks)*, Boston/London, Artech House, 1991
Electronic Commerce – the Commission's proposal for a directive, BEUC/ /033/99, 19.02.1999

FORESTER, TOM, *The Information Technology Revolution*, Oxford: Blackwell, 1990

GIROT, CLARISSE, *Validité des licences de logiciel sous plastique en droit français et comparé*, DIT 1/1998, p. 7

GRIESE, JOACHIM / SIEBER, PASCAL, *Internet als erste Ausbaustude des Information Highway*, in Hilty (Hrsg.), *Information Highway*, p. 43

GÜNTHER, ANDREAS, *Produkthaftung für Software (Ein obiter dictum aus den USA)*, CR 1993, p. 544

HÄRTING, NIKO, *Internetrecht*, Köln, Otto Schmidt, 1999

HEYL, CORNELIUS VON, *Teledienste und Mediendienste nach Teledienstegesetz und Mediendienste-Staatsvertrag*, ZUM 1998, p. 115

HILTY, RETO (Hrsg.), *Information Highway (Beiträge zu rechtlichen und tatsäschlichen Fragen)*, München: Beck, 1996

HILTY, RETO, *Der Information Highway — eine Einführung in die Problematik*, in Hilty (Hrsg.), *Information Highway*, p. 21

HOREN, THOMAS, *Werberecht im Internet am Beispiel der ICC Guidelines on Interactive Marketing Communications,* in M. Lehmann (Hrsg), *Internet - und Multimediarecht (Cyberlaw)*, Stuttgart, Schaffer Poeschel, 1997, p. 111

HOREN, THOMAS, *Rechtsfragen des Internet*, Köln: RWS, 1998

KATSCH, M. ETHAN, *Law in a Digital World*, New York/Oxford: Oxford University Press, 1995

——, *The Electronic Media and the Transformation of Law*, New York//Oxford: Oxford University Press, 1989

KOCH, FRANK / SCHNUPP, PETER, *Software-Recht*, I, Berlin: Springer, 1991

KOCHINKE, CLEMENS / GÜNTHER, ANDREAS, *Shrinkwrap-Lizenzen und Datenbankschutz in den USA*, CR 1997, p. 129

KÖHLER, HELMUT, *Die Rechte des Verbrauchers beim Teleshopping (TV-Shopping, Internet-Shopping)*, NJW 1998, p. 185

KULLMANN, HANS JOSEF, *Die Haftung nach dem Produkthaftungsgesetz in Deutschland*, ERPL 1994, p. 215

LEHMANN, MICHAEL (Hrsg.), *Internet- und Multimediarecht (Cyberlaw)*, Stuttgart: Schäffer-Poeschel, 1997

——, *Rechtsschtuz und Verwertung von Computerprogrammen*, 2. Aufl., Köln: Schmidt, 1993

——, *Produkt- und Produzentenhaftung für Software*, NJW 1992, p. 1721

——, *Produzenten- und Produkhaftung für Soft- und Hardware*, in Lehmann (Hrsg.), *Rechtsschutz und Verwertung von Computerprogrammen*, p. 999

LEMLEY, MARK, *Intellectual Property and Schrink-Wrap Licenses*, California LR 1995, p. 1239

Lewis, Xavier, *The EC Product Liability Directive: An EEC wide conspectus*, ERPL 1994, p. 183

Martinek, Michael, *Verbraucherschutz im Fernabsatz — Lesehilfe mit Merkpunkten zur neuen EU-Richtlinie*, NJW 1998, p. 207

Martínez, Pedro Romano, *Cumprimento Defeituoso (em especial na compra e venda e na empreitada)*, Coimbra: Almedina, 1994

Monteiro, António Pinto, *La Directive "Clauses Abusives", 5 Ans Après – A Transposição para a Ordem Jurídica Interna da Directiva 93/13/ /CEE*, BFD 1999, p. 523

——, *Introdução ao Direito do Consumidor*, Tópicos, Centro de Direito do Consumo, FDUC

——, *Do Direito do Consumo ao Código do Consumidor*, in *Estudos de Direito do Consumidor*, I, Publicação do Centro de Direito do Consumo, Coimbra, 1999, p. 201

——, *A responsabilidade civil na negociação informática*, in *Direito da Sociedade da Informação*, I, p. 229

——, *A protecção do consumidor de serviços de telecomunicações*, in *As telecomunicações e o direito na sociedade da informação*, p. 139

—— *A protecção do consumidor de serviços públicos essenciais*, in AJURIS 1998, p. 220 [Revista dos Juízes do Rio Grande do Sul, Edição Especial: 1º Congresso Inter-Americano de Direito do Consumidor, 3º Congresso Ibero-Latino-Americano de Direito do Consumidor, 4º Congresso Brasileiro de Direito do Consumidor, 8-11 de março, 1998 – Gramado-RS, Brasil]

——, *Discurso do Presidente da Comissão do Código do Consumidor*, BFD 1996, p. 403

——, *El problema de las condiciones generales de los contratos y la directiva sobre cláusulas abusivas en los contratos de consumidores*, RDM 1996, p. 79

—— *Comunicação e Defesa do Consumidor — Conclusões do Congresso*, in *Comunicação e Defesa do Consumidor*, p. 489

—— *The Impact of the Directive on Unfair Terms in Consumer Contracts on Portuguese Law*, ERPL 1995, p. 231

——, *Harmonisierung des Portugiesischen Verbraucherschutzrechts*, BFD 1993, p. 351

——, *Les clauses limitatives et exonératoires de responsabilité et la protection du consommateur*, BFD 1993, p. 161

——, *Cláusula penal e indemnização*, Coimbra: Almedina, 1990

——, *Cláusulas de responsabilidade civil*, Coimbra 1990 [Separata BFD – «Estudos em Homenagem do Prof. Doutor Afonso Queiró», 1986]

——, *Cláusulas limitativas e de exclusão de responsabilidade civil*, Coimbra 1985 [Separata BFD, vol. 28 Suplemento]
——, *Contratos de adesão (o regime jurídico das cláusulas contratuais gerais instituído pelo Decreto-Lei n.º 446/85, de 25 de Outubro)*, ROA 1986, p. 733
MORITZ, HANS-WERNER, *Überlassung von Programmkopien – Sachkauf oder Realakt in Vertrag sui generis?*, CR 1994, p. 257
OCDE, *Forum on Electronic Commerce: Progress Report on the OECD Action Plan for Electronic Commerce*, Oct. 1999
——, *Recommendations of the OECD Council Concerning Guidelines For Consumer Protection in the Context of Electronic Commerce*
PAGENBERG, JOCHEN / GEISSLER, BERNHARD, *Lizenzverträge. Patente, Gebrauchsmuster, Know-how, Computer Software. Kommentierte Vertragsmuster nach deutschen und europäischen Recht*, 3. Aufl., Köln: Heymanns, 1991
PEREIRA, ALEXANDRE DIAS, *Informática, direito de autor e propriedade tecnodigital*, Coimbra 1998 (em publicação na STVDIA IVRIDICA do Boletim da Faculdade de Direito)
——, *Programas de Computador, Sistemas Informáticos e Comunicações Electrónicas: Alguns Aspectos Jurídico-Contratuais*, Revista da Ordem dos Advogados, 1999, III, p. 915-1000
——, *Comércio Electrónico na Sociedade da Informação: Da Segurança Técnica à Confiança Jurídica*, Almedina: Coimbra, 1999
—— *Contratos de 'Software'*, in António Pinto Monteiro, *Direito dos Contratos e da Publicidade (Textos de apoio ao Curso de Direito da Comunicação no ano lectivo de 1995/1996)*, Coimbra 1996
PERRITT, HENRY, *Unbundling Value in Electronic Information Products: Intellectual Property Protection for Machine Readable Interfaces*, Rutgers LJ 1994, p. 415
PIETTE-COUDOL, THIERRY / BERTRAND, ANDRÉ, *Internet et la loi*, Paris: Dalloz, 1997
PINTO, PAULO MOTA, *Notas sobre a Lei n.º 6/99, de 27 de Janeiro – Publicidade domiciliária, por telefone e por telecópia*, in Estudos de Direito do Consumidor, Centro de Direito do Consumo, FDUC, n.º 1, 1999, p. 117
——, *Sobre alguns problemas jurídicos da Internet*, in As telecomunicações e o direito na sociedade da informação, p. 349
——, *Publicidade domiciliária não desejada ('Junk Mail, Junk Calls e Junk Faxes')*, BFD 1998, p. 273
——, *Declaração tácita e comportamento concludente no negócio jurídico*, Coimbra: Almedina, 1995

Ribas Alejandro, Javier, *Aspectos Jurídicos del Comercio Electrónico en Internet*, Pamplona: Aranzadi, 1999
Ribeiro, J. Sousa, *O problema do contrato. As cláusulas contratuais gerais e o princípio da liberdade contratual*, Coimbra: Almedina, 1999
——, *Cláusulas contratuais gerais e o paradigma do contrato*, Coimbra 1990 [Separata BFD, Suplemento]
Ring, Wolf-Dieter, *Rundfunk und Internet*, ZUM 1998, p. 358
Rocha, Manuel Lopes, *Contratos de licença de utilização e contratos de encomenda de 'software'*, in *Num Novo Mundo do Direito de Autor?*, II, Lisboa 1994, p. 695
Rocha, Manuel Lopes / Macedo, Mário, *Direito no Ciberespaço (seguido de um glossário de termos e abreviaturas)*, Lisboa: Cosmos, 1996
Rocha, Patrícia Sofia Carvalho, *Responsabilidade civil do produtor de software*, Relatório de Mestrado, polic., Coimbra 2000
Rossnagel, Alexander, *Recht der Multimedia-Dienste. Kommentar*, München: Beck, 1999
Taylor, Richard, *Consumer Protection in the Telecommunications Field*, in *Comunicação e Defesa do Consumidor*, IJC, 1996, p. 389
Taeger, Jürgen, *Außervertragliche Haftung für fehlerhafte Computerprogramme*, Tübingen: Mohr, 1995
Tettenborn, Alexander, *Europäische Union: Rechtsrahmen für die Informationsgesellschaft*, MMR 1998, p. 18
Tinnefeld, Marie-Theres / Phillips, Lothar / Heil, Susanne (Hrsg.), *Informationsgesellschaft und Rechtskultur in Europa*, Baden-Baden: Nomos, 1995
Schaefer, Martin / Rasch, Clemens / Braun, Thorsten, *Zur Verantwortlichkeit von Online-Diensten und Zugangsvermittlern*, ZUM 1998, p. 451
Sieber, Ulrich, *Haftung für Online-Datenbanken*, in Fiedler (Hrsg.), *Rechtsprobleme des elektronischen Publizierens*, p. 69
Sieber, Ulrich (ed.), *Liability for On-line Data Bank Services in the European Community*, Köln: Heymann, 1992
Silva, João Calvão da, *Responsabilidade Civil do Produtor*, Coimbra: Almedina, 1990
Singleton, Susan, *Product Liability, Computer Software and Insurance Issues – the St. Albans and Salvage Association Cases*, CL&P 1994, p. 167
Smith, Graham, *Schrink-wrap Licences in Europe after the EC Software Directive*, CLJ 1992, p. 597
Spindler, Gerald, *Verantwortlichkeit von Dienstanbietern nach dem Vorschlag einer E-Commerce-Richtlinie*, MMR 1999, p. 1999

——, *Verschuldensabhängige Produkhaftung im Internet*, MMR 1998, p. 23
——, *Deliktsrechtliche Haftung im Internet: nationale und internationale Rechtsprobleme*, ZUM 1996, p. 533
TILMANN, *Richtlinie vergleichende Werbung*, GRUR Int. 1997, p. 790
TONNER, KLAUS, *Die Rolle des Verbraucherrechts bei der Entwicklung eines europäischen Zivilrechts*, JZ 1996, p. 533
TRIAILLE, JEAN-PAUL, *Responsabilité du fait des produits: logiciels, banques de données, information*, DIT 4/1990, p. 37
——, *L'applicazione della direttiva comunitaria sulla responsabilità del produttore nel campo del software*, DII 1990, p. 725
TROCHU, MICHEL, *Protection des consommateurs en matière de contrats à distance: directive n.º 97-7 CE du 20 mai 1997*, Recueil Dalloz, 1999, p. 179
VALENTINO, DANIELA, *Obblighi di informazione e vendite a distanza*, Rassegna 1998, p. 375
VANDENBERGHE, GUY, *European Perspectives*, in Sieber (ed.), *Liability for On-Line Data Bank Services*, p. 387
WARD, CONOR / DURRANT, LOVEL WHITE, *Shrink-wrap Licences Revisited: Beta Computers (Europe) Limited v. Adobe Systems (Europe) Limited*, CoL 1994, p. 174
WILLIAMSON, MARY, *A Brief Defense of Mass Market Software License Agreements*, Rutgers LJ 1996, p. 335
ZACCARIA, ALESSIO, *La responsabilità del <produttore> di software*, CI 1993, p. 294

Siglas de Revista

BFD	—	Boletim da Faculdade de Direito da Universidade de Coimbra
California LR	—	California Law Review
CI	—	Contratto e Impresa
CL&P	—	Tolley's Computer Law & Practice
CR	—	Computer und Recht
DII	—	Il diritto dell'informazione e dell'informatica
DIT	—	Droit de l'Informatique et des Télécoms
ERPL	—	European Review of Private Law
GRUR	—	Gewerblicher Rechtsschutz und Urheberrecht

GRUR Int.	—	Gewerblicher Rechtsschutz und Urheberrecht – Internationaler Teil
JCP	—	La Semaine Juridique
JZ	—	Juristen Zeitung
MMR	—	MultiMedia und Recht
NJW	—	Neue Juristische Wochenschrift
NJW-CoR	—	Neue Juristische Wochenschrift - Computer Report
RDM	—	Revista de Derecho Mercantil
Rutgers LR	—	Rutgers Computer & Technology Law Journal
ROA	—	Revista da Ordem dos Advogados
UFITA	—	Archiv für Urheber-, Film-, Funk- und Theater Recht
ZUM	—	Zeitschrift für Urheber- und Medienrecht.

IL CODICE CIVILE EUROPEO: "E PLURIBUS UNUM"

GUIDO ALPA
*Professor Catedrático da Universidade
de Roma "La Sapienza"*

1. Le risoluzioni comunitarie e la codificazione del *"diritto privato"*

Con la risoluzione dei maggio 1994[1] il Parlamento europeo ha ribadito la risoluzione assunta il 26 maggio 1989 concernente

---

[1] In *GC* C 158 del 28.6.1989, p.400.
In Germania il precursore delta codificazione europea è stato Konrad Zweigert, *Il diritto comparoto a servizio dell'unificazione giuridica europea*, in Nuova *riv. dir. comm., dir. dell'economia, dir. sociale*, 1951, I, 183 ss.; in Italia il precursore è stato Rodolfo Sacco, *I problemi dell'unificazione del diritto in Europa,* ivi, 1953, II, 49 ss. (ripubblicato ne *I contratti*. 1995, p. 73 ss.).

Sulla storia deite iniziative scientifiche e istituzionali di armonizzazione, uniformazione, unificazione, codificazione v. ora Bonell, *Comparazione giuridica e unificazione del diritto*, in Alpa, Bonell, Corapi, Moccia, Zeno-Zencovich, *Diritto privato comparato. Istituti e problemi*, Roma-Bari, 1999, p. 4 ss.

Sui problemi della comunicazione giuridica in Europa, sul ruolo della comparazione e nella costruzione del diritto privato europeo, sulle prospettive di unifcazione e sulla formazione del giurista europeo v. *Il diritto privato europeo: problemi e prospettive* (Atti del convegno internazionale di Macerata, 8-10. 6. 1989) a cura di L. Moccia, Milano, 1993 ed ivi la presentazione di Moccia, p.vii ss, i contributi di Sacco, *Il sistema del diritto privato europeo: premesse per un codice europeo*, p. 87 ss e di Grande Stevens, *L'avvocato europeo*, p. 173 ss.

Sulla ricostruzione del diritto italiano alla luce dei diritto comunitario v. Lipari (cur.) *Diritto privato europeo*, Padova, 1997; e sui profili privatistici del diritto comunitario, Tizzano (cur. *Diritto privato comunitario*, in corso di pubblicazione per i tipi della Utet, Torino, 1999.

l'"armonizzazione di taluni settori del diritto privato negli Stati membri"[2]. La motivazione di questa iniziativa è illustrata nei "considerando" in cui si precisa, da un lato, che la Comunità ha già proceduto alla armonizzazione di alcuni settori dei diritto privato, e, dall'altro lato, che un'armonizzazione progressiva è essenziale per la realizzazione del mercato interno. Il risultato auspicato è la elaborazione di un "codice comune europeo di diritto privato", da articolarsi in più fasi di progressivo avvicinamento delle discipline vigenti negli ordinamenti degli Stati membri, che conduca dapprima ad un'armonizzzione parziale a breve termine, e di poi ad una armonizzazione più completa a lungo termine. Nell'ambito della risoluzione si fa riferimento ad organizzazioni che già si occupano della armonizzazione di regole quali l'Unidroit, l'Uncitral e il Consiglio d'Europa, cosi come ai lavori della Commissione sul diritto contrattuale europeo, conosciuta come "Commissione Lando", dal nome del professore danese Ole Lando che la presiede[3]. La risoluzione è stata trasmessa al Consiglio, alla Commissione e ai Governi degli Stati membri dell'Unione europea. Per part sua, la Commissione Lando ha lavorato fruttuosamente, ed ha predisposto un testo di regole sul diritto contrattuale[4]. Il lavoro non si è arrestato a

---

[2] A3 - 0329/94 , in *GC* C 205 del 25.7.1994, p. 518

[3] Dal 1982 Ole Lando ha costruito via via la cultura della "codificazione" europea, dedicandosi in particolare alla disciplina del contratto: tra i numerosi contributi si v. *European Contract Law*, in 31. (1983) *Am. J. Comp. L.*, p. 653 ss.; *Principles of European* Contract Law, *in Liber* Memorialis François Laurent, Bruxelles, 1989, p. 555 ss; *Principies of European Contract Law/An alternative or a Precursor of European Legislation?*, in RablesZ, 1992, p. 261 ss.; *European Contract*, ne *Il diritto privato europeo*, cit, p. 117 ss.; *The Harmonization of European Contract Law through a Restatement of Principles*, Oxford, 1997 (conferenza tenuta all'Institute of European and Comparative Law diretto da Basil Markesinis).

[4] *Towards a European Civil Code*, a cura di Hartkatmp, Hesselink, Hondius, du Perron, Vranken, Nijmegen, Dordrecht, Boston, London, 1994 (in questo volume si segnalano in una prospettiva generale l'introduzione di Hondius, p. 1 ss.; la discussione sulle diverse tecniche di redazione delle regole, di Mueller-Graff, p. 19 ss.; la descrizione dei contenuti delle regole raccolte nella prima versione del codice dei contratti, di Hartkamp, p. 37 ss.; il fundamento sulla tradizione del ius commune di Zimmermann, a p. 65 e di Bollen e de Groot, a p. 97; seguono saggi su temi specifici del diritto del contratti e delle garanzie); Lando e Beale, *Principles of European Contract Law*, Dordrecht, Boston, London, 1995, in cui sono commentate le regole del "code" reda e da Beale, Drobnig, Goode, Lando, Tallon.

questo punto perchè, a verso la effettuazione di ampie ricerche, si sta estenendo alle altre fonti delle obbligazioni, ad opera di un comitato coordinato dal professore tedesco Christian von Bar[5]; in connessione con questo lavoro si stanno preparando ricerche sulle *securities,* sul contratto di assicurazione e sui diritti della persona.

I compiti del giuristi che si occupano di questa armonizzazione sono molto biziosi, e al tempo stesso molto difficili.

L'espressione "diritto privato" non è meglio precisata nelle risoluzioni del Parlamento europeo, sicchè all'interprete si pongono alcuni problemi interpretativi.

(i) Non essendo disponibile una definizione di diritto privato nei testi istitutivi delle Comunità europee, occorre intendere l'espressione tenendo conto della (o delle) accezione che a questa espressione sono assegnate nella *koiné* della cultura giuridica dei Paesi membri. Nell'Europa continentale il "diritto privato" si può considerare una nozione sufficientemente uniforme, in quanto nel diritto italiano (non diversamente, ad es., dal diritto francese, dal diritto spagnolo o portoghese, dal diritto tedesco o austriaco)" diritto privato" significa diritto concernente i rapporti che si istituiscono su basi astrattamente paritetiche tra privati o tra Stato, enti pubblici e privati. Si fa riferimento cioè a regole di diritto comune, o a formule o tecniche regolate da codici civili e tradizionalmente ascritte a questa materia. Più difficile è individuare una nozione di diritto privato nella cultura giuridica di common law, ove la ripartizione tra diritto privato e diritto pubblico non è agevole ed in ogni o non corrisponde alla ripartizione continentale.

(ii) Si deve anche segnalare che in tutti i Paesi menzionati, la distinzione tradizionale tra diritto privato e diritto pubblico è in crisi; inoltre in questi ordinamenti da tempo si è afermata la "costituzionalizzazione" del diritto privato, cioè l'applicazione diretta o indiretta di regole contenute nelle rispettive costituzioni ai rapporti tra privati; in Francia questo processo è più lento, ma si è già avviato.

---

[5] Di von Bar è in corso la traduzione italiana di *Gemeineuropaeisches Deliktsrecht,* di cui è già apparsa la traduzione inglese (*The Common European Law of Torts,* Oxford, 1998); von Bar ha coordinato anche *Deliktsrecht in Europa,* Colonia,1993

(iii) Al di là delle definizioni, l'espressione diritto privato ha un contenuto accademico (com riguardo agli insegnamenti impartiti nelle Università) e un contenuto formale, che include due branche del diritto, il diritto civile e il diritto commerciale.

(iv) Dal punto di vista delle fonti del diritto, il diritto privato si compone dunque di regole contenute nelle costituzioni, regole contenute nei codici, regole contenute nelle leggi speciali. Ciascun ordinamento degli Stati membri si avvale di fonti tra loro diverse, che comprendono anche regolamenti, provvedimenti delle autorità amministrative indipendenti, e cosi via.

Se si dovesse peraltro tentare di semplificare il discorso – e quindi i compiti dei giuristi che si applicano alla armonizzazione delle regole in ambito europeo – si dovrebbe far riferimento alle regole contenute nei codici civili e nei codici di commercio. A questo punto, si incontrano due ulteriori problemi.

(i) I modelli di riferimento dei codici in vigore nei Paesi europei continentali, sono essenzialmente due: il codice civile francese, introdotto da Napoleone nel 1804, e il codice civile tedesco, approvato nel 1896 ed entrato in vigore nel 1900. A questi si aggiungono i modelli di codice di commercio, che si sono succeduti per tutto l'Ottocento, e nel nostro secolo sono stati incorporati in Italia nel codice civile del 1942 e in Olanda nel codice civile la pubblicazione in più libri è iniziata nel 1980.

(ii) Nel common law inglese e nel common law irlandese non vi sono codici, ma leggi speciali (statutes) oltre alie regole della case law.

Nei diversi Stati, tuttavia, si incontrano situazioni anche più complesse.

Tenendo conto di questa raffigurazione, in sede comunitaria la scelta é stata prudente: non si è accolta la dicotomia tra regole del diritto civile e regole del diritto commerciale, ma impiegandosi la piú duttile e generica dizione di "diritto privato", si è lasciato intendere che le regole elaborate mediante l'armonizzazione potranno riguardare sia l'una che l'altra branca.

Anche sulla tecnica di redazione nora si sono posti vincoli: le regole armonizzate potranno essere considerate una sorta di "restatement" delle regole applicate nei Paesi membri, oppure costituire il frutto della unificazione delle regole oggi vigenti, con gli adattamenti e le semplificazioni richieste da una vera e propria codificazione.

Si deve aggiungere che per alcuni settori del diritto privato già esistono modelli unitari di riferimento. Ancorchè elaborati per fini diversi, i principi dei contratti del commercio internazionale elaborati dall'Unidroit (su base planetaria) costituiscono un "restatement" composto di regole ampie ed equilibrate [6]; la Commissione Lando ha tenuto presente quel testo per elaborare la propria proposta in materia di diritto contratualle. Ed occorre rammentare che vi sono in allo altre iniziative, quali la individuazione di un "common core" in materia di contratti, ad opera degli studiosi dell'Università di Trento, la redazione di principi comuni nel campo delle obbligazioni di area francese e belga per iniziativa della Sorbona e dell'Università di Louvain-la-Neuve; si è inoltre proposta la redazione di un codice europeo delle disposizioni sua diritti dei consumatori; ed altre ancora.

La storia delle iniziative tentate e realizzate per l'unificazione, l'uniformazione, l'armonizzazione del diritto è secolare ed ha ricevuto espressioni moltiformi [7].

---

[6] Per tutti v. Bonell, *An International Restatement of Contract Law*. New York, 1994; *The Unidroit Principles in Practice*: *The Experience of the First Two Years*, in *Uniforme L. Rev.* 2 (1997), p. 34 ss.; *The Unidroit Principles* – What Next? in Uniform Law Rev. 3 (1998), p. 275 ss.
Sulla discussione dei "principi Unidroit" in Italia v. gli atti del convegno organizzato a Roma, presso l'Unidroit, da J. Bonell e F. Bonelli nel 1995; tra i primi contribuo v. i saggi di Di Majo, Ferrari e Alpa in *Contratto e impresa/Europa,*1996,1, p. 287 ss.
Per la costruzione delle lince evolutive del diritto contrattuale volta a considerare l'evoluzione dei principi elaborati dall'Unidroit, l'incidenza delle direttive europee e i principi della Commissione Lando v. Alpa, *Nuove frontiere* del diritto contrattuale, Roma,1998 (in sintesi ripreso nel volume *Diritto privato comparato*, cit.); Koetz e Flessner, *European Contract Law*, I, Oxford, 1997 (tra. ingl. di Weir); Vranken, *Fundamentals of European Civil Law*, Londra, 1997; per un raffronto dei modelli di sentenza Markesirds, Lorenz, Dannemam, *The Law of Contracts and Restitution*: *A Comparative Introduction*, Oxford, 1997.
La dottrina italiana ha considerato con molta attenzione queste iniziative: v. ad es., Gandolfi, *Pour un code européen des contrats*, in *Rev. trim. dr. civ.*, 1992, p. 707 ss.; Rescigno, *Per un "Restatement" europeo in materia di contratti*, ne *Il diritto europeo*, cit. p. 135 ss; Mengoni, *L'Europa dei codici o un códice per l'Europa?* Roma,1993 (relazione tenuta presso il Centro di studi e ricerche di diritto comparato e straniero diretto da J. Bonell)

[7] Sul ponto v. Bonell, *op. cit.*, p. 4 ss; Mónaco, *I risultati dell' "Unidroit" nella codificazione del diritto uniforme*, ne *Il diritto privato europeo*, cit., p. 35 ss.

In ogni caso, le numerose direttive che la Comunità ha approvato nelle materie che riguardano gli interessi dei consumatori, in materia di clausole abusive, di vendite fuori dei locali commerciali, di vendite a distanza, ete., già costituscono una sorta di codificazione del diritto privato europeo nei settori di riferimento[8].

Ciò che in questa sede conviene mettere in luce sono, da un lato, gli scopi della armonizzazione (o della unificazione) e dall'altro i dubbi che sono sorti nella discussione questa iniziativa.

2. Gli scopi e i vantaggi di un "codice civile europeu"

Accanto allo "spazio economico" e allo "spazio giudiziario"[9] si cerca ora di realizzare uno spazio giuridico unitario. La Comunità ha sovranità solo nelle materie di sua competenza. Il codice civile europeo non può quindi estendersi a materie estranee alla competenza della Comunità, come i rapporti relativi alla famiglia, alle successioni o alla proprietà. Vi sono invece inclusi sia i rapporti obbligatori, comprensivi dei contratti dell'atto illecito (tort), delia negotiorum gestio, delle "restituzioni" e dei rimedi . Ovviament , vi sono inclusi i rapporti inerenti il commercio, le società, di appalti, etc.

L'art. 100 e successivamente l'art.100 A dei Trattato CEE attribuiscono al Consiglio la competenza a stabilire direttive volte al ravvicinamento delle "disposizioni legislative, regolamentari ed amministrative agli Stati membri che abbiano una incidenza diretta sull'instaurazione o sul funzionamento del mercato comune". A queste disposizioni si può faricorso per legittimare e giustificare l'iniziativa , e renderla compatibile in il principio di sussidiarietà.

Si può quindi scegliere tra lo strumento del regolamento o quello della direttiva, o quello della raccomandazione per adottare il codice comune europeo[10].

---

[8] Le direttive e le relative discipline di recepimento sono raccolte nel *Codice del consumo e del risparmio,* a cura di Alpa, Milano,1999

[9] *Sul* quale *v.* Carbvne (S.M.), *Lo spazio giudiziario* europeo, Torino,1997

[10] Drobnig, *Un droit commun des contrats pour le Marché commun,* in Rev. int. dr. comp., 1998, p. 26 ss.

Ma perchè superare le barriere degli ordinamenti nazionali in queste materie?

Il superamento è funzionale – precisa la risoluzione – alla realizzazione del mercato interno. In altre parole, il differente trattamento dei rapporti giuridici di diritto privato nei diversi Paesi è considerato come un custo, un ostacolo, una complicazione, che si oppongono o rendono più difficile la realizzazione del mercato interno, cioè del libero scambio i merci, servizi, capitali, lavoro, all'interno dell'Unione. Si pone quindi una stretta correlazione tra attività economica e forme giuridiche, e l'armonizzazione delle regole giuridiche attinenti il diritto patrimoniale è effettuata in funzione per cosi dire ancillare rispetto alle esigenze economiche. In questo senso, l'iniziativa della Comunità appare come rivolta a favorire il mercato, senza tuttavia pervenire alla conclusione che le regole giuridiche debbano per loro natura "mimare" le regole economiche, secondo la nota proposta dei fautori dell'analisi economica del diritto, e in particolare di uno dei suoi corifei, ben noto in Europa, Richard Posner [11].

Nella sua raffinata analisi concernente il diritto europeo dei contratti Juergen Basedow ha sottolineato come regole tra toro contrastanti nei diversi Paesi dell'Unione si pongano come una vera e propria "restruzione del mercato", mentre regule uniformi in materia di diritto privato si pongano come condizione preliminare per la realizzazione del mercato comune. Il diritto unitario dei contratti costituisce infatti un "elemento costitutivo" del mercato unico.

La redazione di un codice europeu comporta anche una semplificazione delle regole giuridiche applicabili ai rapporti economici, troppo spesso frastagliate nei codici o nelle leggi speciali nazionali. Le regole uniformi servono a prevenire o a semplificare 1e liti, ad assicurare una omogenea applicazione delle regole ai conflitti insorti, a superare la concorrenza tra ordinamenti nazionali, o la prevalenza dell'uno sull'altro, o la rincorsa nella scelta della legge nazionale più conveniente.

---

[11] Per un quadro d'insieme delle posizioni e degli indirizzi di Coase, Posner, Calabresi e degli altri corifei di questa prospettiva ermeutica v. l'antologia *Analisi economica el diritto privato*, curata da Alpa, Chiassoni, Pericu, Politini, Rodotà, Roniani, Milano,1998.

Tuttavia, come si sottolineerà in conclusione, questa iniziativa – presentata sotto queste vesti anche al fine di giustificare l'intervento della Comunità nel settore generale del diritto privato – assume ben altra valenza.

3. Le critiche all'iniziativa

L'iniziativa della elaborazione di un codice civile europeo ha sollevato molte perplessità, oltre che molti entusiasmi. Un esame, il più possibile obiettivo, delle perplessità, delle critiche, delle avversioni, deve tener conto della loro provenienza, della loro fondatezza, ma anche della loro pretestuosità.

Occorre dapprima sgomberare il campo dai pregiudizi che si annidano nelle argomentazioni dei critici.

Tra i pregiudizi si possono annoverare fattori diversi, che si possono selezionare, per ragioni di concisione del discorso, in alcuni specifici capitoli.

Innanzitutto, la "paura dell'ignoto"[12], tipica dei giuristi affezionati alle proprie nozioni, ai propri testi, al proprio metodo di ragionare. L'abbandono di regole collaudate nel tempo e di risoluzioni giudiziarie facilmente prevedibili costituisce una remora per giuristi che intravedono nella introduzione di un testo nuovo un salto nell'ignoto. Questo atteggiamento è però facilmente superabile, se solo si pensa che "conoscersi" e "cofrontarsi" significa esorcizzare lo spettro dell'ignoto. Tutti coloro che si dedicano al diritto comparato, e quanti sono interessati a conoscere ciò che accade negli ordinamenti vicini o lontani, sono dell'idea che oggi è più importante conoscere ciò che ci unisce, piuttosto che non ciò che ci divide. E molte sono le ricerche organizzate con lo scopo di tracciare un ponte ideale (bridging the continents, lo ha definito Basil Markesinis) tra le

---

[12] Legrand, *Sens et non-sens d'un code civil européen*, in Rev. int. dr. comp., 1996, p. 779 ss. Una puntuale critica alle tesi di Legrand è svolta da Zeno--Zencovich, Il *"codice civile europeu"*, le tradizioni giuridiche nazionali *e il neo positivismo*, in Foro it., 1998, V, 60 ss.

esperienze diverse, per individuare le "convergenze" tra i sistemi, e per confrontare in modo costruttivo common law e civil law [13].

Si deve segnalare che la cultura comparatistica, a cui si affiancano le culture e le esperienze dei diversi paesi, é matura per realizzare questo sogno, e non si può seriamente sostenere che non vi sia tra i giuristi europei una "cultura giuridica comune" [14] o che non vi sia una comune "Rechtswissenschaft" [15]. D'altra parte, se si scorrono i contributi sempre più numerosi apportati dai giuristi europei, si può verificare che i libri, i saggi, le enciclopedie ormai superano i confini nazionali, e contengono sempre più spesso riferimenti alle altre culture, sia per meglio capire il proprio diritto, sia per accogliere dalle altre esperienze suggerimenti e modelli. Senza calcolare poi la stessa circolazione dei modelli (di codici, di leggi, di principi) che vaticano i confini politici e culturali in modo sempre più rapido e diffuso. In ogni caso, sappiamo che la "Rechswissenschaft" non si presenta in forme unitarie: variegati sono gli indirizzi di ricerca nel campo del diritto oggi invalsi, come il positivismo giuridico, il neogiusnaturalismo, il realismo, l'ermeneutica, etc. Sarebbe un errore verificare la bontà degli scopi della unificazione sono dal punto di vista giuridico-formale.

Ma l'esistenza già in atto di una cultura giuridica comune non finisce qui. Si è dimostrato (da Stein e Shand) che nell'Occidente si sono consolidati "valori giuridici comuni" [16]. Ed anche a non considerare la tradizione dei diritto romano (e il ius commune del Medioevo, che sono altra cosa rispetto al ius commune europaeum di oggi [17], si deve prendere atto del fatto che in tutti i Paesi dell'Unione

---

[13] Markesinis (ed.), *The Gradual Convergence. Foreign Ideals, Foreign Infuences and English Law on the Eve of the 21st Century*, Oxford, 1994; *Foreign Law & Comparative Methodology*, Oxford, 1997

[14] Schulze, *Le droit privé commun européen*, in Rev. int. dr. comp., 1995, p. 31 ss. (ove amplissima bibliografia)

[15] Legrand, *op. cit.*, p. 785

[16] *I valori comuni dell'Occidente*, Milano, 1970 (sui quali v. Alpa, *I principi generali*, Milano, 1993; Hinestrosa *Des principes généraux des droit aux principes généraux des contrats*, in Uniform L. Rev., 3 (1998), p. 501 ss.

[17] Tra gli altri, Schulze, op. cit., p.10 ss.

vigono diritti fondamentali di identico tenore. Si ritiene infatti che il diritto costituzionale dell'Unione sia materiato del principi accolti nelle costituzioni scritte e non scritte dei Paesi membri. La Convenzione Europea dei Diritti Umani è stata inoltre ratificata da tutti i Paesi membri.

Poco rilevanti appaiono poi le critiche relative ai tempi – eccessivamente lunghi – della codificazione[18], o ai falto che Ia codifícazione dei solo diritto patrlmoniale lascerebbe in ombra i sentimenti o sacrifìcherebbe il ruolo narrativo dei diritto[19].

Si è anche revocata in dubbio l'autorità da cui proviene il codice redigendo[20]. Si tratta, in questo caso, di autorità intesa in senso morale, non certo in senso giuridico e istituzionale, perché nell'ambito delle attribuzioni della Comunità, le disposizioni del Trattato non precludono, ma anzi favoriscono la creazione di uno spazio giuridico unitario.

E si è poi richiamata l'esigenza sistematica propria di ogni codificazione per confutarne la realizzazione. E pur vero che il codice nasce frazionato in setori: ma l'armonizzazione ben può procedere per gradi; sulle esigenze "sistematiche" prevalgono però le esigenze funzionali e pratiche.

Si è ancora obiettato che il nuovo codice si presenterebbe "nudo e crudo", cioé privo della ricchezza delle tradizioni storiche, delle esperienze maturate per secoli, degli ideali che esse hanno incarnato. A questa critica risponderò più oltre, anche se occorre subito osservare che un conto è la storia, altro conto la realtà, un conto il sentimento altro conto la pratica, un conto il tesoro delle esperienze, altro conto la novità nell'inaugurare nuove esperienze.

Maggiormente meritevoli di considerazione sono critiche di diverso contenuto, anch'esse però (a mio parere) superabili.

---

[18] Markesinis, *Why a code is not the best way to advance the cause of European legal unity*, in *Eur. Rev. of Private Law*, 5 (1997), p. 519 ss.

[19] Jayme, *Cours général de droit international privé*, L'Aja, Boston, Londra, 1995; Zaccaria (A.), *Il diritto privato europeo nell'epoca del postmoderno*, in Riv dir. civ., 1997, I, p. 367 ss.

Esse si possono riassumere nelle seguenti:
(i) la differenza strutturale, cognitiva e pratica tra common law e civil law;
(ii) la soppressione dei caratteri originali nazionali e il valore del pluralismo giuridico;
(iii) l'opportunità di ricorrere ad altre tecniche di armonizzazione, diverse dalla redazione di un codice civile unitario.

Quanto alla prima critica, è senz'altro apprezzabile l'opinione di Alan Watson, secondo cui "the legal tradition has a considerable impact on the shaping of the law and the individual sources of law have different effects on the growth of the law"[21]: un conto è la formazione di un ordinamento sulla base delle fonti legislative piuttosto che non sulla base di fonti giudiziaiarie. Ma è appena il caso di ricordare che, ormai, nel diritto inglese e nel diritto irlandese non tutta la creazione del diritto é affidata alla case law, dal momento che sono sempre più estere le "province" della statute law: le raccolte edite da Blackwell's sono organizzate per grandi partizioni, e le regole legislative dedicate all'area del contrato e del diritto commerciale sono contenute in diversi spaziosi volumi. L'appartenenza del Regno Unito e dell'Irlanda all'Unione europea implica inoltre l'applicazione di tutti i regolamenti comunitari, e il recepimento di tutte le direttive comunitarie, che avvengono ovviamente con fonti di diritto scritto. Ed é anche cambiato l'atteggiamento mentale di molti common lawyers riguardo alla codificazione come tecnica di introduzione o di consolidamento di regole giuridiche: nel quadro conclusivo rui futuri sviluppi del diritto commerciale nel Regno Unito uno dei prestigiosi studiosi della materia, Roy Goode, auspica l'avvento di una codificazione interna nella quale possano trovare compiuta trascrizione le regole oggi vigenti in materia di "economic transactions"[22].

---

[20] Legrand, *op. cit.*, pp. 798, 803.
[21] Watson, *Roman Law and English Law: Two Patterns of Legal Development*, ne *Il diritto privato europeo, cit.*, p.10
[22] *Commercial Law in the Next Millennium*, Londra, 1998, p.100 ss. (e sul raffronto tra tecnica di "restatement" e codificazione, *Internacional Restatement of Contract and English Contract Law*, in 3 Uniform L. Rev, (1998), p. 231 ss.

Nello stesso tempo, sarebbe ingenuo credere che nei paesi a diritto scritto, codificato o legificato, non vi sia creazione di case law, di regole giurisprudenziali che vivificano il testo scritto, lo completano, lo correggono. Il ruolo del fatto è rilevante sia nell'una come nell'altra esperienza; il ragionamento (analogia, Rechtsfindung) è apparentemente diverso nel suo processo, ma simile nella sostanza. La datazione delle regole è incerta nell'una e nell'altra esperienza, dal momento che la case law si ritrova in entrambe e cosi pure la statute law; la costruzione degli interessi protetti in termini di "diritti soggettivi" è ormai comune ad entrambe. Sono inoltre sempre più estese le prassi contrattuali, molte delle quali sono tratte dall'esperienza dei paesi di lingua inglese e ciò con riguardo ai nuovi contratti, alle modalità di conclusione del contratto, alle tecniche di comunicazione e di trasferimento di danaro e di titoli. Al punto che, in un nuovo trattato di diritto privato italiano, diretto da Rodolfo Sacco, accanto al volume sulle fonti scritte si è pubblicato un volume sulle fonti "non scritte' [23].

Quanto alla seconda critica, la soppressione è in realtà più virtuale che reale. Certo, le regole contenute nei singoli codici non saranno singolarmente più applicate, ma esse continueranno a sopravvivere nelle regole comuni (che sono costruite su quelle oggi vigenti) e continueranno a sopravvivere nella cultura dei singoli Paesi, dal momento che gli interpreti per molto tempo continueranno ad usare le proprie categorie concettuali e il proprio stile ermeneutico applicati alle nuove regole. E per vero che l'apparato giuridico nel suo complesso è uno dei connotati fondamentali di un Paese, ma è anche vero che ad esso si può facilmente rinunciare, ed é anche vero che l'esistenza e la consistenza di questo carattere è presente solo ai giuristi; realisticamente parlando non è considerato come tale dal comune cittadino.

L'appello alla storia e alla codificazione (o comunque alla organizzazione giuridica consegnata dalla tradizione) non deve essere sottovalutato, ma neppure essere sopravalutato. E sopravalutato quando si costruisce una tradizione – come ci ammonisce Hobsba –

---

[23] Le fonti non scritte, Torino,1999.

solo per raggiungere finalità o per ostacolare finalità di carattere puramente strumentale. Ora, è noto come il diritto comune medievale sia maturato nell'ambito di una cultura giuridica comune dell'Europa [24] e che abbia costituito il ceppo dal quale sono nati, come tandi remi, i diritti nazionali dei paesi continentali e delle regioni insulari (Inghilterra, Scozi e piú recentemente, l'Irlanda del Sud). E' noto che nel periodo medievale si sono verificati importanti cambiamenti, che Berman ha definito in termini di autentiche "rivoluzioni" [25].

Ma la storia giuridica dell'Occidente è una storia frastagliata, che presenta progressi (quali le codificazioni) e regressi (qual l'elaborazione dogmatica ottocentesca), curiose diversioni (quali, ad es., l'affinità maggiore dei diritto contrattuale romano con il common law piuttosto che non con il modello napoleonico o con il modello germanico), stupefacenti connubi (come la traduzione in lingua inglese di un codice di matrice napoleonico-italiana quali sono il codice civile di Malta e il codice del Quebec) o inattesi riflessi (come quelli del diritto canonico sullequity inglese). E la stessa evoluzione dei modelli non si presenta monolitica e uniforme, come vorrebbero rappresentarla i fautori della tradizione romanistico--francese: basti pensare alle differenze di applicazione del Code Napolèon in Francia e in Belgio, dove il vigore delle medesime regole scritte porta a divaricazioni notevoli nell'interpretazione della dottrina e della giurisprudenza; divergenze che si incontrano anche nella famiglia dei common law, non solo tra il common law inglese e quello statunitense, ma anche tra il common law inglese e quello irlandese o di altri paesi colonizzati dall'Inghilterra. La storia costituisce un formidabile reservoir di fatti, di tecniche, di tendenze, di modelli, ma non è utilizzabile solo per dividere, può essere untilizzata anche per unire.

Nella vecchia Europa si sono effettuate o sono in corso di effettuazione nuove codificazioni, come in Olanda, ricodificazioni,

---

[24] Santini, *L'Europa come spazio giuridico unitario: un'armonia nel rispetto delle dissonante*, in *Contrattto e impresa/Europa*, 1996, I, p.43 ss. Ma v. allora Grossi, *L'ordine giuridico medíevale*, Roma-Bari,1997.

[25] *Law and Revolulion. The Formation of the Western Legal Tradition*, 1983 (ora tradotto in *Diritto e rivoluzione*, Bologna,1998)

come in Italia e in Germania, senza parlare delle grandi modificazioni avvenute in tutti i paesi ad opera del recepimento delle direttive comunitarie. Si pensi inoltre che il diritto comunitario sta manifestando una forza espansiva, perché tende ad influenzare anche le regole di diritto comune non incise dalle direttive [26].

Si può davvero parlare di pluralismo giuridico, di unità nella diversità, di valori insopprimibili, oppure si deve parlare di superamento dei particolarismo giuridico? Da questo punto di vista, la storia ha ancora molto da insegnare: basti pensare alla dificoltà create dal particolarismo alla Francia prerivoluzionaria del Settecento o all'Italia anteriore all'unita politica del 1861, e ai vantaggi che si sono ottenuti in questi Paesi uniformando le regole giuridiche.

In ogni caso, è solo una questione di livello al quale si vuol collocare le regole codificate: si tratta pur sempre di regole di natura generale, che lasciano liberi gli Stati membri di introdurre regole di carattere particolare applicabili a singole regioni: la dicotomia diritto statuale-diritto regionale, o diritto di singole nazionalità potrà essere salvata per i settori che non riguardano i rapporti economici.

Quanto alla seelta di altre tecniche di armonizzazione, ovviamente il discorso è aperto. Si potrebbe continuare con la introduzione di direttive frazionate settore per settore, ma già ora questo sistema di normazione comunitaria crea difficoltà di coordinamento delle normative a scapito delta coerenza, della semplicità e della applicabilità. Si potrebbe pensare a convenzioni, il che però non cambierebbe di molto la situazione auspicata. Si può pensare ad un restatement o ad un collage di principi generali, ma le regule dalla Commissione Lando, anche se non sono molto distanti da questa proposta, costituiscono il risultato di un "more creative process" [27]. Si può pensare a principi generali, ma le regole già elaborate non sono distanti dai principi generali, in quanto formulate con sufficiente elasticità e generalità. Si può pensare a regole tratte dalla case law – sulla base delle ricerche avviate negli anni Sessanta in Italia da Gino

---

[26] V. i riferimenti in Alpa e Dassio, *Les contrats des consommateurs et les modifications du code civil italien*, in Rev. int. dr. comp., 1997, p. 629 ss.

[27] Lando, *European Contract Law*, ne Il diritto privato europeo, *cit.*, p. 128.

Gorla e in questo torno d'anni nel Regno Unito da Basil Markesinis – ma occorrerebbe pur sempre raccogliere queste regule in un testo ordinato e quindi procedere al loro "restatement". E a questo proposito si è osservato che un "restatement" non presente "un minor rigore contenutistico rispetto a un codice"[28].

Si tratta di alternative ben vagliate dalla Commisione Lando, ed ora riprese dalla Commissione che ne prosegue il lavoro neta parte restante del diritto delle obbligazioni, coordinata da Christian von Bar. In ogni caso, queste alternative non sono nuove: esse erano già state vagliate subito dopo la secunda guerra mondiale da Rodolfo Sacco, che segnalava come la scelta non possa essere affidata solo alla soluzione di problemi tecnici, ma incorpori soprattutto valutazioni di natura politica[29].

Meno apprezzabile mi sembra l'altra proposta con la quale si vorrebbe sostituire la redazione di un codice europeo con la redazione di comuni regole di diritto interenazionale uniforme. Si tratterebbe comunque di una soluzione intermedia, interinale, provvisoria, ma certo non della soluzione definitiva. Si darebbe luogo alla applicazione di comuni principi nella scelta delle regule da applicare, ma si dovrebbe sempre far ricorso da parte del giudice alla applicazione di una legge che potrebbe essere diversa da quella nazionale, e quindi di una legge di altro Paese della Comunità, con la quale egli può non avere (come normalmente non ha) familiarità.

4. I problemi della codificazione

Prima di discorrera, sinteticamente, dei vantaggi della codificazione europea, occorre riflettere ancora su alcuni problemi reali di questa iniziativa.

Il primo problema è la língua. Il codice europeo deve essere redatto in tutte le lingue dei Paesi dell'Unione. Le regole già predisposte sul contratto in generale sono state scritte in inglese.

---

[28] Zeno-Zencovich, *op. cit.*, c. 67.
[29] *I problemi*, cit., p. 77 (del testo ripubblicato).

Come è noto, l'inglese è ormai la lìngua franca del traffico commerciale, avendo spodestato il francesa; insieme con il francese, è una delle lingue più praticate dagli uffici comunitari. L'inglese è destinato a prevalere. Ciò non tanto per merito della potenza del Regno Unito, ormai da tempo declinante, ma soprattutto per l'espansione della potenza economica (e politica) degli Stati Uniti, per la sua praticabilità, per la semplicità della sua grammatica.

Già la elaborazione di regule in una lingua che emerge da una esperienza fortemente connotata dal punto di vista della cultura e della organizzazione giuridica come il common law, e costretta dunque a piegare il lessico e i concetti a termini e nozioni di provenienza diversa (cioè dal modello francese e dai suoi derivati e dal modello germanico) costituisce un punto di forza della codificazione, perchè è frutto di un compromesso concettuale di grande momento[31]. Sarà inevitabile la traduzione nelle lingue dei Paesi membri, e quindi anche nelle traduzioni si potranno adattare le regole alla cultura originaria delle regioni in cui il testo è destinato ad assere applicato.

Fondamentale, poi, è la scelta di regole scritte, anzichè di regole derivate dalla case law. Certo, la scelta della codificazione potrebbe apparire ostica ai giuristi di lingua inglese, ma molti di essi ormai sono convinti che la codificazione comporta vantaggi notevoli, come la semplificazione, la certezza, la prevedibilità delle regole. Si deve anche considerare che "the citizen of a European State has not the same easy access to the laws of his sister states.

Very often he cannot read them in the original and those he can read he may not fully understand"[32].

Poi, la struttura. Un codice di questo tipo e per questi fini non può essere congegnato come i vecchi codici dei secolo scorso. Non potrà avere una parte generale, ma sarà constituito dall'assemblaggio,

---

[30] Soluzione discussa da Jayme, Schulze, Zaccaria, *op. loc. cit.*

[31] Tra i numerosi contributi v. Palmisciano e Christoffersen, *Aspects linguistiques de la communication juridique en Europe: pratique et problemes des "juristes-reviseus" de la Commission des Communautées européennes*, ne *Il diritto privato europeo*, cit., p. 69 ss.

[32] Lando, *op. ult. cit.*, p.118.

coordinato, di regole destinate a singoli settori. Non potrà essere e completo, ma riguardare solo le "transactions" e tutte le fattispecie ad esse relative. Potrà avere una coerenza interna, ma richiederà gradualità. Conterrà regole di ampia portata, anziché regole circostanziate. Si tratterà di regole collocate in una realtà dinamica, non in una realtà statica. Esse saranno quindi vagliate nella loro applicazione, e modificate là dove la presenza di lacune, di formule ambigue, di scelte rivelatesi inopportune, richiederà ulteriori interventi di perfezionamento.

Anche le divergenze di base sul piano concettuale dovranno essere appianate: a questo compito soccorre la comparazione, da svolgersi con strumenti raffinati, e nella prospettiva corretta: "il compito della scienza è (...) quello di relativizzare e poi di (..) esorcizzare (-) le contrapposizioni concettuali assurde"[33].

Rimarranno questioni non semplici da risolvere. Ad es., la distinzione tra norme cogenti e norme dispositive, con riguardo ai singoli ordinamenti da cui le regole comuni derivano. Nei Paesi in cui la conformità alla costituzione delle regole di diritto privato è demandata ad una corte apposita, occorrerà far sì che le regole comuni siano conformi alle costituzioni dei diversi Paesi (a meno che non si risolta in radice la questione, sottraendo per intero la disciplina dei rapporti di diritto privato patrimoniale alla sovranità degli Stati membri). Si dovrà tener conto delle tecniche di applicazione diretta o indiretta delle singole normative costituzionali già in essere nelle diverse esperienze. Si dovrà tener conto che l'uso di clausole generali (come la buona fede, la ragionevolezza, e cosi via) e l'affidamento al giudice di poteri di ampia discrezionalità richiede una attività del giudice che è particolarmente impegnativa[34].

Si dovrà, in particolare, unificare i rimedi, dal momento che il diritto non può essere solo considerato dal punto di vista sostanziale ma anche dal putno di vista procedurale. E in questo senso, occorrerà persino prevedere la unificazione dei sistemi di amministrazione della giustizia, sia quella togata, sia quella privata.

---

[33] Saco, *op. ult. cit.*, p. 98.
[34] Rescigno, *Per un "Restatement"*, cit, p.142.

5. Conclusione

Oltre si vantaggi già evidenziati, vai la pena di rammentare che la codificazione unitaria rafforza l'unità economica ed è prodromica alla unità politica. Ma se è vero che la componente giuridica – cioè il complesso della organizzazione giuridica di una comunità ne costituisce un connotato essenziale e caratterizzante, la redazione di un codice unitario in dimensione europea diventerà uno dei fattori aggreganti della stessa Comunità europea, e uno dei fattori della stessa identità europea.

E si pensi ai vantaggi dell'"avvocato europeo", che non dovrà più arrovellarsi nella ricerca delle fonti, dei commentari e della giurisprudenza delle altre esperienze, incontrando problemi linguistici, concettuali e pratici. O ai vantaggi del giudice, che nella amministrazione della giustizia civile, non dovrà ricorrere alla decodificazione delle formule del diritto "straniero".

Tutto ciò non porterà all'appiattimento dei valori nè alia standardizzazione del nostro lavoro. Il panorama sarà variegato: si manterranno differenze, si consolideranno uniformità. Il motto dell'Europa ("e pluribus plures") per il codice civile si potrà convertire in "e pluribus unum".

I Paesi, le regioni, le città, i villaggi conserveranno le loro fastose e meravigliose tradizioni, il loro volto insopprimibile, la loro bellezza individuale e la loro bellezza nella diversità. L'unità del diritto privato non renderà più somigliante Roma a Parigi o a Londra, la lingua italiana alla svedese o alla tedesca, l'arte italiana a quella fiamminga. Ma per riprendere la famosa iminagine di Voltaire, non saremo più costretti a cambiare diritto ad ogni cambio di cavallo (o di aereo). Ognuno di noi conserverà le proprie spiccate caratteristiche, non dovrá rinunciare alla propria eredità storica, che costituisce il patrimonio fondamentale dell'Europa, come ci ha ricordato Gadamer[35]. Ma ciascuno di noi, studiando, interpretando, applicando il codice civile unitario sarà, e si sentirà, più europeo.

---

[35] *L'eredità dell'Europa*, Torino, 1991, p.ix.

DIRECTIVE 1999/44 DU 25 MAI 1999 SUR CERTAINS ASPECTS DE LA VENTE ET DES GARANTIES DES BIENS DE CONSOMMATION JOCE L 171, 7 JUILLET 1999 (*)

JERÔME FRANK
Advogado
Presidente do European Consumer Law Group

Sommaire

I. LE RÉGIME FRANÇAIS DE LA GARANTIE. A. *La dualité de principes juridiques* 1. La dualité de principes juridiques. 2. Evolution jurisprudentielle de la distinction vices cachés / non conformité B. *Les délais d'action et de garantie légale*. C. *Les voies de recours à la disposition du consommateur*. 1. Les actions en garantie des vices cachés 2. Les voies offertes au consommateur en cas de non-conformité II. LES PROPOSITIONS NATIONALES DE RÉFORMES. A. *La proposition de Loi 13 juillet 1993 relative à la responsabilité du fait des produits défectueux.* B. *Propositions pour un Code de la Consommation* – Jean CALAIS-AULOY III. LES INNOVATIONS APPORTÉES PAR LA DIRECTIVE AU RÉGIME FRANÇAIS. A. *L'introduction du concept unique de conformité des biens au contrat.* B. *La définition de délais impératifs* 1. Un délai de prescription légale de deux ans 2. Le délai d'action C. Les différentes voies de recours à la disposition du consommateur.

(*) Conférence des 15 et 16 Février 2000, organisée à Lisbonne par MGI, Management Global Information, «*Warranties in Sale of Consume/Goods Directive and the Portuguese Law Conference*». Intervention de Me. Jérôme Franck, «*The Directive and the French Situation*».

La directive vise à «*rapprocher les dispositions législatives, réglementaires, et administratives des Etats membres relatives à certains aspects de la vente et des garanties des biens de consommation, en vue d'assurer une protection uniforme minimale des consommateurs dans le cadre du marché intérieur*» (article 1, paragraphe1).

Les dispositions de la Directive contribuent à rapprocher le régime communautaire de celui en vigueur dans les ventes internationales de marchandises, tel qu'institué par la Convention de Vienne de 1980.

La mise en œuvre de la directive communautaire implique des modifications de la réglementation française relative à la garantie dans les trois domaines suivants:

– le critère de conformité du bien livré
– les délais de recours en cas de non-conformité dudit bien
– les voies de recours à la disposition du consommateur

Le régime français de la garantie des biens de consommation sera présenté dans une première partie (**I**).

Seront ensuite mentionnées les différentes tentatives de modifications de la législation française, intervenues au cours de la dernière décennie (**II**).

Enfin, seront analysées les nouveautés apportées par la directive communautaire au régime français actuel (**III**).

I. Le régime français de la garantie

A. La dualité de principes juridiques

L'un des aspects les plus novateurs de la directive est l'institution d'un régime unique de garantie du vendeur, fondé sur le concept de **conformité des biens au contrat**. D'après l'article 2, paragraphe 2, «*le vendeur est tenu de livrer au consommateur un bien conforme au contrat de vente*».

La directive s'inscrit dans le prolongement de la Convention de Vienne du 11 avril 1980 sur la vente internationale de marchandises, qui retient également le critère de la conformité au contrat.

Il a vocation à remplacer la «*dualité de principes juridiques*»[1] qui existe en France avec d'une part, l'obligation de délivrance d'un bien en conformité au contrat et, d'autre part, la garantie des vices cachés. La dualité de régime aboutit « *à une complexité du droit et, dans certains cas, à des aberrations*»[2].

1. La dualité de principes juridiques

En droit français, ont toujours été distinguées:

- la **garantie des vices cachés** de la chose vendue

L'article 1641 du Code Civil énonce «*Le vendeur est tenu de la garantie à raison des défauts cachés de la chose vendue qui la rendent impropre à l'usage auquel on la destine, ou qui diminuent tellement cet usage, que l'acheteur ne l'aurait pas acquise, ou n'en aurait donné qu'un moindre prix, s'il les avait connus*».

- et **la non-conformité de la chose délivrée par rapport à celle qui était convenue** au contrat.

L'article 1614 du Code Civil énonce que «*la chose doit être délivrée en l'état où elle se trouve au moment de la vente*».

Deux critères peuvent permettre de distinguer ces notions:

– d'après le ***critère matériel***, le vice caché résulte d'un défaut de la chose, alors que la non-conformité résulte de la délivrance d'une chose autre que celle faisant l'objet de la vente.

---

[1] Cf. Commentaire de Mario TENREIRO, *Revue européenne de droit de la consommation*, p.191.

[2] Agnès CHAMBRAUD, «*La garantie des biens de consommation en droit communautaire*», INC, n° 1108, 21 janvier 2000, p. 4.

D'après la Cour d'appel de Paris, 7ème ch., 13 novembre 1991, «*le vice caché de la chose est (...) une anomalie (...) nuisant au bon fonctionnement de la chose et la rendant impropre à l'usage auquel on le destine, alors que le défaut de conformité (...) consiste en une différence* (de nature) *entre la chose promise et la chose livrée*».

— selon le ***critère chronologique***:

- soit on considère que la non-conformité est apparente au moment de la délivrance, alors que le vice caché est non apparent.
- soit on estime que la non-conformité peut être invoquée jusqu'à l'acceptation sans réserve, alors que le vice caché peut seul être invoqué après cette acceptation de la chose.

2. Evolution jurisprudentielle de la distinction entre vices cachés et non conformité

Comme le souligne Mario Tenreiro, la jurisprudence française a alternativement assimilé et distingué, au fils des années, l'action en garantie des vices cachés et l'action fondée sur le défaut de conformité.

— dans un *arrêt d'Assemblée plénière du 7 février 1986*, repris par la suite, la Cour de Cassation avait consacré le chevauchement de la garantie des vices cachés et de l'obligation de conformité.

Elle admettait ainsi que la chose viciée était également atteinte d'un défaut de conformité, permettant à l'acheteur d'agir à son gré, soit sur le fondement de l'action en inexécution de l'obligation de délivrance conforme de l'article 1604 à 1624 du Code Civil, soit sur le fondement de l'action en garantie des vices cachés.

— depuis lors, la jurisprudence est revenue sur cette possibilité de cumuler les actions en garantie des vices cachés et en défaut de conformité. La première chambre civile a ainsi affirmé que «*les défauts qui rendent la chose impropre à sa destination normale constituent les vices définis par l'article 1641 du Code Civil, qui était donc l'unique fondement possible de l'action exercée*» (Cass., 1ère Civ., 27 oct. 1993).

– la chambre commerciale s'est rangée à cette position (Cass. Com., 26 avril 1994).

Dès lors, dans cette nouvelle orientation jurisprudentielle, le critère distinctif paraît être le suivant:
- les défauts de la chose la rendant **impropre à sa destination normale** relèvent de la seule garantie des vices cachés (soumission au bref délai de l'article 1648 du Code Civil).
- la **non conformité** de la chose **aux spécifications convenues** par les parties est sanctionnée par l'action de droit commun pour manquement du vendeur à son obligation de délivrance.

Dès lors, «*le domaine de l'action contractuelle de droit commun en résolution fondée sur la non-conformité de la chose délivrée paraît--il très réduit*». L'acheteur désireux de se ménager la possibilité d'agir sur le fondement de l'obligation de délivrance sera bien avisé de décrire très précisément, dans le contrat de vente ou sur le bon de commande, les caractéristiques qu'il attend de la chose elle-même et l'utilisation auquel il la destine.

De plus, bien que les actions sanctionnant l'obligation de délivrance ne soient pas soumises au bref délai prévue pour la garantie des vices cachés, il est conseillé à l'acheteur d'agir rapidement, sinon il sera censé avoir agrée la chose ou avoir renoncé à la résolution. La preuve de la non-conformité incombe à l'acheteur.

Concernant la *garantie des vices cachés*, elle est appelé à jouer lorsque le vice affecte la qualité même de la chose (la charge de la preuve du vice pèse sur l'acquéreur). Le vice doit:
- **diminuer ou supprimer significativement l'utilité à laquelle est normalement destinée la chose**, c'est à dire l'usage normal que l'acheteur pouvait raisonnablement envisager compte tenu du prix, de la qualité stipulée et des conditions générales du contrat (Cass. Com., 19 mars 1973). Le défaut affectant la chose doit être suffisamment grave. La garantie ne joue pas pour un défaut n'ayant que des conséquences minimes limitées à une simple diminution d'agrément (CA Nîmes, 18 décembre 1980).
- **être caché et inconnu de l'acheteur** (le vendeur n'est pas tenu des vices apparents, article 1642 du Code Civil). Il faudra en

l'espèce différencier selon la qualité de l'acheteur, profane ou professionnel.
- **être antérieur à l'acquisition de la chose**, ou du moins le vice devait être en germe lorsque le vendeur a vendu la chose (Cass. Com., 18 janvier 1972).

B. Les délais d'action et de garantie légale

En France, le *délai de garantie légale*, compté à partir de la livraison, est indéterminé. Il est potentiellement de dix ou trente ans (article 2262 du Code Civil).

Concernant le *délai d'action*, l'article 1648 du Code Civil énonce que l'action en garantie des vices cachés «*doit être intentée par l'acquéreur, dans un **bref délai** suivant la nature des vices rédhibitoires, et l'usage du lieu où la vente a été faite*».

Le délai d'action court à partir du jour de la découverte du vice (jour de la découverte effective, et non jour de la délivrance), ou du dépôt du rapport de l'expertise ayant révélé le vice à l'acquéreur, jusqu'au jour de la mise en œuvre effective de l'action en garantie.

Concernant l'appréciation du bref délai, aucune constante ne peut être dégagée. Il s'agit chaque fois d'une question d'espèce. La Cour d'appel de Paris, dans un arrêt du 10 décembre 1996, rappelle qu'aucune disposition légale ne limite le bref délai à un an.

Par exemple, l'action a été jugée recevable:
- deux ans, ou même trois ans, après la conclusion du contrat en matière de vente de véhicule automobile;
- neuf mois après la prise de possession des lieux (achat d'une propriété rurale).

Par contre, ont été jugées irrecevables des actions intentées huit mois après la découverte du vice (TGI Nîmes, 25 février 1990), six mois après l'accident, ou deux ans après la découverte du vice (CA Limoges, 30 novembre 1988), etc.

Il appartient aux juges du fond de déterminer selon la nature des vices ainsi que selon les faits et circonstances de la cause, la durée et le point de départ du délai accordé à l'acheteur pour intenter l'action en garantie.

Certaines situations sont de nature à prolonger le bref délai, telles que la recherche d'une solution amiable pour l'acquéreur (Cass. Com., 24 octobre 1961). Néanmoins, la recherche d'une conciliation ne permet pas à l'acquéreur d'agir plusieurs années après la constatation des défauts.

C. Les voies de recours à la disposition du consommateur

1. Les actions en garantie des vices cachés

L'acheteur dispose, aux termes de l'article 1644 du Code Civil, d'un choix entre l'action rédhibitoire, permettant d'obtenir la résolution de la vente, et l'action estimatoire, permettant une diminution du prix.

L'**action rédhibitoire** permet à l'acquéreur d'obtenir la restitution du prix et des frais accessoires occasionnés par la vente (ainsi que des intérêts de droit courus depuis le jour du paiement, Cass. req., 13 mars 1877), la contrepartie étant la restitution de la chose.

En cas d'impossibilité de restitution de la chose, l'action sera tout de même recevable si la perte n'est pas imputable à l'acheteur (Cass. Com., 14 novembre 1984). L'impossibilité pour l'action rédhibitoire de prospérer du fait de la perte de la chose imputable à l'acheteur n'empêche pas l'octroi de dommages-intérêts en réparation du préjudice causé par le vice (Cass. 1ère Civ., 12 janvier 1994).

L'**action estimatoire** permet à l'acheteur «*de garder la chose et de se faire rendre une partie du prix*» (article 1644 Code Civil), correspondant à le diminution de valeur résultant du vice caché. L'article 1644 précise que cette diminution de valeur sera appréciée par expertise. Elle correspond parfois au coût de remise en état de la chose vendue (Cass. 1ère Civ., 16 janvier 1985).

L'acheteur bénéficie d'une option entre l'action rédhibitoire et l'action estimatoire. Cette option est libre et l'acquéreur n'a pas à justifier les motifs du choix qu'il fait entre les deux actions. Mais la jurisprudence a également admis qu'il pouvait:

- exercer l'action rédhibitoire après avoir procédé à des interventions sur la chose acquise pour remédier aux vices (Cass., 3ème Civ., 17 février 1988)
- exercer l'une après avoir exercé l'autre (tant qu'il n'a pas été statué sur sa demande par décision passée en force de chose jugée ou que le vendeur n'y a pas acquiescé (Cass. Com., 22 juillet 1953);
- cumuler ces deux actions, lors d'une même instance, en exerçant par exemple une action rédhibitoire à titre principal et une action estimatoire à titre subsidiaire.
- substituer une action estimatoire à une action rédhibitoire en cas de perte de la chose par cas fortuit (Cass., 1ère Civ., 3 décembre 1996).

Le régime français de la garantie des vices cachés présente une particularité, à savoir l'assimilation, par la jurisprudence, du vendeur professionnel à un vendeur de mauvaise foi, qui connaissait le vice (jurisprudence constante, CA Douai, 10 décembre 1963; Cass. Com., 11 février 1997). Peu importe la situation du vendeur: fabriquant, revendeur détaillant, marchand de biens et même agent commercial. Il faut pour cela rapporter la preuve de ces différentes qualités, et caractériser l'acte de vente afin de permettre à la Cour de Cassation d'exercer son contrôle.

La présomption de mauvaise foi du professionnel, qui couvre le vice normalement indécelable (c'est-à-dire celui qui échappe à des moyens ordinaires de vérification), a un caractère irréfragable: «*vendeur professionnel, il doit comme tel être réputé de mauvaise foi*» (Cass. 1ère Civ., 22 janvier 1974 ; Cass. 1ère Civ., 20 juillet 1988).

Pour échapper à l'action en garantie, le professionnel doit prouver que l'acheteur avait connaissance du vice (article 1642 du Code Civil), ou a commis une faute à l'origine du dommage.

Lorsque le vendeur, condamné sur le fondement de la garantie des vices cachés, n'est qu'un intermédiaire, il va pouvoir se retourner contre son propre vendeur. Il doit prouver que le vice existait avant la première vente. Le délai pendant lequel cette action récursoire doit être intentée a pour point de départ le jour où l'intermédiaire a été assigné par la victime du vice caché, et non celui de la connaissance du vice (Cass. Com., 19 mars 1974).

La garantie légale n'exclut pas que des garanties conventionnelles prévoient la réparation de la chose viciée ou son remplacement. Averti des défauts de la chose, le vendeur peut en effet vouloir échapper à la résolution ou à l'action estimatoire en proposant d'y remédier ou de remplacer le produit défectueux.

Après l'avoir longtemps admis, la jurisprudence affirme désormais que l'acquéreur dispose d'une totale liberté dans le choix des remèdes envisageables, et qu'il peut faire valoir son droit à demander la résolution d'une manière discrétionnaire.

2. Les voies offertes au consommateur en cas de non-conformité

Lorsque la marchandise n'est pas livrée, l'acheteur peut à son gré demander l'**exécution forcée** ou la **résolution du contrat** (mais pas la nullité, CA Versailles, 15 novembre 1996). La résolution du contrat ne se justifie pas lorsque la non-conformité de la chose livrée en diminue seulement l'usage (Cass. Com., 4 juin 1980).

Lorsque le contrat n'est pas conforme à ce qu'attendait l'acheteur, celui-ci dispose, en outre, de la possibilité de **refuser** la marchandise, de demander son **remplacement**, voire de demander la **réfaction** du contrat (permet à l'acheteur d'obtenir, en contrepartie d'une prestation insuffisante de la part du vendeur, une réduction du prix de vente, Cass. Com., 21 janvier 1992).

Le remplacement ou la réparation de la chose ne correspondant pas aux demandes de l'acheteur peut être prévu par certaines clauses du contrat du vente.

La jurisprudence tend également à admettre que, **même en dehors de toute stipulation**, l'acheteur puisse exiger la réparation (CA Paris, 3 décembre 1976), sauf si son coût se révèle hors de proportion avec la valeur de la chose vendue (Cass. Civ., 15 mars 1948). Dans ce cas, une réparation par équivalent sous forme de dommages-intérêts sera seulement accordée (Cass. Civ., 11 avril 1993).

Le remplacement ou la réparation sera effectué au domicile de l'acheteur (et non du vendeur, ce qui signifie que l'acheteur n'est pas obligé de rapporter la chose au vendeur, Cass. Com., 4 juin 1991). La réparation peut être demandée non seulement au vendeur, mais également au fabricant de la chose non conforme.

En tout état de cause, l'acheteur peut obtenir des **dommages-intérêts** pour le préjudice qu'il subit du fait de l'inexécution de l'obligation de délivrance (Cass. 1ère Civ., 22 mai 1991). La sanction a un caractère accessoire, et ne peut être sollicitée à titre principal (CA Versailles, 29 novembre 1996). La créance de dommages-intérêts peut se compenser avec le prix de vente de la chose (Cass. Com., 15 décembre 1992).

3. Portée de la clause limitant ou excluant la garantie du vendeur professionnel

Comme énoncé ci-dessus, le vendeur professionnel est considéré comme un vendeur de mauvaise foi. En conséquence, l'article 2 du décret n° 78-646 du 24 mars 1978 relatif aux clauses abusives (codifié à l'article R. 132-1 du Code de la Consommation), précise qu'est abusive:
«la clause ayant pour objet ou pour effet de supprimer ou de réduire le droit à réparation du non-professionnel ou du consommateur en cas de manquement par le professionnel à l'une quelconque de ses obligations».

En outre, l'article 4 du décret impose, sous peine d'amende, l'information de l'acquéreur sur *«la garantie légale, due par le vendeur»*.

Dès lors, est réputée non écrite toute clause par laquelle le professionnel restreint, de quelque manière que ce soit, à l'égard d'un consommateur ou d'un non-professionnel, son obligation légale de garantie (CA Paris, 17 octobre 1985).

Doit donc être réputée non écrite:

- une clause prédéterminant les vices ou les défauts qui ne sauraient être invoqués par l'acheteur ou, au contraire, qui pourraient seuls justifier la mise en cause du vendeur (Cass. 3ème Civ., 12 nov. 1975).
- une clause déterminant contractuellement la durée pendant laquelle le vendeur sera tenu, c'est-à-dire le délai au cours duquel le vice devra se révéler pour faire jouer la garantie légale (CA Paris, 17 octobre 1985).
- une clause limitant les modalités d'exécution de la garantie, c'est-à-dire n'offrant à l'acheteur que le remplacement de la marchandise à l'exclusion de toute autre forme de réparation du préjudice (Cass. 1ère Civ., 5 mai 1982 ; Cass. Com., 5 mai 1982).

A fortiori, est réputée non écrite une clause excluant la garantie légale du professionnel.

Cependant, le vendeur peut valablement subordonner la garantie à certaines conditions d'entretien ou d'utilisation de la chose, dans la mesure où elles n'engendrent pas indirectement une suppression de la garantie.

II. Les propositions nationales de réformes

A. *La proposition de Loi 13 juillet 1993 relative à la responsabilité du fait des produits défectueux*

En 1993, Madame Nicole Catala a présenté une proposition de loi relative à la responsabilité du fait des produits défectueux. Bien qu'examinée, cette proposition de loi n'a pas abouti.

Il est intéressant de constater que certaines des propositions visaient à modifier le régime de la garantie légale tel qu'institué par le Code Civil, dans une perspective qui aurait permis de rapprocher le régime français des dispositions aujourd'hui présentes dans la Directive du 25 mai 1999.

On peut notamment remarquer:

- *concernant la question des délais*, le projet de loi proposait de 'fixer' le bref délai dans le temps, afin de renforcer la sécurité juridique des consommateurs. Le caractère indéterminé du bref délai apparaissait, déjà, comme une source de contentieux.

Ainsi, l'article 23 proposait de remplacer l'article 1648 du Code Civil par deux alinéas ainsi rédigés:

«*Le droit de se prévaloir d'un vice est prescrit si l'acheteur n'a pas fait connaître ce vice au vendeur dans un délai d'un an à partir du moment où il l'a constaté ou aurait dû le constater.*

Toutefois, cette durée peut être modifiée entre vendeurs professionnels par les usages ou la convention des parties».

L'avant projet de loi se référait à un délai de six mois.

La directive du 25 mai 1999 relative à certains aspects de la vente et des garanties de biens de consommation énonce, quant à elle, que les Etats membres peuvent prévoir que le consommateur, pour bénéficier de la garantie légale, doit informer le vendeur dans un délai de deux mois à compter de la date à laquelle il l'a constaté.

- *concernant les voies de recours à la dispositions du consommateur*

L'article 22 visait à insérer un article 1644-1 ainsi rédigé:

«*Lorsque la vente a été faite par un vendeur professionnel, l'acheteur a le choix d'exiger, à moins que cela ne soit manifestement déraisonnable, le remboursement du prix contre la restitution du produit, la diminution du prix, la réparation du produit, sauf si le vendeur offre de le remplacer ou le remplacement du produit. [...]*».

Cette proposition allait également dans le sens des dispositions de la directive, en complétant les moyens mis à la disposition du consommateur en cas de vice caché.

- *concernant la présomption de défaut:*

L'article 21 de cette proposition visait à introduire un article 1641--1 dans le Code civil, ainsi rédigé:

«[...]

Lorsqu'il est stipulé une garantie conventionnelle, le défaut qui se révèle dans le délai de cette garantie est présumé, sauf preuve contraire, avoir existé au moment de la fourniture.

En l'absence d'une telle garantie, **cette présomption joue pendant un an à compter de la fourniture**»

[...]».

La directive établie, quant à elle, que les défauts de conformité qui apparaissent dans un délai de six mois à partir de la date de la délivrance du bien sont présumés exister au moment de la délivrance (cf. III).

L'adoption de ces dispositions aurait permis de faire évoluer le système français de la garantie qui serait, de ce fait, plus proche du régime communautaire aujourd'hui institué.

B. Propositions pour un Code de la Consommation – Jean CALAIS-AULOY

En 1990, Jean Calais-Auloy a avancé des propositions visant à codifier la législation en vigueur dans le domaine du droit de la consommation. L'objectif était de recenser, d'organiser et d'harmoniser les différents textes, peu homogènes dans leur contenu.

L'article L. 116 de ses « *Propositions pour un Code de la Consommation* » était particulièrement ambitieux, puisqu'il énonçait:

«*Les biens et les services mis sur le marché doivent être* **conformes à l'attente légitime des consommateurs**.

L'attente légitime des consommateurs est fonction notamment de la nature du bien ou du service, de sa destination, des lois et règlements qui le concernent, des informations données par ceux qui le mettent sur le marché, des stipulations du contrat que conclut le consommateur».

Le choix d'un tel critère de conformité des biens avait également été suggéré dans le Livre Vert de la Commission («*conformité aux attentes légitimes du consommateur»*). Cependant, face aux nombreuses objections émises par les professionnels, la Commission a préféré opté pour le principe de conformité au contrat, déjà reconnu en droit international et qui peut être considéré comme une base commune à plusieurs traditions juridiques nationales.

Les associations consuméristes avaient, quant à elles, très bien accueilli ce critère...

A défaut par le professionnel de fournir un bien conforme à l'attente légitime du consommateur, l'article L. 121 prévoyait que celui-ci devait garantie.

D'une façon similaire à la proposition de loi visée ci-dessus, Jean Calais-Auloy prévoyait des dispositions précisant la question des délais de garantie et les voies de recours à la disposition du consommateur. Etaient notamment envisagés:

- un délai de garantie légale de deux ans à compter de la livraison du bien (art. L. 122)
- un délai d'action de six mois pour dénoncer le défaut au professionnel (art. L. 124)
- la possibilité pour le consommateur à qui est livré un bien non conforme à son attente légitime d'exiger soit le remboursement du prix contre restitution du bien, soit une diminution du prix, soit la réparation de la chose, soit le remplacement du bien (art. L. 126).

III. Les innovations apportées par la Directive au régime français

A. *L'introduction du concept unique de conformité des biens au contrat*

La Directive introduit le concept nouveau et commun de conformité des biens au contrat.

Le critère de la conformité matérielle [3] est celui retenu par la Convention de Vienne en son article 35, aux termes duquel le vendeur

---

[3] Par opposition à la conformité juridique des biens, qui reste soumise aux règles nationales applicables, cf. Commentaire de Mario TENREIRO, p. 197.

doit livrer des marchandises dont la qualité, le type et le conditionnement répondent à ceux prévus par le contrat (article 35 alinéa 1er).

A défaut de volonté exprimée, l'article 35 alinéa 2 distingue quatre cas conformité de la marchandise, qui doit:

- être propre aux usages auxquels serviraient des marchandises de même type: il s'agit d'une référence aux usages habituels de la marchandise vendue;
- être propre à l'usage particulier spécial que voudrait faire l'acheteur de la marchandise
- être conforme à l'échantillon ou au modèle présenté
- être emballée ou conditionnée selon le mode habituel pour des marchandises du même type et, à défaut de normes établies, d'une manière propre à les conserver ou à les protéger.

La Commission s'est largement inspirée de l'article 35 alinéa 2 pour rédiger l'article 2 de la directive, qui énonce les différents critères d'appréciation de la conformité du bien au contrat. Ces critères sont cumulatifs [4].

«Le bien de consommation est présumé conforme au contrat:

a) s'il correspond à la description donnée par le vendeur et possède les qualités du bien que le vendeur a présenté sous forme d'échantillon ou modèle au consommateur;

b) s'il est propre à tout usage spécial recherché par le consommateur (...);

c) s'il est propre aux usages auxquels servent habituellement les biens du même type;

d) s'il présente la qualité et les prestations habituelles d'un bien de même type auxquelles le consommateur peut raisonnablement s'attendre (...)».

Le paragraphe 3 précise que «*le défaut de conformité est réputé ne pas exister [...] si, au moment de la conclusion du contrat, le consom-*

---

[4] Ibid., p. 198.

mateur connaissait, ou ne pouvait raisonnablement ignorer, ce défaut (...) » (cf. article 1642 du Code Civil).

La directive est, par contre, muette en ce qui concerne la connaissance du défaut par le vendeur (cf. article 40 de la Convention de Vienne). L'article 1645 du Code Civil énonce que *«si le vendeur connaissait les vices de la chose, il est tenu, outre la restitution du prix qu'il en a reçu, de tous les dommages et intérêts envers l'acheteur»*.

La conformité des marchandises est appréciée *«lors de la délivrance de la marchandise»* (la Convention de Vienne retient le critère du transfert du risques, article 36 alinéa 1).

Concernant la définition des règles relatives à la charge de la preuve, elle est renvoyée aux droits nationaux. Selon les règles de droit français, ce serait normalement au consommateur de prouver l'existence du défaut.

Cependant, un apport important de la directive vise les défauts de conformité qui apparaissent dans un délai de six mois à partir de la délivrance du bien. Aux termes de l'article 5, paragraphe 3 de la directive, ceux-ci sont *«présumés exister au moment de la délivrance»*.

Cette présomption ne pourra que faciliter l'exercice de ses droits par l'acquéreur [5]. En effet, aucune disposition similaire n'existe dans la législation française et la jurisprudence est apparue hésitante sur cette question.

Ainsi, lorsque la cause exacte de la défectuosité demeure inconnue, les tribunaux considèrent *généralement* que le vice, dans la mesure où il est établi par la victime, est antérieur à la vente, de sorte qu'il incombe au vendeur de rapporter la preuve contraire (Cass. Com., 25 février 1986; Cass. 1ère Civ., 28 novembre 1979, implosion d'un téléviseur; Cass. 1ère Civ., 20 janvier 1987, toxicité d'aliments pour animaux, etc.).

En ce sens, la première Chambre civile a censuré une décision ayant écarté la demande de réparation de l'acheteur d'un produit en

---

[5] Laurent LEVENEUR, *«La directive du 25 mai 1999 et le bogue de l'an 2000»*, in Contrats – Concurrence – Consommation — Editions du Juris-Classeur, p. .

raison du «*doute subsistant sur les causes des dégradations*», en déclarant «*qu'il incombait* [au fabriquant] *de prouver que l'usage que* [l'acheteur] *avait fait du produit litigieux n'était pas conforme aux normes d'utilisation de celui-ci*» (Cass. 1ère Civ., 25 janvier 1989).

Cependant, cette jurisprudence a été contestée par la Chambre commerciale de la Cour de Cassation, qui a jugé à plusieurs reprises que le vendeur ne pouvait être tenu de la garantie des vices cachés dès lors que «*la cause du vice n'avait pas été déterminée avec certitude*», ou «*qu'une panne pouvait avoir plusieurs causes autres qu'un vice caché*» (Cass. Com., 9 décembre 1981; Cass. Com., 18 janvier 1984; Cass. Com., 27 novembre 1984, etc.).

La directive a donc pour effet de renverser la charge de la preuve au détriment du vendeur, qui doit prouver que le vice n'était pas en germe dans le bien délivré, mais provient d'une utilisation abusive du bien par le consommateur.

B. La définition de délais impératifs

La Directive comporte des innovations du point de vue des délais, puisqu'elle fixe des délais impératifs.

1. Un délai de prescription légale de deux ans

Le délai de garantie légale fixé par la directive est de deux ans [6]. Au-delà, le consommateur supportera le coût de la réparation ou du remplacement du bien.

Concernant le point de départ de la garantie, celui-ci consiste en la date de délivrance du bien. En droit français, il s'agit (le plus souvent) de la date à laquelle le consommateur a eu effectivement connaissance du défaut. D'après Agnès Chambraud, «*la différence est essentielle, et*

---

[6] Ce délai correspond à celui également prévu par la Convention de Vienne.

le fait de limiter toute possibilité de recours à deux ans à compter de la délivrance de la chose va écarter du bénéfice de cette action un certain nombre de consommateurs»[7].

Pour appuyer son argumentation, Agnès Chambraud cite plusieurs cas où l'application du délai prévu par la directive aurait abouti à débouter les consommateurs de leur demande en réparation, alors que l'application du régime français leur a permis d'être indemnisé:

- dans une affaire de vente de meubles en merisier, l'acheteur a obtenu gain de cause sur le fondement de la garantie contre les vices cachés six ans après la livraison, les juges ayant relevé que les vices cachés s'étaient révélés tardivement avec le temps et le travail du bois (Reims, 29 mars 1984).
- de même, la Cour d'appel de Paris a condamné un vendeur à indemniser un consommateur qui avait acheté un ensemble mobilier qui était incrusté de vers, et dont l'apparition avait été progressive (Paris, 15 avril 1982).
- enfin, n'a pas été débouté de sa demande en indemnisation l'acheteur de tuiles gélives, qui n'ont gelé (et ont donc dû être changées) que le troisième hiver, après deux hivers doux sans gel.

2. Le délai d'action

En outre, les Etats membres peuvent prévoir que le consommateur, pour bénéficier de ses droits, doit informer le vendeur du défaut de conformité dans un délai de deux mois à compter de la date à laquelle il l'a constaté.

Laurent LEVENEUR souligne que « *ce serait une généralisation du fameux bref délai de l'article 1648 du Code civil, avec fixation d'une durée précise encore plus courte que celle qui est la sienne habituellement*».

---

[7] Agnès Chambraud, INC Hebdo, n° 1108 – 21 janvier 2000, La garantie des biens de consommation en droit communautaire, p. 5.

En l'espèce, la Directive est plus précise que la Convention de Vienne, qui énonce simplement que l'acheteur a l'obligation de dénoncer le défaut dans un «*délai raisonnable*» à partir du moment où il l'a constaté ou aurait dû le constater (article 39, alinéa 1er).

La question des délais apparaît donc comme « *la plus sensible de la matière*»[8].

C. Les différentes voies de recours à la disposition du consommateur

Le consommateur a le droit de choisir parmi les quatre remèdes suivants: la résiliation du contrat de vente (avec remise du bien et remboursement du prix), le remplacement du bien, la réparation du bien et la diminution du prix. Ces quatre moyens sont prévus dans la Convention de Vienne de 1980.

D'après Mario Tenreiro, l'ajout des moyens consistant en la réparation du bien ou son remplacement permet de mettre les législations plus traditionnelles, dont celle française, «*en conformité avec la réalité économique actuelle [...]*». En effet, la réparation et le remplacement sont les deux remèdes les plus adéquats aux conditions actuelles de commercialisation. Ils sont d'ailleurs utilisés dans le cadre des garanties commerciales.

La réparation ou le remplacement, qui doit être «*effectué dans un délai raisonnable et sans inconvénient majeur pour le consommateur*» (article 3, paragraphe 3), ne peut être exigée que si «*cela [n'est] pas impossible ou disproportionné*» (article 3, paragraphe 3).

En outre, «*le consommateur peut exiger une réduction adéquate du prix ou la résolution du contrat: s'il n'a droit ni à la réparation ni au remplacement du bien [...]*» (article 3, paragraphe 5).

Enfin, concernant la demande en résolution du contrat de vente, cela est impossible si le défaut de conformité est mineure (article 3, paragraphe 6).

---

[8] Laurent LEVENEUR, ibid.

En conclusion, les dispositions de la directives relatives aux voies de recours offertes au consommateur en cas de non-conformité du bien au contrat semblent être positives:

- d'une part, elles offrent au consommateur quatre voies de recours 'légales', adaptées à l'évolution de l'économie;
- d'autre part, elles contribuent à faire disparaître les différences de moyens qui existaient dans le régime français, liées à la dualité des principes juridiques. Cela contribue à la simplification et à la sécurisation juridique du système (le consommateur n'a plus à se demander s'il doit agir dans le cadre du défaut de conformité ou dans celui des vices cachés).

Cependant, il faut souligner que si les possibilités offertes par la directive sont plus étendues que celles offertes en droit français, «*il faudra suivre attentivement la façon dont, en pratique, ces dispositions seront mises en œuvre*». Le vendeur pourrait, *in fine*, imposer son choix, en faisant valoir que la demande du consommateur est disproportionnée [9].

CONCLUSION

La mise en œuvre de la directive implique des modifications significatives de la législation française, liées à:

- l'introduction du concept fédérateur de conformité du bien au contrat
- l'institution de délais précis et impératifs d'action et de garantie légales
- l'extension des possibilités de voies de recours légales.

Ne sont *a priori* concernés que les biens de consommation vendus par des professionnels à des consommateurs. Cependant, la directive du 25 juillet 1985 sur la responsabilité du fait des produits défectueux comportait également une limitation de son domaine aux dommages

---

[9] Agnès Chambraud, op. cit., p. 5.

causés à des biens destinés à un usage ou une consommation privés, ce qui n'a pas été repris dans la loi du 19 mai 1998.

Ce précédent ne permet donc pas d'exclure l'éventualité que la future loi de transposition soit l'occasion d'une refonte globale des obligations de garantie des vices cachés et de délivrance d'une chose conforme à la commande pesant sur tout vendeur de toutes sortes de biens [10].

La question des *délais* apparaît comme la plus sensible. L'introduction de limites temporelles précises à l'action en défaut de conformité semble en effet durcir la législation française actuelle, indéterminée en matière de délai de garantie légale. Agnès Chambraud souligne, en l'espèce, que les délais sont beaucoup trop courts.

Cependant, la notion de bref délai étant apparue comme très incertaine en jurisprudence, son interprétation étant laissée à l'appréciation souveraine du juge du fond, le cadrage réalisé par la directive communautaire en matière de délai d'action apparaît comme un point positif.

Il en est de même de l'**introduction du concept uniforme de défaut de conformité au contrat**, qui regroupe «*sous une qualification unique les droits que l'acheteur tient actuellement de la garantie des vices cachés et de l'obligation de délivrance d'une chose conforme à la commande: voici qui pourrait donc ouvrir **des perspectives de simplification du droit français** (surtout si la loi de transposition ne s'en tient pas à la vente des seuls biens de consommation)*» [11].

La distinction actuelle entre défaut de conformité et garantie contre les vices cachées semble en effet peu favorable au consommateur, la jurisprudence française se montrant sévère envers le consommateur qui commet une erreur dans le choix du fondement juridique adéquat à son action (défaut de conformité / garantie contre les vices cachés). Or la requalification par le juge n'est pas possible.

---

[10] *Contrat – Concurrence – Consommation* – Editions du Juris-Classeur, Octobre 1999, p. 11

[11] Cf. Laurent LEVENEUR, «*La directive du 25 mai 1999 et le bogue de l'an 2000*», in Contrats-Concurrence-Consommation - Editions du Juris-Classeur, p. 1.

Cela joue également à l'égard des ***moyens mis à la disposition du consommateur***, qui dispose d'un panel de voies de recours à la fois élargi, donc plus adapté à l'économie moderne, et uniforme.

L'approche communautaire semble donc intéressante pour l'acheteur, tant d'un point de vue de la sécurité juridique du consommateur que de la simplification du régime français actuel.

Sans contester ces apports intéressants, certains points semblent cependant particulièrement sensibles, notamment ceux relatif à la détermination des délais ou de la mise en œuvre effective des droits de l'acheteur, qui semblent *in fine* soumis au choix du vendeur.

De plus, les associations consuméristes regrettent-elles sans doute que la Commission n'ait pas poursuivi dans son premier choix de critère, à savoir la conformité du bien à l'attente légitime du consommateur, qui seul permettait une autonomie par rapport aux stipulations mêmes du contrat. Mais cela était-il, sans doute, trop ambitieux...

Bibliographie

- Agnès Chambraud, *INC Hebdo*, n.° 1108 - 21 janvier 2000, *La garantie des biens de consommation en droit communautaire*, p. 3-5.
- *Contrat – Concurrence – Consommation* – Editions du Juris-Classeur, Octobre 1999
    - Editorial de Laurent LEVENEUR, *La directive du 25 mai 2000 et le bogue de l'an 2000*
    - Note sous Directive, p. 11.
- Mario Tenreiro, *Revue européenne de droit de la consommation*, p.187 et s.
- *Lamy Droit Economique*, 1999, Division II : Les contrats de vente: l'obligation de délivrance, n.° 4604 et s. et l'obligation de garantie, n.° 4713 et s.
- *Le Consommateur et ses contrats,* Editions du Juris-Classeur, 1999.
- Juris-Classeur, n.° 9, Fascicule 565-A-5, p. 16-26.

LA PROTECCIÓN DEL CONSUMIDOR EN LA ARGENTINA.

Por ROBERTO M. LÓPEZ CABANA
Professor da Universidade de Buenos Aires e da Pontificia Universidad Católica Argentina

Agradecimiento

Agradezco muy especialmente al Señor Profesor Doutor António Pinto Monteiro, de la Universidad de Coimbra (Portugal), la invitación con la que me ha honrado para colaborar en la Revista del *Centro de Direito do Consumo* con un aporte de Derecho argentino, que le hago llegar sobre la base de una conferencia que he pronunciado – en francés – el 12 de enero de 1999 en la Universidad de Panthéon-Assas (Paris 2).

I. La debilidad jurídica. Los débiles

En Derecho Privado se contemplan situaciones de vulnerabilidad en que puede hallarse la persona, sin importar su condición o emplazamiento social.

Con el profesor Atilio Aníbal Alterini hemos compartido la preocupación que genera la debilidad jurídica en la contratación contemporánea.

El Derecho Romano daba relevancia al *favor debitoris*, regla que ha sido considerada como «un precepto residual, que debe ser entendido en el sentido de protección de la parte más débil de un contrato».

Solamente «en caso de que en el contrato no exista una parte notoriamente más débil, la interpretación debe favorecer la mayor equivalencia de las contraprestaciones».

Por ello es recomendable la incorporación al Código Civil como principio la protección a la parte más débil, sin distinguir si se trata de un deudor o acreedor.

«La intervención del legislador en el dominio contractual, en favor de una de las partes – ha dicho Ripert –, es infinitamente más delicada que su intervención en favor de los débiles», ya que «sólo puede existir en provecho de uno a costa del otro, y para escoger, antes es necesario descubrir cuál de los dos es el débil a quien ha de protegerse. Pero en esta materia, la debilidad puede entenderse diversamente, pues es dable que el acreedor sea más débil y más desafortunado que el deudor. La protección legal – concluye – debe dirigirse entonces del lado del acreedor.

La ley argentina 23.592 enfatiza por su parte la prioridad con que merecen consideración los débiles jurídicos, al sancionar los actos *discriminatorios*, que dan derecho a la víctima para solicitar la reparación del daño moral y material ocasionados, considerando «particularmente los actos u omisiones discriminatorios determinados por motivos tales como (...) posición económica, condición social», etc. (art. 1.º, ley cit.).

II. El Derecho tradicional

La noción de orden público como freno de una desequilibrante autonomía de la voluntad sirvió para paliar la vulnerabilidad de quienes se veían perjudicados por "los hechos contrarios al Derecho y a la moral". Vélez Sársfield consideraba que "no pueden ser objeto de una obligación eficaz, porque jamás se podrá invocar la protección de la justicia para lograr su ejecución" (nota al art. 953 del Cód. Civil), y "sería un deshonor de la ley que los jueces cerrasen sus ojos ante una conducta fraudulenta y permitieran que ésta triunfara" (id., al art. 3136). En el Código argentino, como en los demás Códigos del siglo XIX, campean las exigencias de moralidad, licitud y congruencia para el acto jurídico y su finalidad, la repulsa del enriquecimiento sin causa (el principio de equidad "no permite enriquecerse con lo ajeno", nota al art. 784), la admisión del beneficio de competencia, concedido "a ciertos deudores, para no obligárseles a pagar más de lo que buenamente puedan, dejándoles en consecuencia lo indispensable para una modesta subsistencia, según su clase y circunstancias" (art. 799), cierto criterio interpretativo favorable al deudor; etc.

La ley argentina 17.711 favoreció la protección de la vulnerabilidad en tanto incorporó diversos mecanismos: *lesión, imprevisión, abuso del derecho, reducibilidad de la cláusula penal*, y también *del monto indemnizatorio por razones de equidad*, y precisó el riquísimo principio de *interpretación de buena fe*.

III. La interpretación colectiva de la doctrina argentina

Doctrinariamente, importa analizar la concepción generalizada que deriva en particular de varias Jornadas jurídicas realizadas en la Argentina.

La vulnerabilidad jurídica se protege en en cuanto se afirma: a) La invalidez de las cláusulas que desnaturalizan la esencia del vínculo obligacional, afectan la libertad contractual o la buena fe, o importan abuso del derecho; b) La interpretación conforme a la finalidad y economía del contrato, tomando en cuenta el principio de razonabilidad y la fuerza vinculante de los actos precedentes así como el emplazamiento socio – económico – cultural del adherente; c) La invalidez de las cláusulas que limitan la responsabilidad, en especial en cuanto no existe una contrapartida económica justificante de esa renuncia; d) La necesidad de firma expresa de las condiciones generales, aunque tal firma no es por sí sola suficiente, pues se privilegian los principios de claridad y reconocibilidad; e) La necesidad de evitar condiciones generales *sorpresivas*, exigiendo que el no predisponente las conozca de manera efectiva cuando se hallan en instrumento separado; f) La prevalencia de las cláusulas especiales sobre las generales, y de las incorporadas sobre las preexistentes; g) En caso de ambigüedad, la interpretación contra el predisponente; h) La inequiparabilidad de las condiciones generales a los usos y costumbres. Esto último es de señalada importancia, en cuanto impide que las condiciones generales írritas que sean práctica en plaza puedan ser invocadas útilmente para integrar o interpretar el acto.

Asimismo se sostiene la aplicabilidad de oficio de la teoría del abuso del derecho que resulta del art. 1071 del Cód. Civil; que las normas que autorizan la revisión judicial del contrato son de orden público; que el reajuste del precio puede ser resuelto de oficio, aunque haya mora del deudor, por aplicación de la teoría del abuso del derecho; y que es nula la renuncia anticipada al ejercicio del derecho a obtener la reducción de la cláusula penal que autoriza el art. 656 del Cód. Civil, porque se relaciona con la figura de la lesión.

En sentido general, también son consideradas inválidas las cláusulas excluyentes o limitativas de responsabilidad en diversas situaciones que se agregan a las ya contempladas por el Derecho clásico en la hotelería (art. 2232, Cód. Civil), el trasporte terrestre (arts. 162 y 184, Cód. Comercio), la ruina de obra (art. 1646, Cód. Civil): así, p. ej., para el trasporte por agua, ley 20.094, arts. 280 y 346; para el trasporte aéreo, art. 146 del Cód.. Aeronáutico (ley 17.254); para la responsabilidad profesional, etc.

IV. La defensa del consumidor

La ley 24.240 de defensa del consumidor es paradigmática, pues encarna el estatuto particular de alguien esencialmente vulnerable.

La idea de protección del consumidor, generalizada en el Derecho moderno, es derivada de una concreta *ratio legis*: la inferioridad de los profanos respecto de los profesionales, que tienen una superioridad considerable en las relaciones contractuales, en especial en las que se enlazan entre los productores y distribuidores, de una parte, y los consumidores de la otra. Pero viene siendo extendida más allá de su ámbito específico originario: si bien puede considerarse que la protección del consumidor se refiere fundamentalmente a la protección del individuo particular en el mercado, no puede agotarse ahí pues, de hecho, lo que nació como protección del consumidor se está convirtiendo en protección del *individuo particular*.

Todavía, es computable la noción del *subconsumidor*, o consumidor particularmente frágil que, según algunas opiniones, sería el eje del sistema. La cuestión tiene particular importancia, v. gr., cuando se trata de productos de primera necesidad para los más carenciados, del consumo de un niño (juguetes, golosinas), de productos farmacéuticos de venta libre.

Es un deber inexcusable del legislador propender a instalar regímenes que tutelen adecuadamente a los consumidores, los más vulnerables del sistema, porque son las circunstancias que atraviesan las personas las que pueden colocarlas en situaciones de debilidad, con prescindencia del rol jurídico que les toque representar.

Y esta conclusión no reviste ninguna novedad. Ya en el Siglo XIII se predicó -con razón- que «la persona del hombre es la más noble cosa del mundo» (Siete Partidas, 7, 1, 26).

En su mensaje al Congreso de los Estados Unidos de América del 15 de marzo de 1962, el Presidente John Fitzgerald Kennedy hizo una afirmación que siempre es repetida: «consumidor, por definición, nos incluye a todos». En el «Programa preliminar para una política de protección y de información a los consumidores» de la Comunidad Económica Europea, del 14 de abril de 1975, se precisó que «en lo sucesivo el consumidor no será considerado ya solamente como un comprador o usuario de bienes o servicios para su uso personal, familiar o colectivo, sino como una persona a la que conciernen los diferentes aspectos de la vida social que pueden afectarle directa o indirectamente como consumidor». De tal modo, la problemática del consumidor, por ser común a todos, a pobres y a ricos, a fuertes y a débiles, a instruídos y a ignorantes, a habitantes de la ciudad y a habitantes del campo, a consumidores de productos de bienes de primera necesidad y a consumidores de bienes suntuarios, concierne genéricamente a la *persona*.

Por eso, seguramente, las disposiciones propias de los contratos de consumo, emplazadas originariamente en estatutos particulares debieran ser incorporadas a los Códigos civiles.

V. El consumidor en los Códigos

Los Códigos clásicos no se ocuparon específicamente del consumidor.

No obstante, fue implicado como el comprador de la cosa en el contrato de compraventa; el locatario en la locación de obra o de servicios; el adherente en los contratos predispuestos; el destinatario de la publicidad; el titular de un interés difuso; el damnificado por la cosa. La comprensión del concepto de consumidor en el Derecho tradicional supone tomar en cuenta a quien, de cuando en cuando, es *también* adquirente, contratante débil, víctima de un daño, etcétera, lo cual es bien distinto de considerar los derechos *específicos* del consumidor, que son el fruto de la fase más madura del proceso evolutivo del *consumerism*. Entretanto, y mientras no fue articulado orgánicamente el sistema, la jurisprudencia adoptó soluciones innovadoras en favor de los consumidores, realizando a tal efecto una aplicación distinta de normas que ya existían con anterioridad, en tránsito por un camino que implicó, en definitiva, una modificación profunda del Derecho clásico de las obligaciones o, incluso, un estallido del Derecho común de los contratos.

Las relaciones entre los consumidores o usuarios y los proveedores de bienes y servicios han estado tradicionalmente sometidas al Derecho comercial, por aplicación de las teorías de los actos de comercio objetivos y de los actos unilateralmente mercantiles. Tal sumisión venía a significar un privilegio de los intereses sectoriales de los comerciantes, concepto que ahora es abandonado al proteger los intereses propios de los consumidores o usuarios mediante un nuevo régimen de contratos.

A esto se llega por vía de un sistema autónomo que, en cuanto Derecho privado, sin ser ni Derecho comercial ni Derecho civil, toma lugar entre ambos, es de carácter interdisciplinario o multidisciplinario, está armado sobre una pluralidad de regulaciones – porque una ley única sería inviable desde el punto de vista técnico jurídico desde que la cuestión afecta a una gran parte del ordenamiento, y en el cual la intervención legislativa y la administrativa se encuentran en una condición de recíproca complementariedad. El sistema tiene también las demás notas típicas del régimen estatutario: consideración especial del sujeto situado en determinado rol, función de tutela, carácter imperativo en la esfera del *orden público económico*.

Los cambios de criterio son la respuesta a las novedades producidas en el proceso económico de comercialización durante las denominadas eras industrial y postindustrial.

En la lectura clásica sólo se enunciaban estas obligaciones del vendedor: conservar la cosa; entregarla; recibir el precio y otorgar recibo; pagar los gastos de la entrega; garantizar por evicción y por vicios redhibitorios.

Pero esta visión no condice con la realidad actual de dicho proceso económico de comercialización, cuyas características influyen necesariamente en el análisis jurídico de la problemática del consumidor. De entre ellas, interesa destacar que el proceso tiene destino en la adquisición de la mercadería por el consumidor, en una operación cuya finalidad es global, que incluye diversos contratos – los cuales, según el caso, enlazan al productor con el mayorista, el exportador, el importador, el distribuidor, el trasportista, el minorista, y conducen al último eslabón del consumidor –, y en la que el fabricante suele presentarse frente al cliente en una relación que se propone como directa, no obstante la existencia de intermediarios, a través de la publicidad y las garantías concretas de buen funcionamiento, muchas veces completadas con un sistema de *service*.

VI. Los estatutos

Ya en Roma, no bien la opinión se manifestaba contraria y no resultaba en consonancia con las nuevas necesidades del pueblo, se producía el desenvolvimiento orgánico y progresivo del Derecho. En la actualidad esa adecuación a los tiempos nuevos suele resultar de estatutos particulares.

Estos se ubican junto a los Códigos -que contienen la *lex generalis* con dispositivos abstractos y permanentes, y cumplen funciones de *addenda* y de *errata* de sus preceptos.

La existencia de estatutos particulares no constituye una novedad: vale señalar el caso del Derecho Comercial, que históricamente contuvo una regulación corporativa de índole subjetiva, luego sustituída por otra con base objetiva en el acto de comercio. Pero traduce la reviviscencia de un criterio que, precisamente en ese sector, está siendo abandonado: hoy es nítida la tendencia a su unificación con el Derecho Civil, que significa propiciar la eliminación de regulaciones propias del acto de comercio, aplicables a quienes los realizan como profesión habitual y a los no profesionales que contratan con ellos.

En cambio, el contenido de los estatutos modernos es novedoso desde varios puntos de vista. Por lo pronto, su ámbito de aplicación es más estrecho que el de los Códigos: en tanto éstos emplean el adverbio *todos* -abarcan a todos los habitantes, a todos los que ejercen el comercio- los estatutos particulares, al aprehender solamente a cierta categoría de sujetos, los consideran situados en un rol concreto: el de *trabajador*, el de *consumidor*. Inversamente, no se limitan a la regulación jurídica de una determinada relación, sino que van más allá mediante sistemas de tutela a los sujetos pertenecientes a la categoría respectiva. Incorporan, también, componentes interdisciplinarios o multidisciplinarios, como derivación del criterio actual de no limitarse a los esquemas clásicos. Es asimismo frecuente que se articulen como un sistema, a través de una pluralidad de regulaciones: en materia laboral, por ejemplo, el régimen estatutario resulta de las normativas del contrato de trabajo, de los infortunios laborales, de las convenciones colectivas, de distintas disposiciones de seguridad y de previsión social.

Además tienen la nota imperativa propia de las normas de orden público.

VII. El orden público económico

El orden público puede ser concebido en un doble sentido: en el tradicional, que pronuncia la invalidez de los actos contrarios a sus preceptos; y en el moderno de *orden público económico*, que agrega la exigencia de obrar ciertas conductas impuestas legalmente.

En las notas de Dalmacio Vélez Sársfield al Código Civil argentino se leen afirmaciones propias de la concepción clásica del *orden público moral*: «los hechos contrarios al Derecho y a la moral [...] no pueden ser objeto de una obligación eficaz, porque jamás se podrá invocar la protección de la justicia para lograr su ejecución» (nota al art. 953); «sería un deshonor de la ley que los jueces cerrasen sus ojos ante una conducta fraudulenta y permitieran que ésta triunfara» (nota al art. 3136).

La versión del *orden público económico* modifica el punto de vista, pues toma en cuenta el cambio de los bienes y servicios considerados en sí mismos – y no solamente el cambio en razón de sus consecuencias frente a las instituciones, y procura imponer de manera positiva cierto contenido contractual, reemplazando así el antiguo criterio que le asignaba una función esencialmente negativa.

Todavía, se distingue un orden público económico *de protección*, tendiente a resguardar a una de las partes, y particularmente al equilibrio interno del contrato, y otro *de dirección*, por el cual los poderes públicos se proponen realizar ciertos objetivos económicos, a cuyo fin, en algunos casos, los actos privados quedan sujetos a autorizaciones estatales, y es menester una apreciación previa de la situación concreta por una autoridad competente, dándose la aprobación cuando el Estado no se opone al contrato, pero quiere controlarlo.

El orden público económico *de dirección* se diluye, claro está, en los sistemas económicos que acentúan la libertad de los mercados, porque entonces el Estado minimiza su función regulatoria. Pero, aun en ellos, subsiste el orden público *de protección*, puesto que las precauciones legislativas que implica no tienden a afectar al albedrío negocial, sino antes bien a afirmarlo, mediante la restauración de la libertad contractual del lado donde era amenazada.

VIII. Fuerte-débil. Experto-profano

La idea de protección es derivada de una concreta *ratio legis*: la inferioridad de los profanos respecto de los profesionales, que tienen una superioridad considerable en las relaciones contractuales, en especial en las que se enlazan entre los productores y distribuidores, de una parte, y los consumidores de la otra.

La ley del consumidor argentina es terminante: prevé que, «en caso de duda» en cuanto a la legislación, «se estará siempre a la interpretación más favorable para el consumidor» (art. 3.°), y que «la interpretación del contrato se hará siempre en el sentido más favorable para el consumidor», agregando – como norma de *favor debitoris* – que «cuando existan dudas en cuanto a los alcances de su obligación, se estará a la que sea menos gravosa» (art. 37, 2.° párr.). Para el caso de duda, la Directiva 93/13/CEE consagra también «la interpretación más favorable para el consumidor» (art. 5).

IX. Los derechos del consumidor

Los derechos del consumidor están enunciados en distintos instrumentos. Aparecen en la «Carta de Protección del Consumidor» del Consejo de Europa (Resolución 543 del 15 de mayo de 1983), en las distintas versiones del «Programa preliminar para una política de protección y de información a los consumidores» de la Comunidad Económica Europea (del 14 de mayo de 1975, del 19 de mayo de 1981), en las Directivas sobre protección del consumidor aprobadas por la Resolución 39/248 de la Asamblea General de las Naciones Unidas, del 16 de abril de 1985.

De entre esos derechos, interesa señalar aquí el de ser informado, por ejemplo, en cuanto a la identificación de las mercaderías mediante el etiquetado, a la prevención respecto de sus riesgos, a la denominación del origen del producto.

En el mercado actual el oferente de bienes o servicios se presenta enlazando una vinculación directa con el consumidor mediante la propaganda, y existe una enorme variedad de artículos, lo cual da un tono típico a la publicidad, que pugna por diferenciar las ofertas propias de las ajenas, y autoatribuye calidades y bondades especiales a lo que se ofrece, las que no siempre son reales y, menos aún, comprobables; en los hechos, la publicidad *es* el producto, porque la gente lo adquiere tal como lo percibe mediante la publicidad, la cual tiende a crear movimientos de opinión para dirigir los contratos. En esa situación especialmente compleja la exigencia de *veracidad* es imperiosa.

Asumiendo que la publicidad constituye uno de los medios más idóneos para esa información del consumidor, se prevén recaudos específicos para garantizar su veracidad: tal resulta, en la Argentina, de las leyes 22.802 de lealtad comercial (art. 9.º) y 22.805 de radiodifusión (art. 23).

El artículo 37, 6.º párrafo, de la ley argentina legitima al consumidor para plantear la nulidad – total o parcial – del contrato cuando el oferente trasgrede la legislación de lealtad comercial.

Por lo demás, la legislación contemporánea de protección del consumidor confiere siempre al profesional el papel de oferente y al consumidor el de aceptante, lo cual determina, no tanto la parte que tiene la iniciativa del negocio, sino que fija su economía. Por ello se entiende que el contenido de los anuncios integra la trama obligacional aunque no haya sido reproducido en el contrato singular, como lo dispone el artículo 8.º de la ley argentina.

Asimismo, en la actualidad se considera que en la etapa precontractual hay una obligación de información, que consiste en hacer saber a la otra parte ciertos hechos susceptibles de influir sobre su decisión.

El privilegio de los intereses de los consumidores resulta también de nuevos criterios en punto a las leyes regulatorias de la competencia: entendidas tradicionalmente como normas de defensa de los competidores, hoy se las considera desde la perspectiva de protección de los consumidores. En ese orden de ideas, el citado artículo 37, 6.º párrafo, de la ley argentina, considera que la trasgresión por el oferente de la legislación de defensa de la competencia autoriza al consumidor para articular la nulidad del contrato.

X. El derecho a ser protegido en los intereses económicos

Se trata, en síntesis, del derecho que tiene el adquirente de bienes y servicios a contratar en condiciones equitativas. El régimen tuitivo se establece preferentemente en favor de una parte, a cuyo fin la ley fija un mínimo o un máximo de protección, que puede ser dejado de lado siempre que sea a favor de la parte protegida, la cual pasa a ser dueña del contrato. En ese orden de ideas, la ley argentina establece que, en su caso, el consumidor tiene derecho a optar entre demandar la nulidad total «del contrato o la de una o más cláusulas», y que «cuando el juez declare la nulidad parcial, simultáneamente integrará el contrato, si ello fuere necesario».

Es un aspecto ya señalado del *orden público económico* que, como se verá enseguida, incide visceralmente en el régimen contractual.

XI. La libertad para concluir el contrato.

a) Principio.

El principio clásico de autonomía de la voluntad abarca las facultades de celebrar un contrato, de rehusarse a hacerlo, de elegir el cocontratante, de determinar su objeto, de elegir la forma del contrato, de modificarlo, de trasmitir la posición contractual, de ponerle fin.

En el Derecho moderno esas facultades han sido modificadas de alguna manera, sobre todo en los contratos de consumo, en los cuales lo justo no se encuentra tanto en el esplendor del albedrío, o en el sometimiento riguroso a los términos del pacto, sino en el mantenimiento del equilibrio de la relación de cambio. Es interesante observar que los postulados sectoriales de los comerciantes en cuanto a la celeridad del tráfico, la libertad de formas para los actos, la contratación en firme, son afectadas de un modo o de otro por las normas del Derecho del consumidor.

b) Imposición del contrato.

En palabras de Carbonnier, «hay una libertad de no querer», pero la imposición de contratar desvirtúa esa libertad. Los «mismos Códigos europeos que proclamaban la libertad contractual» recogieron «depósitos necesarios, expropiaciones forzosas, servidumbres, venta de bienes en ejecución del deudor, trasporte obligatorio para los ferrocarriles, etc., a las que posteriormente han venido a añadirse, con una clara protección a los intereses de los económicamente débiles, toda la legislación de trabajo, represión de la usura, y legislación de arrendamientos urbanos».

La contratación también ha sido impuesta al proveedor de servicios por antiguas normas, que hoy diríamos propias del Derecho del Consumidor, como las relativas al telégrafo, al teléfono, al ferrocarril, al autotrasporte.

Pero no se admite que el consumidor sufra la imposición de un contrato. En las ventas por correo uno de los problemas centrales se plantea cuando promedia el envío del producto sin que haya sido solicitado, con la consiguiente eficacia declarativa de voluntad que el remitente atribuye de manera unilateral al silencio del destinatario. Para prevenir tales abusos, el decreto francés del 9 de febrero de 1961 incrimina penalmente a quien, sin haberle sido solicitado, remite un objeto cualquiera indicando que puede ser adquirido por cierto precio o devuelto, aunque la restitución pueda ser hecha mediante franqueo sin cargo.

La ley argentina prohíbe en el artículo 35 que el proveedor obligue al consumidor a manifestarse negativamente para que no se le formule un cargo automático en cualquier sistema de débito por el precio de un producto o servicio que no haya requerido previamente, y establece asismo que «si con la oferta se envió una cosa, el receptor no está obligado a conservarla ni a restituirla al remitente, aunque la restitución pueda ser realizada libre de gastos».

c) Consentimiento en ralenti.

A veces el consentimiento contractual es puesto *en ralenti* (a marcha lenta). Se trata de otro mecanismo de defensa del libre albedrío del consumidor, mediante la exigencia de que trascurra cierto plazo de reflexión para que el contrato sea formado válidamente.

Es el caso de los contratos de otorgamiento de crédito inmobiliario en la legislación francesa, que exige que trascurran diez días antes de que el prestatario pueda aceptar útilmente la oferta del prestamista (ley del 13 de julio de 1979, art. 7.°, 2ª parte).

d) Renacimiento del formalismo.

La tendencia del régimen de los contratos orientada al mero consensualismo aparece revertida en el Derecho del Consumidor, en el cual se advierte un importante renacimiento del formalismo.

En la Argentina, la locación de cosas pasó a ser un contrato formal (art. 1.°, ley 23.091), y la ley del consumidor exige la forma escrita cuando se venden cosas muebles (art. 10) – la obligación de facturarlas resulta de otras normas –, así como para la información del adquirente de cosas o servicios riesgosos (art. 6.°), para el presupuesto del empresario de obra (art. 21), para la venta domiciliaria (arts. 32 y 34), en las operaciones de crédito para la adquisición de cosas o servicios (art. 36).

e) Pacto de displicencia.

Es frecuente también que el consumidor disponga a su favor, y por ministerio de la ley, de un *pactum displicentiæ*, o «cláusula de poderse arrepentir» en los términos del artículo 1373 del Código Civil argentino.

Conforme a la ley argentina del consumidor, en las ventas domiciliarias, o en las celebradas por correo o por teléfono, dispone de cinco días para revocar la aceptación, «sin responsabilidad alguna» (art. 34).

XII. La libertad para configurar el contrato.

a) Principio. Imposiciones. La idea de autorregulación propia del postulado de autonomía de la voluntad también ha sido cercenada. Hay cláusulas prohibidas, contratos reglamentados o controlados por la autoridad de aplicación.

La ley impone obligaciones en todo el curso de la relación nacida del contrato, incluso en lo precontractual y en lo postcontractual. En el Derecho del consumidor, existe un deber precontractual de información, que resulta de la ley argentina (arts. 4.º y 37, 6.º párr.). Esa información – en la terminología de la ley argentina – ha de ser cierta y objetiva, veraz, detallada, eficaz y suficiente. También se deben garantías legales de servicio técnico y reparación, conforme a los artículos 11 y siguientes de la ley argentina.

Asimismo han sido asignadas a los jueces facultades importantes por aplicación de las teorías del abuso del derecho, de la lesión, de la imprevisión, de la reducibilidad de cláusulas penales. Pero el área más significativa concierne a las cláusulas abusivas, en especial en materia de contratos predispuestos o sometidos a condiciones generales.

b) Los contratos predispuestos y celebrados por adhesión. Las condiciones generales.

El contrato es de contenido predispuesto cuando no ha sido objeto de negociación individual: la Directiva 93/13/CEE ya citada considera que una cláusula no fue objeto de negociación individual cuando el proveedor la redactó previamente y, consecuentemente, el consumidor no pudo influir en su contenido (art. 3.2). Para la ley argentina, se trata de cláusulas «redactadas unilateralmente por el proveedor de la cosa o servicio, sin que la contraparte tuviere posibilidades de discutir su contenido» (art. 38).

La *standardización* de los contratos, que se traduce en ahorro de tiempo y de costos, es una exigencia de la modalidad moderna de contratación. Por lo común el fabricante, o el intermediario, predisponen el contenido del contrato y suministran una plantilla tipo a través de formularios que incluyen condiciones generales, o las implican; de notas de pedido preimpresas que el cliente se limita a llenar; etcétera. Y esa forma de propuesta suele ser aceptada mediante la simple adhesión, esto es, sin posibilidad efectiva de discutir las cláusulas. Pero no deben ser confundidas la prerredacción y la sujeción a condiciones generales con la celebración por adhesión: en el contrato tipo hay un plan o programa de contratación masiva, y la adhesión es un modo de aceptar la propuesta; aquello es objetivo, y esto subjetivo.

La teoría de los contratos celebrados por adhesión pertenece al Derecho común, en el cual ha sido desarrollada con profundidad. La de los contratos prerredactados y, en especial, la atinente a las cláusulas abusivas que pueden contener, es propia del Derecho del consumidor.

c) Las cláusulas abusivas.

El art. 3.1 de la Directiva 93/13/CEE sienta como principio que una cláusula predispuesta es abusiva cuando, ofendiendo la exigencia de buena fe, da origen a un desequilibrio significativo, en detrimento del consumidor, entre los derechos y obligaciones de las partes resultantes del contrato. El deber del oferente de actuar con buena fe resulta expresamente de la ley argentina (art. 37, 6.° párr.), y coincide con la regla del artículo 1198, 1ª parte, del Código Civil.

Los ordenamientos califican a las cláusulas como abusivas siguiendo diversos criterios. La Directiva 93/13/CEE, tras aquella definición, trae un anexo con una lista indicativa y no exhaustiva de cláusulas que pueden ser consideradas abusivas.

La ley argentina tiene «por no convenidas» y «sin perjuicio de la validez del contrato», las cláusulas que «desnaturalicen las obligaciones o limiten la responsabilidad por daños», las «que importen renuncia o restricción a los derechos del consumidor o amplíen los derechos de la otra parte», y las «que contengan cualquier precepto que imponga la inversión de la carga de la prueba en perjuicio del consumidor» (art. 37). Estas disposiciones, armonizadas con los mecanismos de otorgar al consumidor la iniciativa de articular la nulidad total o parcial del contrato, y al juez la potestad de integrar el contrato (art. 37 *in fine*), intentan llegar a equilibrar las relaciones negociales propias del mercado actual.

CONFORMIDADE E GARANTIAS NA VENDA DE BENS DE CONSUMO

A Directiva 1999/44/CE e o direito português [*]

PAULO MOTA PINTO
*Juiz do Tribunal Constitucional
e Assistente da Faculdade de Direito
da Universidade de Coimbra*

Sumário

I. Antecedentes e aprovação da Directiva 1999/44/CE, do Parlamento Europeu e do Conselho, de 25 de Maio de 1999, relativa a certos aspectos da venda de bens de consumo e das garantias a ela relativas. II. Importância da directiva III. Fundamento da directiva. IV. Campo de aplicação da directiva: 1. Matérias deixadas de fora; 2. Delimitação do campo de aplicação. V. Regime da "garantia legal": 1. Obrigação de conformidade com o contrato: A) O sentido da presunção de conformidade; B) Os critérios da "falta de conformidade" e da "venda de coisas defeituosas"; C) O conhecimento e a reconhecibilidade da falta de conformidade; D) O momento da falta de conformidade e o problema do risco. 3. Direitos do consumidor: A) Reparação e substituição da coisa/redução do preço e "rescisão" do contrato; B) Comparação dos pressupostos dos diversos direitos do consumidor: a) Direito à reparação e à substituição da coisa; b) Redução do preço; c) "Rescisão" ("anulação" ou "resolução") do contrato. 4. Problemas de prova. 5. A questão da responsabilidade do produtor e o direito de regresso do vendedor final. A) A responsabilidade do produtor; B) O direito de regresso do vendedor final. 6. Prazos. VI. Regime das "garantias comerciais". VII. Carácter imperativo e de protecção mínima da directiva. VIII. Transposição.

---

[*] O texto que se publica corresponde, com alguns desenvolvimentos e o aditamento de notas, ao que serviu de base a uma intervenção no "Seminário sobre a tutela dos direitos do consumidor" organizado em Coimbra, em 25 de Março de 2000, conjuntamente pelo *Centro de Direito do Consumo*, da Faculdade de Direito da Universidade de Coimbra, e pelo *Centro de Estudos Judiciários*.

Quando, no início de Janeiro de 2002, lhes chegarem às mãos as primeiras notas e moedas representativas do euro, os consumidores da União Europeia deverão já beneficiar, nas compras e vendas que efectuarem com tal moeda, de um conjunto mínimo de direitos, decorrentes da Directiva 1999/44/CE, do Parlamento Europeu e do Conselho, de 25 de Maio de 1999, relativa a certos aspectos da venda de bens de consumo e das garantias a ela relativas [1], e respectivo diplomas de transposição. Na verdade, tal directiva, que entrou em vigor no dia da sua publicação no *Jornal Oficial das Comunidades Europeias*, deve ser transposta para os direitos nacionais dos Estados-membros o mais tardar até 1 de Janeiro de 2002 [2] (artigo 11.º, n.º 1).

I. Antecedentes e aprovação da Directiva 1999/44/CE, do Parlamento Europeu e do Conselho, de 25 de Maio de 1999, relativa a certos aspectos da venda de bens de consumo e das garantias a ela relativas

A preocupação das instituições comunitárias com a protecção do consumidor no que diz respeito às garantias na compra e venda de bens de consumo data já da década de 70 [3]. Mais recentemente, depois de se ter gorado a tentativa de inclusão, na directiva relativa às cláusulas abusivas nos contratos celebrados pelo consumidores, de uma disposição relativa às garantias do consumidor/comprador de bens móveis e aos

---

[1] *Jornal Oficial das Comunidades Europeias* (*JOCE*), L 171, de 7 de Julho de 1999, pp. 12-6. Pertencem a este diploma (que se encontra publicado em anexo) todas as disposições doravante citadas sem indicação especial.

[2] Referindo que o prazo de transposição foi fixado até esta data de forma a coincidir com a entrada em circulação das notas e moedas em euros, v. o relatório da delegação do Parlamento Europeu sobre o projecto comum, aprovado pelo Comité de Conciliação, de directiva do Parlamento Europeu e do Conselho relativa a certos aspectos da venda de bens de consumo e das garantias a ela relativas (p. 5).

[3] V. o "Programa preliminar da Comunidade Económica Europeia para uma política de protecção e de informação dos consumidores" (adoptado pela Resolução do Conselho de 14 de Abril de 1975, in *JOCE*, C 92, de 25 de Abril de 1975), n.ºs 19 e ss., e o "Segundo programa da Comunidade Económica Europeia para uma política de protecção e de informação dos consumidores" (adoptado pela Resolução do Conselho de 19 de Maio de 1981 (JOCE, C 133, de 3 de Junho de 1981), n.ºs 28 e ss.. Já na década de 90, o tema foi indicado nos planos de acção trienais da Comissão para a política de protecção dos consumidores.

serviços pós-venda [4], a Comissão Europeia, correspondendo ao convite do Conselho para proceder a um estudo aprofundado do assunto e apresentar propostas adequadas, apresentou, em 1993, um *Livro verde sobre as garantias dos bens de consumo e os serviços pós-venda* [5].

Na sequência deste *Livro Verde* – no qual, após a análise da situação jurídica nos Estados-membros e no direito comunitário no que diz respeito à "garantia legal", à "garantia comercial" e aos serviços pós--venda, se efectuava uma avaliação da situação, em relação a estes três assuntos, no âmbito do mercado único, e se concluía com várias soluções de harmonização possíveis –, e da discussão em torno dele [6], a Comissão redigiu um anteprojecto de directiva (tornado público em finais de 1995 e revisto após nova discussão com juristas e junto dos meios interessados) e adoptou formalmente uma proposta em 18 de Junho de 1998 [7].

---

[4] Tratava-se do artigo 6.º, constante da "Proposta alterada de directiva do Conselho relativa às cláusulas abusivas nos contratos celebrados pelos consumidores" (*JOCE* C 73 de 24 de Abril de 1992, pp. 7-12; para a proposta originária, v. *JOCE*, C 243, de 28 de Setembro de 1990), que deu origem, como se sabe, à Directiva 93/13/CEE do Conselho de 5 de Abril de 1993 (*JOCE* L 095 de 21 de Abril de 1993, p. 29).

[5] COM (93) 509, final.

[6] V., além do parecer do Comité Económico e Social (*JOCE*, C 295, de 22 de Outubro de 1994, p. 14), por ex., Mário TENREIRO, "Garanties et services après-vente – brève analyse du Livre Vert présenté par la Commission européenne", *Revue Européenne de Droit de la Consommation* (*REDC*), 1994, pp. 3-26, Anton SCHNYDER/Ralf STRAUB, "Das EG-Grünbuch über Verbrauchsgütergarantien und Kundendienst – Erster Schritt zu einem einheitlichen EG–Kaufrecht?", *Zeitschrift für europäisches Privatrecht* (*ZEuP*), 1996, pp. 8-74. E v. ainda Norbert REICH, *Europäisches Verbraucherrecht*, 3.ª ed., Baden-Baden, 1996, pp. 367 e ss.

[7] V. COM (95) 520 final, de 18 de Junho de 1996, e a "Proposta de directiva do Parlamento Europeu e do Conselho relativa à venda e às garantias dos bens de consumo", publicada no *JOCE*, C 307, de 16-10-1996, pp. 8-11 (doravante apenas "proposta de directiva"). A bibliografia sobre a proposta é muito numerosa. V.: Mário TENREIRO, "La proposition de directive sur la vente et les garanties des biens de consommation", *REDC*, 1996, pp. 187-225, Robert BRADGATE, "Consumer Guarantees: the EC's draft Directive", *Web Journal of Current Legal Issues*, 1997, 1 (http://webjcli.ncl.ac.uk/1997/issue1/bradgate1.html), Dieter MEDICUS, "Ein neues Kaufrecht für Verbraucher?", *ZIP–Zeitschrift f. Wirtschaftsrecht*, 1996, pp. 1925 ss, Fabian AMTENBRINK/Claudia SCHNEIDER, "Die europaweite Vereinheitlichung von Verbrauchsgüterkauf und -garantien", *Verbraucher u. Recht*, 1996, pp. 367-80, Peter SCHLECHTRIEM, "Verbraucherkaufverträge – ein neuer Richtlinienentwurf", *Juristenzeitung* (*JZ*), 1997, pp. 441-6, Ewoud HONDIUS, "Kaufen ohne Risiko: Der europäische Richtlinienentwurf

Ouvido o Comité Económico e Social [8] e após alterações aprovadas pelo Parlamento Europeu em primeira leitura [9], a Comissão Europeia apresentou uma "Proposta alterada de directiva do Parlamento Europeu e do Conselho relativa à venda e às garantias dos bens de consumo" [10]. O Conselho deu o seu acordo político à proposta, com modificações, em 23 de Abril de 1998, e adoptou em 24 de Setembro do mesmo ano uma posição comum tendo em vista a adopção da directiva [11], na qual

---

zum Verbraucherkauf und zur Verbrauchergarantie", *ZEuP*, 1, 1997, pp. 130-40, Wolfgang KIRCHER, "Zum Vorschlag f. eine Richtlinie über den Verbrauchsgüterkauf und – garantien", *Z. f. Rechtspolitik*, 1997, pp. 290-4, Abbo JUNKER, "Vom bürgerlichen zum kleinbürgerlichen Gesetzbuch – der Richtlinienvorschlag über den Verbrauchsgüterkauf", *Deutsche Zeitschrift f. Wirtschaftsrecht*, 1997, pp. 271-81, Hans MICKLITZ, "Ein einheitliches Kaufrecht für Verbraucher in der EG?", *Europäische Zeitschrift für Wirtschaftsrecht (EuZW)*, 1997, pp. 253-76, Sabine WOLF, "Reform des Kaufrechts durch EG-Richtlinie – Ein Vorteil für die Wirtschaft? Die möglichen Auswirkungen einer Richtlinie über den Verbrauchsgüterkauf und – garantien auf das deutsche Kaufrecht und die Wirtschaft", *Recht der internationalen Wirtschaft*, 1997, pp. 899-904, Michael LEHMANN/Armin DÜRRSCHMIDT, "Haftung f. irreführende Werbung über Garantien. Zum Vorschlag einer Richtlinie des Europäischen Parlaments und des Rates über den Verbrauchsgüterkauf und – garantien vom 18.6.1996", *Gewerblicher Rechtsschutz u. Urheberrecht*, 1997, pp. 549-59. E v. também Geraint HOWELLS/Thomas WILHELMSSON, *EC Consumer Law*, Dartmouth, 1997, pp. 117 e ss.. Entre nós, v. Jorge SINDE MONTEIRO, "Proposta de Directiva do Parlamento Europeu e do Conselho relativa à venda e às garantias dos bens de consumo", *Revista Jurídica da Universidade Moderna*,1, 1998, pp. 461-79.

[8] V. o "Parecer do Comité Económico e Social sobre a «Proposta de directiva do Parlamento Europeu e do Conselho relativa à venda e às garantias dos bens de consumo»", de 27 de Novembro de 1996, in *JOCE*, C 066, de 3 de Março de 1997, pp. 5-10.

[9] V. *JOCE* C 56 de 23 de Fevereiro de 1998, p. 4, e C104, de 6 de Abril de 1998, pp. 19 e 30-40. Sobre a proposta pronunciaram-se várias comissões parlamentares (Comissão do Meio Ambiente, da Saúde Pública e da Defesa dos Consumidores, Comissão Económica, Monetária e de Política industrial, Comissão Jurídica e dos Direitos dos Cidadãos).

[10] COM (1998) 217 final. A proposta (doravante "proposta alterada") está publicada em *JOCE*, C 148, de 14 de Maio de 1998, pp. 12-20.

[11] V. a "Posição Comum (CE) n.º 51/98, adoptada pelo Conselho em 24 de Setembro de 1998, tendo em vista a adopção da Directiva 98/.../CE, do Parlamento Europeu e do Conselho relativa a certos aspectos da venda e às garantias dos bens de consumo" – doravante apenas "posição comum" – (*JOCE*, C 333, de 30 de Outubro de 1998, pp. 46-55), e, sobre ela, Jürgen SCHMIDT-RÄNTSCH, "Zum Stand der Kaufrechtsrichtlinie", *ZIP*, 20, 1998, pp. 849-53 e Stefan GRUNDMANN, *Europäisches Schuldvertragsrecht (cit. infra*, nota 20), pp. 286 e ss.

se rejeitavam algumas das alterações sugeridas pelo Parlamento. Em 17 de Dezembro de 1998, o Parlamento Europeu, em segunda leitura, aprovou catorze alterações à posição comum [12]. Nos termos do (então) artigo 189.º-B, n.º 2, *d)* do Tratado da União Europeia (actual artigo 251.º), estas alterações foram objecto de um parecer da Comissão ao Conselho [13]. Não podendo o Conselho aprovar todas as alterações sugeridas pelo Parlamento, foi convocado, em concordância com o Parlamento Europeu, o Comité de Conciliação previsto no Tratado da União Europeia (v. o artigo 251.º, n.º 3), que chegou a um texto comum em 18 de Março de 1999. Em 5 de Maio de 1999, o Parlamento Europeu pôde, assim, aprovar em terceira leitura [14] a Directiva 1999/44/CE, cuja importância para o núcleo fundamental do direito da compra e venda dos Estados-membros da União Europeia não é demais salientar.

II. Importância da directiva

Na verdade, a directiva que se vai analisar constitui a mais importante incursão imperativa das instâncias comunitárias, até à data, no direito contratual interno dos Estados-membros, e representa um importante impulso para a harmonização do direito civil dos países da União.

As diversas intervenções do legislador comunitário no domínio do direito civil patrimonial concentravam-se até à data, ou em áreas *novas* e alheias ao núcleo do direito dos contratos – o caso da Directiva 84//450/CEE [15] do Conselho de 10 de Setembro de 1984, relativa à publicidade enganosa, e da Directiva 85/374/CEE do Conselho de 25 Julho

---

[12] V. *JOCE* C 98, de 9 de Abril de 1999, pp. 196-226 (e, para a recomendação para a segunda leitura, aprovada pela Comissão do Meio Ambiente, da Saúde Pública e da Defesa dos Consumidores, o mesmo *JOCE*, p. 6).

[13] COM (1999) 16.

[14] V. *JOCE* C 279 de 1 de Outubro de 1999, pp. 12, 163, 195.

[15] *JOCE* L 250, de 19 de Setembro de 1984, p. 17 (alterada pela Directiva 97//55/CE, para incluir a publicidade comparativa – *JOCE* L 290 de 23 de Outubro 1997, p. 18). Mais recentemente, v. a Directiva 98/6/CE do Parlamento Europeu e do Conselho de 16 de Fevereiro de 1998 relativa à defesa dos consumidores em matéria de indicações dos preços dos produtos oferecidos aos consumidores, in *JOCE* L 80, de 18 de Março de 1998, p. 27.

de 1985, sobre responsabilidade civil do produtor [16] –, ou, no domínio contratual, em certas *espécies* de contratos (o caso das directivas sobre crédito ao consumo, sobre viagens organizadas ou de aquisição de *time-sharing* [17]) ou em contratos concluídos em *determinadas circunstâncias ou situações* consideradas de particular vulnerabilidade para os interesses dos consumidores (o caso da directiva sobre contratos negociados fora dos estabelecimentos comerciais [18] e da directiva sobre vendas à distância [19], e, ainda, considerando a falta de negociação individual, da

---

[16] *JOCE* L 210, de 7 de Agosto de 1985, p. 29 (alterada pela Directiva 1999//34/CE do Parlamento Europeu e do Conselho, para inclusão no seu âmbito dos produtos agrícolas não transformados – o prazo de transposição da presente directiva esgota-se, nos termos do seu artigo 2.º, 2.º parágrafo, em 4 de Dezembro de 2000).

[17] Directiva 87/102/CEE, do Conselho, de 22 de Dezembro de 1986, relativa à aproximação das disposições dos Estados-membros relativas ao crédito ao consumo (*JOCE*, L 42, de 12 de Fevereiro de 1987, p. 48), alterada pelas Directivas 90/88/CEE, do Conselho, e 98/7/CE, do Parlamento Europeu e do Conselho (*JOCE* resp. L 61, de 10 de Março de 1990, p. 14, e L 101, de 1 de Abril de 1998, p. 17); Directiva n.º 90//314/CEE, do Conselho, de 13 de Junho de 1990, sobre viagens organizadas (*JOCE*, L 158, de 23 de Junho de 1990, p. 29); e Directiva 94/47/CE, do Parlamento Europeu e do Conselho, de 26 de Outubro de 1994, sobre protecção dos adquirentes de *time--sharing* (*JOCE* L 280 de 29 de Outubro de 1994, pp. 83-7).

[18] Directiva 85/577/CEE do Conselho, de 20 de Dezembro de 1985, relativa à protecção dos consumidores no caso de contratos negociados fora dos estabelecimentos comerciais (*JOCE* L 372, de 31 de Dezembro de 1985, p. 31).

[19] Directiva 97/7/CE, do Parlamento Europeu e do Conselho, de 20 de Maio de 1997, relativa à protecção dos consumidores em matéria de contratos à distância (*JOCE* L 144, de 4 de Junho de 1997, p.19). A transposição desta directiva para o direito alemão (bem como da Directiva 98/27/CE do Parlamento Europeu e do Conselho de 19 de Maio de 1998 relativa às acções inibitórias em matéria de protecção dos interesses dos consumidores, *JOCE* L 166 de 11 de Junho de 1998, pp. 51-5) foi efectuada recentemente, pela "Lei sobre contratos à distância e outras questões do direito dos consumidores bem como de adaptação de outros preceitos ao Euro", de 27 de Junho de 2000. Com este diploma, que incluiu no Código Civil alemão definições de consumidor e de profissional (novos §§13 e 14) ficou, assim, consumado o aparecimento do BGB da figura do consumidor – já apelidado por alguns de mero "fantasma na ópera dos direitos europeu e alemão" (Meinrad Dreher, "Der Verbraucher – Das Phantom in den Opera des europäischen und deutschem Rechts?", *JZ*, 1997, pp. 167-78) – e dos "contratos de consumo". Para além de outros aspectos marginais (como a regulamentação expressa do envio de bens não encomendados, no novo § 241a, da oferta de prémios ao consumidor ou do abuso de cartões de pagamento – novos §§ 661a e 676h), o referido diploma introduziu no Código normas gerais sobre os direitos de revogação da declaração de vontade e de devolução de bens em contratos de consumo (§§ 361a e

directiva sobre cláusulas abusivas nos contratos concluídos com os consumidores [20]).

361b). Sobre esta lei, v., por exemplo, Peter BÜLOW/Markus ARTZ, "Fernabsatzverträge und Strukturen eines Verbraucherprivatrechts im BGB", *Neue juristische Wochenschrift (NJW)*, 29, 2000, pp. 2049-56, e Klaus TONNER, "Das neue Fernabsatzgesetz – oder: System statt 'Flickenteppich' ", *Betriebs-Berater*, 2000, pp. 1413-20. Recorde-se que também já o Código Civil holandês conhecia o conceito de compra de consumo (*"consumentenkoop"*), no artigo 18 do seu livro 7.

[20] Directiva 93/13/CEE do Conselho, de 5 de Abril de 1993 (*JOCE* L 95 de 21 de Abril de 1993, p.29).

É certo, porém, que as directivas sobre vendas à distâncias e sobre cláusulas abusivas nos contratos concluídos com os consumidores se aproximam já da regulamentação "transversal" dos contratos concluídos com consumidores, sendo muito reduzida a espécie de vinculação situacional exigida como pressuposto para a sua aplicação – apenas, no segundo caso, a falta de negociação individual da cláusula ou, no primeiro, o facto de a conclusão do contrato se integrar num "sistema de venda ou prestação de serviços à distância organizado pelo fornecedor, que, para esse contrato, utilize exclusivamente uma ou mais técnicas de comunicação à distância até à celebração do contrato, incluindo a própria celebração" (artigo 2.º, n.º 1, da citada Directiva 97//7/CE), assim abrangendo esta praticamente todos os contratos entre ausentes, celebrados entre profissionais e consumidores. Considerando a directiva sobre garantias na venda de bens de consumo "o complemento indispensável à Directiva 93/13, sobre cláusulas abusivas", v. já a exposição de fundamentos da proposta daquela – COM(95)520 final, *cit.*, p. 3. Pondo as directivas 93/13/CEE, 97/7/CE e 99/44/CE a par, numa situação qualitativamente distinta das anteriores porquanto tocam matérias nucleares do direito civil, v. Klaus TONNER, "Verbrauchsgüterkauf-Richtlinie und Europäisierung des Zivilrechts", *Betriebs-Berater*, 1999, pp. 1769-1774 (1770). Falando de um "provisório ponto alto da legislação europeia de protecção do consumidor", a propósito da directiva 1999/44/CE, Horst EHMANN/Ulrich RUST, "Die Verbrauchsgüterkaufrichtlinie – Umsetzungsvorschläge unter Berücksichtigung des Reformentwurfs der deutschen Schuldrechtskommission", *JZ*, 18, 1999, pp. 853. E, duvidando da competência da Comunidade para a harmonização no domínio do direito das obrigações, com intervenções na autonomia privada que considera poderem pôr em causa a unidade da ordem jurídica alemã, v. Herbert ROTH, "EG-Richtlinien und bürgerliches Recht", *JZ*, 11, 2000, pp. 529-38. A propósito da harmonização do direito do não cumprimento na União Europeia, importa ainda referir, apesar de não se dirigir à protecção do consumidor, a recente directiva 2000/35/CE, com medidas de luta contra os atrasos de pagamento nas transacções comerciais (*JOCE*, L 200, de 8 de Agosto de 2000, p. 35). Para uma análise geral do que designa como "direito dos contratos com consumidores em geral" na União Europeia, comum a diversos ramos de actividade (ou, segundo outra perspectiva, "direito dos contratos unilateralmente qualificados de empresa"), v. Stefan GRUNDMANN, *Europäisches Schuldvertragsrecht. Das europäische Recht der Unternehmensgeschäfte*, Berlin – New York, 1999, § 5, pp. 196 e ss.

Na Directiva 1999/44/CE, porém, não só se prescinde totalmente dessa especificação situacional (basta o facto de o contrato ser concluído entre profissionais e consumidores) como não se limita o contrato a quaisquer objectos específicos, afigurando-se mesmo, como se verá, que a regulamentação introduzida nas relações de consumo dificilmente poderá deixar de se projectar sobre o regime da compra e venda mesmo entre profissionais, pelo menos no quadro de uma cadeia de distribuição dirigida ao consumidor.

Acresce que a própria natureza da matéria versada na directiva – relativa ao negócio mais importante para a vida quotidiana do cidadão europeu [21] e atinente a pontos verdadeiramente nucleares do regime da compra e venda, já de proveniência romanística – mostra a importância, teórica e prática, do diploma. Na verdade, não se trata agora apenas de pontos de elaboração relativamente recentes: a Directiva 1999/44/CE versa sobre as relações de compra e venda entre consumidores e profissionais, que constituem a maioria das relações integrantes da "vida quotidiana do cidadão comum" no domínio patrimonial, tocando, quanto a elas, o cerne mesmo de um regime civilístico central no direito dos contratos em especial: o regime da venda de coisas defeituosas. É, pois, o resultado que séculos de evolução da "tradição jurídica" europeia e nacional decantaram no regime da garantia edilícia ou dos vícios redibitórios – o regime das acções concedidas no direito romano pelos edis curúis romanos (designadamente, a *actio redhibitoria* e da *actio quanti minoris* [22]) – que é agora tocado pela harmonização legislativa comunitária, naquela que, como se disse, se afigura constituir a maior incursão do legislador comunitário, até hoje, em matérias civilísticas tradicionais.

E é tocado – importa ainda frisar – de forma a adequar o regime jurídico às condições económicas actuais e às exigências de um mercado único europeu em que aos consumidores seja assegurado um "elevado

---

[21] Norbert REICH, "Die Umsetzung der Richtlinie 1999/44/EG in das deutsche Recht", *NJW*, 33, 1999, pp. 2397-2403 (2398).

[22] Para referências históricas, v. Pedro ROMANO MARTINEZ, *Cumprimento defeituoso – em especial na compra e venda e na empreitada*, Coimbra, 1994, pp. 75 e ss., Reinhard ZIMMERMANN, *The Law of Obligations – Roman Foundations of the Civilian Tradition*, Cape Town-Wetton-Johannesburg, 1990, pp. 311 e ss..

nível de protecção", bem longe, neste domínio, dos tradicionais princípios *"caveat emptor"* ou *"Augen auf, Kauf ist Kauf!"*.

Justifica-se, assim, que, também entre nós [23], se proceda desde já a uma análise preliminar da directiva, referindo alguns problemas que

---

[23] O interesse que a Directiva 1999/44/CE tem suscitado na doutrina civilística estrangeira tem-se reflectido na numerosa literatura que lhe tem sido dedicada nos diversos Estados-membros. Assim, v. (sem pretensões de exaustividade) os seguintes artigos: Mário TENREIRO/Soledad GÓMEZ, "La Directive 1999/44/CE sur certains aspects de la vente et des garanties des biens de consommation", *REDC*, 2000, pp. 5-39, Ángel CARRASCO PERERA/Encarna CORDERO LOBATO/Pascual MARTINEZ ESPÍN, "Transposición de la directiva comunitaria sobre venta y garantias de los bienes de consumo", in *Estudios sobre consumo*, 52, 2000, pp. 125-46, Luc GRYNBAUM, "La fusion de la garantie des vices cachés et de l'obligation de délivrance opérée par a directive du 25 mai 1999", *Contrats – Concurrence – Consommation*, 5, 2000, pp. 4-9, Stéphanie PELET, "L'impact de la directive 99/44/CE relative à certains aspects de la vente et des garanties des biens de la consommation sur le droit français", *Revue Européenne de Droit de la Consommation*, 2000, pp. 41-59, Luis Antonio SANZ VALENTIN, "La Directiva 1999/44 CE del Parlamento Europeo y del Consejo sobre determinados aspectos de la venta y las garantias de los bienes de consumo", in *Actualidad Civil*, 1999, Giovanni DE CRISTOFARO, *Difetto di conformità al contratto e diritti del consumatore. L'ordinamento italiano e la direttiva 99/44/CE sulla vendita e le garanzie dei beni di consumo*, Milano, 2000, Christian TWIGG-FLESNER, "The E.C. Directive on Certain Aspects of the Sale of Consumer Goods and Associated Guarantees", *Consumer Law Journal*, 1999, pp. 177-92; na doutrina germânica, v.: Wolfgang SCHUMACHER, "Die Anpassung des österreichischen Rechts an die EU-Vertragsklauselrichtlinie sowie an die Verbrauchsgüterkaufrichtlinie", *Zeitschrift f. Schweizerisches Recht (ZSR)*, 4, I, 1999, pp. 361-83, Wolfgang FABER, "Zur Richtlinie bezüglich Verbrauchsgüterkauf und Garantien für Verbrauchsgüter", *Juristische Blätter*, 7, 1999, pp. 413-33, ID., "Aliud- und Minderlieferung im Konzept der «Vertragsmäßigkeit» der EG-Richtlinie zum Verbrauchsgüterkauf", in *Jahrbuch Junger Zivilrechtswissenschaftler–1999: Tradition und Fortschritt im Recht*, 2000, pp. 85-103, Jürgen SCHMIDT-RÄNTSCH, "Gedanken zur Umsetzung der kommenden Kaufrechtsrichtlinie", *ZEuP*, 1999, pp. 294-302, Dirk STAUDENMAYER, "Die EG- Richtlinie über den Verbrauchsgüterkauf", *NJW*, 33, 1999, pp. 2393-7, N. REICH, *cit.*, H. EHMANN/ /U. RUST, "Die Verbrauchsgüterkaufrichtlinie...", *cit.*, Peter SCHLECHTRIEM, "Die Anpassung des deutschen Rechts an die Klausel-Richtlinie und den Richtlinienvorschlag zum Verbraucherkaufrecht", *ZSR*, 4, I, 1999, pp. 335-59, K. TONNER, "Verbrauchsgüterkauf-Richtlinie und Europäisierung des Zivilrechts", cit., Beate GSELL, "Die zeitlichen Grenzen der Gewährleistungsrechte des Verbrauchers nach der EU-Richtlinie zum Verbrauchsgüterkauf", *ERPL*, 2, 1999, pp. 151-73, Michael LEHMANN, "Informationsverantwortung und Gewährleistung für Werbeangaben beim Verbrauchsgüterkauf", *JZ*, 6, 2000, pp. 280-93, Gert BRÜGGEMEIER, "Zur Reform des deutschen Kaufrechts – Herausforderungen durch die EG-Verbrauchsgüterkaufrichtlinie", *JZ*, 11, 2000, pp. 529-38,

o seu entendimento suscita e comparando-a com as disposições correspondentes do direito português.

Começaremos por delimitar o âmbito de aplicação da directiva, e trataremos em seguida do regime do principal objecto da directiva: a chamada "garantia legal" (isto é, nos termos do citado *Livro verde* [24], aquela que decorre directamente da lei – "produz efeitos definidos por lei e a sua execução obedece a condições e procedimentos legalmente definidos"). Trataremos depois do regime da "garantia comercial", na terminologia da directiva dita simplesmente "garantia" [25] (referimo-nos, como o fazia o *Livro verde*, àquela garantia que não resulta directamente

---

Martin SCHMIDT-KESSEL, "Der Rückgriff des Letztverkäufers", *Österreichische Juristenzeitung (ÖJZ)*, 18, 2000, pp. 668-674, Andreas HÄNLEIN, "Die Richtlinie zu bestimmten Aspekten des Verbrauchsgüterkaufs und der Garantien für Verbrauchsgüter", *Der Betrieb*, 1999, pp. 1641-1647, Francesco A. SCHURR, "Die neue Richtlinie 99/44//EG über den Verbrauchsgüterkauf und ihre Umsetzung – Chancen und Gefahren für das deutsche Kaufrecht", *Zeitschrift für Rechtsvergleichung*, 1999, pp. 222-9, Wolf Michael NIETZER/Antonia STEIN, "Richtlinie zum Verbrauchsgüterkauf – Auswirkungen in Deutschland und Frankreich", *Zeitschrift f. vergleichenden Rechtswissenschaft*, 99, 2000, pp. 41-50, Ulrich HÜBNER, "Der Verbrauchsgüterkauf: ein weiterer Schritt in Richtung Europäisierung des Privatrechts", *EuZW*, 1999, p. 481, Hans MICKLITZ, "Die Verbrauchsgüterkauf-Richtlinie", *EuZW*, 1999, pp. 485-493, Susanne AUGENHOFER, "Die Verbrauchsgüterkauf-Richtlinie und das deutsche Recht", *Die Versicherungsrundschau*, 2000, pp. 43-50; e ainda os livros: Chrtistian BALDUS, "Binnenkonkurrenz kaufrechtlicher Sachmängelansprüche nach Europarecht. Zur Rolle des Richters bei der Koordinierung gesetzlicher Tatbestände", Baden-Baden, 1999, St. GRUNDMANN, *op. cit.*, pp. 287-304, e Stefan GRUNDMANN/Dieter MEDICUS/Walter ROLLAND (orgs.), *Europäisches Verkaufsgewährleistungsrecht. Reform und Internationalisierung des deutschen Schuldrechts*, Köln, 2000 (actas de um colóquio relatado por Andreas SCHWARTZE em *JZ*, 12, 2000, pp. 613 s.).

[24] *Livro verde sobre as garantias dos bens de consumo e os serviços pós-venda*, cit., p. 16. V. tb. estas noções em COM(95)520 final, *cit.*, p. 5.

[25] O termo "garantia", sem mais, é utilizado na directiva para designar a garantia comercial, por forma a evitar dificuldades relativamente a certas tradições jurídicas (incluindo a nossa) que não conhecem o termo "garantia legal" – COM(95)520 final, *cit.*. Apesar disso, optamos por continuar a utilizar esta terminologia, seguida no *Livro verde* e na exposição dos fundamentos da proposta de directiva, na análise que faremos, por nos parecer adequada a descrever os dois temas sobre os quais versa a directiva, sem desconhecer que o termo "garantia" é utilizado, entre nós, sobretudo para designar outras realidades, que aqui não estão em causa (assim, por ex., a garantia das obrigações de uma das partes, ou eventuais direitos reais de garantia incidentes sobre a coisa).

da lei, mas produz os efeitos estabelecidos por quem a oferece e cuja execução obedece a condições e procedimentos determinados por essa pessoa [26]). E terminaremos por dizer algo sobre o problema da transposição da directiva para o direito nacional.

Antes disso, todavia, impõe-se uma palavra sobre o fundamento jurídico da directiva.

III. Fundamento e objectivo da directiva

O fundamento para a adopção da Directiva foi objecto de discussão entre as instituições comunitárias.

Assim, a proposta originária da Comissão fundamentava-se no artigo 100.º-A do Tratado (actual artigo 95.º) – visava-se particularmente, como resultava dos primeiros considerandos propostos, a facilitação da livre circulação do "consumidor activo" para se abastecer noutros Estados-membros e a eliminação de distorções de concorrência entre os vendedores, resultantes de disparidades de regimes relativos às vendas de bens de consumo. O Parlamento Europeu, entendendo que a directiva em questão não relevava exclusivamente do objectivo de construção do mercado interno, decidiu reforçar a sua base jurídica com a referência ao artigo 129.º-A (artigo 153.º, após o Tratado de Amsterdão), que prevê autonomamente a política de defesa dos consumidores [27], no que

---

[26] Corresponde à chamada "garantia de bom funcionamento" (ou de "bom estado e de bom funcionamento"), prevista nos artigos 921.º do Código Civil e 4.º, n.º 2 da Lei de Defesa do Consumidor (LDC – Lei 24/96, de 31 de Julho). A sua prestação nem sempre é voluntária, podendo corresponder a uma obrigação legal (v. justamente o artigo 4.º, n.º 2, da LDC e o artigo 11.º, n.º 2, da *Ley general para la defensa de consumidores y usuarios*, Ley n.º 26/1984, de 19 de Julho de 1984, espanhola).

[27] Segundo o n.º 1 do artigo 153.º do Tratado, com vista a assegurar um elevado nível de protecção, a Comunidade deve contribuir para a protecção da saúde, da segurança e dos interesses económicos dos consumidores, bem como para a promoção dos seus direitos à informação, à educação, e a organizar-se em ordem à salvaguarda dos seus interesses. Com a redacção introduzida pelo Tratado de Amesterdão, a referência a *direitos* dos consumidores fez, pois, a sua entrada no Tratado da Comunidade Europeia – fala-se agora de verdadeiros direitos dos consumidores e não apenas de uma política de defesa dos consumidores, autónoma (como anteriormente no artigo 129.º-A) ou simplesmente ligada à realização do mercado interno (como acontecia antes do Tratado de Maastricht – v. agora a alínea *a)* do n.º 3 do artigo 153.º; após o Tratado de

não foi acompanhado, nem pela proposta alterada, nem pela posição comum do Conselho. Após nova proposta de aditamento, chegou-se no Comité de Conciliação à solução de manter a referência ao artigo 95.º como base jurídica, acrescentando um novo considerando 1, no qual se faz referência à previsão pelo artigo 153.º da contribuição da Comunidade para a realização de um nível elevado de defesa dos consumidores.

O objectivo do legislador comunitário foi, como resulta dos trabalhos preparatórios da directiva e dos primeiros considerandos que a antecedem, não só facilitar a livre circulação de mercadorias evitando distorções de concorrência [28], como facilitar as transacções efectuadas pelos particulares, através da eliminação da insegurança criada pela diversidade de regimes nos Estados-membros e da criação de um "corpo mínimo comum de direito do consumo, válido independentemente do local de aquisição dos bens na Comunidade", visando reforçar a confiança dos consumidores (considerando 5).

Durante os trabalhos preparatórios foi, aliás, também referida a necessidade de contribuir para a *renovação* e *modernização* das regras dos Estados-membros sobre venda de coisas defeituosas, as quais, decalcadas sobre modelos de produção e aquisição de bens ultrapassados (assim, por exemplo, o modelo da venda de coisas específicas, em lugar de coisas genéricas, hoje largamente corrente) ou sobre relações económicas superadas (entre produtor, vendedor, e comprador/consumidor),

---

Maastricht, passara a prever-se já, no artigo 129.º-A, uma política comunitária de protecção dos consumidores, e não apenas um "elevado nível de protecção" dos consumidores como base de outras políticas, tendentes à consecução de um mercado único – veja-se o anterior artigo 100.º-A do Tratado, actual artigo 95.º).

[28] Afigura-se, porém, que os preceitos sobre liberdade de circulação de mercadorias e as regras sobre concorrência (artigos 81.º e seguintes do Tratado da Comunidade Europeia) seriam, só por si, insuficientes para conseguir a superação das diferenças entre os direitos nacionais sobre garantia na venda de bens de consumo – cf. a jurisprudência do Tribunal de Justiça sobre a justificação como "medidas de efeito equivalente" das regras sobre "determinadas modalidades de venda", na sequência do acórdão *Keck-Mithouard*, de 24 de Novembro de 1993, nos casos juntos C-267 e 268//91 (*Recolha da jurisprudência do Tribunal de Justiça*, 1993, p. I-6097). Sobre a discussão em torno desta jurispr., v., por ex. Reiner SCHULZE/Hans SCHULTE-NÖLKE (org.), *Casebook Europäisches Verbraucherrecht*, Baden-Baden, 1999, pp. 111 e ss., e Astrid EPINEY, in Christian CALLIESS/Mathias RUFFERT, *Kommentar z. EU-Vertrag u. EG-Vertrag*, Neuwied, 1999, anots. 29 e ss. ao artigo 28, com mais indicações.

em muitos casos já não seriam adequadas às actuais condições da produção, distribuição e consumo em massa [29].

Importaria, porém, neste contexto, apurar se efectivamente a aprovação de directivas para domínios específicos do direito privado, como o direito dos consumidores, constitui o meio mais *adequado* (embora possa ser o único de que a Comissão Europeia dispõe) para uma harmonização do direito privado na Europa, considerando, designadamente, o perigo de inconsistência resultante da falta de um plano geral de harmonização [30]. Por outro lado, mesmo considerando em particular a importância, para a construção do mercado interno, da figura do "consumidor activo", que "procura beneficiar das vantagens do mercado interno, comprando bens num Estado-membro diverso do da sua residência" (considerando 4), pode duvidar-se de que a diversidade de regimes jurídicos constitua um obstáculo com significado tal que a sua remoção possa conduzir a um incremento relevante dessas compras. Outros obstáculos, de ordem linguística, económica ou simplesmente prática (distância para comunicação com o vendedor, devolução, etc.) parecem, de facto, desempenhar um papel de maior relevo [31].

De toda a forma, não pode negar-se que a eliminação de disparidades jurídicas, acompanhada de informação dos consumidores sobre a harmonização e sobre os direitos dos consumidores [32], constitui um factor positivo no incremento das compras realizadas por consumidores noutros Estados-membros, sobretudo em zonas transfronteiriças ou por

---

[29] V. o *Livro verde...*, *cit.*, p. 104, onde se diz que os problemas do consumidor europeu identificados no plano da garantia legal decorrem da disparidade das legislações nacionais e da inadequação de uma parte das normas jurídicas tradicionais às modernas condições da sociedade de consumo. V. tb. a fundamentação da proposta de directiva, COM(95)520 final, *cit.*, p. 5. Salientando a necessidade de tomar como modelo a venda de coisas genéricas, v. G. BRÜGGEMEIER, *cit.*, p. 531.

[30] V. H. EHMANN/U. RUST, "Die Verbrauchsgüterkaufrichtlinie...", *cit.*, p. 854, e a crítica de P. SCHLECHTRIEM, "Die Anpassung...", *cit.*, pp. 335 e ss. (embora nos pareça pelo menos exagerado dizer-se que "anda um fantasma pela Europa – a harmonização jurídica pela Comunidade Europeia").

[31] V. Robert BRADGATE, "Harmonisation of Legal Guarantees: A Common Law Perspective", *Consumer Law Journal*, 1995, pp. 94-5, P. SCHLECHTRIEM, *cit.*, p. 341.

[32] Uma obrigação de informação do consumidor sobre as medidas nacionais de transposição da directiva e de incentivo às organizações de consumidores para informarem estes dos seus direitos encontra-se, aliás, prevista no artigo 9.º.

meios electrónicos [33], não parecendo que a adopção de uma directiva comunitária neste domínio colida com o princípio da subsidiariedade previsto no artigo 5.º, n.º 2, do Tratado da Comunidade Europeia [34].

III. Âmbito de aplicação

A directiva constitui, como se disse, um importante passo na construção de um direito civil europeu, e representa um significativo esforço de renovação e modernização de uma matéria na qual os direitos dos Estados-membros muitas vezes divergem: o regime da "garantia legal" e da "garantia comercial" do comprador de coisas defeituosas.

Todavia, não se efectua uma harmonização total do direito da compra e venda. Há matérias deixadas de fora, e a directiva conhece um campo limitado de aplicação.

1. Matérias deixadas de fora

Ao contrário, por exemplo, da "Convenção das Nações Unidas sobre os contratos de compra e venda internacional de mercadorias",

---

[33] A recente Directiva 2000/31/CE do Parlamento Europeu e do Conselho de 8 de Junho de 2000 relativa a certos aspectos legais dos serviços da sociedade de informação, em especial do comércio electrónico, no mercado interno («Directiva sobre o comércio electrónico», publicada no *JOCE*, L 178 de 17 de Julho de 2000, pp. 1--16), contém, na sua secção 3, regras sobre contratos celebrados por meios electrónicos. Segundo o considerando (11) desta directiva, as directivas 93/13/CEE e 97/7/CE "constituem um elemento essencial da protecção do consumidor em matéria contratual. Essas directivas aplicam-se igualmente na sua integralidade aos serviços da sociedade da informação". E afirma-se que deste acervo comunitário de protecção do consumidor, aplicável aos serviços da sociedade de informação, faz igualmente parte a directiva 1999/44/CE.

[34] Para a justificação da proposta à luz deste princípio, v. COM(95) 520 final, *cit.*, p. 8 e ss.

Andreas SCHWARTZE, *Europäische Sachmängelgewährleistung beim Warenkauf. Optionale Rechtsangleichung auf der Grundlage eines Rechtsvergleiches*, Tübingen, 1999, propõe uma harmonização europeia do regime da garantia de vícios da coisa na compra e venda de mercadorias através de uma convenção entre os Estados-membros, cujo conteúdo não seria imperativo, podendo antes ser escolhido, pelas partes, em vez do direito nacional, como regime aplicável mesmo aos contratos de compra e venda internos a cada Estado.

assinada em Viena em 1980 [35], a directiva não regula em geral a formação do contrato e os efeitos da compra e venda de bens de consumo. E também não regulou a reparação ao comprador/consumidor [36] dos prejuízos causados pela falta de conformidade da coisa, seja dos prejuízos directamente resultantes da falta de conformidade, seja dos danos indirectamente causados. Isto, ao contrário do que acontece, quer no regime da venda de coisas defeituosas contido no Código Civil (artigos 908.º a 910.º, 913.º e 915.º [37]) – onde se prevê, designadamente, a indemnização em caso de dolo do comprador, correspondente ao chamado "interesse contratual negativo", e, em caso de simples erro, limitada aos danos emergentes e dependente de culpa do vendedor (artigo 915.º) –, quer no do "direito à reparação de danos" resultante do artigo 12.º da LDC [38].

---

[35] Sobre esta, v. RUI M. MOURA RAMOS/MARIA ÂNGELA SOARES, *Do contrato de compra e venda internacional. Análise da Convenção de Viena de 1980 e das disposições pertinentes do direito português*, Coimbra, 1981. Portugal, bem como o Reino Unido e a Irlanda, são os Estados-membros da União Europeia que ainda não ratificaram esta Convenção.

[36] Referindo que a directiva não pretendeu regular esta pretensão "secundária", mas só os direitos "primários" do comprador, v. S. GRUNDMANN, *Europäisches ...*, *cit.*, p. 288. Cfr., porém, o que se dirá *infra* sobre os direitos reconhecidos aos consumidores pela directiva (que têm de ser preservados nas legislações nacionais) e sobre o âmbito do direito de regresso previsto no artigo 4.º da directiva.

Também outras iniciativas de uniformização do direito dos contratos, à escala europeia e internacional, regulam aspectos como a formação, a interpretação e o conteúdo do contrato, não se limitando às consequências da não conformidade dos bens ao contrato – v., por exemplo, os *Princípios relativos aos contratos comerciais internacionais*, Roma, 1995, elaborados pelo UNIDROIT – *Instituto Internacional para a Unificação do Direito Privado* (e, sobre estes Michael Joachim BONELL, *An International Restatement of Contract Law – The UNIDROIT Principles of International Commercial Contracts*, 2ª ed., New York, 1997), e os *Princípios de direito europeu dos contratos* (Ole LANDO/Hugh BEALE, *Principles of European Contract Law – Part I and Part II*, Dordrecht, 1999).

[37] Relativamente ao contrato de empreitada, o artigo 1223.º ressalva o "direito a ser indemnizado nos termos gerais."

[38] No artigo 12.º, n.º 1, desta lei preceitua-se que "o consumidor tem direito à indemnização dos danos patrimoniais e não patrimoniais resultantes do fornecimento de bens ou prestações de serviços defeituosos." Ao contrário do que acontece para os direitos previstos no n.º 1 deste artigo (reparação e substituição da coisa, redução do preço e resolução do contrato), a lei não esclarece, porém, expressamente, se este direito de indemnização também é reconhecido independentemente de culpa do vendedor

Não se visa, assim, uma harmonização completa do direito da compra e venda [39], tendo, aliás, justamente para clareza quanto a este ponto, a "Posição Comum do Conselho" alterado a designação da directiva (agora apenas "relativa a *certos aspectos* da venda de bens de consumo e das garantias a ela relativas").

Por outro lado, a directiva, apesar das propostas contidas no referido *Livro verde sobre as garantias dos bens de consumo e os serviços pós-venda* e no anteprojecto da Comissão [40], não regulou os serviços pós-

---

(*rectius*, do conhecimento ou desconhecimento com culpa do defeito), diversamente do que preceitua o artigo 915.º do Código Civil. Por uma razão de paralelismo com aqueles direitos à reparação e substituição, também feitos depender de culpa pelo Código Civil e para os quais a LDC a dispensa, poderia tender-se a uma resposta afirmativa, considerando objectiva a responsabilidade do vendedor perante o comprador/ /consumidor. Podemos, porém, perguntar-nos se, para além dos aspectos expressamente regulados no artigo 12.º, n.º 1, da LDC, devem continuar a exigir-se as condições de exercício estabelecidas na lei geral (*v.g.* um erro essencial para a resolução e a necessidade da substituição), como nota J. SINDE MONTEIRO, "Proposta de Directiva...", *cit.*, nota 22. No caso vertente, trata-se, ainda assim, de forma algo diversa, de apurar se a desnecessidade de culpa expressamente prevista no n.º 1 do artigo 12.º vale também para o n.º 3, ou se prevalece ainda o princípio geral da responsabilidade por culpa do vendedor perante o consumidor.

Note-se, desde já, que aquele problema da determinação, por interpretação da lei, das condições de exercício dos direitos reconhecidos ao consumidor pela LDC – que nem sempre é de solução fácil – se afigura, como se verá, verdadeiramente *crucial* para a transposição da directiva para a nossa ordem jurídica, dele dependendo, nalguns pontos, a resposta à questão de saber se o nosso direito carece, ou não, de ser modificado.

[39] Assim, já em face da proposta, J. SINDE MONTEIRO, *cit.*, p.464.

[40] No *Livro verde* enunciavam-se, partindo da responsabilização directa do fabricante, três soluções possíveis: uma primeira, consistente numa obrigação uniforme de manutenção de peças sobressalentes à disposição do consumidor durante um determinado prazo; uma segunda, de base voluntária, baseada em códigos de conduta, normalização ou negociações directas entre autoridades públicas, empresas e consumidores; e uma terceira, centrada no aspecto informativo do prazo durante o qual o fabricante se compromete a manter existências de peças sobressalentes, dando à concorrência a possibilidade de desempenhar o seu papel. O *anteprojecto de directiva* a que tivemos acesso, para além de uma obrigação de informação a cargo do vendedor quanto à impossibilidade de assegurar ele próprio o serviço pós-venda e quanto à disponibilidade e acesso a um serviço pós-venda (sancionada com uma obrigação de ressarcir o comprador pela correspondente redução do valor do bem), previa obrigações para o caso de o vendedor oferecer um serviço pós-venda (assegurar a manutenção e a rápida reparação dos bens em caso de avaria ou de mau funcionamento, praticar

-venda[41], previstos, entre nós, como se sabe, no artigo 9.º, n.º 5, da LDC (segundo o qual "o consumidor tem direito à assistência após a venda, com incidência no fornecimento de peças e acessórios, pelo período de duração média normal dos produtos fornecidos")[42].

2. Delimitação do campo de aplicação

A directiva, que visa assegurar um nível mínimo uniforme de defesa dos consumidores no contexto do mercado interno, segue um critério de delimitação do seu campo de aplicação simultaneamente subjectivo – apenas abrange negócios entre profissionais e consumidores – e objectivo – abrange apenas os contratos de compra e venda de bens de consumo (embora estes sejam definidos amplamente) –, não se

---

preços justos e transparentes e comunicá-los antecipadamente ao consumidor, nomeadamente através da entrega de um orçamento pormenorizado dos trabalhos necessários, se o consumidor assim o solicitasse, e fornecer toda a informação técnica aos consumidores). Para além disso, os membros de redes de distribuição deveriam poder fornecer eles mesmo o serviço pós-venda ou assegurar o acesso a esse serviço. Por último, previa-se que o produtor devia "zelar no sentido de as peças sobressalentes e a informação técnica necessárias para assegurar a manutenção e a reparação dos bens se encontrarem disponíveis no mercado durante o período normal de vida dos bens" (ou, pelo menos, durante um período razoável do qual o consumidor devia ser informado). A *proposta de directiva* optou por não tratar dos serviços pós-venda "por razões relacionadas com a aplicação do princípio da subsidiariedade", e ponderando que este domínio seria mais propício a um tratamento por instrumentos voluntários (códigos sectoriais de conduta, por ex.) – v. COM(95)520 final, *cit.*, p. 7.

[41] Crítica em relação a esta omissão, C. TWIGG-FLESSNER, "The E.C. Directive...", *cit.*, pp. 188-9. Como se sabe, gorou-se a tentativa de aprovar uma directiva sobre a responsabilidade, em geral, do prestador de serviços, apesar da proposta apresentada pela Comissão nesse sentido – COM(90)482 final (*JOCE*, C 12,de 18 de Janeiro de 1998). Sobre a proposta desta directiva (considerada como a "irmã" da directiva sobre garantias na compra e venda), v., com mais indicações, S. GRUNDMANN, *Europäisches...*, *cit.*, pp. 310 e ss. A Directiva 1999/44/CE inclui, porém, algumas hipóteses de prestações de serviços próximas do contrato de compra e venda, como se verá.

[42] Segundo o artigo 11.º, n.º 4, da citada lei espanhola de defesa dos consumidores, "é proibido aumentar os preços das peças sobresselentes ao aplicá-los em reparações e cobrar por mão-de-obra, transporte ou visita montantes superiores aos custos médios estimados em cada sector, devendo diferenciar-se na factura as diversas parcelas. A lista de preços das peças deve estar à disposição do público."

limitando a este segundo critério ("bem de consumo"), diversamente do que se propunha no citado *Livro verde* [43].

a) *Subjectivamente*, a directiva abrange os contratos de consumidores com vendedores profissionais, em que estes vendem àqueles. Estão, pois, excluídas do âmbito da directiva tanto as vendas de profissionais (agindo no âmbito da sua actividade) a profissionais como as vendas entre consumidores, e, ainda, a venda de consumidores a profissionais (como que uma "venda de consumo invertida" [44]).

A noção de consumidor contida no artigo 2.º, n.º 2, alínea *a)* da directiva corresponde à corrente nas directivas comunitárias relativas a contratos – inclui "qualquer pessoa singular que, nos contratos abrangidos pela presente directiva, actue com objectivos alheios à sua actividade comercial ou profissional" –, e é praticamente idêntica (refere-se a "objectivos alheios" e não a "fins que não pertençam" à actividade profissional) à dos artigos 2.º, n.º 2, e 2.º, alínea *b)* das Directivas 93//13/CEE e 97/7/CE.

Excluem-se, assim, as *pessoas colectivas* (diversamente, o artigo 2.º, n.º 1 da LDC [45]), bem como os *profissionai*s, mesmo actuando fora

---

[43] Cit., p. 108.

[44] Assim, G. BRÜGGEMEIER, "Zur Reform des deutschen Kaufrechts...", *cit.*, p. 530.

[45] Sobre esta noção jurídica, v. Paulo DUARTE, "O conceito jurídico de consumidor segundo o art. 2.º/1 da Lei de Defesa do Consumidor", *BFD*, 75, 1999, pp. 649-703, limitando-a, aliás, ao domínio contratual e rejeitando uma posição que recuse às pessoas colectivas, só pelo facto de o serem, a qualidade de consumidores. Diga-se, a propósito, que não nos parece poder extrair-se um argumento válido para rejeitar a qualificação como consumidor das pessoas colectivas (mesmo daquelas cujo objecto consiste exclusivamente no exercício de uma actividade económica) da invocação do chamado "princípio da especialidade do fim" (artigos 160.º, n.º 1 do Código Civil e 6.º, n.º 1 do Código das Sociedades Comerciais). Não só se impõe, por várias razões, um entendimento bastante amplo deste princípio, como, a ser ele afectado, apenas estaria em causa a validade dos actos, alheia à qualificação como consumidor. Sobre as noções de consumidor utilizadas nas directivas comunitárias, v., além de M. DREHER, *cit.*, Wolfgang FABER, "Elemente verschiedener Verbraucherbegriffe in EG-Richtlinien, zwischenstaatlichen Übereinkommen und nationalem Zivil- und Kollisionsrecht", *ZEuP*, 4, 1998, pp. 854-92.

do domínio da sua actividade profissional e em áreas nas quais não dispõem, nem devem dispor, por virtude da sua profissão, de qualquer competência específica para a aquisição dos bens. Sobretudo por razões de manutenção da coerência com outras directivas comunitárias, não vingou o alargamento da noção de consumidor resultante da definição contida no artigo 2.º, alínea *a)*, da proposta de directiva, por forma a incluir as pessoas que actuem com objectivos que não são *directamente* relacionados com a profissão – ou seja, e designadamente, profissionais em áreas alheias à sua actividade profissional (profissionais "não especialistas"[46]).

Por outro lado, a definição de consumidor constante da directiva não resolve expressamente a questão da qualificação dos casos de actuação com objectivos *mistos*, em parte ligados à profissão e em parte alheios a esta, podendo suscitar-se a questão de saber se nesses casos há que atender à finalidade predominante ou se, por exemplo, basta, para a qualificação como consumidor, que o acto não seja praticado exclusivamente com objectivos ligados à actividade profissional[47] (objectivos, esses, a apurar por interpretação em face do caso concreto[48]).

---

[46] V. M. TENREIRO, "La proposition...", *cit.*, p. 195, e M. TENREIRO/S. GÓMEZ, "La directive 1999/44/CE...", *cit.*, p. 10. A tradução portuguesa da proposta de directiva omitia, infelizmente (embora como que premonitoriamente), o advérbio "directamente". V., porém, na versão inglesa, claramente, o artigo 2.º, alínea *a)*. O anteprojecto, por sua vez, equiparava a consumidores as pessoas, singulares ou colectivas, que actuem "para fins que não a revenda ou a cedência a um terceiro com fins lucrativos", quando as condições e a natureza da transacção não permitam distinguir estas compras das compras normalmente efectuadas pelos consumidores.

Nem a LDC nem a directiva conferem, por outro lado, relevância ao tipo de actividade profissional em causa, diversamente, por exemplo, do que acontece no novo § 13 do BGB e no §1, I da *Konsumentenschutzgesetz* austríaca: segundo estes, apenas a ligação a uma actividade empresarial ou de profissional por conta própria exclui a qualidade de consumidor, sendo como tal consideradas, portanto, as pessoas que actuam com objectivos ligados à sua actividade de "profissionais não autónomos" (por conta de outrem).

[47] Considerando a *ratio* da delimitação da noção de consumidor – que, apesar de poder variar de diploma para diploma, se prende genericamente com o facto de este não dispor nem dever dispor de competência específica para actuação no mercado, adquirindo bens – deveria mesmo, inversamente, questionar-se se logo o facto de o acto ser praticado também com objectivos profissionais não deve excluir a qualificação como consumidor, a qual exigiria, pois, uma actuação exclusivamente com objectivos

O vendedor, por sua vez, é definido na alínea c) do n.º 2 do artigo 2.º como "qualquer pessoa singular ou colectiva que, ao abrigo de um contrato, vende bens de consumo no âmbito da sua actividade profissional". Ficam, assim, excluídas as actuações fora do âmbito da actividade profissional, designadamente, as vendas privadas de bens de consumo que o profissional efectue (embora este possa ser um profissional liberal, e não necessariamente um titular de empresa [48a]).

b) Passando agora à delimitação *objectiva* do campo de aplicação da directiva, nota-se que ela resulta, seja do objecto mediato do negócio – que deve ser um bem de consumo – seja do seu conteúdo – contrato de compra e venda.

---

alheios à profissão. É que nesses casos, em que se actua *também* como profissional, a necessidade de protecção parece não existir – neste sentido, F. SCHURR, "Die neue Richtlinie...", *cit.*, pp. 224-5. Cf., porém, diversamente (e embora remetendo a solução para os tribunais), S. GRUNDMANN, *ob cit.*, p. 294, e também G. de CRISTOFARO, *cit.*, p. 38. Apontando o critério da destinação predominante, v. P. DUARTE, *ob. cit.*, p. 679.

[48] Na verdade, apesar de estar em questão um genuíno problema atinente aos objectivos da actuação (e não ao objecto do acto, no sentido técnico-jurídico), afigura-se estes motivos terão de transparecer objectivamente para permitir a qualificação como consumidor. Questão que se pode suscitar é a de saber se basta que se torne possível a prova de tais finalidades, ou se, como nos parece aconselhável, se deve adoptar aqui a perspectiva interpretativamente relevante no acto concreto – que é, como se sabe, a do horizonte do destinatário da declaração, que será a outra parte nos contratos (artigo 236.º do Código Civil). A exigência da reconhecibilidade objectiva das finalidades não profissionais corresponderia, assim, de certa forma, à resultante da formulação "se o contrário do próprio acto não resultar", constante do artigo 2.º do Código Comercial, para a qualificação de actos como subjectivamente comerciais (v. António FERRER CORREIA, *Lições de direito comercial*, Coimbra, 1973, vol. I, pp. 111-2). Neste sentido, v. P. DUARTE, *ob. cit.*, p. 676 (já, porém, a consideração – p. 678 – de que o ónus da prova compete ao profissional suscita-nos algumas dúvidas – v., aliás, p. 678, n. 70). Recorde-se que a citada Convenção de Viena não regula as vendas "de mercadorias compradas para uso pessoal, familiar ou doméstico, a menos que o vendedor, em qualquer momento anterior à conclusão do contrato ou na altura da conclusão deste, não soubesse nem devesse saber que as mercadorias eram compradas para tal uso" (cf. o artigo 464.º, 1.º do Código Comercial, excluindo da qualificação como comerciais as compras e vendas de coisas móveis "destinadas ao uso ou consumo ou da sua família", sem incluir, ao menos expressamente, a referida excepção).

[48a] A designação "contrato de empresa unilateralmente qualificado" (cf. S. GRUNDMANN, *Europäisches Schuldvertragsrecht*, *cit.*, pp. 196 e ss) não é, por isso, inteiramente rigorosa.

Em primeiro lugar, a directiva abrange apenas os negócios sobre *bens de consumo*, definidos como *quaisquer bens móveis corpóreos*, exceptuando os bens vendidos por via de penhora ou qualquer forma de execução judicial, a água e o gás, quando não forem postos à venda em volume delimitado ou em quantidade determinada (caindo no âmbito de aplicação da directiva, pois, por exemplo, a venda de água mineral embalada ou de botijas de gás), e a electricidade [49]. Se ficam, pois, fora do campo de aplicação da directiva os contratos relativos a bens imóveis (cf., na LDC, diversamente, os artigos 4.º, n.º 3, e 12.º, n.º 2), ela inclui quer bens novos, quer bens em segunda mão [50], e quer bens duradouros,

---

[49] Parte destas excepções inspirou-se no referido artigo 2.º da Convenção de Viena. Fazendo a aproximação entre a noção de "bem móvel corpóreo" e o §90 do BGB, que, como se sabe, restringe a definição de coisa a objectos corpóreos, v. D. STAUDENMAYER, *cit.*, p. 2394. Cremos porém que, apesar de não se fornecer qualquer noção de bem não corpóreo, se incluem na directiva igualmente os programas de computador (v., por ex., L. SANZ VALENTIN, *cit.*, II 2; com dúvidas, G. de CRISTOFARO, *cit.*, p. 43). Cfr., para os referidos bens, excluídos do campo de aplicação, a Lei n.º 23//96, de 26 de Julho, que protege o utente de serviços públicos essenciais (e, sobre esta, António PINTO MONTEIRO, "A protecção do consumidor de serviços públicos essenciais", *AJURIS–Revista da Associação dos Juízes do Rio Grande do Sul*, 1998, pp. 220-35, e João CALVÃO DA SILVA, "Aplicação da Lei n.º 23/96 ao Serviço Móvel de Telefone e natureza extintiva da prescrição referida", anot. in *Revista de Legislação e de Jurisprudência*, ano 132.º, n.ºs 3901e 3902, pp. 133 e ss.).
Note-se que a directiva não usa o conceito de "coisa", mas antes o de "bem", aproximando-se desta terminologia também a LDC (cfr., porém, justamente o artigo 12.º, n.º 1 desta) No Código Civil, diversamente, o termo "bem" é normalmente usado apenas no contexto dos regimes matrimoniais de bens ou da regulamentação da administração de bens, parecendo incluir coisas e direitos. Estas diferenças não serão aqui, porém, aprofundadas, e seguiremos a terminologia da directiva.

[50] Se bem que para os *bens em segunda mão* a directiva admita expressamente algumas especificidades – a definição de "bem de consumo" poderá, segundo o direito dos Estados-membros, não abranger os bens em segunda mão adquiridos em leilão, quando os consumidores tenham oportunidade de assistir pessoalmente à venda (artigo 1.º, n.º 3), e os Estados-membros poderão permitir em relação a eles acordos entre o vendedor e o consumidor que prevejam um prazo de responsabilidade do vendedor mais curto que o geral, embora não inferior a um ano (artigo 7.º, n.º 1, 2.º parágrafo) –, e outras resultem já da própria aplicação a estes bens das formulações gerais usadas – assim, obviamente, as expectativas razoáveis do consumidor, referidas no artigo 2.º, n.º 2, al. *d)*, serão diversas em relação a bens novos e a bens em segunda mão (v. o próprio considerando 8 da directiva); por outro lado, em relação a estes, mais

quer não duradouros [51]. E a directiva abrange, igualmente, a venda pelo profissional ao consumidor de animais defeituosos, exceptuada entre nós pelo artigo 920.º do Código Civil [52].

No que toca aos contratos abrangidos, importa notar que a directiva, apesar de não incluir uma definição de contrato de compra e venda, não se limita estritamente a tal contrato, tal como definido, entre nós, no artigo 874.º do Código Civil.

Na verdade a directiva prevê expressamente, no artigo 2.º, n.º 5, uma presunção de equiparação da falta de conformidade resultante de *má instalação* do bem de consumo a uma falta de conformidade do bem se a instalação fizer parte do contrato de compra e venda ou tiver sido efectuada pelo vendedor ou sob sua responsabilidade, ou quando o produto, a instalar pelo consumidor, for por ele instalado e a má instalação se dever a incorrecções existentes nas instruções de montagem [53]. Inclui-se, pois, no campo de aplicação da directiva a prestação

---

frequentemente o comprador não poderá razoavelmente ignorar a falta de conformidade no momento da conclusão do contrato, nos termos do artigo 2.º, n.º 3; acresce ainda que, como se reconhece no considerando 16, normalmente a substituição de bens em segunda mão será impossível.

[51] Diversamente, o citado *Livro verde* sugeria uma tríplice limitação, aos bens móveis, novos e duradouros (v. p. 108), da qual apenas restou na directiva a primeira. Parece-nos que a eliminação da restrição aos bens duradouros é de louvar, desde logo, pelas dificuldades que a sua definição poderia provocar (assim, tb. L. SANZ VALENTIN, *cit.*, II, 2) Tal como é de saudar a eliminação, constante da proposta inicial de directiva, da referência finalista ao bem "destinado ao uso e consumo privado", que já parecia servir apenas para melhor precisar a noção de consumidor (assim, M. TENREIRO, "La proposition...", *cit.*, p.197).

[52] V. António PINTO MONTEIRO, "Venda de animal defeituoso", *Colectânea de Jurisprudência*, ano XIX, 1994, tomo V, pp. 5-11. Cremos que a venda de animais defeituosos era já abrangida pela LDC. Cf., para a *Viehkauf* no direito alemão, por ex., J. SCHMIDT-RÄNTSCH, "Zum Stand...", *cit.*, p. 852.

[53] A equiparação primeiramente referida vem já da proposta de directiva (artigo 2.º, n.º 3), que, nesta medida, incluía já prestações de serviços (v. J. SINDE MONTEIRO, *ob. cit.*, p. 465). A segunda, constante do anteprojecto mas não da proposta, foi introduzida pelo Parlamento Europeu em primeira leitura (alteração 23), mas não aprovada na posição comum, que remeteu a questão para segunda leitura, tendo em conta a concepção do produto para ser instalado pelo consumidor e a adequação das instruções escritas ao consumidor médio. Em segunda leitura, a alteração (n.º 15) foi novamente proposta e aceita pela Comissão, integrando o texto final. Não se estendeu,

do serviço de instalação, acessória da compra e venda (quer seja configurada como mero dever contratual acessório, quer resulte de um contrato misto de compra e venda e prestação de serviços), pela via da equiparação da má instalação ou da deficiência nas instruções a uma falta de conformidade ao contrato [54].

Extensão bastante significativa é a resultante do artigo 1.º, n.º 4, segundo a qual, para efeitos da directiva "são igualmente considerados contratos de compra e venda os contratos de fornecimento de bens de consumo a fabricar ou a produzir." Note-se, que, curiosamente, esta extensão é tecnicamente expressa através de um alargamento do conceito de contrato de compra e venda para efeitos da directiva, tratando-se, aqui também, de uma especificidade técnica própria de um instrumento – como são as directivas – de harmonização de ordens jurídicas em que os tipos negociais "compra e venda" e "empreitada" podem encontrar-se definidos com contornos diversos. Para além das dificuldades que pode suscitar a interpretação da noção de "contratos de fornecimento" (v. tb., a propósito da garantia legal, o artigo 12.º, n.º 1, da LDC), parece-nos claro que a equiparação constante do artigo 1.º, n.º 4, introduzida pelo Parlamento Europeu [55], visa incluir contratos mistos de

---

pois, a garantia legal à generalidade das prestações de serviços relativas aos bens vendidos, limitando-se a directiva à instalação, nos termos referidos. Segundo a fundamentação da proposta de directiva, a Comissão entendeu que "a complexidade e a diversidade das prestações de serviços dificilmente se podem coadunar com uma simples extensão aos serviços das disposições aplicáveis à venda de bens" – COM(95)520 final, *cit.*, p. 12.

[54] No primeiro caso, existiria já normalmente cumprimento defeituoso do contrato de compra e venda ou do contrato misto, pelo que a equiparação a uma falta de conformidade se afigura, em termos dogmáticos, menos forçada do que no segundo (a dita "cláusula IKEA" – v. D. STAUDENMAYER, *cit.*, p. 2395), no qual estaria normalmente em causa, de acordo com o enquadramento dogmático já tradicional, apenas a violação de um dever de informação, normalmente configurado como dever acessório ou, simplesmente, como dever lateral (v., sobre estes no quadro da "relação contratual", Carlos Alberto da MOTA PINTO, *Cessão da posição contratual*, Coimbra, 1970, pp. 335 a 380). Verifica-se, assim, quanto a estes casos, uma alteração do fundamento da responsabilidade, que deixa de ser a violação do dever, acessório ou lateral, de instrução, para passar a ser a falta de conformidade do bem – assim, H. EHMANN/U. RUST, "Die Verbrauchsgüterkaufrichtlinie", *cit.*, p. 856.

[55] Não constava nem do anteprojecto nem da proposta de directiva, tendo sido introduzida logo na primeira leitura. A posição comum aceitou tal alteração, mas,

compra e venda e empreitada (designadamente, o *"Werklieferungsvertrag"* alemão) e mesmo contratos apenas de empreitada, ainda que o preço seja determinado em função sobretudo dos serviços e não da coisa, ou que a maioria ou todos os materiais sejam fornecidos pelo consumidor [56] (assim, designadamente, no caso de um contrato para confecção de um fato em que o tecido seja fornecido pelo consumidor). Isto, sendo certo, porém, que não se considerará existir falta de conformidade quando ela "decorrer dos materiais fornecidos pelo consumidor" (artigo 2.º, n.º 3, parte final).

Aquela equiparação parece, na verdade justificar-se, considerando, não só as dificuldades, em muitos casos, de qualificar o contrato como de compra e venda ou de empreitada ou misto, como a irrelevância, do ponto de vista do consumidor cujos interesses se visa proteger, de uma distinção, por vezes subtil, entre os dois tipos contratuais pelos quais ele adquire bens de consumo, já fabricados ou a fabricar [57].

---

seguindo a orientação da Convenção de Viena (artigo 3.º, n.º 1 – v. R. MOURA RAMOS/ /M. Ângela SOARES, *cit.*, n.º 10), exceptuou o caso de o consumidor ter de "fornecer uma parte substancial dos materiais necessários ao fabrico ou à produção". O Parlamento (não acompanhado pela Comissão) insistiu na equiparação mesmo destes últimos casos, tendo conseguido fazer vingar tal posição já na fase final, perante o Comité de Conciliação.

[56] Interpretando neste sentido a alteração, W. SCHUHMACHER, "Die Anpassung des österreischichen Rechts...", *cit.*, p. 378, W. FABER, "Zur Richtlinie...", *cit.*, p. 416, G. de CRISTOFARO, *cit.*, p. 25. Diversamente, P. SCHLECHTRIEM, "Die Anpassung...", *cit.*, p. 345, que mantém a referência ao critério seguido pela Convenção de Viena. Em face do teor e da clara intenção das alterações introduzidas pelo Parlamento Europeu (expressas como resultados conseguidos no Comité de Conciliação, por exemplo, na recomendação para a terceira leitura, p. 6), esta última posição parece, porém, pelo menos desconforme com o elemento histórico de interpretação.

[57] A doutrina nacional e estrangeira discute, como se sabe, os critérios de distinção entre os contratos de compra e venda e empreitada, propondo-se, designadamente, distinções com base na predominância dos serviços ou da coisa, na sua consideração pela vontade das partes, com base no carácter fungível ou não fungível da coisa, e com base no fornecimento dos materiais pelo dono da obra ou pelo empreiteiro (critério este último, aliás, ao qual a jurisprudência e a doutrina nacionais não atribuem relevância decisiva). V. Adriano VAZ SERRA, "Empreitada", separata do *Boletim do Ministério da Justiça*, Lisboa, 1965, pp. 31 e ss., Fernando PIRES DE LIMA/ João de Matos ANTUNES VARELA, *Código Civil anotado*, vol. II, 3ª ed., Coimbra, 1986, anot. 4 ao artigo 1207 e Pedro ROMANO MARTINEZ, "Contrato de empreitada", in ANTÓNIO MENEZES CORDEIRO

As disposições do nosso direito civil (já que a LDC regula indiferenciadamente o "fornecimento" de bens, incluindo quer a compra e venda, quer a empreitada [58]) afectadas pela directiva não são, pois, apenas as que se referem à *venda* de coisas defeituosas (artigos 913.º e segs.), mesmo considerando a sua aplicação a outros contratos onerosos, por virtude do artigo 939.º, mas também as atinentes aos defeitos da obra, no contrato de *empreitada* relativo a bens móveis corpóreos celebrado entre profissionais e consumidores (artigos 1218.º e segs.) [59].

Conclui-se, assim, que o campo de aplicação da directiva difere do do regime dos artigos 913.º e seguintes do Código Civil, os quais se aplicam à compra e venda de quaisquer coisas, móveis ou imóveis, sem as excepções enunciadas. Por outro lado, a directiva inclui igualmente algumas faltas de conformidade resultantes da má instalação do bem, e, sobretudo, abrange os "contratos de fornecimento" de bens a fabricar ou a construir, incluindo, desta forma, a generalidade das empreitadas relativas à construção de bens móveis corpóreos.

IV. Regime da "garantia legal"

No que respeita à garantia legal, a directiva contém disposições relativas à obrigação de conformidade com o contrato e sua determinação,

---

(org.), *Direito das obrigações*, vol. III, Lisboa, 1991, pp. 409-561 (425 e ss.), ID., *Direito das Obrigações. Contratos*, Coimbra, 2000, pp. 306 e ss., e, na doutrina alemã, Karl LARENZ, *Lehrbuch des Schuldrechts. Band II, Halbband 1. Besonderer Teil*, 13ª ed., München, 1986, § 53, pp. 341 e ss (e pp. 375 e seguintes, para o *"Werklieferungsvertrag"*, que o § 651, I do BGB submete ao regime da compra e venda).

[58] Afigura-se-nos claro que tal noção de "fornecimento" não é utilizada pela LDC no sentido técnico-jurídico de tipo contratual próprio, mas antes como um *genus* que inclui contratos que envolvem a transferência de um direito e a entrega de uma coisa – cf. P. DUARTE, *cit.*, pp. 652-3, nota 5. –, designadamente, a compra e venda e a empreitada. Já a locação, eventualmente abrangida pela LDC, está excluída do âmbito da directiva. Outra questão é, porém, a da adequação à locação e à empreitada de algumas das disposições da LDC sobre prazos e sanções para a existência de defeitos, designadamente, se confrontadas com o regime do Código Civil (assim, para os artigos 4.º, n.º 3 e 12.º, n.ºs 2 e 3 da LDC, por um lado, e 1224.º, n.º 2, do Código Civil, por outro, J. SINDE MONTEIRO, *cit.*, nota 41).

[59] Salientando a necessidade de alteração do regime da empreitada no direito alemão, v. H. EHMANN/U. RUST, *cit.*, p. 856.

aos direitos do consumidor e aos prazos para sua efectivação, bem como uma norma sobre o direito de regresso do vendedor final.

1. Obrigação de conformidade com o contrato

O princípio fundamental, consagrado no artigo 2.º, n.º 1 da directiva, é o de que "o vendedor tem o dever de entregar ao consumidor bens que sejam conformes com o contrato de compra e venda".

O legislador comunitário recebeu assim o conceito de *conformidade com o contrato* de compra e venda, já utilizado na "Convenção de Viena das Nações Unidas sobre o Contrato de Compra e Venda Internacional de Mercadorias" e noutras ordens jurídicas [60], utilizando-o em lugar das noções de "defeito", "vício" ou "falta de qualidade" da coisa vendida, ou, em geral, de não cumprimento ou inexecução do contrato. Trata-se, aliás, de noções que não são equivalentes, traduzindo a de "falta de conformidade" uma concepção *ampla* e *unitária* de não cumprimento, e neste sentido sendo mais abrangente do que as noções de "defeito" (empregue, sem maiores esclarecimentos, no artigo 12.º, n.º 1, da LDC), "vício" ou "falta de qualidade" (utilizadas no artigo 913.º, n.º 1, do Código Civil) [61].

---

[60] V. o artigo 35.º da Convenção de Viena, e os artigos 17.º e 18.º do livro 7 do Código Civil holandês (*"conformiteit"*). A nosso ver, a adopção pela directiva de noções empregues naquela convenção não significa, porém, necessariamente, que na sua interpretação devam seguir-se as orientações da jurisprudência e da doutrina em relação à Convenção de Viena (cf., em face da proposta, J. SINDE MONTEIRO, *cit.*, p. 462), considerando, designadamente, as claras diferenças de finalidade (protecção do consumidor e harmonização do direito da compra e venda internacional de mercadorias) entre ambos os instrumentos. Alertando para que, por esta razão, o paralelismo não deve ir muito além do empréstimo da formulação literal, v. C. TWIGG-FLESSNER, *cit.*, p. 179.

Para uma análise da conformidade como "relação deôntica entre o referente, segundo o texto, e o objecto do acto executivo", relacionando com a noção de desconformidade (como "o resultado negativo de uma aferição pelos valores de conformidade") o não cumprimento, o cumprimento defeituoso e o regime da venda de coisas defeituosas, v., entre nós, Carlos FERREIRA DE ALMEIDA, *Texto e enunciado na teoria do negócio jurídico*, vol. I, Coimbra, 1992, pp. 635 e ss.

[61] V. o exemplo dado por J. SINDE MONTEIRO, *cit.*, n. 15: venda de um veículo fabricado em 1997 e entrega de um modelo de um ano anterior – não há defeito, mas seguramente falta de conformidade.

O legislador comunitário não seguiu, assim, a sugestão efectuada no *Livro verde sobre as garantias dos bens de consumo e os serviços pós-venda* [62], de estruturar a garantia legal com base na noção de *conformidade com as expectativas legítimas* do consumidor, que suscitara oposição dos sectores profissionais [63]. Segundo tal sugestão, essa noção de conformidade com a expectativa legítima do consumidor, aproximando-se – embora reportada agora à qualidade e não à segurança – da definição de defeito constante da directiva 85/374/CEE, sobre responsabilidade do produtor (artigo 6.º, n.º 1, correspondendo-lhe o artigo 4.º, n.º 1, do Decreto-Lei n.º 383/89, de 6 de Novembro [64]) e constituindo uma boa síntese da evolução mais recente de alguns Estados-membros, deveria ser concretizada tomando em conta todas as circunstâncias [65] e, particularmente, as disposições do contrato.

Se o contrato era, assim, para o *Livro verde*, elemento relevante para a determinação da existência de conformidade com as expectativas dos consumidores, pode dizer-se que na directiva se acabou por seguir um caminho de certa forma inverso [66]: manteve-se como referência, mais consentânea com um enquadramento da falta de conformidade no não cumprimento do contrato, a obrigação de conformidade *com o contrato* (artigo 2.º, n.º 1), mas acabou por não se afastar totalmente, porém, a relevância das expectativas razoáveis do consumidor, na medida

---

[62] *Cit.*, pp. 109 e s. V. tb., neste sentido, o artigo L 116 proposto por Jean CALAIS-AULOY, em *Propositions pour un droit de la consommation – Rapport de la Commission pour la codification du droit de la consommation au Premier Ministre*, Paris, 1990, p. 67.

[63] Assim, a exposição de fundamentos da proposta COM(95)520 final, *cit.*, p. 11.

[64] V. JOÃO CALVÃO DA SILVA, *Responsabilidade civil do produtor*, Coimbra, 1990, pp. 633 e ss.

[65] Referiam-se no *cit. Livro verde...*, p. 110, além das disposições contratuais: "a apresentação do produto, o preço, a marca, a publicidade ou qualquer informação fornecida sobre o produto, a natureza desse produto, o seu destino, as leis e regulamentos que lhe dizem respeito, etc." Segundo o critério da conformidade com as expectativas legítimas do consumidor, a questão decisiva volvia-se em apurar justamente que expectativas deveriam ser consideradas "legítimas", e estes critérios, só por si, não lhe davam uma resposta cabal (assim S. GRUNDMANN, *ob cit.*, p. 296).

[66] V, salientando isto, W. FABER, "Zur Richtlinie...", *cit.*, p. 418, e M. LEHMANN, *cit.*, p. 283.

em que um dos índices, entre outros, da falta de conformidade ao contrato é justamente a não correspondência da qualidade e desempenho dos bens ao que o consumidor pode legitimamente esperar (alínea *d)* do n.º 2 do artigo 2.º).

Convém notar, aliás, que, entre nós, a LDC já preceitua, no seu artigo 4.º, n.º 1, que "os bens e serviços destinados ao consumo devem ser aptos a satisfazer os fins a que se destinam e produzir os efeitos que se lhes atribuem, segundo as normas legalmente estabelecidas, ou, na falta delas, de modo adequado às legítimas expectativas do consumidor". Não esclarece, porém, a propósito do direito à reparação de danos, se a noção de "defeito" constante da hipótese do artigo 12.º, n.º 1 deve ser determinada por apelo a este artigo 4.º, n.º 1, por referência às normas legais e, na sua falta, às expectativas legítimas do consumidor [67] – e se, portanto, já hoje na nossa ordem jurídica, de forma mais próxima da referida abordagem do *Livro verde*, os direitos reconhecidos ao "consumidor a quem seja fornecida a coisa com defeito" têm como critério a falta de conformidade às suas expectativas legítimas, para cuja concretização o contrato seria apenas mais um elemento (ao lado das normas legais aplicáveis).

Em face das dúvidas que a coordenação dos artigos 4.º, n.º 1, e 12.º, n.º 1, da LDC pode suscitar [68], afigurar-se-á, assim, conveniente introduzir na nossa ordem jurídica regras que explicitem os termos, definidos no artigo 2.º, n.º 2 da directiva, em que se presume existir falta de conformidade com o contrato, pelo menos, na medida em que as hipóteses constantes da regra geral do artigo 913.º do Código Civil devam ser consideradas insuficientes.

---

[67] Suscitando a questão, v. P. DUARTE, *cit.*, pp. 654-5.

[68] Acresce que as "expectativas legítimas do consumidor", referidas no artigo 4.º, n.º 1, da LDC, mesmo que constituam critério do defeito relevante nos termos do artigo 12.º, n.º 1, sempre seriam apenas um critério *subsidiário* em relação às normas legais ("na sua falta"). Ora, um bem pode perfeitamente conformar-se com as normas legais – que normalmente imporão apenas requisitos mínimos, por exemplo, de segurança – e, apesar disso, estar muito longe da conformidade com as expectativas legítimas dos consumidores em relação à sua qualidade e desempenho. As expectativas dos consumidores formam-se com base em elementos – a natureza do bem, a publicidade ou outras informações, o preço, etc. – que inculcarão normalmente uma qualidade e um desempenho dos bens superiores aos exigidos pelas normas legais, não deixando por isso de dever ser atendidas (de ser "razoáveis" ou "legítimas").

A) O sentido da presunção de conformidade

Prevendo no artigo 2.º, n.º 2 a obrigação do vendedor de entregar bens em conformidade com o contrato, a directiva não define, porém, o que deve entender-se por "contrato" para este efeito[69] – como se determinam os efeitos do contrato para tal relevantes –, deixando o assunto ao critérios fixados nos direitos nacionais (assim, entre nós, os artigos 217.º e segs. – especialmente os artigos 236.º a 239.º – e 405.º e segs. do Código Civil).

A directiva deixa, assim, em princípio, intocada a *liberdade contratual* das partes (neste sentido, o considerando 8), designadamente, a liberdade de modelação do conteúdo do contrato, na definição das características do bem cuja entrega é devida.

Todavia, "para facilitar a aplicação do princípio de conformidade com o contrato"[70], decidiu introduzir uma *presunção de conformidade*, prevista no artigo 2.º, n.º 2 da directiva, que abranja as situações mais correntes.

A introdução desta presunção de conformidade não nos parece, porém, corresponder à solução mais feliz, do ponto de vista técnico-jurídico, designadamente em comparação com as soluções previstas no artigo 35.º da Convenção de Viena e no anteprojecto e proposta de directiva, segundo as quais os elementos elencados constituíam *condições* para a conformidade ao contrato[71]. Na verdade, se, verificados os ele-

---

[69] Aspecto salientado, por exemplo, por W. FABER, "Zur Richtlinie...", *cit.*, e M. LEHMANN, *cit.*, pp. 282-3.

[70] Duvidando de que esta facilitação, visada com a introdução da presunção de conformidade pela posição comum do Conselho, seja real, W. FABER, *cit.*, nota 80.

No considerando 7 da directiva revela-se que o legislador comunitário entendeu não confiar apenas no princípio da conformidade com o contrato, considerando que podem ser "úteis disposições nacionais suplementares" para protecção dos consumidores "nos casos em que as partes não acordaram em cláusulas contratuais específicas" (ou em que as partes acordaram em cláusulas ou firmaram acordos que directa ou indirectamente anulam ou restringem os direitos dos consumidores, para além do admitido na directiva).

[71] Assim, segundo o proémio do n.º 2 do artigo 35.º da Convenção de Viena, ("salvo se as partes tiverem acordado noutra coisa, as mercadorias *só* estão conformes ao contrato..." – itálico aditado). A natureza de condições da conformidade resultava também do anteprojecto ("Os bens só são considerados como sendo conformes ao

mentos elencados no n.º 2 do artigo 2.º, se presume a conformidade com o contrato, dir-se-ia *prima facie* que o resultado lógico da falta de verificação desses elementos seria simplesmente que a conformidade...*se não presumiria*, daí não resultando necessariamente, porém, a existência de qualquer falta de conformidade. Até pela teleologia da directiva, parece-nos óbvio, porém, que o legislador comunitário não pode ter pretendido atribuir a tal presunção de conformidade apenas esta função – contrária ao interesse do consumidor/comprador, na medida em que apenas poderia servir para facilitar a prova pelo vendedor da conformidade com o contrato [72].

Resulta, na verdade, claro da directiva, não só que se trata, por um lado, de uma presunção *ilidível*, como se afirma no considerando 8 (e é, entre nós, regra geral nos termos do artigo 350, n.º 2, do Código Civil), como que os elementos que fundam tal presunção, que não restringe o princípio da liberdade contratual das partes, podem, "na inexistência de cláusulas contratuais específicas, bem como no caso de aplicação da cláusula da protecção mínima (...) servir para determinar a não conformidade dos bens com o contrato" (considerando referido).

Antes de analisar os elementos que, na falta de disposições contratuais específicas sobre a coisa, determinam o padrão de avaliação da sua conformidade, e de os comparar com o direito nacional, importa dizer algo sobre esta possibilidade de ilidir a presunção de conformidade e sobre os termos da utilização desta para determinar a falta de conformidade.

A possibilidade de ilidir a presunção de conformidade significa, a nosso ver, que, apesar de se verificarem no caso concreto todos os elementos previstos no artigo 2.º, n.º 2, *ainda assim os bens podem não*

---

contrato se...") e da proposta de directiva (embora menos claramente tendo desaparecido a palavra "só"). Tratava-se, pois, claramente, de critérios de apreciação da conformidade. Uma mera presunção de conformidade veio, porém, a ser introduzida pela posição comum, ficando no texto final da directiva (apesar da tentativa do Parlamento Europeu de alterar a redacção do considerando respectivo). Em boa lógica, as formulações não são, porém, equivalentes – e não apenas quanto à possibilidade de disposições contratuais em contrário.

[72] Salientando este efeito de facilitar a prova ao vendedor, D. STAUDENMAYER, *cit.*, p. 2394.

ser de considerar conformes com o contrato [73]. É este o caso se existirem, por exemplo, cláusulas contratuais específicas mais exigentes do que os critérios fixados no artigo 2.º, n.º 2 (relativas, por exemplo, aos usos da coisa que o vendedor não tenha aceite [74]). Verificando-se estes critérios, será, porém, ao consumidor que, segundo a directiva, cabe ilidir a presunção de conformidade. Julgamos, pois, que a referência à possibilidade de ilidir a presunção de conformidade visa, em consonância com a *ratio* da directiva, apenas o estabelecimento de uma situação de falta de conformidade no caso concreto, apesar de se verificarem os elementos fundantes da presunção. Não se trata – importa deixá-lo claro – de atribuir natureza supletiva aos critérios do artigo 2.º, n.º 2, cuja imperatividade se nos afigura resultar claramente do artigo 7.º, n.º 1. Esta norma, que visa afirmar o carácter imperativo dos direitos reconhecidos ao consumidor pela directiva, preceitua que as cláusulas contratuais (gerais ou negociadas) que directa ou indirectamente os excluam ou limitem não vinculam o consumidor, e é igualmente aplicável aos elementos previstos no artigo 2.º, n.º 2.

O que nos remete para a segunda questão referida: no caso da *não verificação* de algum desses elementos (pois são de verificação cumulativa, conforme resulta claramente da parte final do considerando 8) referidos no artigo 2.º, n.º 2, em que termos deverá considerar-se existir falta de conformidade?

Segundo o referido considerando 8 da directiva, esses elementos *podem* igualmente ser utilizados para, em caso de sua não verificação, *determinar a existência de não conformidade* da coisa ao contrato, na falta de cláusulas contratuais específicas, bem como no caso de aplicação da cláusula de protecção mínima. Cremos que a possibilidade de *cláusulas contratuais específicas*, aqui prevista, não significa, porém, que os contraentes possam excluir a aplicação dos critérios do artigo 2.º, n.º 2, tornando-os *inaplicáveis* aos seus contratos – o que contrariaria o artigo 7.º, n.º 1. Refere-se, antes a cláusulas contratuais que determinam

---

[73] Em termos algo diversos, M. LEHMANN (*cit.*, p. 283) que salienta que, se resultar claramente da vontade das partes que um ou mais dos critérios referidos na directiva não deve ser tido em conta, a presunção está ilidida. Por outro lado, os critérios do n.º 2 seriam aplicáveis ainda que as partes tenham acordado em determinadas características específicas, desde que não tenham com isso ilidido a presunção.

de forma diversa a conformidade com o contrato pelo facto de *descreverem o bem* independentemente dos elementos previstos no artigo 2.º, n.º 2. É neste sentido que se afirma que a presunção *não restringe a liberdade contratual*. Assim, por exemplo, se se acordar em vender um relógio ou um automóvel que não funciona, ou um bem que se diz não ser próprio para as finalidades para que servem os bens do mesmo tipo, verifica-se como que uma "contratualização do defeito"[75], que foi tomado em consideração pelas partes ao descreverem o objecto do contrato – ou pode dizer-se, em conformidade com uma noção de defeito inteiramente concreta e subjectiva, que este não existe.

Ora, é justamente nesta combinação de dois extremos normativos[76] – liberdade contratual, por um lado, e direito imperativo, por outro – resultante dos artigos 2.º, n.ºˢ 1 e 2 e 7.º, n.º 1 que nos parece residir a dificuldade maior na compreensão do sistema da directiva (reflectindo-se, por exemplo, na do seu considerando 8[77]), no que toca à relevância do seu artigo 2.º, n.º 2. Na directiva não se afirma, é certo, que os elementos referidos nesta norma, *têm* de (mas apenas que *podem*) ser utilizados no direito nacional para se concluir pela existência de uma não conformidade. Não parece, porém, de admitir que, na falta de cláusulas contratuais específicas a descrever o bem considerando o seu defeito, se possa, mesmo não se verificando um ou mais dos elementos elencados no artigo 2.º, n.º 2, considerar que os bens, ainda assim, são conformes ao contrato, em face das circunstâncias do caso, ou admitir o vendedor a provar tal conformidade. Não verificado um dos elementos previstos no artigo 2.º, n.º 2, e salvo se este for "manifestamente

---

[74] Não parece, pois, difícil imaginar hipóteses em que os contraentes foram mais exigentes do que os critérios do artigo 2.º, n.º 2, ao contrário do que afirma W. FABER, *cit.*, n. 81. V., neste sentido, por ex. C. TWIGG-FLESNER, *cit.*, p. 183 (elementos necessários, mas não necessariamente suficientes), e M. TENREIRO/S. GÓMEZ, *cit.*, p. 15 (prevendo a possibilidade de obrigações suplementares do vendedor).

[75] Assim, M. TENREIRO/S. GÓMEZ, *cit.*, n. 34.

[76] De "combinação de extremos sistemáticos" fala W. FABER, *cit.*, p. 425. V. também G. de CRISTOFARO, *cit.*, p. 77.

[77] O considerando 8 refere-se ainda ao caso de aplicação da *cláusula de protecção mínima* prevista na directiva (artigo 8.º, n.º 2), para exceptuar a possibilidade de os direitos nacionais conhecerem disposições mais estritas, que garantam um nível mais elevado de protecção do consumidor.

inapropriado" (v. a parte final do considerado 8), os bens deverão, pois, na falta de cláusulas contratuais específicas, ser considerados bens *não conformes* ao contrato [78].

Afigura-se-nos, mesmo, claro que um primado ilimitado da liberdade contratual na descrição do bem também seria dificilmente harmonizável com a finalidade de protecção do consumidor que moveu o legislador comunitário, bem como com a imperatividade da directiva, prevista no artigo 7.º, n.º 1, pelo que um *certo controlo do conteúdo* a este respeito não pode deixar de estar pressuposto pela regulamentação da directiva. Assim, não se deverá admitir que, pela via da descrição do objecto do contrato e suas características, as partes (designadamente, em cláusulas contratuais gerais, mas não só) excluam características do bem essenciais para o fim do contrato, reconhecíveis para a outra parte, ou características correspondentes a exigências legais ou que foram objecto de menções de publicidade (v. aliás o artigo 7.º, n.º 5, da LDC) ou constam da rotulagem [79].

---

[78] Numa outra perspectiva, poderia tentar-se sustentar que a directiva, ao afirmar que estes elementos *podem* servir para determinar a falta de conformidade, estaria também a considerar outros direitos do consumidor, não regulados por ela – por exemplo, uma indemnização a atribuir a este – e simplesmente a recomendar a utilização desses elementos aos Estados-membros, não impondo vinculativamente a sua transposição. Tratar-se-ia, neste considerando 8, de explicitar uma espécie de recomendação, ao jeito de *soft law*, aos Estados-membros, para harmonização em ordem ao mercado único, no sentido de utilizarem estes elementos para determinar a não conformidade. Não nos parece, porém, que o sentido da directiva seja apenas este.

[79] A problemática aproxima-se bastante – embora esteja em causa apenas a descrição dos bens objecto do contrato (ou mesmo apenas cláusulas do tipo "vendido no estado em que se encontra") – da das cláusulas limitativas do objecto do contrato. Sobre ela, v. António Pinto Monteiro, *Cláusulas limitativas e de exclusão da responsabilidade civil*, Coimbra, 1985, pp. 116 e ss.. Também W. Faber, "Zur Richtlinie...", *cit.*, pp. 425-6, defende um controlo do conteúdo para a *"Sollbeschaffenheit"* da coisa, designadamente, quando esta, tal como descrita, não corresponde às expectativas razoáveis do consumidor formadas com base na publicidade e na rotulagem. Aliás, segundo o considerando 22, o princípio da imperatividade da directiva "deve aplicar-se igualmente às cláusulas segundo as quais o consumidor teria conhecimento de qualquer falta de conformidade dos bens de consumo existente no momento em que celebrou o contrato". V. tb., remetendo para o advérbio "indirectamente" no artigo 7.º, n.º 1, P. Schlechtriem, "Die Anpassung...", *cit.*, p. 358 e G. de Cristofaro, *cit.*, pp. 74 e ss..

Entre nós, para além dos critérios gerais (v. A. Pinto Monteiro, *loc. cit.*), cremos que se deverá também recorrer ao preceituado nos artigos 4.º, n.º 1, e 7.º, n.º 5, da LDC.

Comparando o direito nacional com a regulamentação da directiva, nota-se que o regime do Código Civil português sobre a venda de coisas defeituosas – bem como o da LDC, artigos 4.º, n.º 1 e 12.º, n.º 1 – não se baseia no conceito amplo de "falta de conformidade" com o contrato, nem utiliza a técnica de presunções seguida pela directiva. O pressuposto do regime do Código Civil é, antes, a existência de *defeito*, definido (artigo 913.º, n.º 1) como vício que desvalorize a coisa ou impeça a realização do fim a que é destinada, falta de qualidades asseguradas pelo vendedor ou necessárias para a realização daquele fim – podendo dizer-se que se trata de uma definição funcional, concreta e subjectiva de defeito [80], com matizes objectivos resultantes da referência à desvalorização da coisa, e, designadamente, do n.º 2 do artigo 913.º, nos termos do qual se do contrato não resultar o fim a que a coisa vendida se destina, se atenderá à "função normal das coisas da mesma categoria".

Não se baseia, pois, o actual Código Civil num sistema de presunção de conformidade do bem com o contrato (nem sequer empregando este conceito de conformidade com o contrato [81]).

Mesmo assim, também hoje no nosso direito pode não ser de reconhecer qualquer vício ou falta de qualidade da coisa, nos termos do artigo 913.º, n.º 1, e ainda assim haver não cumprimento do contrato nos termos gerais, embora não se aplique o regime específico da venda de coisas defeituosas e sim o regime geral do não cumprimento. Isto é, também no Código Civil a noção de vício ou falta de qualidade da coisa, relevante para efeitos do regime da venda de coisas defeituosas,

---

[80] Assim, António PINTO MONTEIRO/Paulo MOTA PINTO, "La protection de l'acheteur de choses défectueuses en droit portugais", *Boletim da Faculdade de Direito*, vol. LXIX, 1993, pp. 259-288 (262).

[81] De "conformidade com os fins do contrato" fala o artigo 1043.º, n.º 1 do Código Civil, a propósito do dever de manutenção e restituição da coisa locada. O artigo 1208.º, por sua vez, refere-se ao dever do empreiteiro de executar a obra em conformidade com o que foi convencionado. Mas não se utiliza no regime civilístico da compra e venda qualquer conceito de conformidade com o contrato.

O artigo 469.º do Código Comercial dispõe apenas que "as vendas feitas sobre amostra de fazenda, ou determinando-se só uma qualidade conhecida no comércio, consideram-se sempre como feitas debaixo da condição de a cousa ser *conforme* à amostra ou à qualidade convencionada" (itálico aditado).

não esgota as possibilidades de não cumprimento, embora apenas se permita, para além dela, o recurso ao regime geral do não cumprimento, e não a prova, pelo comprador, da existência de uma falta de conformidade da coisa ao contrato à qual sejam aplicáveis as normas sobre a venda de coisas defeituosas.

B) Os critérios da "falta de conformidade" e da "venda de coisas defeituosas"

Posto isto, há que proceder a uma comparação específica das razões que fundam na directiva a presunção de conformidade com o contrato – e, nos termos vistos, inversamente determinam a não conformidade – com a hipótese do regime dos artigos 913.º e segs. do Código Civil [82]. Na verdade, a primeira consequência da directiva, relativa aos fundamentos da garantia legal, parece ser a de obrigar, ou à introdução de uma noção de *conformidade com o contrato* concretizada nos termos previstos no n.º 2 do artigo 2.º, ou, pelo menos, a uma modelação em termos correspondentes de outras noções já empregues no nosso direito a propósito da garantia do comprador, como as de "defeito", "vício" ou "falta de qualidade" [83]. A insuficiência da hipótese do artigo 913.º em

---

[82] Vamos apenas considerar o regime do contrato de compra e venda. Para a empreitada, o artigo 1218.º, n.º 1 do Código Civil, sobre defeitos da obra, refere-se apenas ao facto de a obra estar "nas condições convencionadas e sem vícios" (mas cf., para a redução do preço e a resolução, a referência, no artigo 1222.º, n.º 1, à inadequação da obra ao fim).

[83] Não parece, efectivamente, que resulte da directiva claramente a obrigatoriedade de introdução do *próprio conceito* de "conformidade com o contrato" (cfr., recomendando-o, porém, N. REICH, *cit.*, p. 2400), entre nós já implícito no princípio de que os contratos devem ser pontualmente cumpridos (artigo 406.º, n.º 1, do Código Civil) e na obrigação de entrega da coisa prevista nos artigos 879.º, al. *b)* e 882.º do mesmo diploma (cf., porém, salientando que a directiva faz da própria conformidade o objecto de uma obrigação, que não se limita, pois à entrega, G. DE CRISTOFARO, *cit.*, pp. 53 e ss.). Ponto é, porém, que os direitos reconhecidos ao comprador/consumidor sejam feitos emergir da existência de um "defeito", "vício" ou "falta de qualidade" definidos em termos *substancialmente equivalentes* aos da falta de conformidade na directiva. Isto, sobretudo, em ordens jurídicas que não receberam ainda a noção de "falta de conformidade", mesmo para a compra e venda internacional, por não terem ainda ratificado a Convenção de Viena (como é o nosso caso).

É interessante notar, neste contexto, que o anteprojecto de transposição da directiva para o BGB também não prevê a adopção da noção de falta de conformidade com o

relação à da directiva, afigura-se-nos, aliás, não resultar apenas da comparação da definição de vício ou falta de qualidade relevante com os elementos previstos no artigo 2.º, n.º 2 da directiva para determinar as características que, na falta de disposições contratuais específicas, o objecto deve ter (a sua *"Sollbeschaffenheit"*), mas logo da própria *amplitude da noção de falta de conformidade* com o contrato. Esta não inclui apenas casos de vício ou falta de *qualidade* da coisa, mas igualmente a entrega de uma *quantidade* inferior à acordada ou de um bem de *tipo*

---

contrato, apesar de ela integrar já o direito alemão para a compra e venda internacional de mercadorias, por força da Convenção de Viena. Tal "Projecto de uma lei de modernização direito das obrigações", apresentado no ano de 2000 pelo Ministério Federal da Justiça alemão, visa a transposição de três directivas europeias (a que se analisa, a citada directiva sobre o comércio electrónico e a citada Directiva 2000/35/CE), inclui a adopção das propostas da comissão de reforma do direito das obrigações (v. o *Abschlussbericht der Kommission zur Überarbeitung des Schuldrechts*, Köln, 1992) relativas aos regimes da prescrição, da resolução do contrato, do não cumprimento, da compra e venda e da empreitada, e propõe-se ainda integrar no BGB e sua lei de introdução todas as leis especiais sobre direito dos contratos – incluindo, designadamente, a lei sobre contratos a domicílio (*Haustürwiderrufsgesetz*), a lei do crédito ao consumo (*Verbraucherkreditgesetz*), a lei sobre contratos à distância (*Fernabsatzgesetz*), a lei sobre direitos de habitação periódica (*Teilzeit-Wohnrechtegesetz*) e a lei sobre "condições negociais gerais" (*AGB-Gesetz*). No direito do não cumprimento, afasta-se, assim, tal anteprojecto, na sequência do projecto da comissão de reforma do direito das obrigações (*Abschlussbericht...*, p. 289), da repartição – constante ainda do BGB apesar de todo o desenvolvimento jurisprudencial e doutrinal – das modalidades de não cumprimento apenas pela impossibilidade e pela mora, baseando-se antes na noção de *"violação de dever obrigacional"* (v. os propostos novos §§ 280 e 323, no relatório *cit.*). Por outro lado, no que toca ao regime da "garantia legal" na compra e venda, mantém-se a noção de "vício da coisa" (*"Sachmangel"*) no §434, a qual apenas seria complementada para correspondência à directiva (ao seu artigo 2.º, n.º 2, al. *d*)). No regime das espécies de compra e venda introduzir-se-ia depois, num subtítulo 3, uma regulamentação específica para a "compra de bens de consumo" (§§ 473 a 475).

Sobre este projecto de lei alemão (e também incluindo o projecto austríaco de transposição da directiva), v. Wolfgang ERNST/Reinhard ZIMMERMANN (orgs), *Zivilrechtswissenschaft und Schuldrechtsreform. Zum Diskussionsentwurf eines Schuldrechtsmodernisierungsgsetzes des Bundesministeriums der Justiz*, Tübingen, prev. Fevereiro de 2001, *passim* (e, em especial sobre a directiva e sua transposição, os contributos de Ulrich HUBER, Daniel ZIMMER, Peter SCHLECHTRIEM e Brigitta JUD, resp. pp. 31 e ss., 191 e ss., 205 e ss. e 743 e ss.).

diverso do pactuado [84], e pode mesmo (pelo menos nos casos de venda de coisa genérica) abranger as hipóteses de *aliud pro alio* [85].

O que parece já não ser regulado pela directiva, apesar de caber num conceito amplo de falta de conformidade com o contrato, é o

---

[84] Assim, no citado exemplo de entrega de um automóvel fabricado num ano diverso do acordado.

[85] A inclusão da entrega de um *bem diverso* do acordado na falta de conformidade afigura-se discutível – se o bem é outro (se, por ex., se vendeu uma máquina de lavar e se entregou um fogão), o problema da falta de conformidade parece nem sequer se poder pôr, estando em causa antes um não cumprimento puro e simples, que deveria ser submetido ao regime geral. Noutra perspectiva, porém, pode dizer-se que nestes casos existe, também, uma clara (a máxima) falta de correspondência do bem entregue ao pactuado, pelo que este não pode ser conforme com o contrato (C. TWIGG-FLESNER, *cit.*, p. 180) – aliás, como notam H. EHMANN/U. RUST (*cit.*, p. 856) na venda de coisas genéricas não faz sentido distinguir entre entrega de coisa pertencente a outra categoria ou entrega de uma coisa de menor qualidade. Salientando tb. a distinção entre os casos de falta de qualidades e de *aliud pro alio*, v. A. PINTO MONTEIRO/P. MOTA PINTO, "La protection...", *cit.*, p. 262. Tendo em conta, por outro lado, o carácter favorável ao consumidor do regime previsto pela directiva (sendo que um dos motivos para a autonomização do *aliud pro alio* era justamente tornar a aplicação das regras mais estritas da garantia legal do comprador – v. P. MARTINEZ, *Cumprimento defeituoso...*, *cit.*, p. 247), não nos repugnaria incluir estas hipóteses ainda no âmbito da directiva. Este entendimento deixaria, pois, para o não cumprimento praticamente apenas as hipóteses de não cumprimento total da obrigação de entrega (a superação da pouco clara distinção entre obrigação de entrega e garantia na compra e venda, pela introdução de uma unitária obrigação de conformidade, tem sido, aliás, apontada como uma das consequências vantajosas da directiva, por exemplo, no direito francês – v. L. GRYNBAUM, "La fusion de la garantie des vices cachés et de l'obligation de délivrance opérée par la directive du 25 mai 1999", *cit.,* e S. PÉLET, "L'impact de la directive...", *cit.*, 45-7; para o direito espanhol, v. L. SANZ VALENTIN, *cit.*, III, 1). Contra a inclusão dos casos de *aliud* na proposta de directiva, v. M. TENREIRO, "La proposition...", *cit.*, p. 197 (*aliud* grosseiro: "a coisa vendida não foi entregue e a coisa entregue não foi vendida"), L. SANZ VALENTIN, *loc. cit.*). Noutro sentido, Á. CARRASCO PERERA/E. CORDERO LOBATO/P. MARTINEZ ESPÍN, "Transposición...", *cit.*, p. 127, G. DE CRISTOFARO, *cit.*, pp. 56 e ss., 131, H. EHMANN/U. RUST, *loc.cit.* (pelo menos para a venda de coisa genérica). A exclusão dos casos de *aliud pro alio* do âmbito do regime da venda de coisas defeituosas, suscita a questão, que pode revelar-se difícil, de saber se se está em presença de outra coisa ou simplesmente da mesma, mas defeituosa, sendo que a qualidade ou o vício em causa podem ser de molde a distinguir categorias de coisas ou aquela coisa específica – v. JOÃO BAPTISTA MACHADO, "Pressupostos da resolução por incumprimento", in *Estudos em homenagem ao Prof. Doutor J. J. Teixeira Ribeiro*, II, Coimbra, 1979 (pp. 343, ss.), pp. 366, 375 et 390, ss. e C. FERREIRA DE ALMEIDA, *Texto e enunciado...*, *cit.*, pp. 641 ss.

regime dos "vícios do direito", ou seja, da compra e venda de bens onerados. É certo que não se distingue aí expressamente entre falta de conformidade por razões de direito ("vícios do direito" ou *Rechtsmangel*) e por razões de facto, atinentes à coisa ("vícios da coisa" ou *Sachmangel*)[86], diversamente do nosso Código Civil e do BGB (artigos 905.º e segs. e 913.º e segs. e §434 e §459, respectivamente), sendo o ponto de partida da regulamentação antes, simplesmente, a *falta de conformidade dos bens ao contrato*. Porém, quer em face dos trabalhos preparatórios – dos quais resulta que foi sempre a venda afectada por um vício da coisa que se teve em mente –, quer pelo facto de a directiva nunca se referir à insuficiência do direito transmitido mas apenas à falta de conformidade com o contrato do bem de consumo (que é um bem móvel corpóreo), quer, ainda, pela inadequação dos "remédios" previstos na directiva para os "vícios do direito" – assim, a reparação e substituição da coisa, em vez da convalescença do contrato prevista entre nós no artigo 906.º do Código Civil –, afigura-se legítimo restringir a "falta de conformidade com o contrato" regulada pela directiva aos casos de "vícios da coisa" (ou seja, na terminologia do Código Civil, à venda de coisas defeituosas). Assim, não consideramos na comparação que efectuamos o regime da venda de bens onerados[87].

Adianta-se, desde já, que os critérios da conformidade e da falta de conformidade com o contrato, previstos no artigo 2.º, n.º 2, da directiva e de verificação cumulativa, correspondem, em boa parte, ao estado actual do nosso direito[88]. Mas que, por outro lado, nem todos eles correspondem àquilo que podia tradicionalmente considerar-se resultante, para o conteúdo do contrato, das declarações negociais das partes, reforçando, pois, a tendência para a *objectivação* desse conteúdo,

---

[86] J. SCHMIDT-RÄNTSCH, "Gedanken zur Umsetzung...", *cit.*, p. 301 (propondo o abandono da distinção como compensação para o vendedor), Chr. BALDUS, *Binnenkonkurrenz...*, *cit.*, p. 19.

[87] Entendendo a que a garantia dos vícios jurídicos está excluída do campo da directiva, M. TENREIRO/S. GÓMEZ, "La directive 1999/44/CE...", *cit.*, n. 24 (e, para a proposta, "La proposition...", *cit.*, pp. 196-7), Á. CARRASCO PERERA/E. CORDERO LOBATO/ /P. MARTINEZ ESPÍN, "Transposición...", *cit.*, p. 127, G. DE CRISTOFARO, *cit.*, p. 143, G. BRÜGGEMEIER, *cit.*, p. 530.

[88] Referindo a proximidade da proposta com os critérios dos artigos 913.º e 919.º do Código Civil, v. J. SINDE MONTEIRO, *cit.*, p. 465.

por razões de protecção do consumidor (assim, de forma muito clara, para a inclusão das mensagens publicitárias no contrato [89]).

a) O artigo 2.º, n.º 2, alínea *a)*, refere-se à conformidade dos bens com a *descrição* que deles é feita pelo vendedor [90] e à posse das qualidades do bem que o vendedor tenha apresentado ao consumidor como *amostra* ou *modelo*. Nesta segunda parte, a previsão da directiva corresponde ao artigo 919.º do Código Civil sobre a venda sobre amostra, segundo o qual se entende que o vendedor assegura a existência, na coisa vendida, de qualidades iguais às da amostra. Este critério é, porém, na directiva, imperativo, pelo que – pondo de momento entre parêntesis o critério das expectativas legítimas constante do artigo 4.º, n.º 1 da LDC [91] – a excepção do artigo 919.º do Código Civil (uma vez que o

---

[89] Neste sentido, v., por ex. M. LEHMANN, *cit.*, p. 283, P. SCHLECHTRIEM, "Die Anpassung...", cit., p. 343 ("objectivação do *standard* de qualidade"), W. SCHUHMACHER, *cit.*, pp. 379-80.

[90] O Parlamento Europeu propôs, em primeira leitura (alteração 18), a inclusão igualmente da descrição dos bens pelo produtor, particularmente relevante, sem dúvida, para a frequente distribuição e venda de produtos pré-embalados pelo produtor. A descrição pelo produtor em declarações públicas, nomeadamente na rotulagem, é já, porém, relevante nos termos da alínea d) do n.º 2 do artigo 2.º, como se dirá. A proposta não foi, assim, acolhida.

[91] Como tendencialmente faremos na análise que se segue. Efectivamente, deixámos já expressas *supra* as dúvidas que a coordenação dos artigos 4.º, n.º 1, e 12.º, n.º 1, da LDC nos oferece. A isto acresce que o critério do artigo 4.º, n.º 1 – a correspondência às expectativas legítimas do consumidor –, mesmo quando deva ser utilizado para determinação do defeito pressuposto pelo artigo 12.º, n.º 1, não só é, como se disse, subsidiário em relação às normas legais, e se apresenta isento de qualquer referência expressa a um padrão contratual, como é, só por si, *sumamente genérico*, carecendo de concretização legislativa ou, pelo menos, jurisprudencial e doutrinal, conforme à directiva. Ainda, pois, que o conceito de defeito adoptado pelo nosso direito fosse já hoje mais exigente do que o da directiva, pela consideração do critério da conformidade com as legítimas expectativas do consumidor para efeitos do artigo 12.º, n.º 1, da LDC – o que não nos parece ser o caso –, não seria despiciendo, para aquela concretização, comparar as exigências de conformidade com o contrato resultantes do nosso direito civil comum com as da directiva.

Consideraremos sistematicamente apenas as disposições do Código Civil atinentes ao contrato de compra e venda, não deixando, aqui e ali, de fazer uma referência ao regime da empreitada, abrangido igualmente pela directiva (e, entre nós, também, em geral, pelas normas da LDC).

problema da transposição da directiva não se põe para as vendas consideradas no citado artigo 469.º do Código Comercial [92]) para a convenção ou os usos dos quais resulte que a amostra serve somente para indicar de modo aproximado as qualidades do objecto deverá ser abolida.

Já a suficiência do nosso direito para albergar a conformidade do bem à sua *descrição* pelo vendedor depende, actualmente, do sentido que, no caso concreto, for de conferir ao comportamento deste. Na verdade, a mera descrição do bem pode não constituir qualquer *garantia* de qualidades da coisa nos termos do artigo 913.º, n.º 1 (e apesar da falta de correspondência a ela pode não ser impedido o fim visado ou existir objectiva desvalorização da coisa). Muitas vezes, é certo, da mera descrição da coisa objecto do contrato e suas características (por exemplo, o consumo de gasolina de um automóvel ou a compatibilidade de um determinado programa informático), num contexto de negociações contratuais ou, por exemplo, na embalagem (para a publicidade, v. a alínea *d)*), poderá deduzir-se, do ponto de vista objectivo interpretativamente relevante (artigo 236.º do Código Civil), uma declaração tácita de garantia das características em questão [93], integrando a descrição do objecto o conteúdo contratual. Outras vezes, porém, poderá não ser assim, e à mera descrição faltará o sentido "performativo" – ou de "declaração de validade" [94] – exigido para se poder admitir uma verdadeira declaração negocial.

---

[92] V., porém, para estas, o que se dirá *infra* sobre o direito de regresso. O artigo 919.º parece, aliás, ter tido como fonte este artigo 469.º do Código Comercial, embora sem considerar a conformidade à amostra como condição do negócio, e sim considerando existente uma garantia de qualidades. J. BAPTISTA MACHADO ("Acordo negocial e erro na venda de coisas defeituosas", *cit.*, p. 69, nota 103), defende, assim, que o direito a nova prestação em caso de desconformidade resultaria logo do artigo 919.º.

[93] V., sobre os critérios de apuramento da existência de uma declaração negocial tácita em geral, a nossa *Declaração tácita e comportamento concludente no negócio jurídico*, Coimbra, 1995, pp. 746 e ss. Sobre promessas tácitas de garantia de qualidade, v. C. FERREIRA DE ALMEIDA, *Texto e enunciado...*, *cit.*, vol. II, § 41.

[94] V. C. FERREIRA DE ALMEIDA, *Texto e enunciado...*, *cit.*, 1992, esp. pp. 61, ss, 114, ss, 121, ss, 244, ss. E, para a *Geltungstheorie*, KARL LARENZ, *Die Methode der Auslegung des Rechtsgeschäfts. Zugleich ein Beitrag zur Theorie der Willenserklärung*, Leipzig, 1930, pp. 43 e ss. Para mais indicações e apreciação destas teorias, v. a nossa *ob. cit.*, pp. 34 e ss..

Nestes casos, afigura-se que a previsão da directiva vai além do que actualmente resulta do direito nacional, que – exceptuado o caso das informações contidas em mensagens publicitárias (artigo 7.º, n.º 5, da LDC) – parece basear-se, para conceder relevância à descrição da coisa enquanto padrão para averiguação da falta de conformidade ao contrato, nos quadros gerais do negócio jurídico, exigindo, pois, que essa descrição tenha, segundo estes, passado a integrar o conteúdo contratual [95]. A relevância da mera descrição do bem justifica-se, porém, em atenção à finalidade de protecção do consumidor, contribuindo para eliminar controvérsias em torno da existência de uma vontade de vinculação do vendedor [96].

b) No artigo 2.º, n.º 2, alínea *b)*, prevê-se a adequação dos bens ao *uso específico* para o qual o consumidor os destine e do qual tenha informado o vendedor quando celebrou o contrato e que o mesmo tenha *aceite*. Eliminou-se, pois, no texto final da directiva, quer a referência a um uso especial apenas *comunicado*, expressa ou tacitamente, pelo consumidor ao vendedor, relevante independentemente da aceitação deste, quer a excepção relativa à demonstração, a partir das circunstâncias, que o consumidor não teve em conta as explicações do vendedor quanto a esse uso específico [97].

---

[95] Na verdade, a directiva refere-se apenas à descrição dos bens pelo vendedor, sem se preocupar com a integração desta descrição no conteúdo contratual segundo os critérios gerais – tal integração como que resulta do próprio direito objectivo.

[96] Assim, P. SCHLECHTRIEM, *cit.*, p. 348, salientando o carácter inovador da alínea *a)*. V. tb. W. SCHUHMACHER, *cit.*, p. 379. Afirmando que a regra da al. *a)* (como a da al. *d)*) eleva informação pré-contratual ao nível de fonte de determinação do conteúdo da obrigação do vendedor, v. G. DE CRISTOFARO, *cit.*, p. 91.

[97] Assim, a al. *d)* do n.º 2 do artigo 2.º do anteprojecto e a al. *c)* do mesmo n.º e artigo da proposta de directiva. Apesar da proposta de eliminação pelo Parlamento Europeu da excepção atinente à não consideração pelo consumidor das explicações do vendedor, o texto desta alínea manteve-se na proposta alterada e na posição comum. Em face de nova proposta de eliminação da parte final pelo Parlamento Europeu (alteração 12), a Comissão recusou-se novamente, a aceitá-la, invocando o paralelismo com a Convenção de Viena (artigo 35.º, n.º 2, al. *b)*). Tendo-se a final optado por eliminar tal excepção, assentou-se porém, em que não bastaria que o uso específico fosse comunicado ao vendedor, tornando-se necessário que este o aceitasse. A previsão desta alínea aproximou-se assim da do artigo 913.º, n.ºs 1 e 2, do Código Civil.

A excepção para os casos em que o comprador não teve em conta as explicações do vendedor havia, aliás, sido objecto de críticas (v. D. MEDICUS, "Ein neues Kaufrecht...",

Cremos que este critério da falta de conformidade se encontra já hoje, em grande parte, coberto, no nosso direito civil, pela previsão, no artigo 913.º, n.ᵒˢ 1 e 2, do vício ou falta de qualidade que impeça a realização do fim a que é destinada a coisa, aceito pelo vendedor tal como resulta do contrato. Isto, pelo menos, se se puder entender de forma ampla o requisito de que o fim a que se destina a coisa resulte do contrato.

Na verdade, julgamos que apenas a hipótese de o uso ou fim específico a que se destina a coisa ter sido aceito pelo vendedor mas *não se poder considerar resultante do contrato* por interpretação – hipótese eventualmente rara, mas que poderá verificar-se, por exemplo, quando tal aceitação fora do quadro contratual não deva ser considerada na interpretação deste, por exemplo, por ser posterior – poderá suscitar problemas de compatibilidade com a directiva [97a]. Neste particular, cremos que a hipótese do artigo 913.º poderá carecer de um ligeiro retoque, por forma a incluir fins aceitos pelo vendedor mas que não resultem do contrato.

c) A alínea *c)* do artigo 2.º, n.º 2, que se manteve praticamente inalterada desde a proposta de directiva, prevê a adequação às *utilizações habitualmente dadas aos bens do mesmo tipo*, e corresponde ao vício ou falta de qualidade que impeça a realização do fim a que é destinada a coisa, quando este não resulte do contrato e se deva atender à função normal das coisas da mesma categoria, prevista no artigo 913.º, n.ᵒˢ 1 e 2, do Código Civil.

Também aqui a proximidade do Código Civil com o critério da directiva é manifesta, embora não exista identidade, e possa mesmo revelar-se necessária uma alteração.

Na verdade, como se disse, os critérios previstos na directiva para a falta de conformidade são *cumulativos*, exigindo a directiva, *além* da

---

cit., p. 1926, P. Schlechtriem, "Verbraucherkaufverträge...", *cit.*, p. 441 e s., e, entre nós, J. Sinde Monteiro, *cit.*, nota 16), salientando a inconveniência de utilizar para os contratos de compra e venda com consumidores uma regulamentação adequada para a compra e venda internacional de mercadorias.

[97a] Sobre o sentido desta "aceitação", v. G. de Cristofaro, *cit.*, pp. 101 e ss., defendendo que basta o conhecimento e a não oposição do vendedor.

adequação do bem para o uso específico aceito pelo vendedor, a sua adequação para as utilizações *habitualmente dadas* aos bens do mesmo tipo. Diversamente, segundo o artigo 913.º, n.º 2, do Código Civil, à "função normal das coisas da mesma categoria" apenas se atenderá *supletivamente*, isto é, quando o fim a que se destina a coisa não resulta do contrato. Trata-se de um critério supletivo, que deverá, futuramente, passar antes a ser *cumulativo* em relação ao do fim aceito pelo vendedor.

d) Tem, porém, sido a alínea *d)* do n.º 2 do artigo 2.º aquela que mais atenção tem suscitado na doutrina estrangeira, quer por ser a que acarreta maiores alterações no direito interno de alguns Estados-membros – afastando-os da definição das qualidades devidas segundo um paradigma estritamente contratual e atribuindo relevância a *declarações públicas* sobre o bem –, quer por integrar na apreciação da falta de conformidade as *expectativas razoáveis* do consumidor.

Segundo esta alínea *d)*, os bens devem apresentar "as qualidades e o desempenho habituais nos bens do mesmo tipo e que o consumidor pode razoavelmente esperar, atendendo à natureza do bem e, eventualmente às declarações públicas sobre as suas características concretas feitas pelo vendedor, pelo produtor ou pelo seu representante, nomeadamente na publicidade ou na rotulagem"[98].

---

[98] O anteprojecto de directiva previa em duas alíneas diversas (*b)* e *d)*) a conformidade às declarações públicas sobre o bem e o critério das expectativas razoáveis do consumidor em relação às qualidades do bem, concretizando este como referindo-se, nomeadamente, a estarem "isentos de qualquer defeito, incluindo defeitos menores, e terem uma aparência, um acabamento e uma durabilidade satisfatórias, tendo em conta a descrição, a natureza dos bens, o preço pago e as declarações públicas mencionadas na alínea *b)*". A proposta de directiva, numa única alínea *d)*, referia o facto de as qualidades e prestações serem "satisfatórias atendendo à natureza do bem e ao preço pago e tendo em conta as declarações públicas feitas a seu respeito pelo vendedor, pelo produtor ou pelo seu representante", tendo logo o parecer do Comité Económico e Social suscitado dúvidas sobre a referência ao preço, pois um preço inferior não implica forçosamente que o consumidor tenha que contar com uma qualidade inferior do produto mais barato, podendo tal referência reduzir as possibilidades de o comprador fazer valer a garantia legal relativamente ao vendedor que apresentasse o preço mais baixo (louvando a eliminação da referência ao preço, v., por ex., P. SCHLECHTRIEM, *cit.*, p. 350). O Parlamento Europeu sugeriu (alteração 20) várias alterações a esta alínea – menção das expectativas do consumidor, em termos de qualidades e

São vários os problemas que a formulação desta norma suscita. Julgamos, antes do mais, que teria sido conveniente precisar o que se entende por "qualidades e desempenho" do bem, mencionando, designadamente (como no anteprojecto) a aparência, a isenção de defeitos menores, o acabamento, a segurança, e, sobretudo, a durabilidade [99]. Apesar da rejeição pela Comissão e pelo Conselho das tentativas do Parlamento Europeu de incluir na directiva uma tal definição [100], afigura-se-nos que esses elementos deverão continuar a ser tomados em conta na densificação do que se deve entender por "expectativas razoáveis" do consumidor [101].

Depois, suscita-se, a questão de saber se os qualificativos nessa norma mencionados para as qualidades e desempenho do bem são cumulativos [102], ou se podem ser autonomizados. Se bem que esta última solução se revele mais protectora do comprador/consumidor, o elemento histórico e a consideração de outras versões linguísticas da directiva [103]

---

prestação; eliminação da referência à natureza do bem e ao preço pago e concretização exemplificativa das declarações públicas para a publicidade e rotulagem – não seguidas na proposta alterada, mas acolhidas, em parte (no que toca às expectativas razoáveis do consumidor, à referência à publicidade e à rotulagem e à eliminação da menção do preço pago), pelo Conselho, que, fixando a que viria a ser a redacção final da alínea, acrescentou às qualidades a consideração do desempenho do bem, embora limitando-os aos "habituais nos bens do mesmo tipo", e precisou que as declarações públicas hão-de referir-se a características concretas do bem.

[99] Neste sentido, v. C. TWIGG-FLESNER, cit., p. 181. A directiva não acolheu expressamente a ideia de uma garantia de durabilidade dos bens de consumo correspondente à expectativa razoável do consumidor, presente no artigo 6.º, n.º 3, do anteprojecto. Apenas prolongou os prazos de garantia até dois anos a contar da entrega. V. infra, n.º 6.

[100] Alteração 22, sugerida em primeira leitura e não acolhida na proposta alterada.

[101] Assim, M. TENREIRO/S.GÓMEZ, cit., p. 15, G. DE CRISTOFARO, cit., p. 108..

[102] Como parece inculcado pela palavra "...e que o consumidor pode...". Cfr., porém, a formulação da alínea a), na qual a palavra "e" tem o sentido de autonomizar os requisitos, sendo bastante para que exista falta de conformidade que os bens não correspondam à descrição ou à amostra ou modelo (assim, P. SCHLECHTRIEM, "Die Anpassung...", cit., p. 348, G. DE CRISTOFARO, cit., p. 81; cf. porém, diversamente, F. SCHURR, cit., p. 225).

[103] Na verdade, a alteração resultante da posição comum parece ter visado justamente limitar o critério das expectativas razoáveis pela habitualidade das qualidades e do desempenho nos bens do mesmo tipo. Por outro lado, na versão francesa da

revela que se pretendeu formular dois requisitos *cumulativos* das qualidades e do desempenho: a habitualidade nos bens do mesmo tipo e as expectativas razoáveis do consumidor [104].

A formulação refere-se, além disso, a vários elementos a que há que "atender", para determinação daquilo que o consumidor pode *razoavelmente esperar.* Se tais expectativas razoáveis do consumidor não têm, pois, de fundar-se em afirmações publicitárias – podem resultar da "natureza do bem" ou, mesmo, segundo cremos, de outras circunstâncias (o considerando 8 refere o carácter novo ou em segunda mão do bem) –, por outro lado, afigura-se que não bastarão quaisquer afirmações publicitárias para fundar expectativas do consumidor. Não só estas têm de ser razoáveis, o que logo introduz um critério objectivo – podendo suscitar-se a questão de saber qual o modelo de consumidor a adoptar neste ponto como critério [105] –, como a directiva apenas refere afirmações sobre características *concretas* do bem [106]. É claro que, relevando afirmações públicas efectuadas não só pelo vendedor como por terceiros

---

directiva refere-se, de forma inequívoca, "la qualité et les prestations habituelles d'un bien de même type *auxquelles* le consommateur peut raisonnablement s'attendre", e na versão italiana pode ler-se "la qualità e le prestazioni abituali di un bene dello stesso tipo, *che* il consumatore può ragionevolmente aspettarsi" (itálico aditado). Defendendo, porém, a separação dos critérios, atendendo à *ratio consumeristica* da disposição, v. G. DE CRISTOFARO, *cit.*, pp. 113 e ss.

[104] Nestes termos J. SCHMIDT-RÄNTSCH, "Zum Stand...", *cit.*, p. 851 e W. FABER, *cit.*, p. 422 (que salienta que a função principal desta cumulação é evitar que o consumidor que tem em vista uma utilização não habitual da coisa possa confiar apenas na publicidade ou na rotulagem, e que tal interpretação da directiva pressupõe que a formulação "bens do mesmo tipo" não seja entendida de forma muito restritiva).

[105] Um consumidor educado, de formação, entendimento e cultura elevados, um "consumidor médio", ou um consumidor particularmente vulnerável, com uma capacidade de entendimento e uma cultura inferiores à média. Defendendo que, por estar em causa a relevância das expectativas para a garantia dos vícios da coisa, deve adoptar-se o critério do direito comunitário do horizonte de compreensão do consumidor razoável, e não o do consumidor abaixo da média (relevante para efeitos da publicidade enganosa), v. M. LEHMANN, *cit.*, p. 285. Julgamos que o critério a adoptar para concretização das expectativas razoáveis do consumidor não deve destoar da aplicação do critério geral de interpretação da declaração, que atende, como se sabe, ao horizonte de compreensão de um destinatário normal, colocado na posição do destinatário real – v. a nossa *Declaração tácita...*, *cit.*, n.º 16, b).

[106] Salientando este aspecto, v. D. STAUDENMAYER, *cit.*, p. 2394, p. 851.

– o produtor ou seu "representante"[107] – estarão frequentemente em causa, mesmo quando a declaração publicitária seja suficientemente clara e precisa para ser interpretada como declaração negocial, elementos que, de acordo com os princípios gerais, não fariam parte do conteúdo do contrato.

A presente alínea representa, pois, pelo menos quanto às afirmações publicitárias de terceiros, para muitas ordens jurídicas uma inovação[108], justificando-se a responsabilidade do vendedor pela publicidade efectuada por terceiros pelo facto de o contacto do consumidor com o bem e o impulso para a aquisição ser, hoje em dia, sobretudo provocado pela publicidade, a qual é normalmente promovida pelo produtor, pelo importador, ou por um outro seu "representante" económico, distinto do vendedor final[109]. Compreende-se, assim, a atribuição de relevância à publicidade para a determinação da falta de conformidade ao contrato.

Comparando o critério da alínea *d)* do n.º 2 do artigo 2.º da directiva com o direito português, conclui-se que neste – para além do disposto, em termos insuficientes, como se viu, no artigo 4.º, n.º 1 da

---

[107] A directiva não define o que deve entender-se aqui por representante, sendo, porém, claro que tal conceito não deve ser tomado no sentido técnico-jurídico (correspondente ao do artigo 258.º do Código Civil). Trata-se de um "representante económico". Poderá aqui ser utilizada, a nosso ver, a noção proposta pelo Parlamento Europeu em primeira leitura (alteração 16) e acolhida na proposta alterada de directiva: "a pessoa singular ou colectiva que intervenha na qualidade de distribuidor oficial e/ou prestador de serviços do produtor, excluindo os vendedores independentes que intervenham exclusivamente na qualidade de retalhistas."

[108] V. K. TONNER, "Verbauchsgüterkauf...", *cit.*, p. 1771, W. FABER, "Zur Richtlinie...", *cit.*, p. 423, G. DE CRISTOFARO, *cit.*, p. 122. Diversamente, considerando a aceitação pela jurisprudência alemã de uma garantia de qualidade no caso de afirmações do produtor sobre características concretas do produto – por exemplo, o consumo de combustível de um automóvel – J. SCHMIDT-RÄNTSCH, "Zum Stand...", *cit.*, p. 851, P. SCHLECHTRIEM, "Die Anpassung...", p. 350, H. EHMANN/U. RUST, *cit.*, p. 856. Para S. GRUNDMANN (*ob. cit.*, p. 297), considerando a sobreposição parcial dos critérios das als. *a)*, *c)* e *d)*, na prática esta última só viria a receber aplicação em "casos excepcionais atípicos". Sobre a relevância das declarações publicitárias, v. sobretudo M. LEHMANN, "Informationsverantwortung und Gewährleistung für Werbeangaben beim Verbrauchsgüterkauf", *cit.*.

[109] V. esta justificação em D. STAUDENMAYER, *cit.*, p. 2394 e M. TENREIRO/S. GÓMEZ, *cit.*, nota 38.

LDC – não é concedida relevância expressa às *expectativas razoáveis* do consumidor em relação à qualidade e ao desempenho dos bens. Designadamente, a hipótese do artigo 913.º, mesmo complementada por uma generosa aplicação dos critérios interpretativos gerais, afigura-se ainda insuficiente. Haverá, pois, que precisar a relevância no direito português do critério das "expectativas razoáveis", ou "legítimas", para determinação da falta de conformidade ao contrato.

Já, porém, relativamente às declarações *publicitárias* (que não apenas na rotulagem) e sua inclusão no contrato o nosso direito actual se revela suficiente [110]. Na verdade, segundo o artigo 7.º, n.º 5, da LDC, "as informações concretas e objectivas contidas nas mensagens publicitárias de determinado bem, serviço ou direito consideram-se integradas no conteúdo dos contratos que se venham a celebrar após a sua emissão, tendo-se por não escritas as cláusulas contratuais em contrário." Também esta norma colhe a sua razão de ser no facto de a publicidade – feita pelo vendedor ou, mais frequentemente, pelo produtor – constituir hoje o principal meio de atrair os consumidores ao estabelecimento do vendedor e a adquirir bens a este. Assim, tal como a norma da directiva, também a norma da LDC se refere, quer à publicidade feita pelo vendedor, quer à realizada por um terceiro, e quer a contratos relativos a bens novos, quer a contratos sobre bens em segunda mão (embora, na directiva, com a atenuação resultante da natureza usada do bem e do reflexo em expectativas do comprador que têm de ser "razoáveis").

Pode notar-se, aliás, que a norma da LDC vai, na sua imperatividade para todos estes casos ("...tendo-se por não escritas as cláusulas contratuais em contrário."), mais longe do que a da directiva [111]. Na

---

[110] Também o artigo 3.º, n.º 2, 3.º parágrafo, da referida directiva sobre viagens organizadas (transposta para o direito português pelos Decretos-Leis n.ºs 198/93, de 27 de Maio e 209/97, de 13 de Agosto – v. José Miguel de Sá Miranda, *O contrato de viagem organizada*, Coimbra, 2000) atribui, aliás, relevância às declarações publicitárias, considerando-as integradas no conteúdo dos contratos. No nosso direito, tal integração resulta de uma norma geral, justamente o artigo 7.º, n.º 5 da LDC – cfr., aliás, o artigo 43.º, n.º 5 do Decreto-Lei n.º 275/93, de 5 de Agosto (na redacção dada pelo Decreto-Lei n.º 180/99, de 22 de Maio), relativo ao direito real de habitação periódica.

[111] Já a exigência de que as informações sejam, não apenas concretas, mas "objectivas" não parece assumir relevo significativo. Na verdade, esta "objectividade"

verdade, segundo o artigo 2.º, n.º 4, desta, "o vendedor não fica vinculado pelas declarações públicas a que se refere a alínea *d)* do n.º 2, se: – demonstrar que não tinha conhecimento nem podia razoavelmente ter conhecimento da declaração em causa; – demonstrar que, até ao momento da celebração do contrato, a declaração em causa fora corrigida; ou – demonstrar que a decisão de comprar o bem de consumo não poderia ter sido influenciada pela declaração em causa". A previsão destas possibilidades de *exoneração* do vendedor [112] contrasta com a norma da LDC, a qual, porém, neste particular, se afigura mais protectora do consumidor do que a directiva [113], e, portanto, não contrária a esta (cf. o artigo 8.º, n.º 2).

---

não equivale, obviamente, a correspondência à realidade, a veracidade (caso em que a sua inclusão no contratualmente exigido se revelaria afinal desnecessária), significando antes, do ponto de vista do destinatário, que a informação não há-de limitar-se a transmitir dados dependentes do julgamento do autor da mensagem ou meros juízos de valor, mas antes elementos comprováveis objectivamente. Assim, não representa qualquer limitação significativa em relação ao exigido pela directiva, que exige ainda que as qualidades e o desempenho em questão sejam os habituais nos bens do mesmo tipo e que as declarações públicas tenham podido fundar expectativas razoáveis do consumidor.

[112] Já no anteprojecto e na proposta de directiva se previa esta possibilidade de exoneração do vendedor em relação às declarações públicas de terceiros (produtor ou seu representante), tendo sido os seus termos alterados pela posição comum (que passou também o seu enquadramento da matéria do artigo 3.º para o artigo 2.º). Assim, tal possibilidade deixou, pelo menos expressamente, de valer apenas para as declarações de terceiros, passando-se também a admitir a prova da correcção da declaração (mas não uma exclusão de responsabilidade) por parte de um terceiro, e a exigir a prova de que a decisão de comprar o bem não só não foi, como não *poderia ter sido* influenciada pela declaração em causa. Apesar de a directiva não concretizar o que significa esta "influência", julgamos, porém, que – se exceptuarmos, porventura, o caso de correcção da declaração – as exigências de prova previstas neste artigo 2.º, n.º 4 raramente serão satisfeitas pelo vendedor profissional, o que acentua a relevância das declarações publicitárias na directiva.

[113] O que não significa que não seja isenta de críticas, no que toca à imperatividade da inclusão no contrato da publicidade promovida por pessoa diversa do vendedor. Como temos defendido (v. *Direito da publicidade – apontamentos para os alunos da disciplina de Direito da Publicidade do Curso de Direito do Consumo*, polic., Coimbra, 1999, p. 87), "não se vê porque não poderão em certos casos as partes, num contrato negociado, excluir a relevância de certa informação publicitária, ou, até, a ligação à publicidade feita por terceiro (produtor, importador, etc.) para um determinado bem ou serviço (por exemplo, um bem vendido em segunda mão)." Para casos como estes,

Pelo que também no que toca à vinculação do vendedor por declarações publicitárias sobre as características concretas do bem feitas por ele, pelo produtor ou pelo seu "representante", pode concluir-se que o direito nacional não carece de ser adaptado à nova directiva.

Já o mesmo não parece poder dizer-se, porém, para *outras declarações públicas* (isto é, não publicitárias) do vendedor, do produtor ou seu "representante" sobre características concretas da coisa – efectuadas por exemplo na rotulagem –, na medida em que tais declarações não devam já hoje entre nós considerar-se integrantes do conteúdo do contrato (nomeadamente, segundo os critérios gerais, uma vez que uma aplicação analógica do regime previsto no citado artigo 7.º, n.º 5 se nos afigura dificilmente sustentável).

A propósito dos fundamentos da falta de conformidade, em comparação com o regime da venda de coisas defeituosas, nota-se ainda que a directiva não se refere, ao contrário do artigo 913.º, n.º 1, do Código Civil, ao simples "vício que desvalorize a coisa", sem afectar a sua descrição ou conformidade para o uso em causa ou as qualidades e desempenho habituais nos bens desse tipo.

Neste ponto, o nosso Código Civil parece revelar-se mais protector do comprador, na medida em que a *pura e simples desvalorização* não surja já coberta por qualquer das alíneas do artigo 2.º, n.º 2 (recorda-se, porém, que, como se viu, se estabelece neste n.º 2 uma mera presunção *iuris tantum* de conformidade).

C) O conhecimento e a reconhecibilidade da falta de conformidade

Para finalizar a comparação do alcance das hipóteses de "falta de conformidade" na directiva e da "venda de coisas defeituosas" no direito português vigente é ainda indispensável atender à relevância da situação

---

poderá impor-se, mesmo, neste aspecto e no interesse do próprio consumidor (que pode em relação a um bem em segunda mão trocar preferir trocar a "garantia" publicitária por um preço mais barato, com desvinculação do vendedor da publicidade feita por terceiro), uma interpretação correctiva, para evitar uma limitação excessiva da liberdade contratual.

subjectiva do comprador, perguntando em que medida o conhecimento ou a reconhecibilidade por parte deste da falta de conformidade exclui os direitos deste.

Segundo o artigo 2.º, n.º 3, não existirá falta de conformidade se, no momento em que for celebrado o contrato, o consumidor *tiver conhecimento* da falta de conformidade ou *não puder razoavelmente ignorá-la*. Trata-se de uma limitação inspirada no artigo 35.º, n.º 3, da Convenção de Viena, que, com ligeiras alterações de formulação [114], provém já do anteprojecto e da proposta de directiva (respectivamente artigos 7.º, n.º 3 e 3.º, n.º 1, que previam a exclusão da responsabilidade do vendedor se o comprador conhecia ou não podia ignorar o defeito no momento da conclusão do contrato), e da qual não resulta para o comprador um verdadeiro ónus de examinar ou mandar examinar a coisa, como o previsto no artigo 36.º, n.º 1, da Convenção de Viena – mas, tão-só, um *dever de diligência* quanto à percepção de faltas de conformidade *ostensivas* no momento da conclusão do contrato [115].

---

[114] Para além da alteração do enquadramento – passou agora a considerar-se inexistente a falta de conformidade, na acepção da directiva –, o Conselho introduziu, na posição comum, o advérbio *"razoavelmente"* a propósito da reconhecibilidade da falta de conformidade, para compensar a intenção do Parlamento Europeu que, em primeira leitura, propusera a eliminação de qualquer restrição relativa à reconhecibilidade. Discutindo se tal introdução implicou uma melhoria ou um agravamento da posição do consumidor, M. TENREIRO/S. GÓMEZ, *cit.*, n. 17.

Para além destes casos, prevê-se, como se disse, no artigo 2.º, n.º 3, que não existirá falta de conformidade relevante, quando ela decorrer dos materiais fornecidos pelo consumidor.

[115] Cfr. D. STAUDENMAYER, *cit.*, p. 2394, referindo que apenas a negligência grosseira deve ser considerada relevante, e G. DE CRISTOFARO, *cit.*, p. 167 (ónus de adquirir e recorrer a todas as informações facilmente acessíveis, mas não de controlar profundamente o bem antes da conclusão do contrato).

O Código Civil também não prevê expressamente um dever de o comprador examinar a coisa no momento da conclusão do contrato ou da entrega da coisa. Diversamente, para o contrato de empreitada prevê-se, no artigo 1218.º, um dever do dono da obra de verificar, antes de a aceitar, se ela se encontra nas condições convencionadas e sem vícios, sendo que a falta de verificação ou comunicação do respectivo resultado importa aceitação da obra (n.º 5). Um dever com esta largueza, e sancionado com a ficção de aceitação da obra, não se nos afigura compatível com a directiva, que apenas prevê não se considerar existir falta de conformidade se o consumidor a conhecia ou não podia razoavelmente ignorá-la. Já o regime do artigo 1219.º, n.º 1, segundo o

Ao conhecimento do vício ou da falta de qualidade é também hoje atribuída relevância no nosso direito interno, no regime do Código Civil [116], para o regime da venda de bens onerados ou de coisas defeituosas, pois se o comprador tiver efectivo *conhecimento* da falta de conformidade não existirá erro, simples ou qualificado por dolo, e o comprador não será titular dos direitos previstos nos artigos 913.º e segs. (designadamente, não poderá pedir a anulação do contrato ou exigir uma redução do preço [117]). Já, porém, se o comprador simplesmente não podia ignorar o vício ou a falta de qualidade, poderá existir um *erro culposo* da sua parte, pelo que o regime do Código Civil seria ainda aplicável, não estando os direitos do comprador excluídos, ao contrário do que acontece no regime da directiva. Trata-se, todavia, de uma diferença do nosso direito que, a existir (uma vez que é discutido o regime jurídico do erro culposo [118]), será também mais favorável ao consumidor do que a directiva comunitária, não carecendo aqui de qualquer alteração.

É certo que a formulação da LDC a este propósito é diversa. Nos termos do artigo 12.º, n.º 1, desta (com a epígrafe "direito à reparação de danos") "o consumidor a quem seja fornecida a coisa com defeito, *salvo se dele tivesse sido previamente informado e esclarecido antes da celebração do contrato*, pode exigir, independentemente de culpa do fornecedor do bem, a reparação da coisa, a sua substituição, a redução do preço ou a resolução do contrato." Como se vê, aparentemente esta norma não liga os direitos que reconhece ao consumidor, que aparecem enunciados em perfeita alternatividade, à existência de um erro por parte do comprador/consumidor, mas sim ao facto de este não ter sido

---

qual "o empreiteiro não responde pelos defeitos da obra, se o dono a aceitou sem reserva, com conhecimento deles", se não afigura incompatível com a directiva (o mesmo se podendo eventualmente dizer do n.º 2 do mesmo artigo, se os "defeitos aparentes" forem aqueles que, na expressão do artigo 2.º, n.º 3 da directiva, o consumidor "não podia razoavelmente ignorar").

[116] E, eventualmente, da LDC, consoante o entendimento que se faça do artigo 12.º, n.º 1: v. J. SINDE MONTEIRO, *cit.*, nota 22. V. porém, sobre esta, o que se diz a seguir, em texto.

[117] V. A. PINTO MONTEIRO/P. MOTA PINTO, *cit.*, pp. 263-4.

[118] Sobre a relevância em geral do erro culposo, v. a nossa *Declaração tácita...*, *cit.*, pp. 406 e ss., nota 440. Note-se, porém, que o conhecimento efectivo do vício e da falta de qualidade poderão também ser provados a partir de presunções judiciais.

devidamente informado ou esclarecido do defeito antes da celebração do contrato. O recurso aos direitos enunciados não parece, pois, depender da prova de um *erro*, qualificado ou não por dolo [119], mas apenas, perspectivando a informação pelo lado do vendedor, da falta do prévio esclarecimento e informação devidos ao comprador. A formulação do artigo 12.º, n.º 1 da LDC, afigura-se, pois, mais *protectora do comprador* (designadamente, no que toca ao regime de prova) do que o regime do Código Civil (pois o consumidor não terá que provar o erro para exercer os direitos aí mencionados, mas apenas que o "defeito" existe, enquanto a prova que o comprador dele foi devidamente informado ou esclarecido incumbiria ao vendedor), exigindo mais do vendedor para afastar os direitos deste [120].

De toda a forma, a directiva não se afigura mais exigente do que o direito nacional, quer resultante do Código Civil quer resultante da LDC, quanto às circunstâncias, relativas à situação subjectiva do comprador, cuja prova se requer para excluir os direitos deste [121].

---

[119] Tratar-se-á, assim, de um aspecto expressamente regulado pela LDC, ao prever, como requisito, não o erro do consumidor, mas sim a falta da informação e do esclarecimento devidos.

[120] Salientando que a formulação da LDC é mais favorável ao consumidor, J. Sinde Monteiro, *cit.*, p. 468, n. 26.

É certo, por outro lado, que não é de excluir, pelo menos em teoria, a possibilidade de o dever de informação ou esclarecimento ter sido *cumprido* – ou seja, que o consumidor tenha sido devidamente informado ou esclarecido –, embora, apesar de tudo, o consumidor *continue em erro culposo,* não se verificando o *efeito* dessa informação ou esclarecimento (e desde que aquele dever não seja concebido como referido ao resultado da informação ou esclarecimento). Nesse caso, o Código Civil continuaria a possibilitar o exercício dos direitos resultantes dos artigos 913.º e segs., e a LDC não o admitiria.

[121] Na verdade, julgamos que, quando for conseguida pelo vendedor a prova da informação ou esclarecimento prévios, legalmente devidos, do consumidor, para excluir os direitos deste nos termos do artigo 12.º, n.º 1, da LDC, isso significará que o consumidor também não podia razoavelmente ignorar a falta de conformidade, pelo que os direitos que lhe são reconhecidos pela directiva estariam igualmente excluídos.

D) O momento da falta de conformidade e o problema do risco

Segundo o artigo 3.º, n.º 1, "o vendedor responde perante o consumidor por qualquer falta de conformidade que exista no momento em que o bem lhe é entregue."

Resulta, aparentemente, desta norma que a apreciação da existência de uma falta de conformidade do bem ao contrato, relevante para a responsabilidade do vendedor, deve efectuar-se, não no momento da conclusão do contrato ou da transferência do risco (como preceitua o artigo 36.º, n.º 1, da Convenção de Viena), mas no momento da *entrega* do bem [122]. A significar isto que é o vendedor, e não o comprador, que suporta os riscos da verificação de circunstâncias que tornem o bem não conforme ao contrato entre estes dois momentos. Em coerência com as finalidades de protecção do consumidor, enquanto este não tiver recebido o bem, os riscos de perda ou deterioração do bem correrão, pois, por conta do vendedor.

A ser assim, esta regra contraria o regime previsto actualmente no Código Civil (artigo 918.º) para os *defeitos supervenientes* à formação do contrato, com remissão para as regras do risco (artigos 796.º e 797.º), as quais fazem correr por parte do comprador o "risco da contraprestação" em caso de perda ou deterioração da coisa [123] posterior

---

[122] Como se dizia na exposição dos fundamentos da proposta, "só esta solução parece ser efectivamente adequada nas relações de consumo" – COM(95)520 final, *cit.*, p. 12.

[123] O problema do risco regulado nestas normas refere-se, como se sabe, ao "risco da contraprestação" (que, como salientam os autores alemães, na compra e venda é um *Preisgefahr*, em contraposição ao risco da prestação, que é um *Sachgefahr*): o risco de ter de realizar a contraprestação (ou não a poder reaver) mesmo em caso de perda ou deterioração da coisa. E a forma como o nosso Código Civil o resolve no artigo 796.º, n.º 1 – "nos contratos que importem a transferência do domínio sobre certa coisa ou que constituam ou transfiram um direito real sobre ela, o perecimento ou deterioração da coisa por causa não imputável ao alienante corre por conta do adquirente" – corresponde, na perspectiva tradicional, à ideia de que *res perit domino suo*, e, noutra perspectiva (segundo a qual a transferência do risco anda associada ao cumprimento) ao cumprimento da principal obrigação do alienante, que consistiria, mesmo nas ordens jurídicas em que vigora o princípio da consensualidade, logo na produção do efeito real, sendo o dever de guardar a coisa e a entregar um acessório

à conclusão do contrato [124]. Uma vez que, segundo a directiva, até ao momento da entrega o risco de não conformidade continuaria, nos termos do artigo 3.º, n.º 1, a correr por conta do vendedor – a conformidade avalia-se no momento da entrega –, concluir-se-á, linearmente, que o regime dos defeitos supervenientes, previsto no artigo 918.º do Código Civil, carece de ser modificado.

Contra a aparente clareza desta conclusão, parece, porém, depor o considerando 14 da directiva, no qual se refere que "as referências à data de entrega não implicam que os Estados-Membros devam alterar as suas normas sobre transferência do risco." Seja, porém, qual for o alcance de tal considerando [125], parece-nos claro que uma regulamentação nacional segundo a qual o vendedor pode entregar ao consumidor bens que não estejam em conformidade com o contrato, desde que a falta de conformidade resulte de circunstâncias posteriores à conclusão deste, contrariaria o sentido literal e a finalidade de defesa do consumidor do artigo 3.º, n.º 1. Destes resulta claramente, a nosso ver, que a intenção

---

(assim, MANUEL DE ANDRADE, *Teoria geral das obrigações*, I, 3ª ed., com a colab. de Rui de Alarcão, Coimbra, 1966, pp. 428-9; para mais indicações, v. a nossa *Declaração tácita...*, cap. III, secção II, nota 393).

[124] Sobre o regime do risco na venda de coisas defeituosas, v., por ex., PIRES DE LIMA/ANTUNES VARELA, *Código Civil anotado*, cit., p. 219, P. ROMANO MARTINEZ, *Cumprimento defeituoso*, cit., pp. 362 e ss., Manuel CARNEIRO DA FRADA, "Perturbações típicas do contrato de compra e venda", in A. MENEZES CORDEIRO (org.), *Direito das Obrigações*, cit., pp. 82-3.

[125] D. STAUDENMAYER, cit., p. 2395, refere que, com tal considerando (como com o emprego da designação *"Lieferung"* e não "entrega" – *"Übergabe"*) se pretendeu, designadamente, evitar impor a alteração das regras de transferência do risco nos casos de venda de coisas que devam ser transportadas e de *mora accipiendi*, a qual no direito alemão se dá nestes casos anteriormente à entrega efectiva ao comprador. C. TWIGG--FLESNER, cit., p. 179, refere que tal considerando seria um resultado do artigo 295 do Tratado, segundo o qual este "em nada prejudica o regime da propriedade nos Estados--membros". Para uma análise dos sentidos possíveis do considerando 14, v. G. DE CRISTOFARO, cit., pp. 146 e ss.

Na proposta de directiva apenas se falava da responsabilidade do vendedor pela falta de conformidade existente aquando da entrega ao consumidor, tendo o Parlamento Europeu proposto acrescentar o adjectivo "efectiva", no que não foi acompanhado pela Comissão na proposta alterada. O Conselho, na posição comum, mantendo a referência apenas à entrega, acrescentou o que veio a ser o considerando 14.

do legislador comunitário foi efectivamente [126] a de fazer recair sobre o vendedor até ao momento da entrega o risco da falta de conformidade, quer esteja em causa uma obrigação em que o vendedor está vinculado a transportar o bem até ao lugar do cumprimento (dívidas *"portables"* ou *"Bringschuld"*), quer o objecto da prestação deva ser enviado pelo vendedor para lugar diferente do cumprimento (*"Schickschulden"*, ou "dívidas de envio" ou remessa, como as previstas no artigo 797.º do Código Civil) [127]. Na verdade, em ambas estas hipóteses, não diferenciadas pela directiva, a situação do comprador/consumidor pode ser caracterizada – de forma decisivamente relevante para a transferência do risco – pela ausência, antes da entrega do bem, de possibilidade de controlar a verificação do risco de perecimento ou deterioração da coisa, pelo que seria injusto que o risco do (e durante o) transporte seja corrido pelo consumidor [128].

[126] Ressalvado, obviamente, o regime da mora do credor – v. o artigo 815.º do Código Civil.

[127] O sentido e alcance desta norma perante a regra geral de transferência do risco no momento da conclusão do contrato pode, aliás, ser justificadamente posto em causa (pois atrasaria a transferência do risco nas *Schickschulden*, em relação ao regime comum, diferentemente do que acontece no BGB). Assim, defendemos que o seu âmbito deve ser circunscrito às obrigações genéricas, precisando para elas que a concentração e a transferência do risco se dão no momento da entrega ao transportador (*Declaração tácita...*, *cit.*, 591 e ss., notas 393-5; e v. já também R. MOURA RAMOS/M. ÂNGELA SOARES, *cit.*, pp. 209 e ss.).

[128] V. o *Livro verde..*, *cit.*, p. 115: o consumidor deve receber um bem em condições. V. tb., em face do texto da directiva, M. TENREIRO/S. GÓMEZ, *cit.*, pp. 16-7 (entendendo o considerando 14 como apenas ressalvando as regras civilísticas gerais, para os contratos não cobertos pela directiva, sobre transferência do risco), C. TWIGG--FLESNER, *cit.*, 179 ("presunção de que o risco se transfere com a entrega efectiva"), G. DE CRISTOFARO, *cit.*, p. 154 (salientando o carácter inovador para os ordenamentos em que vigora o pr. da consensualidade), e, no direito alemão, M. LEHMANN, *cit.*, nota 55. Cf. diversamente, salientando a relevância do considerando 14, D. STAUDENMAYER, loc. cit., W. SCHUHMACHER, *cit.*, p. 380. A solução só nos parece dever ser diversa se as partes previram que o transporte fica a cargo do comprador, sendo a este que cumpre ir buscar o bem. Nesse caso, os riscos de perecimento ou deteriorações durante o transporte devem ser suportados pelo comprador. Mesmo nos casos de *"Holschulden"* (*"dettes quérables"*), porém, fora os casos de mora do credor, a conformidade deve ser apreciada no momento em que o consumidor levante *efectivamente* o bem.

Por outro lado, é evidente que o facto de a falta de conformidade do bem dever ser apreciada no momento da entrega do bem não implica que ela já se tenha manifestado

Como segundo o regime previsto nos referidos artigos 918.º e 796.º do Código Civil português não é assim (relevando antes o momento da transferência do direito real sobre a coisa), conclui-se que tal regime não está de acordo com as exigências da directiva [129].

3. Direitos do consumidor

O artigo 3.º da directiva, depois de dispor que o vendedor responde perante o consumidor por qualquer falta de conformidade que exista no momento em que o bem lhe é entregue, prevê os direitos do consumidor. Trata-se de uma matéria que, considerando a diversidade das soluções seguidas pelos direitos dos Estados--membros [130], foi objecto de discussão e de várias alterações [131].

– ou, muito menos, que pudesse ser detectada (antes pelo contrário) – nesse momento. Assim, M. TENREIRO/S. GÓMEZ, cit..

[129] Temos sérias dúvidas de que o artigo 12.º, n.º 1, da LDC, já citado, possa, na sua referência ao "consumidor a quem seja fornecida a coisa com defeito", ser interpretado como regra de transferência do risco – isto é, no sentido de fixar como momento da transferência do risco o da *entrega* da coisa.

Noutras ordens jurídicas, como a alemã, o problema da alteração das regras de transferência do risco apresenta menor acuidade, na medida em que o risco se transfira já com a entrega efectiva (*Übergabe*) da coisa – a directiva emprega, porém, o termo "fornecimento" (*Lieferung*), pelo que se discute se está em causa realmente o momento da entrega efectiva (a favor, por ex., M. LEHMANN, *loc. cit.*, S. GRUNDMANN, *ob cit.*, p. 296). Também em relação ao direito francês o emprego do termo "*délivrance*" (entendido juridicamente como a colocação do bem à disposição) e não de "*livraison*" (tomada efectiva de posse sobre o bem) pode suscitar dificuldades, evitando o adiamento da transferência do risco para o momento da entrega efectiva – v., criticamente, S. PÉLET, *cit.*, pp. 47-9, e M. TENREIRO/S. GÓMEZ, *loc. cit.*.

[130] Nomeadamente, alguns Estados-membros (por exemplo, a Alemanha) não conheciam o direito do comprador de exigir substituição e a reparação da coisa específica (em consequência de um direito da compra e venda não só moldado pela venda de coisa específica, como influenciado, neste ponto decisivamente, por um "fatalismo" que tornaria impossível a reparação). Noutros Estados-membros, a possibilidade de anular o contrato é muito limitada (assim, no Reino Unido). V., as tabelas comparativas anexas ao *Livro verde...*, pp. 130 e ss.

[131] O *Livro verde...*, *cit.*, pp.113-4 propunha que se reconhecessem ao comprador os direitos à reparação e substituição da coisa, à anulação do contrato e ao reembolso parcial do preço, podendo, porém, o vendedor opor-se ao exercício destes direitos oferecendo um dos restantes. O anteprojecto e a proposta de directiva reconheciam ao

A) Reparação e substituição da coisa/redução do preço e "rescisão" do contrato

Em caso de falta de conformidade, a directiva reconhece ao consumidor, em alternativa [132], os quatro direitos – reparação ou substituição da coisa, "rescisão" do contrato ou redução do preço – já reconhecidos na Convenção de Viena e em alguns Estados-membros [133], mas sem lhe

---

consumidor os direitos à reparação ou substituição da coisa, à "rescisão" do contrato e à redução do preço, atribuindo ao consumidor o direito de optar entre estes direitos. Tal direito de escolha – mitigado na proposta pela previsão de um prazo limitado a um ano para o exercício do direito à rescisão e pela possibilidade de restrições para defeitos menores – foi objecto de discussão, por exemplo, no que toca à possibilidade de o consumidor exigir a imediata rescisão, mesmo no caso de defeitos menores. Tal direito de escolha livre poderia, em caso de imediata rescisão, reverter numa penalização injusta do comerciante – assim, logo o citado parecer do Comité Económico e Social, ponto 3.14 –, sendo injusto para pequenos retalhistas, e poderia aumentar os custos com a previsão da possibilidade de resolução a redução das reparações possíveis e necessárias, levando a um aumento do mercado dos bens em segunda mão. Assim, o Parlamento Europeu propôs, logo em primeira leitura (alteração 45), a criação de uma ordem de precedência entre a reparação e a substituição, por um lado, e a rescisão e redução do preço, por outro, continuando o consumidor a poder optar livremente entre aquelas duas primeiras, salvo quando apenas uma delas "se afigure economicamente adequada, tendo em conta os interesses do vendedor, e seja aceitável para o comprador" – sendo certo que o consumidor não ficava obrigado a aceitar a reparação se ela implicasse a desvalorização do bem. Acolhida na proposta alterada, esta solução transitou para a posição comum com modificações (a opção entre substituição e reparação do bem passou a ficar condicionada à possibilidade e não desproporcionalidade dessas soluções, acrescentando-se critérios indiciadores desta; passou-se a referir expressamente a obrigação de realizar a reparação ou a substituição em prazo razoável e sem grave inconveniente para o consumidor, sem o que este poderá optar pela redução ou rescisão; passou-se a excluir expressamente o direito à rescisão se a falta de conformidade for insignificante). Posteriormente, o Parlamento Europeu apenas propôs acrescentar uma remissão para a afirmação, nos considerandos, de que em geral a substituição dos bens em segunda mão é impossível, e o aditamento de um novo número relativo à ausência de encargos na reparação e substituição (o qual viria a dar origem ao actual n.º 4 do artigo 3.º).

[132] Trata-se, na directiva, de uma "concorrência electiva", que, porém, como se verá, não é perfeita, pois o comprador não pode desde logo escolher este os quatro direitos, estando, num primeiro momento, limitado à reparação e à substituição.

[133] V. os artigos 46.º a 52.º da Convenção de Viena. Ainda hoje, alguns ordenamentos europeus apenas conhecem, pelo menos para a venda de coisas específicas, os "remédios" correspontes à *actio redhibitoria* e à *actio quanti minoris*, ou seja, a rescisão

dar liberdade de escolha, e antes numa solução "a dois tempos", que fixa uma ordem de precedência entre dois grupos de direitos.

Segundo o n.º 3 do artigo 3.º, "em primeiro lugar, o consumidor pode exigir ao vendedor a reparação ou a substituição do bem, em qualquer dos casos sem encargos, a menos que isso seja impossível ou desproporcionado." Trata-se de direitos relativos à reposição da conformidade contratual (assim, o n.º 2 do artigo 3.º), e que, portanto, se reportam ainda à *realização da pretensão contratual* [134]. O comprador é igualmente titular de tais direitos na nossa ordem jurídica, por força dos artigos 914.º do Código Civil [135] e 12.º, n.º 1 da LDC.

A falta de conformidade ao contrato não atribui logo ao consumidor o direito de se retirar do contrato – a "anulá-lo" ou a resolvê-lo – ou a exigir a redução do preço. Manifesta-se aqui, pois, um *favor contractus*. Os direitos de anulação do contrato e de redução do preço – que visam, respectivamente, destruir a vinculação contratual e repor o seu equilíbrio – cedem, num primeiro momento, perante o exercício da pretensão

---

do contrato e a redução do preço – assim, segundo as referidas citadas tabelas anexas ao *Livro verde*..., a Alemanha, a Bélgica, a França, a Grécia, a Itália, o Luxemburgo e o Reino Unido; e é também o caso do direito suíço (v., para as diferenças entre este e a directiva, Ernst A. KRAMER, "AGB- und Konsumentenkaufvertragsrecht: das neue europäische Recht als Vorbild für die Schweiz?", *ZSR*, 1999, I, pp. 295-303). Alguns deles acrescentando ainda aos citados remédios a substituição, caso a coisa tenha natureza fungível. Já o direito austríaco (v. W. SCHUHMACHER, "Die Anpassung...", *cit.*, p. 373), como o português, o espanhol, o holandês e o grego (para os consumidor, apenas), conhecem também um direito à reparação.

O anteprojecto de directiva referia ainda o direito do consumidor de "suspender o pagamento do preço, se este ainda não tiver sido pago na totalidade, até à obtenção de uma satisfação total", não tendo sido acolhido na proposta de directiva. Resultará, todavia, nas ordens jurídicas de muitos Estados-membros (como é o nosso caso), da aplicação da *exceptio non* (ou *non rite*) *adimpleti contractus*.

[134] Assim, W. SCHUHMACHER, *loc. cit.*, dizendo que esta pretensão contratual permanece e pode ser feita valer, apenas conhecendo uma modificação objectiva.

[135] V. A. PINTO MONTEIRO/P. MOTA PINTO, "La protection de l'acheteur...", *cit.*, pp. 263-5, J. CALVÃO DA SILVA, *Responsabilidade civil do produtor*, *cit.*, pp. 193 e ss. Uma solução "a dois tempos" (primeiro, eliminação dos defeitos ou nova construção; depois, redução do preço ou resolução) resulta entre nós do regime civilístico do contrato de empreitada (artigo 1222.º, n.º 1 do Código Civil). Sobre o cumprimento defeituoso no contrato de empreitada, v. P. ROMANO MARTINEZ, *Direito das Obrigações*, *cit.*, pp. 435 e ss, e já ID., *Cumprimento defeituoso*, *cit.*, *passim*.

contratual de reposição de conformidade, e apenas são reconhecidos ao consumidor como que subsidiariamente, nos termos do artigo 3.º, n.º 5:

"– se o consumidor *não tiver direito* a reparação nem a substituição, ou

– se o vendedor não tiver encontrado uma solução num *prazo razoável*, ou

– se o vendedor não tiver encontrado uma solução *sem grave inconveniente* para o consumidor" (itálicos aditados).

Se a consagração dos direitos à reparação e à substituição representa, assim, por um lado, um avanço relativamente ao direito de alguns Estados-membros, por outro lado, o vendedor pode, segundo a directiva, evitar sempre a rescisão ou a redução do preço oferecendo-se para reparar ou substituir o bem e fazendo-o realmente em prazo razoável e sem inconveniente grave para o consumidor[136], podendo dizer-se que, quanto à possibilidade de recurso à redução do preço e à "rescisão" do contrato, a directiva fica aquém mesmo das legislações tradicionais baseadas na *actio redhibitoria* e na *actio quanti minoris*[137].

---

[136] Ou oferecendo "ao consumidor, como solução, qualquer outra forma de reparação" possível sendo que "compete ao consumidor decidir se aceita ou rejeita essa proposta" (considerando 12) – um tal acordo, posterior à comunicação da falta de conformidade ao vendedor, não é proibido pelo artigo 7.º, n.º 1.

Como se disse, a directiva não regulou a indemnização ao comprador. Assim, no texto tratamos apenas da relação ou concorrência entre os direitos previstos na directiva, e não da concorrência (como que "externa" – assim, C. BALDUS, *Binnenkonkurrenz kaufrechtlicher Sachmängelansprüche nach Europarecht, cit.*, p. 33) com outros direitos que o legislador nacional é livre de prever, como o direito de indemnização dos prejuízos causados pela coisa defeituosa. Note-se, porém, que esta regulamentação nacional deve preservar os direitos previstos pela directiva, pelo que se afigura vedado, por exemplo, um regime legal que preveja a preclusão desses direitos pela aceitação de uma indemnização pelo comprador. Isto, salvo na medida em que a indemnização e esse direitos possam ser considerados no caso concreto como verdadeiros equivalentes funcionais – por exemplo, a chamada "grande indemnização" com devolução da coisa e o direito de "rescisão" do contrato, ou, mesmo, a "pequena indemnização" e a redução do preço (neste sentido, v. C. BALDUS, *ob. cit.*, p. 35). O Código Civil permite, aliás, a cumulação da indemnização com a redução do preço, nos termos do artigo 911.º, n.º 1.

[137] Assim, M. TENREIRO/S. GÓMEZ, *cit.*, pp. 22-3. Sobre delimitação e relação entre os direitos do comprador na directiva (analisando designadamente os conceitos

Como se configura a relação entre os quatro direitos também concedidos ao comprador/consumidor na nossao ordem jurídica?

O artigo 12.º, n.º 1, da LDC prevê, como já se disse, os direitos do comprador/consumidor a exigir "a reparação da coisa, a sua substituição, a redução do preço ou a resolução do contrato", e, pelo menos formalmente, em perfeita *alternatividade*. Cabe aqui, porém, reiterar as dúvidas que já deixámos expressas sobre o sentido desta norma relativamente aos requisitos gerais destes direitos, quando não se encontrem expressamente regulados (como serão os casos da falta do esclarecimento ou da informação devidos e da desnecessidade de culpa do "fornecedor do bem"). Torna-se, assim, necessário analisar a relação entre os diversos direitos reconhecidos ao comprador nas condições gerais previstas no Código Civil.

Este diploma concede ao comprador o direito de pedir a "anulação" (que, numa certa perspectiva, mais propriamente se diria resolução [138]) do contrato ou a redução do preço (artigos 905.º e 911.º, aplicáveis por força do artigo 913.º). Verificando-se um erro do comprador, mesmo que não qualificado por dolo, e os respectivos pressupostos de relevância geral (isto é, designadamente, além da essencialidade do erro, que o vendedor conheça ou não deva ignorar a essencialidade, para o comprador, do ónus ou defeito sobre que recaiu o erro – v. os artigos 251.º e 247.º, aplicáveis por remissão sucessiva dos artigos 913.º e 905.º), poderia suscitar-se, por comparação com a directiva, o problema de

---

indeterminados desta), no BGB e no direito romano, v. C. BALDUS, *ob. cit.*, *passim*. S. PÉLET ("L'impact...", *cit.*, p. 55) considera a hierarquização dos direitos complexa e inoportuna no direito francês, pronunciando-se no sentido da atribuição do direito de escolha ao consumidor.

[138] Na verdade, a atribuição de um direito de anulação – resultante, pois, de um genético do negócio – parece compaginar-se mal com o reconhecimento, no artigo 914.º, dos direitos à reparação e à substituição. Estes parecem pressupor que as qualidades ou a ausência do vício em questão entraram a fazer parte do conteúdo do negócio, podendo ser exigidas. Talvez justamente por entender que está aqui em questão um problema de execução e não de formação do contrato, o legislador da LDC referiu antes um direito de resolução. Voltaremos a esta questão a propósito do direito de "rescisão do contrato", referido na directiva. V., para já, João BAPTISTA MACHADO, "Acordo negocial e erro na venda de coisas defeituosas", *BMJ*, n.º 215 (1972), *passim*.

saber se, segundo o nosso direito, o comprador é *sempre* titular dos direitos de anulação do contrato e de redução do preço (cf. o artigo 911.º, n.º 2), mesmo que o vendedor se prontifique para a reparação ou substituição. Ou se, diversamente, por remissão para o que se dispõe no Código para o caso de o vendedor fazer convalescer o contrato antes de invocado em juízo o erro (artigo 906.º), é de considerar sanada a anulabilidade se o vendedor, antes deste momento, proceder efectivamente à reparação ou substituição da coisa.

Seja como for, mesmo admitindo esta segunda possibilidade [139] – por se considerar que o direito de anulação resultante do regime da venda de bens onerados ou de coisas defeituosas não visa conceder ao comprador um "direito ao arrependimento" (cf., para o erro na declaração, o paralelo do artigo 248.º) –, não julgamos que o nosso direito civil possa ser, por essa razão, considerado menos protector do consumidor do que prevê a directiva [140]. Dir-se-á, antes, que a normal atribuição

---

[139] Neste sentido, PIRES DE LIMA/ANTUNES VARELA, *Código Civil anotado*, cit., anot. 3 ao art. 913.º, p. 211. No contrato de empreitada, segundo o artigo 1222.º, n.º 1, do Código Civil, os direitos de redução do preço ou resolução do contrato apenas existem "não sendo eliminados os defeitos ou construída de novo a obra". Entendendo que está aqui implícito o requisito de falta de eliminação dos defeitos ou de construção em prazo razoável e sem inconveniente grave para o dono da obra, o regime da directiva, quanto à passagem à redução do preço e à resolução do contrato, não se afiguraria muito distinto do previsto nesta norma, não fora a limitação a defeitos que tornem a obra inadequada para o fim a que se destina (que não consta da directiva).

[140] Na verdade, a possibilidade de o comprador se ver privado do direito de anular o contrato ou de exigir a redução do preço por virtude de uma reparação ou substituição da coisa realizada fora de prazo razoável, ou com grave inconveniente para ele, parece-me pouco provável. Por um lado, a reparação ou substituição só poderão ter efeitos preclusivos *até à invocação do erro* em juízo, que depende sobretudo do comprador. Por outro lado, tais efeitos preclusivos dos direitos de anulação e de redução do preço estão na dependência da realização *efectiva* da reparação ou substituição da coisa pelo vendedor – podendo, portanto, o comprador rejeitá-la se exigir inconvenientes graves para a sua execução ou nos seus resultados.

O artigo 3.º, n.º 6 não reconhece ao consumidor o direito à rescisão do contrato se a falta de conformidade for *insignificante*, não estando tal limitação expressamente autonomizada entre nós. Ela poderá, apenas, resultar da aplicação dos requisitos de relevância do erro: assim, se o vício é de considerar insignificante, isso significará normalmente que o erro sobre ele não era essencial, pelo que não se poderá pedir a anulação do contrato.

ao comprador, logo num primeiro momento, também dos direitos de anulação e de redução do preço [141] corresponde, em comparação com a directiva, a um nível mais elevado de protecção do comprador, consentido pelo artigo 8.º, n.º 2.

Para além da análise da relação entre os direitos à reparação e à substituição da coisa, por um lado, e os direitos de anulação e de redução do preço, por outro, importa proceder a uma comparação específica das condições de cada um destes direitos, tal como previstos na ordem jurídica portuguesa e na Directiva 1999/44/CE.

B) Comparação dos pressupostos dos diversos direitos do comprador

a) Reparação e substituição da coisa

Começando pelo direito à *substituição* da coisa, nota-se que, segundo o artigo 914.º do Código Civil, ele apenas existe se a substituição for *necessária* e a coisa tiver natureza *fungível*. Na directiva, diversamente, este direito vale para quaisquer bens. Mas é óbvio que só existirá desde que a reparação e a substituição seja *possível* (*ad impossibilia nemo tenetur*). E é justamente esta possibilidade de substituição que para as coisas não fungíveis muitas vezes não se verificará. O considerando 16 da directiva explicita, aliás, para os produtos em segunda mão, que a sua "natureza específica" torna, de modo geral, impossível a sua reposição, e "que, por isso, o direito do consumidor à substituição não é, em geral, aplicável a esses produtos." Pelo que, neste ponto, a divergência que possa existir em relação à directiva não nos parece significativa.

---

[141] Salientando que a inexistência dos direitos de reparação e substituição, pelo facto de o vendedor desconhecer sem culpa o vício ou a falta de qualidade, não tem que acarretar a perda do direito de anulação mesmo em caso de simples erro do comprador, pois ao vendedor pode ainda ser reconhecível a essencialidade para o comprador do elemento sobre que o erro incidiu, v. PIRES DE LIMA/ANTUNES VARELA, *Código Civil anotado*, II, cit., anot. 1 ao art.914.º, p. 215. Sobre a relação entre o direito de redução do preço e os restantes direitos do comprador no Código Civil, v. infra *c)*.

O regime comunitário não estabelece, porém, qualquer *precedência* do direito à reparação sobre o direito à substituição da coisa, como o faz o artigo 914.º do Código Civil, condicionando esta à sua *necessidade* [142]. Na verdade, a escolha entre tais "remédios" cabe, segundo a directiva, *ao consumidor*, e apenas é limitada pela sua *possibilidade* e *não desproporção*. A directiva revela-se, pois, mais protectora do comprador do que o regime do nosso Código, no que toca à possibilidade de exigir a substituição da coisa, e não a reparação [143].

Quanto à *reparação* da coisa, vem definida no artigo 1.º, n.º 1, alínea *f)*, como "em caso de falta de conformidade, a reposição do bem de consumo em conformidade com o contrato de compra e venda." Também a exigência da reparação está, porém, condicionada, não só pela possibilidade, como pela sua não desproporção em relação à substituição [144] – limite, este, não previsto, no direito nacional, nem no Código Civil, nem na LDC (e que só poderia resultar de mecanismos

---

[142] Para o contrato de empreitada, o artigo 1221.º, n.º 1, do Código Civil dispõe, igualmente, que "se os defeitos puderem ser suprimidos, o dono da obra tem o direito de exigir do empreiteiro a sua eliminação; *se não puderem ser eliminados*, o dono pode exigir nova construção" (itálico aditado).

[143] À precedência da reparação, que não se encontra prevista no regime da directiva, apenas se poderá chegar por aplicação dos critérios da proporcionalidade, e, designadamente, dos custos que ela implicar. Afirmando que tal precedência pode ser justificada, ao abrigo da concretização pelo legislador nacional do critério da proporcionalidade, também por motivos ecológicos, K. TONNER, "Verbrauchsgüterkauf...", *cit.*, p. 1773: "Para a desproporção de uma reparação deviam ser postas exigências elevadas, quando o vendedor pretende antes substituir; e uma substituição exigida pelo consumidor devia ser considerada desproporcionada se a reparação pode ser efectuada sem dificuldades." (cf. já a mesma preocupação, em face da proposta de directiva, no parecer da Comissão do Meio Ambiente, da Saúde Pública e da Defesa dos Consumidores do Parlamento Europeu, p. 27). A nosso ver, porém, o legislador comunitário pretendeu que na avaliação da desproporção fossem tidas sobretudo em conta as posições individuais de vendedor e consumidor, não a condicionando directamente por interesses colectivos, por muito nobres que sejam.

[144] O que provavelmente conduzirá no caso concreto a que a reparação predomine em relação a bens de grande valor (cujo custo de substituição seria desproporcionado) e a que a substituição seja mais frequente para bens de menor valor (designadamente, de custo de reparação elevado). Assim, J. SCHMIDT-RÄNTSCH, "Gedanken zur Umsetzung...", *cit.*, p. 295, P. SCHLECHTRIEM, "Die Anpassung...", *cit.*, p. 354 (salientando que a directiva ainda permite uma pesada oneração do vendedor).

gerais como o do abuso do direito). Neste ponto afigura-se, pois, que o regime português é mais protector do que o da directiva.

A desproporção relevante deve ser determinada *objectivamente* (v. o considerando 11) por comparação com os *custos da outra solução*. Segundo o artigo 3.º, n.º 3, 2.º parágrafo: "presume-se que uma solução é desproporcionada se implicar para o vendedor custos que, em comparação com a outra solução, não sejam razoáveis, tendo em conta:

– o valor que o bem teria se não existisse falta de conformidade;
– a importância da falta de conformidade;
– a possibilidade de a solução alternativa ser concretizada sem grave inconveniente para o consumidor."

Para a apreciação da desproporção, não releva, pois (pelo menos directamente, ou em termos de a presumir) uma eventual falta de *culpa do vendedor*. Na *irrelevância da culpa* do vendedor reside, pois, uma diferença importante em relação ao regime resultante do artigo 914.º do Código Civil, que exclui o direito de o comprador exigir a reparação ou substituição se o vendedor desconhecia sem culpa o vício [145]. Neste ponto importa, porém, notar que, a LDC, no seu artigo 12.º, n.º 1, veio reconhecer ao consumidor os direitos já referidos, *"independentemente de culpa do fornecedor do bem"*. A responsabilidade do vendedor perante o consumidor que invoca os direitos elencados no n.º 1 do artigo 12.º é, pois, segundo a LDC, claramente objectiva. Pelo que, considerando

---

[145] Isto, mesmo que para que o comprador pudesse exigir a substituição (e a reparação) da coisa o Código Civil exigisse a verificação de um erro e dos seus requisitos de relevância anulatória. Na verdade, pode a essencialidade, para o comprador, da qualidade ou da inexistência do vício (a essencialidade do elemento sobre que recaiu o erro) ser objectivamente reconhecível e não o ser o próprio vício ou falta de qualidade (e, concomitantemente, o erro do comprador). A crítica à insuficiência da "transparência objectiva da essencialidade do elemento sobre que incidiu o erro", requerida pelo artigo 247.º do Código Civil, para proteger as expectativas do declaratário baseia-se também nessa possibilidade – v. a nossa *Declaração tácita...*, *cit.*, pp. 360 e ss., e já CARLOS ALBERTO DA MOTA PINTO, "Observações ao regime do Projecto de Código civil sobre o erro nos negócios jurídicos", in *RDES*, ano XIII, n.º 1 e 2, Janeiro-Junho 1966, p. 5, ID., "Apontamentos sobre o erro na declaração e os vícios da vontade no novo Código Civil", *RDES*, ano XIV, 1967, n.ᵒˢ 1 e 2, pp. 108-9, ID., *Teoria geral do direito civil*, 3ª ed., Coimbra, 1985, pp. 496-7.

o regime da LDC, se conclui que não se verifica actualmente na nossa jurídica neste aspecto uma menor protecção do comprador em relação à prevista pela directiva. Antes pelo contrário – a previsão, em termos correspondentes aos da directiva comunitária, de uma *avaliação de desproporção* – presumindo-se esta nos termos do citado artigo 3.º, n.º 3, 2.º parágrafo –, é que poderia implicar uma restrição do regime actual da LDC, e, portanto, uma redução do nível de defesa do consumidor, não fora a directiva apenas de protecção mínima.

Como já dissemos, segundo o artigo 3.º, n.º 3 da directiva, cabe ao consumidor optar entre a reparação e a substituição, "a menos que isso seja impossível ou desproporcionado"[146]. Julgamos que a relevância desta desproporção deve cingir-se à *relação entre os direitos à reparação e à substituição*. Designadamente, não cremos que esse critério possa ser utilizado para justificar a limitação do consumidor aos direitos previstos n.º 5 do artigo 3.º. A ser assim, esta norma, na parte (1.º travessão) em que prevê que o consumidor pode exigir uma redução adequada do preço ou a rescisão do contrato *se não tiver direito* à reparação ou à substituição, apenas será aplicável se *estas duas soluções forem impossíveis*, não se permitindo uma avaliação da desproporção entre os dois direitos, por confronto com a redução do preço ou a rescisão do contrato[147]. Não impondo entre nós a LDC qualquer avaliação

---

[146] Como notam M. TENREIRO/S. GÓMEZ, *cit.*, n. 60, a directiva não define esta *impossibilidade*. A nosso ver, há-de tratar-se, porém, sob pena de um esvaziamento da precedência dos direitos à substituição e à reparação, de uma impossibilidade *objectiva* e não apenas subjectiva (v. G. de CRISTOFARO, *cit.*, pp. 202 e ss.; noutro sentido, porém, F. SCHURR, *cit.*, p. 226). Assim, se ao vendedor for impossível reparar o bem, por exemplo por não ter os conhecimentos para tal, há-de mandá-lo fazer por outrem. E se não tiver outro bem para oferecer em substituição, está obrigado a consegui-lo, desde que exista no mercado. Já não será assim se a reparação não for de todo em todo possível, ou se se tratava de uma peça única ou já fora do mercado.

[147] Defendendo esta leitura, que restringe a relevância da desproporcionalidade apenas à *relação entre os direitos de substituição e de reparação*, M. TENREIRO/S. GÓMEZ, *cit.*, p. 23, que invocam vários elementos interpretativos: literal (o artigo 3.º, n.º 3, 2ª frase, refere custos "em comparação *com a outra solução*"); sistemático (a proporcionalidade é tratada no n.º 3, e não no n.º 5); e teleológico – o critério da desproporção é uma forma de evitar um abuso pelo consumidor na escolha entre dois meios que visam um mesmo objectivo, enquanto os direitos previstos no n.º 5 conduzem a um resultado diverso. Julgamos, na verdade, que não se compreenderia, em face da

de desproporção entre os direitos que prevê, este problema não se porá, todavia, no direito português.

Segundo o artigo 3.º, n.º 1, a reparação e a substituição devem ser efectuadas "sem encargos". E no n.º 4, introduzido por proposta do Parlamento Europeu, esclarece-se que tal expressão se reporta "às despesas necessárias incorridas para repor o bem em conformidade, designadamente as despesas de transporte, de mão-de-obra e material." O consumidor não deverá, pois, ter de pagar mais nada pela reposição da conformidade com o contrato através da reparação e substituição do bem [148]. Será porventura conveniente que esta solução, talvez já implícita no artigo 914.º (conjugado com a regra do cumprimento pontual dos contratos e uma vez que, segundo julgamos, a reparação e a substituição são ainda manifestações do direito ao cumprimento), seja expressamente consagrada entre nós, para eliminar quaisquer dúvidas.

Nos termos do artigo 3.º, n.º 3, 3.º parágrafo, "a reparação ou substituição deve ser realizada dentro de um prazo razoável, e sem grave inconveniente para o consumidor, tendo em conta a natureza do

---

vinculação do vendedor ao contrato de que os direitos previstos no n.º 3 são a expressão, que o consumidor/comprador pudesse ficar prejudicado pela invocação da desproporção da reparação e da substituição da coisa em relação a "remédios" previstos no n.º 5 do artigo 3.º, conducentes à redução da contraprestação ou à eliminação do contrato. Parece-nos, pois, que o dever do vendedor de repor a conformidade com o contrato só não existirá se esta reposição, pela reparação e pela substituição, não for possível. Esta interpretação da directiva é, porém, discutida, havendo quem veja a desproporção como motivo para passagem aos direitos previstos no n.º 5: v. S. GRUNDMANN, cit., p. 298, H. EHMANN/U. RUST, cit., p. 858, P. SCHLECHTRIEM, "Die Anpassung...", cit., pp. 345, 353, F. SCHURR, loc. cit., G. DE CRISTOFARO, cit., pp. 206 e ss.. L. SANZ VALENTIN, cit., nota 21; aparentemente tb. Chr. BALDUS, Binnenkonkurrenz..., cit., pp. 27, 29.

Segundo o artigo 1221.º, n.º 2, do Código Civil, os direitos de eliminação dos defeitos ou nova construção cessam "se as despesas forem desproporcionadas em relação ao proveito." A valer a interpretação da directiva que reputamos mais correcta, também esta disposição não estaria em conformidade com ela (mas cf., novamente, a este respeito o sentido do artigo 12.º, n.º 1 da LDC, que, aparentemente, enuncia os direitos em perfeita alternatividade).

[148] A afirmação de que a reparação e a substituição são *gratuitas* não é inteiramente rigorosa, na medida em que não põe em evidência que apenas correspondem à reposição do *contratualmente devido*, e que foi *pago*. Não se trata, evidentemente, de qualquer liberalidade do vendedor, mas sim de algo que foi pago com a aquisição do bem.

bem e o fim a que o consumidor o destina." Poderá, nalguns casos, tornar-se difícil apurar quando é que a reparação ou a substituição excedeu um "prazo razoável" ou implica um "inconveniente grave". A relevância do fim a que o consumidor destina o bem inculca que, por exemplo, um tempo de reparação de um electrodoméstico de uso quase diário superior a três ou quatro semanas deva ser considerado excessivo, e que a privação do bem constituirá um inconveniente grave.

Seja como for, a ultrapassagem na reparação e na substituição de um prazo razoável e a criação de um inconveniente excessivo (no quadro do qual deva igualmente ser considerada uma perda de confiança pelo consumidor no bem, nomeadamente tendo em conta a natureza e do defeito [149]) relevam, no sistema da directiva, sobretudo para permitir a passagem dos direitos primariamente reconhecidos ao consumidor aos direitos "subsidiários" – a redução do preço e a "rescisão" do contrato [150].

---

[149] A directiva não precisa o que deve entender-se por "inconveniente grave", mas julgamos que se impõe uma interpretação não limitada a desvantagens materiais – a ausência de encargos com a reparação e a substituição está já prevista, aliás, no n.º 4 do artigo 3.º –, incluindo igualmente outros inconvenientes, *não patrimoniais*.

Importante é também a questão da relevância da *desvalorização do bem* que normalmente resultará da sua reparação. No artigo 3.º, n.º 4, da proposta alterada podia ler-se que "o comprador não é obrigado a aceitar a reparação se isso implicar a desvalorização do bem, podendo neste caso reclamar a sua substituição." A referência à desvalorização foi eliminada na posição comum. Julgamos, porém, que uma desvalorização significativa do bem (de tal forma que não era previsível quando o consumidor exigiu a reparação) não deixará de ser relevante, enquanto "inconveniente grave" para o comprador, pelo que permitirá a este, seja exigir a substituição da coisa, seja nos termos do n.º 5, a redução do preço ou a "rescisão" do contrato. Note-se, todavia, que a opção pela substituição da coisa está sempre condicionada à sua não desproporcionalidade, e que esta se presume, nos termos do n.º 3, 2.º parágrafo, do artigo 3.º, quando acarretar custos para o vendedor que não sejam razoáveis.

Criticando a falta de precisão da directiva, em conceitos indeterminados como "desproporcionada", "prazo razoável" ou "inconveniente grave", C. BALDUS, *Binnenkonkurrenz...*, cit., pp. 27-8.

[150] A directiva não regulou os termos em que o comprador que optou pela reparação ou pela substituição pode *alterar a sua escolha* entre os dois "remédios" que visam a reposição da conformidade. Suposto que nenhuma destas soluções é desproporcionada, cremos, porém, que o comprador deve poder alterar a sua posição por forma a pedir a substituição do bem, se a primeira tentativa de reparação falhou, ou se for realizada em prazo não razoável ou com inconveniente grave, e vice-versa. Se nestes casos o comprador pode passar a exigir a redução adequada do preço ou a

E, não existindo, no nosso direito, tal subsidiariedade destes direitos em relação à reparação e à substituição da coisa, não se verifica aqui qualquer problema de compatibilidade da directiva.

b) "Rescisão" ("anulação" ou "resolução") do contrato

Se, por ambas serem impossíveis, o comprador não tiver direito nem à reparação nem à substituição, ou se não for encontrada pelo vendedor uma solução num prazo razoável e sem grave inconveniente para o comprador, este pode exigir a "rescisão do contrato". Trata-se, aqui, de um direito do comprador dirigido à destruição do contrato, e cuja configuração dogmática precisa é deixada pela directiva às legislações dos Estados-membros [151].

"rescisão" do contrato (n.º 5), e se nenhuma daquelas soluções é desproporcionada, dir-se-á, até por maioria de razão (pois tal normalmente prejudicará menos o vendedor e satisfará mais o comprador), que pode passar a exercer também o outro direito dirigido à reposição da conformidade. Também para este fim pode compreender-se a autonomização do dever de realizar a substituição e a reparação em prazo razoável e sem grave inconveniente para o comprador, no 3.º parágrafo do n.º 3 do artigo 3.º.

[151] Segundo o considerando 15, segunda parte, "as disposições de pormenor mediante as quais a rescisão do contrato ganha efeito podem ser fixadas na legislação nacional". Assim, a configuração deste direito como direito de anulação ou como direito de resolução (equiparada nos seus efeitos, pelo artigo 433.º do Código Civil, à anulação) não é prejudicada pela directiva. A expressão "rescisão", empregue nesta, não é, aliás, utilizada no Código Civil (cf. apenas o artigo 702.º, n.º 1 deste) e não costuma ser destacada na doutrina como correspondendo a uma modalidade autónoma de cessação dos efeitos negociais (v., por todos, C. MOTA PINTO, *Teoria geral...*, *cit.*, pp. 618 e ss). A directiva também não impõe que, por exemplo, a *"Wandlung"* prevista no direito alemão (§ 462) seja concebida como contrato (e o direito do comprador como pretensão dirigida à correspondente celebração) ou, como parece hoje preferível, como reposição do *status quo ante* pelo exercício de um direito potestativo (sobre a *Vertragstheorie*, a *modifizierte Vertragstheorie* e a *Herstellungstheorie*, v., por ex., Dietrich REINICKE/ /Klaus TIEDTKE, *Kaufrecht*, 6ª ed., 1997, ppp. 145 e ss).

Outro aspecto não regulado pela directiva é o dos efeitos da "rescisão" do contrato. No considerando 15 diz-se, apenas, que "os Estados-membros podem dispor no sentido de que qualquer reembolso ao consumidor possa ser reduzido, de modo a ter em conta a utilização que o consumidor fez dos produtos a partir do momento em que lhe foram entregues".

Enquanto a directiva se refere à "rescisão" do contrato, o artigo 905.º do Código Civil (aplicável por força do artigo 913.º) dispõe que o contrato é anulável, e o artigo 12.º, n.º 1 da LDC reconhece um direito à resolução do contrato [152]. Poderia problematizar-se a coerência lógica de um regime jurídico da venda de coisas defeituosas que, apesar de reconhecer ao comprador os direitos à reparação e substituição da coisa (pelo menos quando o vendedor actuou com culpa), assenta numa remissão para requisitos de relevância de um vício de *formação do contrato*, como é o erro. Ou seja, que simultaneamente reconhece ao comprador, na venda de coisas defeituosas, um direito de anulação que resulta de vícios *genéticos* do negócio e pretensões que parecem resultar do direito ao *cumprimento* do contrato, referido a uma coisa sem defeito [153]. Não importa aqui aprofundar a questão, até porque a directiva não impõe qualquer das soluções.

---

[152] Também no artigo 49.º da Convenção de Viena se fala em resolução.

[153] J. Baptista Machado ("Acordo negocial e erro na venda de coisas defeituosas", *cit.*) aponta justamente a desarmonia entre a concessão dos direitos à reparação e à substituição da coisa e a qualificação do direito do comprador como verdadeira anulação por erro – e não como resolução (v. tb. Manuel Carneiro da Frada, "Erro e incumprimento na não-conformidade da coisa com o interesse do comprador", *O Direito*, ano 121.º, 1989, pp. 461-484; João Calvão da Silva, *Responsabilidade civil do produtor*, *cit.*, esp. pp. 261, 263 e id., "Compra e venda de empresas", parecer publ. em *CJ*, 1993, II, pp. 9-16; defendendo a inaplicabilidade do regime do erro, P. Romano Martinez, *Cumprimento defeituoso*, *cit.*, pp. 294 e ss.). E, na verdade, pelo menos se aqueles direitos forem vistos como expressão do direito ao cumprimento, a solução do Código não parece inteiramente coerente. Já não seria assim se esses direitos pudessem, afastando--os de uma "teoria do cumprimento", ser antes concebidos como sanção para a culpa do vendedor, presumida pelo artigo 914.º – o que explicaria também que no artigo 12.º, n.º 1, da LDC, onde se dispensa essa culpa, se falasse já em "resolução". Tal explicação para a forma de cessação dos efeitos negociais prevista no nosso direito (e, portanto, para a questão da delimitação do erro em relação à inexecução do contrato) pressuporia, porém, também uma solução para a questão de saber se as qualidades da coisa (ou a ausência do vício) em causa entraram ou não a fazer parte do conteúdo negocialmente devido – com a determinação do objecto do acordo negocial, e que fica *in obligatio*. Designadamente, a resposta seria positiva para os negócios tratados pela LDC. Já para o regime civilístico da venda de coisas defeituosas, a não ser que se não enquadrassem os direitos previstos no artigo 914.º ainda no direito ao cumprimento, nem sequer o seu tratamento como espelhando um "dualismo estrutural e sucessivo" permitiria ultrapassar a incoerência consistente em aceitar que da fase estipulativa (considerada no artigo

Já importa, porém, frisar que – salvo no caso de faltas de conformidade insignificantes, em que não existe direito à "rescisão" do contrato (artigo 3.º, n.º 6.) – a directiva reconhece em alternativa ao consumidor os direitos a uma redução adequada do preço ou à rescisão do contrato, competindo àquele a escolha, e apenas os fazendo depender de a reparação ou a substituição não serem possíveis ou de o vendedor não ter encontrado uma solução num prazo razoável e sem grave inconveniente para o comprador.

O regime do Código Civil português para a anulabilidade do contrato é patentemente mais exigente do que o da directiva. Assim, a possibilidade de anulação em caso de venda de coisas defeituosas é pelo Código Civil (artigos 905.º e 913.º) deixada na dependência da verificação dos requisitos legais da anulabilidade por erro ou dolo [154].

913.º) para a executiva (artigo 914.º) o objecto *in obligatio* pudesse passar da coisa concreta, sem qualidades, ao objecto com qualidades. Sobre a delimitação entre erro-vício sobre as qualidades, erro na declaração e não conformidade ao contrato, v. a nossa *Declaração tácita...*, *cit.*, pp. 383 e ss., n. 412.

Segundo uma outra concepção (C. FERREIRA DE ALMEIDA, *Texto e enunciado...*, *cit.*, pp. 654 e ss.), a anulabilidade prevista nos artigos 905.º e 913.º do Código Civil referir-se-ia ao erro do comprador no acto de aceitação do cumprimento, tendo que ver com a obrigação de entrega da coisa sem defeito – ou seja, um acto típico já da fase executiva do contrato. Tal construção possibilita, na verdade, uma resposta positiva e uniforme ao problema de saber se as qualidades são contratualmente devidas, e compatibiliza os artigos 913.º e 914.º do Código Civil. Mas podemos questionar-nos se não cai nalguma artificialidade, ao interpretar o termo "contrato" constante do artigo 905.º como referido ao acto de *execução* do contrato de compra e venda, e não a esta mesma.

[154] Os requisitos da relevância anulatória do erro-vício (embora o erro sobre as qualidades possa também dar origem a um erro sobre o conteúdo da declaração quando incida sobre qualidades identificativas, tornando-se erro sobre a identidade – *Declaração tácita...*, *loc. cit.*) podem, segundo a perspectiva que seguimos, ser divididos em requisitos gerais – a essencialidade e a propriedade – e especiais, determinando-se estes segundo o ponto sobre que recaia o erro. Interessando aqui o erro sobre a coisa que constituiu objecto do negócio, o requisito a preencher define-se pela remissão do artigo 251.º para o regime do erro na declaração previsto no artigo 247.º do Código Civil, e consiste em o declaratário (vendedor) conhecer ou não dever ignorar "a essencialidade, para o declarante, do elemento sobre que incidiu o erro". O dolo, por sua vez, é definido pelo Código Civil como "qualquer sugestão ou artifício que alguém empregue com a intenção ou consciência de induzir ou manter em erro o autor da declaração, bem como a dissimulação, pelo declaratário ou terceiro, do erro do declarante", e a sua relevância

Ora, não há dúvida de que estes requisitos, para além de serem mais apertados do que os previstos no artigo 3.º, n.º 5, da directiva, também não têm como efeito apenas afastar o direito à anulação se a falta de conformidade (*rectius*, o erro ou o dolo) for insignificante [155].

Já, porém, para o direito de resolução previsto no seu artigo 12.º, n.º 1, a LDC não formula quaisquer condições, gerais ou especiais, para além de que ao consumidor "seja fornecida a coisa com defeito". A aplicabilidade dos requisitos gerais previstos no Código Civil a este direito de resolução suscita, aliás, sérias dúvidas, considerando, designadamente, o facto de a LDC se referir a uma *resolução*, e não à *anulabilidade* do contrato. Ora, se deverem já hoje dispensar-se os requi-

---

anulatória em relação ao declaratário está ainda dependente, no caso de dolo de terceiro, da sua reconhecibilidade pelo declaratário (artigos 253.º e 254.º do Código Civil). Sobre isto, v. C. MOTA PINTO, *Teoria geral...*, *cit.*, pp. 508, ss., 521 e ss., e a nossa *Declaração tácita...*, *cit.*, pp. 313 e ss., 344 e ss.).

[155] No artigo 3.º, n.º 6, da directiva estabelece-se que o consumidor não tem direito à rescisão do contrato se a falta de conformidade for insignificante – o que constitui, como se diz no texto, uma limitação com um alcance bem menor do que os requisitos exigidos pela conjugação dos artigos 913.º, 905.º, 251.º e 247.º do Código Civil.

O regime dos "defeitos menores" não reconhecíveis (em si, e na sua importância para o consumidor) pelo vendedor era tratado no anteprojecto, prevendo-se que o comprador não podia rescindir o contrato ou exigir a redução do preço do bem, desde que o vendedor repusesse a conformidade deste ao contrato num prazo razoável. A proposta de directiva, por sua vez, limitava em geral o exercício dos direitos à revogação e à substituição do bem ao prazo de um ano e permitia que para os defeitos menores os Estados-membros fixassem restrições aos diversos direitos do comprador, não tendo esta possibilidade, eliminada pelo Parlamento Europeu em primeira leitura, transitado para a proposta alterada. A posição comum introduziu o que viria a ser o n.º 6 do artigo 3.º da directiva, excluindo o direito à rescisão (mas sendo sempre permitido aos Estados-membros introduzi-lo ao abrigo do artigo 8.º) para a falta de conformidade insignificante. A directiva não precisa o que deve entender-se por uma "falta de conformidade insignificante". Se, em português, esta expressão se afigura mais restritiva do que a de "defeitos menores", por outro lado, inculca uma sua consideração não meramente objectiva, mas também subjectiva ("insignificante" de que perspectiva?) – a nosso ver, e em conformidade com a finalidade da directiva, tendo em conta predominantemente o significado para o comprador (por exemplo, à luz do uso específico do bem aceito pelo vendedor), mas permitindo considerar igualmente a perspectiva do vendedor (pois é justamente o interesse deste que se visa tutelar com a exclusão, nestes casos, do direito de "rescisão").

sitos gerais de relevância do erro e do dolo para o exercício pelo comprador do direito de resolução, o nosso direito não necessitará, neste ponto, de ser alterado. Ponto é que essa dispensa possa realmente ser afirmada, para o que poderia ser conveniente uma clarificação legislativa.

c) Redução do preço

Além da rescisão do contrato, o artigo 3.º, n.º 5, atribui ao comprador o poder de exigir uma "redução adequada do preço". Trata-se aqui de um direito dirigido à restauração do equilíbrio contratual, perturbado pela falta de conformidade do bem com o contrato

Segundo a directiva, este direito à redução do preço é reconhecido apenas subsidiariamente estando também dependente de que a reparação e a substituição da coisa sejam impossíveis ou que o vendedor não tenha encontrado uma solução num prazo razoável e sem grave inconveniente. Trata-se de um ponto em que o regime do nosso direito se afigura mais favorável do que o da directiva.

Também para comparar os termos em que o direito à redução do preço é reconhecido na directiva e no direito português há que interpretar o preceituado no artigo 12.º, n.º 1 da LDC, no qual se prevê o direito à redução do preço em alternativa aos outros direitos do comprador, e sem se formularem quaisquer requisitos específicos. Suscita-se, assim, também aqui, o problema de saber se estes deverão, por aproximação com o regime do artigo 911.º, n.º 1 do Código Civil, ser exigidos. Aceitando uma resposta positiva – ou, pelo menos, considerando as dúvidas que temos quanto a uma resposta negativa (da qual resultaria já hoje a conformidade do direito português com a directiva) –, há que analisar este regime.

O artigo 911.º, n.º 1 do Código Civil prevê o direito do comprador – correspondente à antiga *actio quanti minoris* – à redução do preço, requerendo-se aparentemente tão-só que "as circunstâncias mostrem que sem o erro o comprador teria igualmente adquirido os bens, mas por preço inferior" (vontade hipotética do comprador), mas preceituando-se que nesse caso "apenas lhe caberá o direito à redução do preço".

O primeiro ponto a salientar, em comparação com o regime da directiva, respeita justamente à relação entre este direito à redução do preço e os restantes. Segundo o Código Civil, a hipótese da redução do preço apresenta-se (pelo menos formalmente) como preclusiva dos restantes direitos do comprador – e excluída estará, certamente, pelo menos [156], a anulação do contrato, desde logo, por não se verificar um dos requisitos legais de anulabilidade (a essencialidade do erro ou do dolo). Ora, esta limitação do comprador, naquelas circunstâncias, ao direito à redução do preço, com exclusão da anulação (ou "rescisão") do contrato, não existe na directiva. Segundo esta, nada impede o comprador de, mesmo quando as circunstâncias mostrem que sem o desconhecimento da falta de conformidade teria adquirido igualmente os bens, exigir tal "rescisão", suposto apenas que a falta de conformidade não é insignificante (artigo 3, n.ᵒˢ 5 e 6) [157].

Como se sabe, são discutidos na doutrina portuguesa o enquadramento e os requisitos da redução do preço.

Assim, discute-se se os casos previstos no artigo 911.º entram na esfera do não cumprimento do contrato ou constituem afloramentos do instituto da redução do negócio jurídico e do erro incidental [158] (sendo

---

[156] O legislador, com a fórmula usada, terá apenas pretendido querido excluir o direito de anulação, mas não os de reparação e substituição da coisa. Na verdade, não se vê porque não há-de o comprador poder continuar a exercer estes direitos se a coisa apresenta um defeito, apenas porque sem ele teria igualmente adquirido os bens, mas por preço inferior.

[157] É, aliás, claro que comprador pode, mesmo no caso da verificação dos pressupostos dos 2.º e 3.º travessões do n.º 5 do artigo 3.º (o vendedor não encontrar uma solução em prazo razoável ou sem inconveniente grave para o comprador), exigir a reparação ou a substituição da coisa, salvo se estas forem impossíveis. Naqueles casos o comprador, tendo *direito* a exigir a rescisão do contrato ou a redução do preço, não fica, porém, limitado a estes direitos (caso contrário o vendedor facilmente poderia impor esta limitação).

E se o comprador tiver já optado pela redução do preço ou pela "rescisão" do contrato, poderá voltar atrás e exigir a reparação ou a substituição da coisa? Como já se disse, a directiva não regulou expressamente os termos em que o consumidor pode alterar a sua opção. Todavia, julgamos que esta alteração não é possível na hipótese referida (assim, com razão, Chr. BALDUS, *Binnenkonkurrenz kaufrechtlicher Sachmängelansprüche nach Europarecht, cit.*, p. 33), pois o comprador já optou por "deixar cair" a reposição da conformidade e por passar a exigir a redução ou a "rescisão" do contrato (solução diversa apenas seria aceitável, a nosso ver, se no entretanto a reparação e a substituição da coisa, inicialmente impossíveis, se tornaram possíveis).

[158] Fazendo o paralelo entre o regime do artigo 911.º, o erro incidental e a redução do negócio jurídico, v. J. CASTRO MENDES, *Teoria geral do direito civil*, vol. II,

que mesmo a relação entre estas figuras poderia ser problematizada [159]). E, quanto aos requisitos, põe-se, em particular, o problema de saber se são exigíveis os requisitos de relevância do erro incidental e se a redução

---

Lisboa, 1979, ed. revista em 1985, pp. 87-8, C. Mota Pinto, *ob. cit.*, p. 510, n. 2. Aproximando o artigo 911.º do regime do não cumprimento, e não admitindo a prova de uma vontade hipotética contrária à redução, cf. J. Baptista Machado, "Acordo negocial e erro...", *cit.*, pp. 82-84, Pires de Lima/Antunes Varela, , vol. II, Coimbra, 1986, p. 209, Manuel Carneiro da Frada, "Erro e incumprimento...", *cit.*, p. 484, id., "Perturbações típicas do contrato de compra e venda", *cit.*, p. 76.

[159] Já nos referimos ao problema da distinção entre vícios da vontade e inexecução no regime da venda de coisas defeituosas.

Como se sabe, o erro-vício pode não ser absolutamente determinante, ou melhor, pode ser incidental, se afecta apenas uma parte não essencial do negócio ou os seus termos (v. Manuel de Andrade, *Teoria geral da relação jurídica*, vol. II, Coimbra, 1960, p. 238, C. Mota Pinto, *ob. cit.*, p. 509; sobre os conceitos de essencialidade absoluta e relativa, por um lado, e essencialidade parcial e incidentalidade, por outro, v. sobretudo J. Castro Mendes, *ob. cit.*, pp. 81, ss, 86). Distinguia-se, no direito comum, entre um erro *causam dans* e um erro *incidens*. Uma vez que, porém, não seria justo deixar o errante sem tutela no caso de erro incidental, pois o seu prejuízo pode até ser maior do que no caso de erro essencial, e que, por outro lado, não é justo nem corresponderá, muitas vezes, aos interesses das partes anular todo o negócio, o negócio deve ser feito valer nos termos em que teria sido concluído sem o erro (desde que isso importe apenas amputação de partes dele, e já não um aditamento), mas, segundo a doutrina, sempre exigindo-se que se verifiquem os requisitos especiais de relevância do erro (assim, J. Castro Mendes, *ob. loc. cits.*, C. Mota Pinto, *ob. cit.*, pp. 509, s). A anulação variaria aqui de acordo com o alcance do erro (Heinrich Hörster, *A parte geral do Código Civil português. Teoria geral do direito civil*, Coimbra, 1992, p. 575), sustentando-se, no entanto, que o negócio será anulável se não se puderem determinar com segurança os termos em que teria sido concluído (assim, já Manuel de Andrade, *ob. loc. cits.*). A doutrina formula aqui também o limite da vontade hipotética, aplicando o regime da redução dos negócios jurídicos (assim, J. Castro Mendes, *ob. loc. cits.*, C. Mota Pinto, *ob. loc. cits.*). O negócio geraria, portanto, sempre anulabilidade, total (erro essencial) ou parcial (erro incidental), podendo, neste último caso, por virtude do regime da redução, chegar-se à anulabilidade total. Ora, desta forma, por virtude da aplicação do regime da redução aos casos de anulabilidade parcial, os efeitos anulatórios correspondentes ao alcance do erro vêm a ser postos na dependência de um requisito *suplementar* em relação aos requeridos nas hipóteses de anulabilidade total – não basta o pressuposto de tranparência objectiva para a anulação (referido agora à "incidentalidade" do elemento"), mas requerer-se-á também a vontade hipotética do declarante e da contraparte. A ser assim, como referimos em *Declaração tácita...*, *cit.*, p. 367, n. 382, a justificação para este requisito poderá estar em que não há apenas uma *destruição* dos efeitos do negócio, mas faz-se valer este com um *outro conteúdo*, eventualmente inesperado, o que, nos termos do regime geral da redução, exige a vontade conjectural.

do preço pode ser afastada pela prova da falta da correspondente vontade hipotética do vendedor [160].

Estes requisitos não são exigidos pela directiva para a redução, pelo que, a deverem ser exigidos, o direito nacional não estaria em conformidade com este instrumento comunitário [161].

4. Problemas de prova

Há ainda que fazer uma referência ao ónus da prova dos pressupostos dos referidos direitos do comprador/consumidor.

O regime do Código Civil [162] baseia-se, neste ponto, na regra geral de distribuição do ónus da prova, segundo a qual é a quem invoca um direito que compete fazer a prova dos seus factos constitutivos, enquanto a prova dos factos impeditivos, modificativos ou extintivos cabe àquele contra quem a invocação é feita (artigo 342.º, n.ºˢ 1 e 2 do Código Civil).

---

[160] A prova da vontade hipotética contrária à redução do preço é permitida por quem aproxima o regime do artigo 911.º do instituto da redução do negócio jurídico. Quem aproxima este regime do do não cumprimento, diversamente, tenderá a não admitir essa prova.

[161] A directiva não determina os termos em que a redução do preço deve ser efectuada, referindo apenas uma "redução adequada". O Código Civil, no artigo 911.º, n.º 1, refere-se a uma redução "em harmonia com a desvalorização resultante dos ónus ou limitações" (já para o contrato de empreitada, o artigo 1222.º, n.º 2 remete para o artigo 884.º, segundo o qual se a venda ficar limitada a parte do seu objecto "o preço respeitante à parte válida do contrato é o que neste figurar, se houver sido discriminado como parcela do preço global"; na falta de discriminação, a redução é feita por meio de avaliação).

Sobre os diversos métodos de redução do preço (métodos absoluto e relativo, com diversas variantes), v. P. ROMANO MARTINEZ, Cumprimento defeituoso..., cit., pp. 408-11 (propondo a redução pela diferença entre o preço acordado e o valor objectivo da coisa com defeito, mas salvaguardando a possibilidade de provar que havia diferença entre o preço acordado e o valor da coisa sem defeito), e Á. CARRASCO PERERA/E. CORDERO LOBATO/P. MARTINEZ ESPÍN, "Transposición...", cit., p. 129 (que defendem, para transposição da directiva, a redução segundo a diferença entre o valor objectivo do bem no momento da entrega e o valor que teria tido se tivesse sido conforme ao contrato, não concedendo, pois, relevância ao preço acordado).

[162] V. A. PINTO MONTEIRO/P. MOTA PINTO, "La protection...", cit., p.265.

Assim, para poder beneficiar do regime, previsto no Código Civil, da venda de coisas defeituosas, ao comprador competirá provar apenas a existência do ónus ou defeito da coisa e a sua anterioridade ou contemporaneidade com a celebração do contrato. Uma vez que, se o vício for posterior à celebração do contrato e anterior à entrega da coisa se aplicam ainda as normas do não cumprimento (artigo 918.º do mesmo diploma), na prática bastará ao comprador provar a anterioridade *em relação à entrega* para desde logo beneficiar deste regime do não cumprimento. Só se quiser beneficiar do regime da garantia edilícia, na medida em que este, diversamente do regime geral do não cumprimento, não pressuponha culpa do vendedor (podendo o defeito ter resultado de circunstâncias que não são imputáveis a este) é que o comprador terá de provar a anterioridade ou contemporaneidade do vício ou da falta de qualidade em relação à conclusão do contrato.

Por outro lado, para poder *anular o contrato*, o comprador terá que provar ainda o seu erro – ou, se for caso disso, o dolo do vendedor – e os respectivos requisitos legais de relevância.

Segundo o Código Civil, já é, porém, ao *vendedor que incumbe provar que desconhecia sem culpa* o vício ou a falta de qualidade de que a coisa padece, para, nos termos dos artigos 914.º e 915.º do Código Civil, afastar a obrigação de reparação ou substituição da coisa e a indemnização em caso de simples erro, não provocado por dolo. E é igualmente ao vendedor que incumbirá provar o carácter meramente *incidental* do erro, para conseguir a redução do preço, evitando a anulação total do contrato.

Também no que ao ónus da prova diz respeito a formulação da LDC se afigura mais favorável para o comprador. Assim, para poder beneficiar dos direitos enunciados no n.º 1 do artigo 12.º da LDC, o consumidor apenas necessitará, segundo a formulação legal (e salvo na medida em que devam ser exigidos também os requisitos gerais previstos no Código Civil), de provar que lhe foi "fornecida" (entregue?[163]) a coisa com "defeito". A prova do facto impeditivo previsto nesse artigo 12.º, n.º 1 – ou seja, que o comprador fora previamente informado e esclarecido sobre tal "defeito" – ficará já a cargo do vendedor.

---

[163] Cf. *supra*, o que se disse sobre a distribuição do risco entre a conclusão do contrato e a entrega do bem ao consumidor.

Aplicando o regime geral de repartição do ónus da prova à regulamentação dos direitos do consumidor prevista na directiva, afigura-se que ao consumidor apenas competiria provar a falta de conformidade no momento da entrega da coisa. Todavia, considerando que esta prova pode ser muito difícil para o comprador, consagrou-se na directiva uma presunção (artigo 5.º, n.º 3), que admite prova em contrário, de que as faltas de conformidade que *se manifestem num prazo de seis meses a contar da data da entrega do bem já existiam nessa data*, salvo quando essa presunção for incompatível com a *natureza do bem*, ou com as características da *falta de conformidade* [164].

Trata-se de uma regra que pode revestir-se de bastante importância no caso concreto, já que normalmente o comprador de bens de consumo desconhecerá as diversas fases pelas quais passou o bem até lhe ser entregue, e, mesmo – sobretudo naqueles bens que empreguem tecnologias sofisticadas –, a origem possível do defeito. Em muitas situações encontrar-se-ia, mesmo, para fazer valer os direitos que a lei lhe reconhece, num verdadeiro "estado de necessidade probatório", para evitar que tais direitos não passem, na prática, de meras proclamações sem exequibilidade. Por outro lado, normalmente será muito mais fácil ao vendedor provar que o defeito não se verificava no momento da entrega [165].

Aliás, esta presunção, ilidível pelo vendedor, é limitada à anterioridade à entrega da falta de conformidade (o comprador continua a ter que provar esta), e não tem desde logo aplicação quando a falta de conformidade se revelar incompatível com a natureza do bem (por exemplo, no caso de bens rapidamente deterioráveis) ou com a da falta

---

[164] Esta presunção teve origem, com formulação praticamente idêntica à do texto final da directiva, no artigo 3.º, n.º 3 da proposta. Transitou, quase sem alterações (o Parlamento Europeu propôs em primeira leitura a referência, também aqui, à entrega efectiva), para a posição comum (passando a falar-se das "características" e não da "natureza" da falta de conformidade), sendo nesta alterado o seu enquadramento (passou a constar na norma sobre prazos, e não na relativa aos direitos do consumidor).

[165] COM(95)520 final, *cit.*, p. 13. Referindo que esta justificação é um pouco "salomónica", na medida em que valeria igualmente para faltas de conformidade que se manifestam depois do prazo de seis meses, B.GSELL, "Die zeitlichen Grenzen...", *cit.*, p. 168.

de conformidade (*v.g.*, no caso de defeitos que só possam ser imputados à utilização do bem [166]).

Dir-se-ia, assim, que esta disposição probatória não encontra hoje paralelo específico [167] na ordem jurídica portuguesa, carecendo, por isso, de ser nela incluída. Há, todavia, que ponderar que, para os bens não consumíveis a obrigação do "fornecedor" de garantir o bom estado e bom funcionamento por um ano, prevista no artigo 4.º, n.º 2 da LDC parece dispensar já hoje o comprador de provar a anterioridade do defeito à entrega [168]. Pode, pois, concluir-se que o campo de aplicação desta presunção não coberto já por mecanismos funcionalmente equivalentes do direito português se afigura, na prática, reduzido [169].

5. A questão da responsabilidade do produtor e o direito de regresso do vendedor final

Os direitos do consumidor analisados podem, segundo a directiva, ser exercidos perante o vendedor final, sendo este o único responsável

---

[166] V. o primeiro exemplo em M. TENREIRO/S. GÓMEZ, *cit.*, p. 19. Referindo que a segunda excepção à presunção terá lugar nos casos de aparente causação externa do defeito, em que o vendedor não pode fazer a prova da causa mais facilmente que o comprador, v. S. GRUNDMANN, *ob cit.*, p. 300. Concretizando estes casos de incompatibilidade, C. TWIGG-FLESNER, "The E.C. Directive...", *cit.*, p. 185 refere o exemplo do consumidor que cinco meses depois da compra aparece com um vaso de porcelana partido. Para H. EHMANN/U. RUST, "Die Verbrauchsgüterkaufrichtlinie", *cit.*, p. 856 esta presunção corresponderia a uma *"soziale Billigkeitsentscheidung"* excessiva, sobretudo considerando a sua imperatividade e aplicação a bens usados. Em face disto, os profissionais tenderiam a explorar as excepções de incompatibilidade com a natureza do bem ou as características da falta de conformidade. Esta críticas parecem-nos, além de contraditórias, excessivas (v. aliás o que se disse *supra*, sobre a aplicação da directiva a bens usados) – assim, também G. DE CRISTOFARO, *cit.*, p. 245.

[167] E não parece também que se possa sempre chegar à solução nela consagrada por intermédio da aplicação de princípios gerais – por exemplo, um hipotético princípio de inversão do ónus da prova em casos de flagrante "estado de necessidade probatório" (*Beweisnot*) para salvaguarda de um direito.

[168] V. para o ónus da prova no caso da garantia de bom funcionamento, A. PINTO MONTEIRO/P. MOTA PINTO, "La protection...", *cit.*, pp. 272-3, e J.CALVÃO DA SILVA, *Responsabilidade civil do produtor*, *cit.*, p. 202.

[169] Isto, pelo menos, na medida em que, para os bens *consumíveis*, a própria natureza do bem se revele em concreto incompatível com a aplicação da presunção.

em face do consumidor. A directiva regula, pois, em primeira linha, a relação vendedor final/comprador. Há, porém, duas questões conexas com as garantias do comprador na venda de bens de consumo que ultrapassam esta relação e que cumpre referir: a da eventual responsabilidade directa do produtor perante o comprador, não prevista na directiva mas tomada em conta, quer nos considerandos, quer no articulado; o direito de regresso do vendedor final, previsto no artigo 4.º.

A) A responsabilidade do produtor

No *Livro verde sobre as garantias dos bens de consumo e os serviços pós-venda* [170] propunha-se a introdução de uma *responsabilidade conjunta* e "quase-subsidiária" [171] do fabricante pelos defeitos da coisa, diferenciada da do vendedor ao nível da apreciação do defeito – a noção de expectativa legítima apenas poderia ser oponível ao fabricante em relação aos elementos de que este fosse responsável (excluindo, assim, as declarações do vendedor sobre as qualidades e o conteúdo do contrato) – e dos direitos do comprador, que seriam, pelo menos num primeiro momento, limitados à reparação e à substituição da coisa [172]. Solução semelhante – embora nos termos de uma responsabilidade solidária, incluindo também o "representante" do produtor – era acolhida no anteprojecto de directiva.

Esta solução correspondia, no domínio da *qualidade* (conformidade) dos bens, à já adoptada, para a segurança, pela Directiva 85//374/CEE, relativa à responsabilidade decorrente dos produtos defeituosos, e consagrada, no nosso direito, pelo Decreto-Lei n.º 383/89, de 6 de Novembro. Ela é justificada pelo facto de a concepção tradicional, segundo a qual só o vendedor é responsável perante o consumidor, ter deixado de corresponder às actuais condições de produção e de comercialização dos bens, em que o fabricante é, indubitavelmente, quem

---

[170] Pp. 111-2.

[171] O comprador poderia proceder contra o produtor se a acção contra o vendedor fosse impossível ou se constituísse um fardo excessivo.

[172] Se a reparação ou a substituição não fosse ou não pudessem ser efectuadas, o consumidor poderia exigir ao fabricante também o preço pago ou a diminuição do valor do bem.

pode exercer um melhor – ou o único – controlo sobre a qualidade (podendo segurar-se contra os correspondentes riscos e sendo, assim, também o *"cheapest cost avoider"*), e, ainda quem melhor posicionado está para trabalhos de reparação ou para fornecer peças sobressalentes. Por outro lado, pode dizer-se que a maioria dos defeitos de qualidade, sobretudo nos produtos pré-embalados não deterioráveis (que muitas vezes o comerciante nem sequer está autorizado a abrir), tem a sua origem mais provável logo no momento da fabricação. A responsabilidade directa do produtor perante o consumidor, a quem esses bens se destinam (e perante os quais muitas vezes o produtor faz publicidade exaltando justamente a qualidade do bem) teria, assim, provavelmente, efeitos positivos na qualidade dos bens, tornando mais fácil ao consumidor a obtenção da reparação de defeitos dos bens adquiridos atribuídos ao produtor, sobretudo no âmbito das compras transfronteiriças.

Por outro lado, não pode dizer-se que uma responsabilidade directa do produtor perante o consumidor tivesse como efeito perverter o sistema em vigor [173]. Contribuiria, pelo contrário, para o tornar mais coerente [174]

---

[173] Tal responsabilidade foi introduzida na legislação finlandesa, e existe há longa data nos sistemas jurídicos francês, belga e luxemburguês (que aceitam a *action directe* perante o produtor; o mesmo vale em Espanha, para os bens de natureza duradoura, na medida em que a garantia comercial do fabricante é obrigatória – artigo 11.º, n.º 2, da citada *Ley general para la defensa de los consumidores y usuarios*).

[174] Com efeito, como se ponderava no *Livro verde...*, cit., p. 111, "é contraditório que o produtor seja responsável quando o produto defeituoso provocar um prejuízo a pessoas ou (em certos) casos, a outros bens [v., entre nós, o artigo 8.º, n.º 1 do Decreto--Lei n.º 383/89] e que não tenha responsabilidade quando, muito simplesmente, o produto não funcionar ou quando um defeito de fabrico tiver provocado danos ao próprio produto." E ponderava-se ainda que a extensão da responsabilidade ao fabricante aumentaria as possibilidades de o consumidor lesado – para quem o fabricante produz – ver reparado o prejuízo que o defeito lhe causa, nos casos em que o produtor é mais fácil de contactar do que o vendedor e nos casos em que os meios financeiros deste são insuficientes. Aliás, em muitos bens os produtores são frequentemente já responsáveis perante os consumidores, quando oferecem garantias comerciais, e, de forma indirecta, quando, como frequentemente acontece, retomam dos vendedores os bens recusados pelos consumidores em consequência de defeitos de origem.

Note-se, ainda, que, com toda a probabilidade, salvo quando o consumidor estabelece (por exemplo, numa compra transfronteiriça, numa viagem ao estrangeiro) uma relação directa com o produtor – caso em que a justificação para a responsabilidade directa perante o consumidor é tanto mais clara – ou quando o comerciante não está

e para facilitar a tarefa dos consumidores, permitindo-lhes dirigir-se directamente ao produtor.

Por tudo isto, a solução de responsabilizar directamente o produtor pelos defeitos de qualidade perante os consumidor parecia justificar-se, correspondendo, aliás, a uma evolução já registada nalguns Estados--membros e consagrada no direito comunitário para protecção da segurança das pessoas e dos bens de consumo.

A introdução de uma tal responsabilidade directa do produtor não foi, porém, pacífica nas instâncias legislativas comunitárias, não havendo essa solução sido acolhida na proposta de directiva e tendo falhado a tentativa do Parlamento Europeu de a introduzir em primeira leitura [175]. A previsão da responsabilidade directa do produtor em face do comprador foi, assim, eliminada (só se podendo verificar se existir uma garantia comercial vinculativa do produtor, nos termos do artigo 6.º), mantendo--se, neste ponto, o respeito pela *"vertical privity"* do contrato de compra e venda [176]. Uma aparente "má consciência", emergente da rejeição da proposta do Parlamento e da conveniência dessa evolução, parece, porém, ter deixado traços na directiva: assim, o considerando 23 pondera que, atendendo à evolução da legislação e da jurisprudência reveladora de uma preocupação crescente em garantir um elevado nível de protecção

---

acessível ou desapareceu do mercado, a introdução da possibilidade de o comprador se dirigir ao fabricante não o tornaria o alvo principal das reclamações dos consumidores, continuando estes a dirigir-se prioritariamente aos seus parceiros directos – os vendedores.

[175] V. a alteração 25 proposta pelo Parlamento Europeu (*JOCE* C 104, de 6 de Abril de 1998, p. 35). Tal proposta não foi acolhida nem na proposta alterada nem na posição comum, e não voltou a ser formulada em 2ª leitura.

[176] Também mantida é a *"horizontal privity"* (assim, N. REICH, *cit.*, p. 2399) na medida em que a directiva apenas regula os direitos do consumidor enquanto comprador, isto é, enquanto parte no contrato de compra e venda, e não contém disposições sobre os direitos de futuros adquirentes (ao consumidor), de utilizadores, etc.. O anteprojecto de directiva, na sequência do *Livro verde...* (*cit.*, p. 113), previa que os direitos conferidos se considerassem automaticamente transmitidos a toda e qualquer pessoa a quem o bem fosse posteriormente transmitido, a título gratuito ou oneroso. Desta forma, resolver-se--iam os problemas gerados pela interposição de um consumidor entre o vendedor e o destinatário final (por exemplo, quando a coisa fosse oferecida como presente). Esta solução – consagrada já nalguns países europeus – não foi acolhida na proposta de directiva. Resta saber se, já hoje, o direito interno dos Estados-membros (e em especial o nosso) permite a sua defesa.

dos consumidores, e "à experiência adquirida com a aplicação da presente directiva, poderá ser necessário considerar um grau mais elevado de harmonização e prever, nomeadamente, a responsabilidade directa do produtor pelos defeitos de que é responsável". E o artigo 12.º obriga a Comissão a, até 2006, no relatório que elaborará para o Parlamento Europeu e o Conselho destinado a examinar a aplicação da directiva [177], pronunciar-se sobre a eventual introdução da responsabilidade directa do produtor, e, se necessário, formular propostas.

O direito português não consagra ainda uma responsabilidade directa do produtor perante o consumidor/comprador de bens defeituosos – o artigo 4.º, n.º 2 da LDC apenas impõe uma prestação de garantia de bom estado e de bom funcionamento de bens não consumíveis ao *vendedor*, e os direitos previstos no artigo 12.º, n.º 1 apenas podem ser exercidos em face do "fornecedor" (que corresponde na directiva ao vendedor final). A responsabilidade civil do produtor apenas está prevista, como no direito comunitário, quando o produto "não oferece a segurança com que legitimamente se pode contar", e abrangendo tão só "os danos resultantes de morte ou lesão pessoal e os danos em coisa diversa do produto defeituoso, desde que seja normalmente destinada ao uso ou consumo privado e o lesado lhe tenha dado principalmente este destino" (v. os artigos 4.º, n.º 1, e 8.º, n.º 1, do citado Decreto-Lei n.º 383/89 [178]). Apenas se prevê, no artigo 8.º da LDC, que a obrigação de informar impenda "também sobre o produtor, o fabricante, o importador, o distribuidor, o embalador e o armazenista, por forma que cada elo do ciclo produção-consumo possa encontrar-se habilitado a cumprir a sua obrigação de informar o elo imediato até ao consumidor, destinatário final da

---

[177] Concordando com a renúncia a consagrar na directiva a responsabilidade directa do produtor e considerando muito curto o prazo para este relatório, v. D. STAUDENMAYER, *cit.*, p. 2397. E cf. também, para o direito austríaco, Brigitta JUD, "Zum Händlerregress..." *cit. infra* na nota 191, p. 665. Diversamente, a favor da consagração daquela responsabilidade, v., por ex. C. TWIGG-FLESNER, *cit.*, p. 190, M. TENREIRO/S. GÓMEZ, *cit.*, pp. 20- -1, Á. CARRASCO PERERA/E. CORDERO LOBATO/P. MARTINEZ ESPÍN, "Transposición...", *cit.*, p. 130, Allesio ZACCARIA, "Riflessioni circa l'attuazione della direttiva n. 1999/44/CE «su taluni aspetti della vendita e delle garanzie dei beni di consumo», *Studium iuris*, 2000, pp. 267 e ss. (269), M. LEHMANN, *cit.*, pp. 291 e ss. (que propõem o seu acolhimento, respectivamente nos direitos espanhol, italiano e alemão).

[178] E J. CALVÃO DA SILVA, *Responsabilidade civil do produtor*, cit., pp. 451 e ss.

informação" (n.º 2), e que, sendo o fornecedor de bens ou o prestador de serviços que viole o *dever de informar* responsável pelos danos que causar ao consumidor, com ele serão "solidariamente responsáveis os demais intervenientes na cadeia da produção à distribuição que hajam igualmente violado o dever de informação" (n.º 5).

Julgamos, porém, que se deve aproveitar a necessária transposição da directiva para, pelas razões expostas, alargar esta responsabilidade perante o consumidor [179], considerando também o produtor directamente responsável pelos vícios ou falta de qualidades da coisa que tenha causado [180].

---

[179] Defendendo também, depois de referir o artigo 8.º, n.º 5, da LDC que "o mais razoável será conceder esse direito ao consumidor [de agir contra os demais intervenientes na cadeia da produção à distribuição], seja qual for o fundamento da responsabilidade e o tipo de dever jurídico violado, J. SINDE MONTEIRO, *cit.*, p. 469. No direito espanhol, v. por ex. Á. CARRASCO PERERA/E. CORDERO LOBATO/P. MARTINEZ ESPÍN, "Transposición...", *cit.*, p. 130. E, para o direito alemão, M. LEHMANN, *loc. cit.*

[180] A consagrar-se tal responsabilidade directa do produtor, os direitos concedidos ao comprador contra este poderiam, ou não, ser limitados à substituição ou à reparação do bem (podendo ainda caber ao comprador ou ao produtor escolher entre estas possibilidades). Se estas não puderem ser, ou não forem, efectuadas em prazo razoável, o comprador poderia dispor do direito de exigir ao produtor o montante correspondente à redução ou à restituição do preço, pois caso contrário poderia ficar desprovido de qualquer protecção. Ao consumidor cumpriria sempre fazer prova da sua compra ao vendedor final (nomeadamente para provar que o prazo de garantia não expirou), incluindo o preço pago, podendo eventualmente, no caso de não ser possível a reparação ou a substituição, o produtor invocar o carácter excessivo do preço que não tenha sido determinado nem recebido por ele. Quanto ao ónus da prova da existência dos defeitos aquando da colocação do bem no mercado pelo produtor, poderia, quando muito, exigir-se que o consumidor estabelecesse a sua probabilidade da sua existência. Por outro lado, seria conveniente consagrar causas de exclusão de responsabilidade semelhantes às previstas já no artigo 5.º do citado Decreto-Lei n.º 383/89, de 6 de Novembro (designadamente: falta de colocação do bem em circulação; probabilidade, de acordo com as circunstâncias, de inexistência do defeito no momento em que o bem foi colocado em circulação pelo produtor; não fabricação do produto para a venda ou para qualquer outra forma de distribuição com fins lucrativos, nem no quadro da actividade profissional do produtor). E seria ainda de prever, para além do prazo da garantia de que beneficia o comprador, um outro prazo preclusivo (como o de dez anos previsto no artigo 12.º do citado diploma), contado a partir da data em que o produtor colocou no mercado aquele mesmo bem em questão, salvo se houver sido intentada acção judicial contra o produtor ou seu representante (ou, mesmo, uma exclusão para todos os bens usados – assim, Á. CARRASCO PERERA/E. CORDERO LOBATO/P. MARTINEZ ESPÍN, "Transposición...", *cit.*, p. 127).

Dessa forma se poderiam resolver casos como aqueles em que o vendedor já não está disponível, por exemplo por ter falido ou por ter cessado a sua actividade [181].

B) O direito de regresso do vendedor final

Sendo apenas o vendedor final responsável perante o consumidor, resta ainda, porém, considerando as aludidas condições actuais de produção e comercialização dos bens, responder à questão de saber sobre quem deve recair a final o fardo económico dessa responsabilidade. Não tendo sido acolhida a possibilidade de acção directa do consumidor contra o produtor ao vendedor final, dir-se-á mesmo que a directiva mais frequentemente [182] "pode fazer impender injustamente sobre os vendedores finais qualquer responsabilidade pelos defeitos dos bens que resulte finalmente de um acto ou omissão de outra pessoa", sendo "nomeadamente este o caso dos defeitos de fabrico, dos defeitos causados por uma má manipulação por parte de um intermediário anterior ou ainda dos defeitos de conformidade que resultem das declarações" previstas na directiva no artigo 2.º, n.º 2, alínea d) [183]. Suscita-se, assim, com mais acuidade, sobretudo considerando o regime estrito de responsabilidade do vendedor final perante o consumidor, o problema de saber em que termos deverá o vendedor poder efectivar perante o elemento da cadeia contratual responsável pela falta de conformidade – seja ele o produtor, um vendedor anterior ou qualquer outro intermediário – um direito de regresso.

Apesar de a directiva visar apenas regular a venda final de bens de consumo, afigurou-se ao legislador comunitário indispensável [184] con-

---

[181] V.G. BRÜGGEMEIER, cit., p. 533.

[182] Mas o problema existiria mesmo que aquela acção directa contra o produtor tivesse ficado consagrada, pois o comprador sempre poderia continuar a accionar o vendedor. A responsabilidade do produtor não poderia afastar a do vendedor final perante o consumidor.

[183] As expressões citadas são da exposição de fundamentos da directiva, COM (95)520 final, cit., p. 14. Salientando também que a directiva implicou uma "ampliação da esfera de risco do vendedor, que (...) responderá pela falta de conformidade ainda que esta se deva a um defeito na cadeia de produção", v. Á. CARRASCO PERERA/E. CORDERO LOBATO/P. MARTINEZ ESPÍN, "Transposición...", cit., p. 131.

[184] V. loc. cit. na última nota.

sagrar um direito de regresso, que consta do artigo 4.º. Segundo este: "Quando o vendedor final for responsável perante o consumidor pela falta de conformidade resultante de um acto ou omissão do produtor, de um vendedor anterior da mesma cadeia contratual, ou de qualquer outro intermediário, o vendedor final tem direito de regresso contra a pessoa ou pessoas responsáveis da cadeia contratual. O responsável ou os responsáveis contra quem o vendedor final tem direito de regresso, bem como as correspondentes acções e condições de exercício, são determinados pela legislação nacional" [185].

Trata-se, aqui, da única norma da directiva que não regula directamente relações entre consumidores e profissionais, mas antes – embora ainda como consequência do regime de protecção do consumidor em face do profissional – relações entre elementos da cadeia contratual de distribuição, isto é, normalmente relações entre profissionais (e normalmente mesmo relações comerciais [186]).

O modelo de distribuição tido em vista parece ser o da aquisição do bem, pelo vendedor final, ao produtor ou seus "representantes" (no sentido económico). Não pode, porém, dizer-se que estes tenham sempre maior poder do que o vendedor final – basta pensar nos casos da distribuição em grandes superfícies de bens produzidos por artesãos ou pequenas empresas. E pode mesmo acontecer que na cadeia contratual

---

[185] Este direito de regresso estava já previsto no anteprojecto de directiva, com carácter dispositivo. A proposta de directiva acolhia este direito no artigo 3.º, n.º 5, sem esclarecer expressamente se esta seria uma norma imperativa, mas inculcando os termos empregues (e a própria exposição de motivos) uma resposta positiva. O Parlamento Europeu propôs, em primeira leitura, a consagração da inderrogabilidade convencional da responsabilidade perante o vendedor final. Tal consagração não foi acolhida na proposta alterada da Comissão, e a posição comum, autonomizando o direito de regresso no artigo 4.º, esclareceu, neste artigo e no considerando respectivo (que era então o 8), que o vendedor final podia renunciar ao direito de regresso. O Parlamento Europeu propôs, em segunda leitura, a eliminação desta excepção no articulado (embora deixando-a nos considerandos), tendo esta proposta sido aceita pela Comissão no seu parecer sobre as alterações em segunda leitura – COM (1999)16 final, p. 4.

[186] Quer porque normalmente os profissionais na cadeia contratual serão comerciantes, quer porque a compra para revenda – o tipo de contrato pelo qual normalmente essa cadeia se estruturará – constitui, como se sabe, o núcleo das compras e vendas comerciais, nos termos do artigo 463.º do Código Comercial.

se tenha interposto anteriormente um consumidor que vendeu o bem (por exemplo, um automóvel entregue em troca de outro [187]) ao profissional. De toda a forma, a previsão deste direito de regresso na directiva para defesa do vendedor final encontra-se, a nosso ver, plenamente justificada [188] pela irrazoabilidade do resultado consistente em fazer o vendedor final suportar o peso económico da responsabilidade perante o consumidor por faltas de conformidade causadas por outrem [189].

O direito de regresso consagrado na directiva suscita, porém, uma série de problemas que só aqui podem ser aflorados, salientando-se mesmo que nele reside a verdadeira "força explosiva" da directiva [190], simultaneamente ameaçando "dinamitar" (ou, pelo menos, reordenar) o regime geral (e mesmo o regime comercial) aplicável à compra e venda em toda a cadeia contratual, e obrigando, segundo alguns, a uma transposição para além da exigida pelo direito comunitário [191]. Tais problemas

---

[187] Trata-se aqui de um exemplo de "venda de consumo invertida", aparentemente não regulada pela directiva, na parte em que o consumidor aliena o automóvel ao comprador. Todavia, afigura-se existir uma verdadeira compra de um bem de consumo quanto ao automóvel adquirido pelo consumidor, não nos parecendo que deva relevar o facto de a contraprestação ter sido *parcialmente* realizada em espécie (sobre a aplicação da directiva ao contrato de troca, pelo menos quando o objecto da contraprestação seja misto, v. G. DE CRISTOFARO, *ob. cit.*, p. 28). Aliás, como se sabe, também no nosso Código o escambo ou troca são regulados pelas normas da compra e venda, por força do artigo 939.º daquele diploma.

[188] Assim tb. G. DE CRISTOFARO, *cit.*, p. 12.

[189] Causadas, obviamente, não no sentido de uma concepção de causa como *conditio sine qua non,* segundo a qual o vendedor sempre seria também causador da falta de conformidade, pois sem a venda final esta não existiria. Antes no sentido de imputação objectiva da falta de conformidade a actos que eram adequados a provocá--la: como veremos, ou pela criação da vinculação do vendedor (artigo 2.º, n.º 2, al. *d)*), ou pela diminuição das qualidades do bem.

[190] Assim, G. BRÜGGEMEIER, "Zur Reform...", *cit.*, p. 534. Salientando que a directiva abrange, ainda que indirectamente e de forma pouco clara, as relações jurídicas a montante da compra de consumo, N. REICH, "Die Umsetzung...", *cit.*, p. 2398 (e 2399: "efeitos *'spillover'* sobre as tradicionais regras jurídico-mercantis").

[191] Falando de um "efeito de harmonização de forma subtil", v. J. SCHMIDT--RÄNTSCH, "Zum Stand...", *cit.*, p. 850. O legislador alemão estaria aqui perante um *"Zwang zur überobligatorische Umsetzung"* – ID., "Gedanken zur Umsetzung der kommenden Kaufrechtsrichtlinie", *cit.*, p. 298. O direito de regresso previsto no artigo 4.º tem sido dos pontos da directiva que maior interesse tem suscitado na doutrina. V., além dos autores citados nesta nota e na anterior, W. FABER, "Zur Richtlinie...", *cit.*,

prendem-se com a determinação, não só do sentido e alcance do "direito de regresso" previsto na directiva, como da medida de discricionariedade deixada aos Estados-membros [192].

Assim, no artigo 4.º referem-se, como possíveis *responsáveis*, o produtor (definido no artigo 1.º, n.º 1, alínea d) como o "fabricante de um bem de consumo, o importador do bem de consumo no território da Comunidade ou qualquer outra pessoa que se apresente como produtor através da indicação do seu nome, marca ou outro sinal identificador no produto"[193]), o vendedor anterior da mesma cadeia contratual[194] ou outro intermediário (podendo estes ser transportadores, depositários, agentes e mediadores que tomem contacto com o bem ou com materiais que o integram, podendo, pois, originar a falta de conformidade)[195].

Além disso, o direito tem como pressuposto, não só a responsabilidade do vendedor final perante o consumidor[196], mas também, pelo

---

pp. 429 ss., H. EHMANN/U. RUST, "Die Verbrauchsgüterkaufrichtlinie", *cit.*, pp. 862 s., Friedrich GRAF v. WESTPHALEN, "Die Umsetzung der Verbrauchsgüterkauf-Richtlinie im Blick auf den Regress zwischen Händler und Hersteller", *Der Betrieb*, 1999, pp. 2553 e ss., Brigitta JUD, "Zum Händlerregress im Gewährleistungsrecht", *ÖJZ*, 18, 2000, pp. 661 e ss., Martin SCHMIDT-KESSEL, "Der Rückgriff des Letztverkäufers", *idem*, pp. 668 e ss., M. LEHMANN, *cit.*, pp. 288 e ss, Á. CARRASCO PERERA/E. CORDERO LOBATO/P. MARTINEZ ESPÍN, "Transposición...", *cit.*, pp. 131 e ss.

[192] Aliás, como nota SCHMIDT-KESSEL, "Der Rückgriff...", *cit.*, p. 670, este artigo 4.º é marcado pela oposição entre o seu primeiro e segundo períodos.

[193] Trata-se, a nosso ver, e apesar da diferente formulação literal, de um conceito semelhante ao utilizado no artigo 3.º da directiva 85/374/CEE, sobre responsabilidade decorrente de produtos defeituosos, e, entre nós, no artigo 2.º do Decreto-Lei n.º 383//89.

[194] Conceito próximo de "cadeia contratual" é o de "cadeia de comercialização", que encontramos nos artigos 2.º, alíneas d), 3.º travessão, e e) da Directiva 92/59/CEE, do Conselho, de 29 de Junho de 1992, relativa à segurança geral dos produtos (*JOCE* L 228 de 11 de Agosto de 1992, pp. 24 e ss). Por vezes esta "cadeia" pode não se desenvolver linearmente – M. SCHMIDT-KESSEL, *cit.*, p. 670.

[195] Mas já estão excluídas as pessoas que apenas acidentalmente ou de forma delituosa tomam contacto com o bem, salvo se o seu comportamento puder ser imputado a um elemento anterior da cadeia contratual.

[196] Podendo pôr-se o problema de saber se o direito nasce apenas quando a responsabilidade é efectivada – pagando o vendedor final ao comprador o preço ou a diferença de preço, reparando ou substituindo o bem – ou logo que ela é reconhecida, pelo vendedor final ou por sentença judicial. V. Á. CARRASCO PERERA/E. CORDERO LOBATO//P. MARTINEZ ESPÍN, "Transposición...", *cit.*, p.132.

menos, uma certa *causalidade* da falta de conformidade – esta há-de ser "resultante de um acto ou omissão do produtor, de um vendedor anterior da mesma cadeia contratual, ou de qualquer intermediário." Em face desta formulação, parece bastar, segundo o primeiro período do artigo 4.º, uma imputação *objectiva* da falta de conformidade para que o vendedor final possa proceder contra o responsável (recorde-se aliás que a responsabilidade do vendedor final perante o consumidor é igualmente objectiva). A falta de conformidade com o contrato há-de, assim, resultar de um acto ou omissão dos referidos elementos anteriores da cadeia contratual, seja por *alteração do padrão* tido por contratualmente devido, designadamente através de declarações sobre o bem relevantes nos termos da alínea *d)* do n.º 2 do artigo 2.º – caso de causalidade da falta de conformidade pela *criação da vinculação* do vendedor [197] (*"verpflichtungsbegogene Verursachung"*) –, seja pela alteração das características do bem, por forma a este não vir a estar conforme com o contrato celebrado entre vendedor e comprador final – causalidade da falta de conformidade pela *perturbação da qualidade* do bem (*"eigenschaftsbezogene Verursachung"* [198]), possível, por exemplo, na hipótese prevista nas alíneas *a)* e *c)* do n.º 2 do artigo 2.º (falta de adequação à descrição ou às utilizações habitualmente dadas aos bens do mesmo tipo). Nesta segunda hipótese, a causalidade exigida pode apurar-se comparando as características do bem em cada estádio da cadeia contratual, para averiguar quando foi alterada a qualidade em questão.

Com isto não julgamos, ainda, que fiquem resolvidos todos os problemas suscitados pelo direito de regresso. Na verdade, mesmo quando exista, por exemplo, uma alteração da qualidade do bem imputável ao produtor, a um transportador ou a um vendedor anterior, sempre será apenas depois de consumada a última alienação, no *final* da cadeia de distribuição, que se poderá verificar se o regime da directiva é aplicável, considerando a actuação do adquirente final com objectivos não profissionais. Só no fim da cadeia de distribuição se pode – e pode a

---

[197] Poderá ainda ser o caso de falta de adequação do bem à amostra ou modelo facultado pelo produtor ao vendedor final para ser mostrado ao comprador.
[198] V. esta distinção em M. SCHMIDT-KESSEL, *cit.*, p. 671.

contraparte do adquirente [199] – apurar se estamos ou não perante uma venda a um consumidor, e se pode, pois, apurar se é aplicável o regime da directiva [200]. Não parece excluído, aliás, que a falta de conformidade resulte simplesmente do indevido *direccionamento* do bem para um comprador final que é um consumidor, e não um profissional.

Suscitará *prima facie* alguma perplexidade o facto de a falta de conformidade dever ser avaliada em relação ao parâmetro contratual resultante de um negócio que foi celebrado entre vendedor final e consumidor, e que é, pois, para os anteriores elementos da cadeia de distribuição, *res inter alios*. Pode, na verdade, acontecer que a falta de conformidade se deva a particulares especificações do contrato de compra e venda celebrado com o consumidor, relativas, por exemplo, à utilização da coisa ou a suas qualidades, especificações, essas, relevantes nos termos das referidas alíneas *a)* e *b)* do n.º 2 do artigo 2.º da directiva. Afigura-se-nos claro, porém, que não existirá qualquer direito de regresso se a falta de conformidade for *exclusivamente* imputável – quer quanto

---

[199] Cf. o que se disse *supra* sobre o problema da reconhecibilidade para a contraparte da natureza não profissional do uso visado pelo adquirente.

[200] Note-se, todavia, que o problema do direito de regresso do vendedor final perante anteriores elementos da cadeia de distribuição só se suscitará normalmente *ex post* – isto é, já depois de apurada a responsabilidade do vendedor final perante o consumidor pela falta de conformidade, e, como se disse, desde que esta seja "resultante de um acto ou omissão do produtor, de um vendedor anterior da mesma cadeia contratual, ou de qualquer outro intermediário". Assim, tal como se a falta de conformidade estiver ligada apenas a um elemento específico da última relação da cadeia não existirá direito de regresso, também se o vendedor não vier a final a ser responsável perante o consumidor, ou se o adquirente final não for de considerar como consumidor – sendo antes outro profissional –, pura e simplesmente não será então aplicável o regime da directiva, incluindo o direito de regresso. A questão posta no texto prende-se, pois, não com a determinação das condições de responsabilidade na acção de regresso, e sim com o planeamento *ex ante*, pelo produtor e outros elementos da cadeia contratual, da sua possível responsabilidade ante o vendedor final, para o que se torna necessário apurar a quem se dirige o bem, consoante a natureza deste. Usando como critério de aplicação de diversos prazos de prescrição o facto de os bens serem ou não dirigidos para consumidores, v. N. REICH, *cit.*, pp. 2402-3. Para G. BRÜGGEMEIER, *cit.*, p. 534, diversamente, a consequência do direito de regresso é a generalização do regime a todos os bens, de consumo e de equipamento, pois o regime da venda ao consumidor projecta-se sobre toda a cadeia de distribuição.

ao parâmetro contratual, quer quanto às características do bem – ao vendedor final [201].

Para além disto, na "cadeia contratual" pode discutir-se se o cumprimento de cada elemento *perante a sua contraparte* exclui a responsabilidade perante o vendedor final, havendo quem tenha, a propósito, sugerido que a obrigação de cada elemento anterior ao vendedor final deveria ser concebida como uma verdadeira obrigação de garantia, a cargo de todos os elementos da cadeia [202]. Julgamos que a própria finalidade deste direito de regresso exige que o cumprimento do contrato com a respectiva contraparte, *só por si*, não libere cada elemento da eventual responsabilidade *perante o vendedor final*, se vier a provar-se que a falta de conformidade com o contrato celebrado pelo consumidor foi resultante de um comportamento desse elemento, seja pela criação (anterior ou posterior ao contrato [203]) de uma vinculação do vendedor final, seja pela alteração das características do bem.

Já se, na venda de coisa específica, a falta de conformidade resultar inteiramente de um facto delituoso de terceiro ou da obediência a normas imperativas (cf., para este último caso, o artigo 5.º, alínea *d)* do Decreto-Lei n.º 383/89, de 6 de Novembro) não existirá responsabilidade perante o vendedor final [204].

---

[201] Pode dizer-se, na verdade, que a "exclusão do regresso em caso de falta de conformidade com o contrato que é imputável apenas ao vendedor final está já implícita nos pressupostos daquele" – M. SCHMIDT-KESSEL, *cit.*, p. 671, afirmando, porém, que não basta para excluir o direito de regresso o simples facto de a falta de conformidade se dever também à descrição do bem, ou do seu uso, no contrato.

[202] Defendendo que o cumprimento do contrato apenas libera perante a respectiva contraparte, *aut. e ob. cits.*. Quando o próprio cumprimento foi regular, só poderia a falta de conformidade resultar de indevidamente se dirigir o bem para um consumidor. A conformidade em estádios mais avançados da cadeia de distribuição não impediria, porém, a responsabilidade de elementos anteriores perante o vendedor final, pois o artigo 4.º tornaria cada elemento responsável, independentemente daquilo que cada um convencionou com a sua contraparte.

[203] Nesta segunda hipótese, não parece, aliás, oferecer qualquer dúvida que o cumprimento anterior do contrato perante a contraparte não pode ter qualquer efeito liberatório, sob pena de esvaziamento prático do direito de regresso nestes casos.

[204] Nestes termos, M. SCHMIDT-KESSEL, *cit.*, p. 671 – a própria razão de ser do direito de regresso imporia, aliás, que a exclusão de responsabilidade apenas fosse permitida dentro de estreitos limites.

O *montante* que o vendedor deve poder exigir através deste direito de regresso também não é precisado pela directiva. Pela própria razão de ser do direito de regresso, pode dizer-se que estão aqui incluídos os custos da reparação ou da substituição do bem, o montante em que o preço foi reduzido ou o preço total restituído, em caso de rescisão do contrato (descontando-se neste caso o valor do bem não conforme, se ficar propriedade do vendedor final). E poderá mesmo prever-se que esse montante deva corresponder em geral aos prejuízos sofridos pelo vendedor por ter sido responsável perante o comprador [205].

A determinação de qual o responsável ou os responsáveis contra quem o vendedor final tem direito de regresso, bem como das correspondentes "acções e condições de exercício", é deixada pelo segundo período do artigo 4.º ao âmbito de discricionariedade de cada Estado-membro. Isso não significa, porém, que estes sejam inteiramente livres a este respeito, desde logo, porque têm de assegurar a *efectividade* do direito de regresso [206]. Assim, o responsável ou os responsáveis contra

---

[205] É certo que, se as legislações nacionais previrem outros direitos, além dos consagrados na directiva, que o consumidor pode exercer perante o vendedor final, os Estados-membros não ficam obrigados a alargar a estes o direito de regresso (excepto na medida em que esses outros direitos – como a "grande indemnização" – contenham em si os direitos do artigo 3.º – v. M. SCHMIDT-KESSEL, "Der Rückgriff...", *cit.*, p. 671). Todavia, isso não exclui que o vendedor final deva ser colocado pelo causador da falta de conformidade na situação em que estaria se não houvesse tido que responder, face ao exercício dos direitos previstos na directiva (ou "equivalentes funcionais"), perante o comprador final – o que pode já representar uma quantia maior do que aquela que o vendedor final teve que pagar ao consumidor, podendo o vendedor final ter sofrido outros prejuízos.

É claro que impenderá sobre o vendedor final um "dever de minoração dos danos" que sofreu por virtude da sua responsabilidade, cujo não cumprimento relevará, pelo menos, nos termos gerais da culpa do lesado (artigo 570.º do Código Civil).

[206] As opiniões a respeito do alcance da vinculação resultante da directiva dividem-se. Enquanto alguns referem que a directiva apenas prevê a existência de um direito de regresso "concebido da forma que se quiser" (J. SCHMIDT-RÄNTSCH, "Zum Stand", *cit.*, p. 850, D. STAUDENMAYER, *cit.*, p. 2396), apenas resultando desta uma imposição *de facto* (por razões de coerência lógica e jurídica) de harmonização das condições de responsabilidade na cadeia contratual, outros consideram existir uma imposição jurídica, directamente resultante da directiva (assim N. REICH, *cit.*, p. 2400, invocando o artigo 10.º do Tratado da Comunidade Europeia, e M. LEHMANN, *cit.*, p. 290; v. tb. W. FABER, "Zur Richtlinie...", *cit.*, p. 429). Uma posição de certa forma intermédia é defendida por M. SCHMIDT-KESSEL, *cit.*, pp. 671-2.

quem o vendedor final tem direito de regresso são determinados pela legislação nacional, mas terá que se prever a responsabilidade, *pelo menos*, de um dos elementos anteriores da cadeia contratual, em via de regresso, perante o vendedor final [207]. E julgamos também que o artigo 4.º da directiva requer que este(s) responsável(is) integre(m) a "cadeia contratual" – possivelmente incluindo o produtor ou também o autor de declarações públicas relevantes no termos do artigo 2.º, n.º 2, alínea *d)* (que são apenas as efectuadas pelo produtor ou seu "representante").

A determinação das "acções e condições de exercício" do direito de regresso perante elementos anteriores na cadeia de distribuição também não é efectuada na directiva. Julgamos, porém, que também essa determinação pelos legisladores nacionais não pode restringir de forma essencial o direito de regresso ou a sua efectividade [208]. O problema assume relevância, designadamente, para a questão de saber se se poderá considerar a *culpa* do responsável como pressuposto do direito de regresso. Ora, respondendo o vendedor final perante o consumidor independentemente de culpa – por exemplo, quanto à reparação ou substituição da coisa –, afigura-se-nos que seria contrário à própria *ratio* da consagração do direito de regresso no artigo 4.º da directiva que o

---

[207] Para M. Schmidt-Kessel, "Der Rückgriff...", cit., p. 672, esta fórmula significaria que a liberdade de escolha dos Estados-membros está em rigor limitada a uma escolha do responsável. N. Reich, cit., p. 2399, fala de uma "obrigação de meios" dos Estados-membros, mas sublinha que o direito de regresso tem de poder ser efectivado. Já K. Tonner, "Verbrauchsgüterkauf-Richtlinie...", cit., p. 1772, e J. Schmidt-Räntsch, "Zum Stand...", cit., p. 298, entendem que existe um amplo campo de liberdade para o legislador nacional, que poderia mesmo pôr em causa a efectividade do direito de regresso.

[208] Assim, W. Faber, cit., 429, M. Schmidt-Kessel, "Der Rückgriff...", cit., p. 672 (diversamente, v. por ex., D. Staudenmayer, cit., 2396, P. Schlechtriem, cit., ZSR, p. 356). O problema, aliás, só parece pôr-se para as "condições de exercício". Já a referência às "acções" tem apenas em vista regras processuais de exercício do direito, sem relevância substantiva. Diga-se, a propósito, que, nalgumas versões linguísticas da directiva, a referência a "condições" (na versão alemã *"Bedingungen"*) foi substituída na versão final por "modalidades de exercício", uma expressão, pois, menos limitativa do direito de regresso do vendedor final (não foi o caso da versão portuguesa, só podendo lamentar-se tais divergências entre versões linguísticas do mesmo instrumento normativo). Sobre as possíveis regras processuais de exercício do direito de regresso, v. *infra*, a última nota deste n.º 5.

vendedor final viesse a ficar prejudicado pelo regime, por assim dizer mais "suave", do direito de regresso, suportando o prejuízo resultante da diferença entre as condições por que teve que responder perante o consumidor, e os termos, menos vantajosos para si, em que pode repercutir a responsabilidade no produtor ou no distribuidor. Dir-se-á, assim, que, se a responsabilidade do vendedor final perante o consumidor é objectiva, àquele deve ser reconhecido um direito de regresso que igualmente dispense a culpa [209], o mesmo se podendo dizer para outros pressupostos cuja não verificação *preclude* a existência do direito de regresso. As condições para a existência deste devem, pois, para assegurar a sua efectividade, ser configuradas em termos *tão estritos* como as condições de responsabilidade do vendedor final perante o consumidor. Isto, embora, a nosso ver, a salvaguarda do direito de regresso não implique uma total *identidade* de regime, a moldar a partir do da responsabilidade perante o consumidor, ao longo da cadeia contratual, a qual, normalmente, aliás, será constituída por comerciantes – assim, por exemplo, no que toca a obrigações de denúncia (que poderão existir) e a prazos (que poderão ser mais curtos, pondo-se o problema aqui sobretudo na determinação do *dies a quo*) [210].

---

[209] Salientando que a responsabilidade é objectiva, não sendo admissível a exigência de culpa, v. H. EHMANN/U. RUST, *cit.*, p. 863 (propondo a introdução legal de uma obrigação de garantia: "a responsabilidade por culpa como fundamento do regresso não basta"), M. LEHMANN, *cit.*, pp. 290, B. JUD, *cit.*, p. 662, M. SCHMIDT-KESSEL, *cit.*, p. 672. K. TONNER, *cit.*, p. 1773, fala de uma "equiparação da bitola da responsabilidade" (*"Gleichlauf des Haftungsstandards"*). G. BRÜGGEMEIER (*cit.*, pp. 533) propõe a introdução por via legal de uma obrigação de garantia acessória da compra e venda.

[210] Defendendo que a determinação das condições de exercício não pode impedir a efectividade do direito de regresso, v. os autores citados na nota anterior (salvo K. Tonner). Assim, também não seria permitido que o responsável remetesse para auxiliares ou terceiros, cujo comportamento não lhes é imputável. Mas a manutenção de deveres de examinar a coisa ou de denunciar o defeito é admissível – assim, invocando um argumento *a maiori ad minus* a partir do artigo 5.º, n.º 2, M. SCHMIDT-KESSEL, "Der Rückgriff...", *cit.*, p. 672 (mas afirmando que a falta de denúncia pelo vendedor final ao responsável não elimina o direito de regresso, apenas faz com que aquele tenha de dirigir-se ao seu respectivo vendedor).

No que toca aos *prazos* para o exercício dos direitos, nota-se que existe hoje para os bens duradouros, como referimos, uma diferença entre a responsabilidade perante o

A ordem jurídica portuguesa não prevê, actualmente, um mecanismo equivalente ao direito de regresso consagrado neste artigo 4.º da directiva, apesar de o problema que levou à sua consagração (a imposição ao vendedor final do prejuízo por defeitos causados, designadamente, pelo produtor) já hoje se pôr, uma vez que o vendedor responde sem culpa perante o consumidor (cfr. os artigos 12.º, n.º 1 da LDC e 913.º e 914.º do Código Civil) e o que prazo da garantia a que está obrigado para bens não consumíveis é superior ao prazo de "garantia legal" do produtor (cfr. os artigos 4.º, n.º 2 da LDC e 916.º, n.º 2 do Código Civil [211]). Não encontrando esse direito de regresso do vendedor final hoje paralelo legalmente previsto no direito português, as consequências nefastas daí resultantes para o vendedor provavelmente apenas serão

---

consumidor do vendedor final (obrigado a garantir o bom estado e bom funcionamento por um ano após a entrega, nos termos do artigo 4.º, n.º 2 da LDC) e a garantia de que este beneficia (seis meses após a entrega – artigo 916.º, n.º 2 do Código Civil). E no caso da venda comercial, quer "sobre amostra ou por designação de padrão", quer de "coisas que não estejam à vista nem possam designar-se por um padrão" (artigos 469.º e 470.º do Código Comercial), o prazo de reclamação do comprador é ainda muito mais curto (oito dias – artigo 471.º do mesmo Código). Perante a obrigação de introduzir um direito de regresso efectivo, resultante da directiva, parece-nos possível uma diferença de prazos, de tal modo que a garantia de que beneficia o vendedor final tenha um prazode duração menor do que a do consumidor. Dir-se-á, assim, que o vendedor final não terá que beneficiar do prazo de dois anos previsto no artigo 5.º, n.º 1. Todavia, o prazo de garantia e de prescrição dos direitos do vendedor final não poderá ser tão curto que a efectividade do direito de regresso seja posta em causa. E, sobretudo, tais prazos não poderão, a nosso ver, *começar a correr antes* de verificados os pressupostos do direito de regresso (isto é, pelo menos, antes de ser exigida responsabilidade ao vendedor final), pois caso contrário a pretensão de regresso do vendedor final seria meramente ilusória – assim, H. EHMANN/U. RUST, *cit.*, p. 862, P. SCHLECHTRIEM, *cit.*, p. 356, e G. BRÜGGEMEIER, *cit.*, p. 534 (o prazo começa a correr a partir da exigência de responsabilidade por parte do consumidor), Á. CARRASCO PERERA/E. CORDERO LOBATO/ P. MARTINEZ ESPÍN, "Transposición...", *cit.*, p. 132. Cf. ainda perante problema semelhante, suscitado em face do direito alemão, M. LEHMANN, *cit.*, p. 290, F. SCHURR, *cit.*, p. 227, N. REICH, *cit.*, p. 2400 (não admitindo uma prescrição anterior do direito do vendedor final), M. SCHMIDT-KESSEL, "Der Rückgriff...", *cit.*, p. 672 (admitindo a diferença de prazos de prescrição, desde que para o vendedor final estes não sejam excessivamente curtos).

[211] Isto, para além de diferenças relativas ao ónus da prova, uma vez que o artigo 4.º, n.º 2 da LDC prevê uma imperativa "garantia de bom funcionamento".

evitadas pela prática, corrente e muitas vezes contratualmente prevista (mas não obrigatória por lei) em vários sectores, de o produtor retomar os bens com defeito ou de garantir o seu "bom funcionamento"[212].

Nomeadamente, importa notar que não parece bastar, para corresponder às exigências da directiva a este respeito, a protecção do vendedor final que possa resultar do regime geral do não cumprimento dos contratos, na medida em que este se baseia na culpa, enquanto a directiva apenas parece exigir a causalidade da falta de conformidade[213]. Como se sabe, não se encontra hoje em geral consagrada entre nós uma responsabilidade objectiva, perante o vendedor final, do produtor ou de outros elementos da cadeia de distribuição que tenham dado causa ao defeito, de modo que o vendedor final, respondendo (futuramente) perante o consumidor independentemente de culpa, possa agir em via de regresso contra eles[214]. Por outro lado, não parecem suficientes outra vias, em que se poderia pensar, para responsabilizar o produtor, os vendedores anteriores ou qualquer intermediário perante o vendedor final[215].

Pode, assim, concluir-se que se torna necessária, também neste ponto, uma intervenção legislativa, deparando-se o legislador, como opções possíveis, com uma alternativa: canalizar a responsabilidade pela via do direito de regresso para uma só pessoa (nomeadamente o

---

[212] No Código Civil não se consagra tal direito de regresso. A disposição mais próxima que nele encontrámos não permite, na verdade, cobrir os casos visados pelo artigo 4.º da directiva – cf. o artigo 1226.º do Código Civil, que prevê o direito de regresso do empreiteiro contra os subempreiteiros (e cf. ainda o direito de regresso previsto artigo 1301.º) –, designadamente, não dispensando a culpa do responsável.

[213] Nestes termos, para o direito alemão, M. SCHMIDT-KESSEL, "Der Rückgriff...", cit., p. , 672, H. EHMANN/U. RUST, cit., p. 862, M. LEHMANN, cit., p. 290, G. BRÜGGEMEIER, cit., p. 534. No sentido da suficiência do direito alemão actual, J. SCHMIDT-RÄNTSCH, "Zum Stand...", cit., p. 850, ID., "Gedanken...", p. 298

[214] E também não está apenas em questão neste direito de regresso previsto na directiva a responsabilidade perante o consumidor por violação de deveres de informação, como a prevista no citado artigo 8.º, n.os 2 e 5 da LDC, nos quais, aliás, também não se consagra qualquer direito de regresso nos termos exigidos pela directiva.

[215] É o caso da via delitual – exigindo a culpa e deixando por ressarcir os "danos puramente patrimoniais" – e dos institutos do enriquecimento sem causa e da gestão de negócios – que pressuporiam uma vinculação directa do obrigado ao regresso perante o consumidor. Assim, v., para o direito alemão, M. SCHMIDT-KESSEL, cit., p. 672.

produtor ou o importador) – que não nos parece preferível –, ou imputá-la ao verdadeiro causador da falta de conformidade – solução mais complexa, mas mais justa [216]. Já no caso de se tornar impossível determinar o verdadeiro causador da falta de conformidade, a regulamentação a introduzir – não imperativamente, devendo os intervenientes na distribuição poder regular as suas relações, nos limites consentidos pela lei geral [217] – poderia, ou prever uma responsabilidade solidária dos diversos elementos da cadeia contratual, ou, então sim, canalizar a responsabilidade para um só sujeito, que poderia ser o produtor (salvo, eventualmente, também aqui, quando a própria natureza do defeito excluir claramente que este tenha sido o seu causador) [218].

Diga-se, ainda, para terminar este ponto, que justamente o facto de a directiva consagrar este direito de regresso – embora ainda como

---

[216] A canalização da responsabilidade para uma pessoa teria a vantagem da clareza para o vendedor final, que saberia a quem se deve dirigir. Mas apenas substituiria este por outra "vítima" de defeitos causados por outrem, carecendo, pois, para ser satisfatória, de regulamentações suplementares. Propondo uma responsabilidade solidária de todos os elementos da cadeia contratual, v. H. EHMANN/U. RUST, cit., p. 863.

[217] Designadamente, do regime das cláusulas contratuais gerais ou não objecto de negociação individual (v. por exemplo o artigo 18.º, als. c), d), e f) e 19.º, als. e) e h) do Decreto-Lei n.º 446/85, de 25 de Outubro, na redacção dos Decretos-Leis n.ºs 220/95, de 31 de Agosto e 249/99, de 7 de Julho). Salientando que no domínio das relações entre elementos da "cadeia contratual" o regime não deve ser imperativo, bastando as regras gerais sobre cláusulas contratuais gerais, v. N. REICH, cit., p. 2400.

[218] O regime a prever deveria, ainda, a nosso ver, considerar especialmente as modalidades *processuais* de exercício do direito de regresso, possibilitando, designadamente, o chamamento do responsável à acção intentada pelo consumidor. A relação material controvertida entre o consumidor e o vendedor final não é, no caso, a mesma que está em causa entre este e o responsável, já que este não responde directamente perante o consumidor (diversamente do que aconteceria se se introduzisse a responsabilidade solidária). Mas, sendo o vendedor final titular de um direito de regresso, afigura-se que poderá, já hoje, provocar a intervenção acessória do elemento responsável, nos termos do artigo 330.º do Código de Processo Civil, com o efeito de caso julgado previsto nos artigos 332.º, n.º 4 e 341.º. Trata-se, aqui, de uma matéria cuja configuração a directiva indubitavelmente deixa aos Estados-membros. Poderia, neste contexto, ponderar-se a conveniência de possibilitar o exercício pelo vendedor do direito de regresso contra o responsável pelo defeito logo no próprio processo em que é demandado pelo comprador, pedindo a condenação daquele. Cf esta e outras possibilidades em Á. CARRASCO PERERA/E. CORDERO LOBATO/P. MARTINEZ ESPÍN, "Transposición...", cit., pp. 132-3.

consequência da protecção do consumidor – nas relações entre profissionais tem constituído um argumento para uma transposição da directiva para além do exigido pelo direito comunitário (e, designadamente, segundo alguns, não apenas mediante um diploma limitado às relações com consumidores, mas antes através de uma reforma do regime geral da venda de coisas defeituosas previsto no Código Civil).

6. Prazos

Verdadeiramente crucial é a questão das obrigações que impendem sobre o comprador/consumidor para beneficiar da garantia e dos prazos de que dispõe para as cumprir [219]. Também esta matéria foi, aliás, objecto de alterações durante o procedimento de aprovação da directiva, designadamente, tendo a proposta de directiva da Comissão sido modificada pelo Parlamento Europeu em primeira leitura [220] e não tendo estas alterações sido acolhidas pelo Conselho na posição comum [221].

---

[219] Especialmente sobre os prazos previstos na directiva, v. Beate GSELL, "Die zeitlichen Grenzen der Gewährleistungsrechte des Verbrauchers nach der EU-Richtlinie zum Verbrauchsgüterkauf", *ERPL*, 2, 1999, pp. 151-73.

[220] Assim, no *Livro verde* (pp. 116-7) propunha-se que se não consagrasse qualquer obrigação especial de notificação do responsável e que (de modo análogo ao que se prevê nos artigos 10.º e 11.º da citada directiva sobre responsabilidade civil do produtor) se distinguissem claramente o prazo de *garantia*, a contar a partir do momento da entrega do produto e durante o qual a descoberta do defeito abriria a possibilidade de uma acção com base nela, e o prazo de *prescrição*, que inviabilizaria a propositura de uma acção baseada na garantia e cujo ponto de partida seria o momento da descoberta do defeito. Propunha-se ainda que o prazo de prescrição se suspendesse com a notificação do defeito até que uma das partes pusesse fim às negociações (até para permitir resolver a questão amigavelmente) e que o prazo de garantia, suspenso durante a reparação do bem, começasse a correr de novo, quer se houvesse substituição do bem, quer, no caso de reparação, em relação ao defeito concreto que originou a reparação. A *proposta de directiva* (seguindo uma distinção semelhante do anteprojecto) previa um prazo de garantia de dois anos a contar da entrega (que se considerava "adequado para possibilitar um determinado compromisso entre os períodos estabelecidos pelo diferentes Estados--membros" – COM(95)520 final, *cit.*, p. 12), mas limitava a um ano o exercício dos direitos de revogação ou substituição do bem (artigo 3.º, n.ºs 1e 4). Consagrava também a obrigação do comprador de denunciar o defeito ao comprador no prazo de um mês a partir do momento em que o conheceu ou teria normalmente podido conhecê-lo (denúncia, esta, que interromperia a prescrição), considerando que tal obrigação "reforça

A directiva optou por estabelecer no artigo 5.º um prazo de dois anos, de garantia ou para exercício dos direitos do comprador, independente de eventuais prazos de denúncia da falta de conformidade ao vendedor (aliás, admite-se que os Estados-membros deixem de fixar qualquer obrigação de denúncia), e não consagrou qualquer diferenciação geral de prazos para o surgimento c/ou o exercício dos diversos direitos atribuídos ao consumidor no artigo 3.º (ao contrário do que acontecia na proposta, onde se referia o prazo de um ano para a substituição ou reparação da coisa) [222].

---

a segurança jurídica e encoraja o comprador a uma determinada diligência tendo em conta os interesses do vendedor". Optava, pois, por um prazo único, simultaneamente de natureza processual e material (v. o doc. cit., pp. 14-5). O Parlamento Europeu, em primeira leitura, propôs que se generalizasse o prazo de dois anos, que se suprimisse a obrigação de denúncia (embora tenha mantido o efeito de suspensão do prazo de dois anos pela notificação do defeito) e que se previsse que o prazo de garantia recomeçava a contar após a reparação ou substituição do bem (alterações 7, 23 e 29, *JOCE*, C 104, de 6 de Abril de 1998), tendo tais modificações sido integradas na proposta alterada.

[221] A posição comum fixou a solução que viria a constar da directiva, integrando o tratamento de todos os prazos no artigo 5.º e mantendo o prazo de garantia em dois anos, mas prevendo, ao lado do prazo material de garantia, que o *dies ad quem* de um eventual prazo (dito "de caducidade") para exercício dos direitos não poderá também ser inferior a dois anos a contar da data de entrega. Por outro lado, por pressão de alguns Estados-membros (designadamente a Alemanha), aditou a possibilidade de previsão de um dever de, num prazo não inferior a dois meses, o consumidor denunciar os defeitos ao vendedor, e fundamentou-a com o facto de, nalguns Estados-membros, tal obrigação estar "na base de um sistema consideravelmente mais vantajoso para os consumidores, ou seja, um sistema em que o período de limitação de dois anos só começa a contar depois de ter sido feita a notificação" (v. a nota justificativa da posição comum, *JOCE* C 333, de 30 de Outubro de 1998, p. 54). Todavia, prevendo que esta possibilidade de introdução de um dever de denúncia possa contrariar a finalidade de facilitar o funcionamento do mercado interno, o Conselho entendeu dever acompanhá--la de um "sistema de informação e acompanhamento", a que faremos de seguida referência.

[222] A directiva não regulou, por outro lado, a matéria da *interrupção*, *suspensão* e *reinício* dos prazos em causa, quer em caso de reparação, de substituição ou de negociações entre o vendedor e o consumidor com vista a uma solução amigável (v. o considerando 18), quer no caso de as legislações nacionais preverem um dever de denúncia ao vendedor da falta de conformidade. Criticamente, v. B. GSELL, "Die zeitilichen Grenzen...", *cit.*, pp. 166-7, referindo que é essencial para o comprador saber se atrás da disponibilidade do vendedor para encontrar uma solução está uma manobra

Assim, segundo o artigo 5.º, n.º 1, "O vendedor é responsável, nos termos do artigo 3.º, quando a falta de conformidade se manifestar dentro de um prazo de dois anos a contar da entrega do bem. Se, por força da legislação nacional, os direitos previstos no n.º 2 do artigo 3.º estiverem sujeitos a um prazo de caducidade, esse prazo não poderá ser inferior a dois anos a contar da data da entrega."

Como se pode ver, na primeira parte deste artigo 5.º, n.º 1, estabelece-se um *prazo de garantia de dois anos* a partir da entrega do bem [223]. Trata-se de uma prazo de direito material – que, em princípio, vale para bens novos e usados [224] – para que nasça o direito do consumidor, em resultado da garantia e da manifestação da falta de conformidade [225]. A fixação deste prazo, só por si, não resolve, pois, o problema de saber o que o comprador tem que fazer para exercer os seus direitos [226]. Assim, poderia suscitar-se o problema – como efectivamente se suscitou

---

táctica deste, no sentido de evitar a interposição de uma acção e a paragem do decurso do prazo de prescrição.

Também o reinício do prazo de garantia (ou de exercício do direito, se for o caso) em caso de reparação ou substituição não foi regulado pela directiva. Tal solução pode, todavia, seguramente considerar-se implícita, pelo menos para o caso de substituição do bem. Para a reparação seria, porém, desejável uma regulamentação expressa, incluindo, não apenas o defeito reparado, mas eventuais outros que possam surgir na sequência da reparação (assim, B. GSELL, *ob. e loc. cits.*)

[223] Salientando que este prazo simultaneamente parece adequado à manifestação da falta de conformidade nos actuais bens de consumo (que só com a experiência da sua utilização a demonstram) e constitui um ponto intermédio aceitável entre os variados prazos previstos pelos Estados-membros, v. G. BRÜGGEMEIER, *cit.*, pp. 531-2.

[224] Criticando um prazo mínimo de garantia para bem usados, B. GSELL, *cit.*, p. 169. A directiva previu, porém, que os Estados-membros "podem determinar que, no caso de bens em segunda mão, o vendedor e o consumidor possam acordar em cláusulas contratuais ou celebrar acordos que prevejam um prazo de responsabilidade do vendedor mais curto que o estabelecido no n.º 1 do artigo 5.º, não podendo nunca o prazo assim previsto ser inferior a um ano.

[225] É claro que tal prazo nada tem a ver com o carácter mais ou menos deteriorável do bem, não sendo necessário que este dure dois anos – salientando que não se trata aqui de qualquer exigência de durabilidade, v. por ex. C. TWIGG-FLESNER, "The E.C. Directive...", *cit.*, p. 184, F. SCHURR, *cit.*, p. 226 (mas cf. J. SCHMIDT-RÄNTSCH, "Zur Stand...", *cit.*, p. 852).

[226] Sobre a "errónea interpretação do prazo para a manifestação da falta de conformidade como prazo para a sua invocação", v. B. GSELL, *cit.*, p. 154.

em face da proposta de directiva – de saber que actos deve o consumidor praticar para não perder os seus direitos [227]. Por outro lado, podia acontecer que alguns Estados-membros não previssem um prazo de surgimento do direito a contar da entrega (mas, por exemplo, a contar da manifestação ou da descoberta do defeito), importando então saber até quando podem os direitos do comprador ser exercidos.

A posição comum veio, assim, introduzir na segunda parte do citado n.º 1 do artigo 5.º, um prazo mínimo, dito de "caducidade", para o *exercício* dos direitos do consumidor, preceituando que tal prazo não pode ser inferior a dois anos a partir da entrega. Tratando-se, aqui, de um prazo para o exercício do direito, dir-se-ia que deveria começar a correr a partir do momento da *descoberta* da falta de conformidade, como se consagrava no anteprojecto da directiva (embora não na proposta). Referindo-se na directiva, como *dies a quo* deste prazo de exercício do direito, igualmente a data de *entrega* do bem, afigura-se óbvio que ele teria de ser pelo menos tão dilatado como o prazo de garantia, não podendo ser inferior ao prazo da própria garantia. A utilidade da segunda parte do n.º 1 do artigo 5.º, aparentemente tautológico [228], é, assim – ao prever a possibilidade de um prazo para o exercício do direito, tal como o prazo de garantia, não inferior a dois anos contados a partir da entrega da cosia –, quer a de permitir que, em lugar de um prazo de garantia, de direito material, as legislações nacionais prevejam um prazo, *processual*, para o exercício dos direitos resultantes da garantia, também não inferior a dois anos a contar da entrega do bem, quer, designadamente, a de impor que, mesmo nos sistemas em que tal prazo para exercício do direito não tenha como *dies*

---

[227] As opiniões dividiam-se em face da proposta de directiva: nenhum acto, pois bastaria que o defeito se manifestassse nesse prazo, estando os direitos do comprador sujeitos ao prazo geral de prescrição; denúncia do defeito ao vendedor; ou, mesmo, interposição da acção contra o vendedor.

[228] Considerando tautológica a 2ª parte do n.º 1 do artigo 5.º, v. M. TENREIRO/S. GÓMEZ, *cit.*, p. 27, nota 72. Criticando a determinação paralela dos prazos para manifestação da falta de conformidade e para sua invocação,v. B. GSELL, *cit.*, p. 157 (e p. 159, considerando dispensável a fixação do prazo de garantia, por não ter conteúdo autónomo).

a quo a entrega do bem, o seu *dies ad quem* não seja nunca inferior a dois anos a contar da entrega [229].

No que toca à *denúncia* da falta de conformidade ao vendedor prevê-se, no n.º 2 do artigo 5.º, que os Estados-Membros possam "determinar que, para usufruir dos seus direitos, o consumidor deve informar o vendedor da falta de conformidade num prazo de dois meses a contar da data em que esta tenha sido detectada." Não se impõe, pois, como dissemos, a existência de uma obrigação e de um prazo de denúncia da falta de conformidade, mas apenas se *permite* a sua consagração [230]. Tal permissão foi discutida entre as instâncias comunitárias, quer por representar um ónus para o comprador com que este pode não contar [231], quer, sobretudo, por poder pôr em causa o objectivo de harmonização legislativa que se visava [232]. Seja como for, o exercício dos direitos

---

[229] Assim, a parte final do considerando 17: "quando, nos termos de uma legislação nacional, a data em que o prazo se inicia não seja a data de entrega dos bens, a duração total do prazo previsto nessa legislação nacional não pode ser inferior a dois anos a contar da data de entrega." V. tb. esta explicação em D. STAUDENMAYER, *cit.*, p. 2396.

[230] A previsão deste prazo de denúncia não foi pacífica entre as instâncias comunitárias, já a própria formulação do artigo 5.º, n.º 2 em termos de mera faculdade deixando, de certa forma, transparecer isso mesmo. Na verdade, uma outra formulação não conduziria materialmente a uma solução diversa para os Estados-membros, ficando estes livres para, ao abrigo do artigo 7.º, n.º 1, não consagrarem qualquer obrigação de denúncia, enquanto solução mais favorável ao consumidor.

[231] Salientando que o problema do dever de denúncia, contado a partir do conhecimento do defeito, está sobretudo na informação do comprador/consumidor, v. B. GSELL, *cit.*, pp. 163-4. Considerando que a obrigação de denúncia, só por si, não é excessiva, e que uma consciência desse ónus pode ser hoje em dia facilmente criada no consumidor, v. S. GRUNDMANN, *ob. cit.*, p. 300. Propondo a supressão da obrigação de denúncia, v. N. REICH, *cit.*, p. 2401. E, para o direito francês, S.PÉLET, *cit.*, pp. 53-4.

[232] O que não foi ignorado pelo legislador comunitário. Assim, pondera-se no considerando 20 que "os Estados-Membros devem agir de modo a que esse prazo [de denúncia] não coloque em desvantagem os consumidores que adquiram bens além--fronteiras; que todos os Estados-Membros devem informar a Comissão sobre o modo como aplicam esta disposição; que a Comissão deve controlar o efeito das diferentes aplicações desta disposição sobre os consumidores e no mercado interno; que as informações sobre o modo como os Estados-Membros as aplicam devem estar disponíveis para os restantes Estados-Membros, para os consumidores e para as organizações de consumidores em toda a Comunidade; que uma síntese da situação em todos os Estados-

resultantes da garantia não pode ser condicionado a uma denúncia ao vendedor num prazo inferior a dois meses a contar da data em que a falta de conformidade tenha sido detectada. Por outro lado, o *dies a quo* deste possível prazo de dois meses para a denúncia é – diversamente do que acontecia na proposta de directiva [233] – o momento em que o

---

-Membros deve, pois, ser publicada no Jornal Oficial das Comunidades Europeias." O referido "sistema de informação e acompanhamento" da introdução do dever de denúncia, considerado necessário pelo Conselho, é, justamente, integrado por este dever dos Estados-membros de informar a Comissão da solução que adoptarem e pelo dever da Comissão de controlar as suas consequências para o consumidor e o mercado interno, incluindo a elaboração, o mais tardar até 7 de Janeiro de 2003, de um relatório sobre o assunto, a publicar no *JOCE*, que teria por finalidade informar os consumidores e suas organizações. Por proposta do Parlamento Europeu, em segunda leitura, viria, ainda, a ser aditado à directiva um novo artigo 9.º prevendo a obrigação dos Estados--membros de tomarem todas as medidas necessárias para informar o consumidor das disposições nacionais de transposição da directiva, eventualmente incentivando as organizações profissionais a informar os consumidores dos seus direitos.

Tudo isto mostra que o legislador comunitário esteve consciente de que a disparidade de regulamentações nos Estados-membros quanto à obrigação e ao prazo de denúncia pode comprometer o visado objectivo de harmonização legislativa (e a segurança do comprador nas compras transfronteiriças). Criticamente, por a solução contrariar a ideia de harmonização legislativa, v. D. STAUDENMAYER, *cit.*, p. 2396, F. SCHURR, *cit.*, p. 227 (também contra a introdução de um dever de denúncia no direito alemão). E cf. tb. M. TENREIRO/S. GÓMEZ, *cit.*, p. 28, G. DE CRISTOFARO, *cit.*, pp. 231 e ss (solução "desconcertante"). Segundo J. SCHMIDT-RÄNTSCH, "Zum Stand...", *cit.*, p. 852, a possibilidade de introdução de um dever de denúncia teria sido exigida em especial pela delegação alemã, para poder compensar o prolongamento do prazo de garantia. Não se vê, porém, que estas questões estejam incindivelmente ligadas.

[233] Segundo o artigo 4.º, n.º 1, da proposta, "a fim de poder gozar dos direitos mencionados no n.º 4 do artigo 3.º, o consumidor deve denunciar ao vendedor todo e qualquer defeito de conformidade no prazo de um mês, a contar do momento em que o consumidor o conheceu ou teria normalmente podido conhecê-lo." Segundo a exposição de motivos da proposta, esta parte final remetia para um certo dever de diligência do consumidor ao receber o bem, embora "sem instituir uma obrigação estrita de efectuar uma inspecção minuciosa do bem ou de efectuar testes para avaliar o seu funcionamento ou o seu desempenho" – COM(95)520 final, *cit.*, p. 15. Afigura-se, que, diversamente, segundo a formulação final da directiva só poderá ser previsto pelos Estados-membros um prazo de denúncia da falta de conformidade com a duração mínima de dois meses a partir do momento em que a falta de conformidade tenha sido *realmente* detectada, e não a partir do momento em que o *devesse* ter sido (referindo, porém, que o ónus de provar a tempestividade da denúncia incumbe ao comprador, v. B. GSELL, *cit.*, p. 163).

A formulação de um dever geral de diligência no exame do bem após a entrega foi,

consumidor tenha *detectado* a falta, nada se dizendo, porém, sobre a eventual extinção do direito com o decurso dos prazos de garantia ou para exercício do direito, previstos no artigo 5.º, n.º 1 [234].

Se olharmos agora para o direito português, facilmente verificamos que os prazos da garantia legalmente previstos [235] terão de ser modificados.

Na verdade, no Código Civil não se prevê directamente um prazo para a manifestação do defeito ou falta de conformidade. Todavia, impõe-se ao comprador uma obrigação de *denúncia* do defeito ao vendedor (excepto se este houver usado de dolo), a efectuar até seis meses após a entrega da coisa e dentro de trinta dias depois de conhecido o defeito (artigo 916.º, n.º 2, do Código Civil). Desta obrigação resulta, pois, que os direitos resultantes da "garantia legal" não podem ser exercidos decorridos que estejam mais de seis meses a contar da entrega da coisa. O prazo para o exercício dos direitos liga-se, no Código Civil, ao prazo máximo de denúncia – a acção de anulação por simples erro caduca, segundo o artigo 917.º, se a denúncia não for efectuada em qualquer daqueles prazos ou se a acção não for intentada no prazo de seis meses a contar da denúncia [236].

---

também aqui, omitida, afigurando-se demasiado exigente nas transacções com consumidores.

[234] Não tendo, por outro lado, ficado expressamente consagrado na directiva que a denúncia da falta de conformidade ao vendedor, quando prevista, suspende ou interrompe o decurso dos prazos de garantia ou para exercício do direito, poderá mesmo acontecer, em certas ordens jurídicas dos Estados-membros (nas quais não se preveja a denúncia ao vendedor ou não se lhe atribua este efeito), que, descoberta a falta de conformidade já perto (por exemplo, a um dia) do termo do prazo de garantia ou do prazo de caducidade dos seus direitos (igual ou superior a dois anos), reste já ao consumidor muito pouco tempo para exercer os seus direitos (no exemplo-limite figurado, apenas um dia). Isto, porque não se prevê um prazo mínimo, a contar da descoberta da falta de conformidade, para o exercício do direito. Criticamente, v. B. GSELL, *cit.*, p. 158. V. tb. M. TENREIRO/S. GÓMEZ, *cit.*, p. 27, esperando que os Estados-membros transponham a directiva tomando em conta a necessidade de, em casos como o figurado, assegurar que o consumidor tenha ainda tempo para exercer os seus direitos.

[235] Recorde-se que apenas nos interessam no presente contexto os prazos relativos a bens móveis (e não os prazos dos artigos 916.º, n.º 3 do Código Civil e 4.º, n.º 3 da LDC, relativos a bens imóveis).

[236] A jurisprudência aplica, aliás, este prazo de caducidade também à acção destinada a exigir a reparação ou substituição da coisa e à acção de indemnização com

A LDC apenas altera estes prazos para os bens móveis não consumíveis, na medida em que prevê para estes a obrigação do fornecedor de garantir o seu bom estado e o seu bom funcionamento por período não inferior a *um ano* (artigo 4.º, n.º 1). Já no artigo 12.º se prevê igualmente, no que ora interessa, uma obrigação de denúncia do defeito no prazo de *trinta dias* após o seu conhecimento e dentro do prazo de garantia de um ano a contar da entrega, bem como um prazo de caducidade da acção idêntico, na sua duração, ao previsto no Código Civil (artigo 12.º, n.ºˢ 2 e 3)[237].

Ora, como vimos, segundo o artigo 5.º, n.º 1 da directiva o prazo da garantia (ou de caducidade da acção, se não se previr um prazo de garantia) tem de passar a ser de *dois anos* a contar da entrega da coisa[238]. E o prazo para denúncia da falta de conformidade ao vendedor – a entender-se que se deve manter esta obrigação para as vendas a consumidores[239] – tem de passar a ser de pelo menos dois meses a

---

fundamento na venda de coisas defeituosas. V. indicações em A. PINTO MONTEIRO/P. MOTA PINTO, "La protection...", *cit.*, nota 4, e J. CALVÃO DA SILVA, *Responsabilidade civil do produtor*, *cit.*, p. 211.

O dever de denúncia dos defeitos da obra nos trinta dias seguintes ao seu descobrimento existe igualmente na empreitada (artigo 1220.º, n.º 1 do Código Civil). Quanto ao prazo de caducidade dos direitos de eliminação dos defeitos, redução do preço, resolução do contrato e indemnização, é de um ano a contar da recusa da aceitação da obra ou da aceitação com reserva. Se os defeitos eram desconhecidos do dono da obra e este a aceitou, o prazo de caducidade conta-se a partir da denúncia, mas tem sempre o limite de dois anos sobre a entrega da obra (artigo 1224.º, n.ºˢ 1 e 2, do mesmo diploma). Também estes prazos são, como se vê, inferiores aos previstos na directiva.

[237] As diferenças existentes resultam apenas do facto de se prever expressamente que não conta para o prazo de caducidade o tempo despendido com as operações de reparação (artigo 12.º, n.º 3, *in fine* da LDC). Também no artigo 4.º, n.º 4, aliás, se estabelece: "o decurso do prazo de garantia suspende-se durante o período de tempo em que o consumidor se achar privado do uso dos bens em virtude das operações de reparação resultantes de defeitos originários." Esta suspensão poderá, talvez, ainda valer para operações de reparação de defeitos surgidos na sequência da própria primeira reparação de defeitos originários.

[238] Um tal prazo máximo só vale hoje entre nós, como se viu, para a empreitada em que a obra com defeitos desconhecidos foi aceita (e ainda aí, com um prazo de trinta dias, a contar do conhecimento, para denúncia dos defeitos).

[239] Como dissemos, por um lado esta obrigação de denúncia – contada a partir da descoberta efectiva do defeito, como impõe a directiva – é um factor de segurança

contar do conhecimento do defeito, e não já de trinta dias. Uma intervenção legislativa para transposição da directiva afigura-se, pois, indispensável em matéria de prazos [240].

VI. Regime das "garantias comerciais"

No *Livro verde sobre as garantias dos bens de consumo e os serviços pós-venda* distinguiam-se problemas de defesa do consumidor relacionados com as "garantias comerciais", a dois níveis: um primeiro, relativo às práticas comerciais – apresentação da garantia, sua aplicação, natureza jurídica, relações com a garantia legal, publicidade, informação do consumidor, etc. –, que requeria a adopção de um quadro legal a nível europeu; um segundo, relativo ao funcionamento da garantia comercial no âmbito do mercado único, e exigindo a criação de uma verdadeira "garantia europeia", aplicável em todos os Estados-membros independentemente do local da compra [241]. A proposta da Comissão visou, porém, resolver apenas o primeiro tipo de problemas, e através de uma regulamentação limitada [242]. Após algumas alterações [243], a

---

jurídica e o próprio consumidor estará interessado normalmente em efectuá-la. Ponto é, porém, que o consumidor tenha conhecimento da necessidade da denúncia para fazer valer os seus direitos. Por outro lado, não é de excluir que o dever de denúncia constitua um encargo significativo, por exemplo, no caso de compras efectuadas por consumidores estrangeiros.

[240] Já o citado artigo 4.º, n.º 4 da LDC (sobre suspensão do prazo de garantia durante a reparação) e o artigo 12.º, n.º 3 desse mesmo diploma deveriam mantidos – e, eventualmente, alargados ao caso de negociações entre comprador e vendedor e a defeitos subsequentes à reparação (o que a directiva, estabelecendo apenas uma protecção mínima, permite) –, por forma a evitar que da transposição da directiva resulte um retrocesso no nível de protecção assegurado ao consumidor.

[241] *Livro verde..., cit.*, p. 119. Para resolver estes problemas formulavam-se três opções: uma primeira, "regulamentar" e unitária, com adopção de um regime comunitário imperativo da garantia comercial; uma segunda, dita "voluntarista", pela adopção de sistemas voluntários; uma opção "mista", para resolução do primeiro tipo de problemas pela adopção de um regime jurídico imperativo e do segundo por um sistema totalmente voluntário.

[242] No *anteprojecto* de directiva previa-se que as garantias deviam colocar o beneficiário numa posição mais favorável do que a que resulta do regime da "garantia legal", e, eventualmente (segundo o direito interno de cada Estado-membro), do que a que decorre do regime estabelecido pela legislação nacional, ficando sempre ressalvada

posição comum do Conselho fixou a que veio a ser a redacção do artigo 6.º da directiva [244].

a invocação dos direitos resultantes destes regimes, mesmo que fosse invocada a "garantia comercial". Além disto, previa-se que a garantia era de considerar um contrato entre o garante e o beneficiário da garantia (o que teria como utilidade a sua sujeição à regulamentação das cláusulas contratuais gerais), sendo este o comprador, a pessoa em nome da qual a garantia foi passada, ou toda e qualquer pessoa à qual o bem tenha sido transmitido posteriormente. Dispunha-se que as condições de garantia deviam poder ser livremente consultadas antes da compra e que as declarações publicitárias, feitas pelo garante ou sob a sua responsabilidade, faziam parte das condições de garantia. Por outro lado, fixava-se uma série de requisitos formais para a garantia (figurar num documento escrito e ter um conjunto de menções). Por último, fixava-se um regime supletivo para o caso de ser utilizado o termo "garantia" ou análogo, mas o documento de garantia não existir ou não estabelecer claramente um outro regime (a garantia abrangeria a totalidade do bem contra todo e qualquer defeito que viesse a manifestar-se durante o período de garantia; daria direito à reparação ou à substituição do bem sem encargos; etc.).

A *proposta de directiva*, diversamente, limitou-se a prever, por um lado (artigo 5.º, n.º 1), que a garantia vincula juridicamente a pessoa que a oferece nas condições constantes do documento de garantia e na publicidade, e que devia colocar o beneficiário numa posição mais favorável do que a conferida pelo regime da "garantia legal". Por outro lado (n.º 2), impunha que a garantia figurasse num documento escrito livremente consultável antes da compra, e que estabelecesse os elementos necessários à sua aplicação (nomeadamente, duração e extensão territorial da garantia, nome e endereço do garante).

[243] O Parlamento Europeu propôs em primeira leitura (alteração 36, *JOCE* C 104, *cit.*, p. 38) que se introduzisse a exigência de indicação do procedimento a seguir para tornar a garantia efectiva, bem como de informação sobre os direitos que a lei confere ao comprador, que não podem ser afectados pela garantia. Uma garantia restrita a partes específicas do produto deveria indicar expressamente tal restrição, sob pena de não produzir efeitos. Estas alterações foram aceites pela Comissão na sua proposta alterada.

[244] No Conselho concluiu-se, designadamente, pela rejeição do critério da posição mais vantajosa, devido à dificuldade frequente de determinar, em concreto, quando é que a directiva coloca o beneficiário numa posição globalmente mais vantajosa do que a decorrente da lei aplicável – referindo que bastaria que a subsequente posição do consumidor se encontrasse melhorada "de uma maneira ou de outra", v. COM(95)520, *cit.*, p. 15. Assim, substituiu-se esta abordagem pela exigência de uma declaração dos direitos que resultam da lei nacional aplicável à compra e venda de bens de consumo, e de que eles não são afectados pela garantia (falando da substituição de uma "obrigação de resultado" por uma "obrigação de transparência", v. M. Tenreiro/S. Gómez, *cit.*, p. 30; lamentando a alteração, F. Schurr, *cit.*, p. 228). Por outro lado, a posição comum previu expressamente (como se fazia já no anteprojecto) que a validade da garantia não é afectada pela falta dos requisitos formais, podendo continuar o consumidor a invocá--la e exigir a sua aplicação.

Este regime é aplicável, nos termos da definição de "garantia" contida no artigo 1.º, n.º 2, alínea *e)*, a "qualquer compromisso assumido por um vendedor ou um produtor perante o consumidor, sem encargos adicionais para este, de reembolsar o preço pago, substituir, reparar ou ocupar-se de qualquer modo de um bem de consumo, no caso de este não corresponder às condições enumeradas na declaração de garantia ou na respectiva publicidade." Afigura-se-nos, porém, que a referência à *ausência de encargos adicionais* apenas visou esclarecer que a garantia não pode importar (ou, pelo menos, que supletivamente não importa) encargos para o beneficiário, e não restringir o campo de aplicação do artigo 6.º [245].

Por outro lado, nada se afirma sobre a *natureza jurídica* da garantia, como contrato ou negócio unilateral. Mas parece-nos claro que isso não impede que se possa – e, em princípio, se deva – no caso concreto aplicar às garantias o regime das cláusulas contratuais gerais, directamente ou por analogia [246].

O regime jurídico estabelecido para as garantias parte do princípio de que estas não são obrigatórias, podendo a sua concessão voluntária constituir um instrumento relevante para a concorrência entre vendedores. Deixou-se, aqui, prevalecer, pois, a autonomia privada, não se prevendo

---

[245] Na verdade, não faria muito sentido que a garantia correspondente literalmente à definição da directiva, dada "sem encargos adicionais", estivesse sujeita a um regime mais estrito do que as "garantias" que o comprador teve de pagar. Assim, ou a directiva terá pretendido proibir a utilização do termo "garantia" quando não é dada sem encargos adicionais (será um contrato de seguro ou semelhante), ou, pelo menos, não pretendeu excluir as "garantias" pagas do regime da directiva. É certo que esta aplicação a garantias correspondentes a encargos adicionais parece contradizer a definição do artigo 1.º, n.º 2, alínea *e)*. Resultará, todavia, de um argumento de maioria de razão: se o comprador pagou, mais razão haverá para ser protegido. Nem parece, por outro lado, que estas "garantias" pagas apresentem menor risco para os consumidores. No sentido de que a directiva pretendeu proibir a utilização da denominação "garantia" para as "garantias pagas", v. M. TENREIRO/S.GÓMEZ, *cit.*, p. 29.

[246] Julgamos que o regime das cláusulas contratuais gerais será aplicável, ao menos analogicamente, às garantias, tendo essa aplicação a utilidade de permitir o controlo, por exemplo, de cláusulas que fazem depender a manutenção e o exercício dos direitos resultantes da garantia de exigências abusivas (assim, por exemplo, a de que se guarde a embalagem de um electrodoméstico de grande volume).

qualquer dever de concessão de garantias comerciais nem se definindo um conteúdo substancial mínimo para as "garantias comerciais"[247].

No que toca ao *sentido* da concessão de uma garantia, preceitua-se no artigo 6.º, n.º 1 que as garantias vinculam juridicamente as pessoas que as oferecem[248], nas condições constantes da garantia e das declarações publicitárias correspondentes. Trata-se de uma disposição que nos parece justificada, em relação a esta últimas, pelo facto de normalmente o consumidor ter com a garantia apenas o contacto que lhe é proporcionado pela publicidade, sendo com base nela que estabelece a sua confiança e as suas expectativas[249]. Todavia, não parece trazer muito de inovador à ordem jurídica portuguesa, designadamente no respeitante à publicidade (e menos ainda quanto à vinculação às condi-

---

[247] No considerando 21 afirma-se que, "quanto a determinadas categorias de bens, é prática corrente os vendedores e os produtores oferecerem garantias contra qualquer defeito que possa manifestar-se durante determinado prazo", e "que esta prática pode estimular a concorrência".

Diversamente, nalguns países existe uma obrigação de conferir uma garantia de bom estado e bom funcionamento do bem. É o que acontece, entre nós, para os bens não consumíveis, nos termos do artigo 4.º, n.º 1 da LDC – cfr., para o regime respectivo, o artigo 921.º, n.º 1 do Código Civil e o artigo 12.º, n.º 1 da LDC (no artigo 4.º, n.º 2 não se faz qualquer remissão para uma destas normas; julgamos, todavia, que, uma vez que a LDC já prevê uma responsabilidade independente de culpa, será aplicável o seu artigo 12.º, n.º 1, que, designadamente, e pelo menos formalmente, também não faz depender a substituição da coisa com defeito de um requisito de necessidade). É o que acontece também segundo o artigo 11.º, n.º 2 da citada *Ley general para la defensa de los consumidores y usuarios* espanhola, na qual se prevê que, "para os bens de natureza duradoura, o produtor ou fornecedor deverá entregar uma garantia que, formalizada por escrito, explicitará necessariamente: *a)* o objecto sobre que recai a garantia; *b)* o garante; *c)* o titular da garantia; *d)* os direitos do titular da garantia; *e)* o prazo de duração da garantia." No n.º 3 do mesmo artigo 11.º dessa lei prevêem-se os direitos que integram a garantia como conteúdo mínimo, incluindo, designadamente, a reparação totalmente gratuita e, se necessário, a substituição do bem ou a devolução do preço.

[248] A directiva não acolheu a sugestão, efectuada no *Livro verde...* (*cit.*, p. 124), de considerar solidariamente responsável pela garantia qualquer vendedor que pertença ao sistema de distribuição selectiva organizado pelo fabricante que a oferece. Lamentando a não consagração desta *"network liability"*, v. C. TWIGG-FLESNER, *cit.*, pp. 189-90. Tal omissão é particularmente sensível uma vez que na directiva também não se prevêem mecanismos específicos para a aplicação e exercício transfronteiriço dos direitos resultantes da garantia, seja "legal", seja "comercial".

ções constantes da garantia), na medida em que já seria aplicável normalmente a estes casos o preceituado no citado artigo 7.º, n.º 5, da LDC, segundo o qual as informações concretas e objectivas contidas na publicidade se integrariam no conteúdo do contrato[250].

Para além disto, e uma vez que (como se diz no considerando 21), "constituindo embora práticas comerciais legítimas, essas garantias não devem induzir os consumidores em erro" e que "para assegurar este objectivo, as garantias devem conter determinadas informações, incluindo uma declaração de que a garantia não afecta os direitos legais dos consumidores", estabelecem-se *requisitos* formais, no artigo 6.º, n.º 2, os quais não são actualmente exigidos na nossa ordem jurídica.

A garantia deve declarar (n.º 2, 1.º travessão) que o consumidor goza dos direitos previstos na legislação nacional aplicável ao caso, e especificar que tais direitos não são afectados pela garantia. Apesar de directamente o preceito se referir apenas a uma menção da garantia, está nele implícito que os direitos resultantes da lei não são afectados pela "garantia comercial", a qual, portanto, acresce a eles. Da mesma forma, e apesar de a norma correspondente do anteprojecto não ter sido recebida na directiva, julgamos que (pelo menos como orientação geral) o facto de o comprador exercer direitos que lhe são conferidos pela "garantia comercial" continuará a não precluir o recurso aos direitos resultantes da lei[251].

A garantia deve ainda (artigo 6.º, n.º 2, 2.º travessão) "estabelecer, em linguagem clara e concisa, o conteúdo da garantia e os elementos necessários à sua aplicação, nomeadamente a duração e a extensão territorial dela, bem como o nome e o endereço da pessoa que oferece a garantia." Trata-se de requisitos formais indispensáveis para assegurar

---

[249] Assim COM(95)520, *cit.*, p. 15. E v. já, em face da proposta; M. LEHMANN//A.DÜRRSCHMIDT, "Haftung f. irreführende Werbung über Garantien", *cit.*.

[250] Recorde-se o que se disse *supra* sobre esta norma (da qual resulta também, a nosso ver, que, em caso de divergência entre a publicidade e as condições de garantia, aquela deve prevalecer), e, como lugar paralelo no direito comunitário, o artigo 3.º, n.º 2 da citada Directiva 90/314/CEE, sobre viagens organizadas. Mas cfr., para o direito alemão, por ex. H. EHMANN/U. RUST, *cit.*, p. 863, que atribuem ao artigo 6.º, n.º 1 uma função sancionadora, pela vinculação, de quem actua dolosamente.

[251] Neste sentido, M. TENREIRO/S. GÓMEZ, *cit.*, nota 87.

a possibilidade de exercício da garantia comercial pelo comprador. Se a garantia não obedecer a estes requisitos, a sua validade não é afectada por esse facto, podendo continuar a ser invocada pelo consumidor, que pode exigir a sua aplicação (artigo 6.º, n.º 5). Pode, porém, lamentar--se que, para além deste regime de invalidade [252], a directiva não preveja quaisquer outras *sanções* para o desrespeito dos requisitos que exige – designadamente, teria sido útil, a nosso ver, a previsão de um conteúdo da garantia aplicável supletivamente [253].

Impor que a garantia contenha a remissão para os direitos legalmente assegurados e certas menções para o seu exercício potencia a criação de um elevado nível de protecção dos destinatários das garantias. Mas particularmente importante para que o esclarecimento do comprador sobre as condições da garantia possa ser relevante no momento da compra é o conhecimento da garantia antes desta. Assim, o artigo 6.º, n.º 3, dispõe que, *a pedido do consumidor* [254] a garantia deve ser-lhe facultada em forma *escrita* ou sob qualquer outra forma duradoura disponível a que tenha acesso – e isto, a nosso ver, mesmo *antes* da celebração do contrato respectivo [255].

Prevê-se ainda que os Estados-membros podem exigir que a garantia seja redigida numa ou em várias línguas por ele determinadas,

---

[252] O artigo 10.º da directiva manda também incluir no anexo à Directiva 98/27//CE, sobre acções inibitórias em matéria de protecção dos interesses dos consumidores (isto é, no anexo que contém os instrumentos normativos relativos a interesses dos consumidores que podem ser protegidos pelas acções inibitórias a consagrar), a Directiva 1999/44/CE. Cf. discutindo o limite temporal para a transposição desta modificação, M. TENREIRO/S. GÓMEZ, *cit.*, pp. 37-9.

[253] Assim tb. C.TWIGG-FLESNER, *cit.*, p. 191, salientando que a objecção segundo a qual essa *"default guarantee"* constituiria uma forma indirecta de regulamentação do conteúdo das garantias comerciais dependeria do alcance do regime supletivo previsto.

[254] Entendendo que a forma escrita não deveria estar dependente de pedido do consumidor, L. SANZ VALENTIN, *cit.*, nota 35, e S. PÉLET, "L'impact...", *cit.*, nota 74.

[255] Assim S. PÉLET, *cit.*, p. 58, e M. TENREIRO/S. GÓMEZ, *cit.*, p.p 32. Aliás, o dever de dar a conhecer ao comprador o teor da garantia antes da conclusão do contrato para que esta possa integrar o seu conteúdo resultaria já dos princípios gerais sobre a formação do contrato. Segundo a directiva, trata-se aqui, porém, de um dever cuja violação é apenas invocável pelo consumidor. Salientando que a directiva não é explícita quanto ao *momento* em que deve ser mostrada a garantia ao consumidor, v. S. GRUNDMANN, *ob. cit.* p. 303.

de entre as línguas oficiais da comunidade (v., entre nós, o artigo 1.º do Decreto-Lei n.º 238/86, de 8 de Agosto, e o artigo 1.º, n.º 1, do Decreto-Lei n.º 62/88, de 27 de Fevereiro [256]).

Este regime das "garantias comerciais" é para a ordem jurídica portuguesa um regime novo, que, salvo em aspectos muito limitados, não encontra actualmente paralelo entre nós [257]. É, pois, necessária uma intervenção para sua transposição.

VII. Carácter imperativo e de protecção mínima da directiva

A directiva prevê, como já salientámos, um regime imperativo, impedindo as partes de, por acordo mútuo, restringir ou renunciar aos direitos reconhecidos aos consumidores, uma vez que dessa forma estariam a viciar a protecção jurídica concedida (assim, o considerando 22, segundo o qual este princípio deve aplicar-se igualmente às cláusulas segundo as quais o consumidor teria conhecimento de qualquer falta de conformidade dos bens de consumo existente no momento em que celebrou o contrato) [258]. A única solução consentida pelo objectivo de

---

[256] Segundo o primeiro, "as informações sobre a natureza, características e *garantias* de bens ou serviços oferecidos ao público no mercado nacional, quer as constantes de rótulos, embalagens, prospectos, catálogos, livros de instruções para utilização ou outros meios informativos, quer as facultadas nos locais de venda ou divulgadas por qualquer meio publicitário, deverão ser prestadas em língua portuguesa." Preceitua o segundo, por sua vez: "as informações ou instruções respeitantes a características, instalação, serviço ou utilização, montagem, manutenção, armazenagem, transporte, bem como as *garantias* que devam acompanhar ou habitualmente acompanhem ou sejam aplicadas sobre máquinas, aparelhos, utensílios e ferramentas, serão obrigatoriamente escritas em língua portuguesa." A infracção destas disposições constitui contra-ordenação punível com coima.

[257] O regime respectivo não corresponde, na verdade, ao da "garantia de bom funcionamento" prevista no artigo 921.º do Código Civil (sobre esta, v. J. Calvão da Silva, *Responsabilidade civil do produtor, cit.*, pp. 201 e ss), desde logo porque não contém qualquer regulamentação do conteúdo da garantia. O artigo 4.º, n.º 2, da LDC, por outro lado, limita-se a prever a obrigação de garantir bom estado e bom funcionamento por um ano para os bens móveis não consumíveis. Mas não dispõe, nem sobre os termos da vinculação, nem sobre os requisitos formais da "garantia comercial" voluntariamente dada.

[258] A imperatividade das disposições da directiva encontrava-se já prevista na proposta (artigo 6.º, n.º 1). A única alteração relevante nesta disposição consistiu no

conseguir que a directiva tenha efeitos reais nas compras realizadas por consumidores é, efectivamente, impedir o afastamento dos direitos resultantes da directiva, quer por cláusulas pré-elaboradas, quer por acordos negociados.

Assim, o artigo 7.º da directiva estabelece que "as cláusulas contratuais e os acordos celebrados com o vendedor antes da falta de conformidade lhe ser comunicada que, directa ou indirectamente, excluam ou limitem os direitos resultantes da presente directiva não vinculam, nos termos previstos na legislação nacional, o consumidor". Trata-se, aliás, de uma solução que vale quer para bens novos, quer para bens usados [259], e da qual, como se disse e resulta do considerando referido, decorre igualmente, a nosso ver, a necessidade de um certo controlo da determinação pelas partes do que deve ser considerado em conformidade com o contrato.

Por outro lado, a directiva não impõe nenhuma sanção específica para os acordos que excluam ou restrinjam direitos conferidos por ela podendo ser ineficazes em relação ao consumidor, nulos, anuláveis, inexistentes, etc.. Apenas se estabelece que "não vinculam o consumidor" e deixa-se aos direitos nacionais a determinação precisa do tipo de sanção (assim, também o artigo 6.º, n.º 1 da Directiva 93/13/CE, sobre cláusulas abusivas, embora impondo ainda a subsistência do contrato sem estas).

Diversamente, como se sabe, alguns dos direitos do comprador previstos no regime do Código Civil da venda de coisas defeituosas podem, salvo quando o vendedor tenha actuado com dolo, ser afastados por estipulação contrária das partes – é o caso, designadamente, do direito à reparação e à substituição da coisa e do direito à indemnização em caso de simples erro do vendedor (como resulta do artigo 912.º, aplicável por força do artigo 913.º, n.º 1 daquele Código).

---

aditamento, na posição comum, do inciso "directa ou indirectamente" e da remissão para a legislação nacional quanto aos termos de não vinculação do consumidor.

[259] A única excepção admitida para bens em segunda mão consiste em se admitir que o vendedor e o consumidor possam acordar em cláusulas contratuais ou celebrar acordos que prevejam um prazo de responsabilidade do vendedor mais curto, mas nunca inferior a um ano (artigo 7.º, n.º 1, 2.º parágrafo). Criticamente, em relação à imperatividade da directiva para bens usados, v. H. EHMANN/U. RUST, cit., p. 860.

No âmbito das vendas a consumidores – coberto pela directiva [260] –, contudo, o "carácter injuntivo dos direitos dos consumidores" encontra-se previsto claramente no artigo 16.º da LDC. Segundo o n.º 1 deste, "sem prejuízo do regime das cláusulas contratuais gerais [261], qualquer convenção ou disposição contratual que exclua ou restrinja os direitos atribuídos pela presente lei é nula." Por outro lado, a nulidade apenas pode ser invocada pelo consumidor ou seus representantes e o consumidor pode sempre optar pela manuteção do contrato se algumas das suas cláusulas forem nulas.

Os direitos conferidos ao consumidor pela LDC são, pois, já hoje, insusceptíveis de ser excluídos ou limitados mediante convenção em contrário, a qual, a existir, "não vinculará", nestes termos, o consumidor. Pelo que neste ponto não se verifica qualquer desconformidade com as exigências da directiva [262].

A directiva contém também uma norma que visa evitar que a protecção reconhecida aos consumidores seja reduzida por virtude da *escolha de uma lei* de um Estado não membro. Trata-se do artigo 7.º, n.º 2, segundo o qual "os Estados-Membros adoptarão as medidas necessárias para que o consumidor não seja privado da protecção resultante da presente directiva pelo facto de ter escolhido, como direito aplicável ao contrato, a legislação de um Estado não membro, quando o contrato apresente uma conexão estreita com o território dos Estados-Membros" (v., com formulações praticamente idênticas, os artigos 6.º, n.º 2 da

---

[260] Já dissemos que a regulamentação do direito de regresso e suas condições não deveria, a nosso ver, ser imperativa.

[261] Se este for mais favorável ao aderente, é claro. Relativamente à qualidade da coisa vendida, v., já, os artigos 21.º, als. *b)* e *c)* (atribuição, de modo directo ou indirecto, ao predisponente, da "faculdade exclusiva de verificar e estabelecer a qualidade das coisas" fornecidas e admissão de "não correspondência entre as prestações a efectuar e as indicações, especificações ou amostras feitas ou exibidas na contratação") e 22.º, n.º 1, alínea *g)* do DL 446/85 (afastamento injustificado das regras relativas ao cumprimento defeituoso).

[262] Para além desta não vinculação, a directiva não prevê quaisquer sanções específicas para a violação dos direitos que reconhece ao consumidor, a não ser, como se disse, a que resulta da sua própria inclusão no anexo da Directiva 98/27/CE sobre acções inibitórias em matéria de protecção dos interesses dos consumidores (artigo 10.º).

Directiva 93/13/CE e 12.º, n.º 2 da Directiva 97/7/CE). Trata-se, pois, da imposição de uma restrição à liberdade de escolha pelas partes da lei de um estado terceiro, quando dela resulte que o consumidor ficaria privado da protecção resultante da directiva – e não, diversamente do previsto na proposta de directiva, de uma restrição à determinação da lei aplicável pela norma de conflitos do Estado-membro em questão [263].

Julgamos que esta disposição não encontra hoje paralelo entre nós, também não se afigurando, por outro lado, que o seu teor se possa considerar inteiramente coberto pelas normas da Convenção de Roma sobre a Lei Aplicável às Obrigações Contratuais [264], que impõem restrições à liberdade de escolha de lei [265]. Carece, pois, de ser transposta para o nosso ordenamento jurídico.

---

[263] Dispunha o artigo 6.º, n.º 2 da proposta: "Os Estados-membros adoptarão as medidas necessárias para que, *qualquer que seja a lei aplicável*, o consumidor não seja privado da protecção conferida pela presente directiva, se o contrato apresentar uma relação estreita com o território dos Estados-membros" (itálico aditado). Afigurava-se, pois, que se ia além de uma restrição à liberdade de escolha de lei, impondo a preservação da protecção conferida pela directiva, em caso de relação estreita com o território dos Estados-membros, mesmo se a lei aplicável resultasse de uma norma de conflitos. Tratava-se de uma verdadeira regra de direito internacional privado, ao contrário da que ficou a constar da directiva (assim M. TENREIRO/S.GÓMEZ, *cit.*, p. 35).

[264] A "Convenção Relativa à Adesão do Reino de Espanha e da República Portuguesa à Convenção de Roma sobre a Lei Aplicável às Obrigações Contratuais" foi aprovada, para ratificação, pela Resolução da Assembleia da República n.º 3/94. A ratificação da Convenção, com a reserva de não aplicar o n.º 1 do artigo 7.º da Convenção sobre a Lei Aplicável às Obrigações Contratuais (em conformidade com o disposto na alínea *a*) do n.º 1 do artigo 22.º desta), foi efectuada pelo Decreto do Presidente da República n.º 1/94 (publicados, ambos, no *Diário da República*, I série--A, de 3 de Fevereiro de 1994).

[265] Referimo-nos aos artigos 3.º e, designadamente, 5.º da Convenção. Segundo o primeiro, a escolha pelas Partes de uma lei estrangeira, não pode, sempre que todos os outros elementos da situação se localizem num único país no momento dessa escolha, prejudicar a aplicação das disposições imperativas nos termos da lei desse país. Segundo a directiva basta, contudo, que o contrato apresente uma conexão estreita com o território dos Estados-Membros, não sendo necessário que todos os elementos relevantes estejam aí situados (ou noutro Estado-membro). O artigo 5.º, por sua vez, limita a escolha pelas partes da lei aplicável a contratos celebrados por consumidores, a qual "não pode ter como consequência privar o consumidor da protecção que lhe garantem as disposições imperativas da lei do país em que tenha a sua residência habitual" desde que: a celebração do contrato tenha sido precedida nesse país de uma proposta especialmente dirigida ao

A directiva é, como também referimos já, uma directiva de *protecção mínima*. Assim, nos termos do artigo 8.º, n.º 2 "os Estados--Membros podem adoptar ou manter, no domínio regido pela presente directiva, disposições mais estritas, compatíveis com o Tratado, com o objectivo de garantir um nível mais elevado de protecção do consumidor."

Para além disto prevê-se, no n.º 1 do mesmo artigo 8.º, que o exercício dos direitos resultantes da directiva não prejudica o exercício de outros direitos que o consumidor possa invocar ao abrigo de outras disposições nacionais relativas à responsabilidade contratual ou extra-contratual. Assim, por exemplo, os direitos de indemnização do comprador resultantes dos artigos 908.º (para o caso de dolo do vendedor) e 909.º e 915.º (em caso de simples erro) do Código Civil e do artigo 12.º, n.ºs 4 e 5 da LDC – quer quanto a danos directos, quer, eventualmente, quanto a danos indirectos, em coisas diversas da vendida [266] – não são prejudicados pela directiva.

---

consumidor ou de anúncio publicitário e que o consumidor tenha executado nesse país todos os actos necessários à celebração do contrato; ou a outra parte ou o respectivo representante tenha recebido o pedido do consumidor nesse país; ou o consumidor se tenha deslocado desse país a um outro país e aí tenha feito a proposta, desde que a viagem tenha sido organizada pelo vendedor com o objectivo de incitar o consumidor a comprar. Ora, a "conexão estreita" com o território dos Estados-membros não parece exigir estes elementos, podendo, por outro lado, admitir-se mesmo que o tenha a sua residência habitual fora da União. Não nos parece, pois, que (ao contrário do que afirmam Á. CARRASCO PERERA/E. CORDERO LOBATO/P. MARTINEZ ESPÍN, "Transposición...", *cit.*, p. 139) a remissão para este artigo 5.º da referida Convenção baste para assegurar a transposição da directiva (v. M. TENREIRO/S. GÓMEZ, *cit.*, p. 35).

O artigo 7.º, n.º 1 da Convenção, que *possibilita* ao juiz a aplicação das normas imperativas do foro ou de outro Estado com o qual a situação apresente uma conexão estreita, foi, como se disse, objecto de uma reserva pelo Estado português (v. afirmando que o sentido da directiva é o de transformar em obrigações as faculdades outorgadas por este artigo 7.º, n.º 1, os auts. e *ob. cits.*, p. 35).

[266] A directiva não regulou a matéria da indemnização. Todavia, os danos que o próprio bem venha a sofrer em consequência de uma falta de conformidade (por exemplo, um defeito numa peça do motor danifica a chapa do automóvel) são, a nosso ver, de considerar ainda incluídos nesta falta de conformidade, sendo-lhes, portanto, aplicáveis os direitos previstos na directiva (reparação e substituição da coisa, por exemplo). Assim, M. TENREIRO/S. GÓMEZ, *cit.*, p. 18, que equiparam ainda à falta de conformidade os danos resultantes de má utilização devida a informação deficiente do comprador (mas excluem os danos em bens diversos do vendido).

Destas disposições resulta, pois, que na matéria das garantias na venda de bens de consumo poderá vir a assistir-se nos Estados-membros à coexistência de regras nacionais diversas e regras comunitárias (*rectius*, inspiradas pela directiva, e adoptadas em transposição dela). Se este resultado, inerente à preservação dos direitos outorgados pelas legislações nacionais e à natureza da directiva como "de harmonização mínima", pode permitir legítimas dúvidas sobre a consecução de alguns proclamados objectivos da directiva [267], não cremos, todavia, que – pelo menos se se assistir a uma transposição cuidada da directiva – seja de recear uma diminuição, nalguns Estados-membros, do nível de protecção já hoje conferido aos consumidores na compra de bens de consumo, ou, sequer, que consumidores de Estados-membros com um nível de protecção do comprador mais elevado fiquem (e muito menos que passem a ficar, em comparação com a situação actual) dissuadidos de efectuar compras noutros Estados-membros, com níveis de protecção menos exigentes.

---

[267] É, claramente, o caso do objectivo de eliminação das distorções de concorrência resultantes das divergências entre os direitos nacionais. E será também, porventura – considerando por exemplo a possibilidade de diferenças quanto à obrigação de denúncia da falta de conformidade –, o caso do objectivo de criação de segurança no consumidor que realiza compras transfronteiriças.

Importa, a este respeito, recordar que a directiva não prevê, no seu articulado, mecanismos para a aplicação e exercício *transfronteiriços* dos direitos resultantes da garantia, no que parece ser uma das suas limitações mais importantes, em confronto com os seus declarados objectivos. Assim, as alterações sugeridas pelo Parlamento Europeu em primeira leitura (alterações n.ᵒˢ 43 e 48), e renovadas na segunda leitura (alterações 25 e 27), a respeito da informação do consumidor (designadamente, com um endereço de contacto em cada Estado-membro para apresentação de queixas) e da criação de vias de recurso adequadas e eficazes, deram apenas origem a dois considerandos – o 13 (no qual se pondera que a fim de permitir que os consumidores beneficiem do mercado interno e comprem bens de consumo num outro Estado-Membro "dever-se-á recomendar que, no interesse dos consumidores, os produtores de bens de consumo comercializados em diversos Estados-Membros juntem ao produto uma lista indicando, pelo menos, um endereço de contacto em cada Estado-Membro em que o produto for comercializado") e o 25 (referindo apenas que os Estados-Membros podem criar organismos que garantam um tratamento imparcial e eficaz das queixas num contexto nacional e transfronteiras e a que os consumidores possam recorrer como mediadores).

VIII. Transposição

O prazo para a transposição da directiva termina em 1 de Janeiro de 2002, dela devendo os Estados-membros informar imediatamente a Comissão Europeia, e devendo igualmente comunicar à Comissão o texto das disposições de direito interno que adoptarem no domínio abrangido pela directiva (artigo 11.º). Por outro lado, até 7 de Julho de 2006, a Comissão deve examinar a aplicação da presente directiva e apresentar um relatório ao Parlamento Europeu e ao Conselho (artigo 12.º).

Ora, após análise do conteúdo e alcance da directiva, e sua comparação com o direito português (com incidência particular no regime da compra e venda), podemos concluir sem dúvidas que se torna necessária uma intervenção legislativa para transposição da directiva, uma vez que em vários e significativos aspectos a nossa ordem jurídica não corresponde ainda às exigências daquela. É o que acontece, se não (como julgamos) em relação à própria noção de "falta de conformidade com o contrato", pelo menos, seguramente, no que toca ao *alcance substancial* da noção, em vários aspectos (designadamente, a relevância da mera descrição da coisa e da adequação a fins aceitos pelo vendedor mas não resultantes do contrato, bem como do critério das expectativas razoáveis do consumidor, em conjugação com as declarações públicas – para além das publicitárias – sobre o bem). É também o que se passa com o *momento* da avaliação da falta de conformidade (que terá de passar a ser o da entrega) e, aparentemente (pois o ponto depende da interpretação que se defenda do artigo 12.º, n.º 1 da LDC), com os *pressupostos dos diversos direitos* do consumidor, em caso de falta de conformidade. A necessitar de alteração estão igualmente os *prazos* de garantia, de denúncia e de exercício dos direitos do comprador, tornando-se ainda necessário prever o *direito de regresso* do vendedor final contra o(s) elemento(s) anterior(es) na cadeia contratual responsável(is) pela falta de conformidade (e recomendando-se a introdução da responsabilidade directa do produtor perante o consumidor). E também o regime da "garantia comercial" carece de ser transposto para a nossa ordem jurídica.

Em face deste panorama, pode dizer-se que na ordem jurídica portuguesa, como noutras [267a] (mas sem olvidar as especificidades que podem resultar, entre nós, do facto de já hoje resultarem da LDC regras de um "direito especial da venda a consumidores"), se deparam ao legislador várias *opções para a transposição* da directiva.

Uma delas seria a da transposição da directiva *qua tale*, numa lei especial, limitada às vendas de bens de consumo a consumidores, tal como definidas na directiva, e incluindo ainda o regime do direito de regresso. Tal opção teria, porém, como resultado a acentuação da dispersão, por diversos diplomas, do regime da compra e venda, pressupondo, do mesmo passo, a revogação de normas da LDC [268].

Uma segunda possibilidade seria a de tentar uma transposição da directiva que incluísse, substancialmente, o alargamento de várias das suas disposições a compradores não consumidores. Sob o ponto de vista formal, neste caso, deveria optar-se por alterar o regime da compra e venda do Código Civil [269], aproveitando para integrar neste a noção de conformidade com o contrato, prevendo apenas (ou no próprio Código

---

[267a] V., por exemplo, para Itália, G. DE CRISTOFARO, *cit.*, pp. 264 e ss., A. ZACCARIA, *cit.*, pp. 261 e ss., e, para a Alemanha e a Áustria, além da generalidade dos arts. *cits. supra*, nota 23, os contributos no *cit.* volume. *Zivilrechtswissenschaft u. Schuldrechtsreform*. Para o direito espanhol, v. Á. CARRASCO *et alii, cit.*, propostas de transposição.

[268] Substancialmente, já existe hoje, porém, um regime especial para a compra e venda a consumidores, resultante, designadamente, dos artigos 4.º e 12.º da LDC. A transpor-se a directiva *qua tale*, tal regime passaria a coexistir com o regime civil geral (aplicável também à venda de imóveis) e com o regime do Código Comercial (também, aliás, no que ora interessa, integrando apenas um reduzido número de especificidades). E, a ser ratificada a Convenção de Viena sobre compra e venda internacional de mercadorias, passaria a existir ainda um regime próprio para a compra e venda internacional de mercadorias. Poderia dizer-se, de certa forma, que ao lado de um regime *geral* da compra e venda passariam a existir, consoante os sujeitos intervenientes e não só, vários regimes *especiais*. V. esta ideia em F. SCHURR,"Die neue Richtlinie...", *cit.*, p. 223.

[269] A doutrina alemã largamente dominante defende a alteração do regime geral da garantia de vícios da coisa na compra e venda (aproveitando para tal as propostas da comissão de reforma do direito das obrigações), com formulação de preceitos específicos para o consumidor, quando tal se revele necessário – v., por ex., N. REICH, *cit.*, p. 2403, P. SCHLECHTRIEM, "Die Anpassung...", *cit.*, p. 360. V., para o direito austríaco, também W. SCHUHMACHER, *cit.*, p. 374. E, em Itália, A. ZACCARIA, *cit.*, p. 263.

Civil, o que constituiria uma novidade, ou num diploma especialmente dirigido aos consumidores) as especificidades incontornáveis para os contratos com consumidores (como nos parece ser o caso da impossibilidade de afastamento, por estipulação em contrário, dos direitos do comprador, e, eventualmente, alguns pontos relativos à definição e prova da falta de conformidade [270]).

Uma terceira solução – de certa forma inversa da anterior – consiste na manutenção e aprofundamento do *regime especial* já hoje resultante da LDC para as vendas a consumidores, nessa lei ou num diploma reformador da matéria jurídica da defesa do consumidor (um "Código do Consumidor"[271]), não deixando, porém (em conformidade com a natureza de diploma necessariamente apenas "à volta do consumidor"[272]),

---

[270] Esta é, *grosso modo*, a solução perfilhada pelo referido "Projecto de uma lei de modernização do direito das obrigações" alemão – integrar o regime da directiva no Código Civil, quando possível generalizando as suas regras e, caso contrário (por exemplo, no que toca à imperatividade do regime, à inversão do ónus da prova da anterioridade à entrega da falta de conformidade, e às garantias comerciais), formulando disposições específicas para o consumidor no Código Civil. Esta solução, que pareceria contrariar a natureza geral de um diploma como o Código Civil, é aliás facilitada no direito alemão pela introdução recente no BGB dos conceitos de consumidor e de contratos de consumo. Diversamente, entre nós, existe já um diploma específico – a LDC, que consagra especificidades para a garantia nos contratos com os consumidores. E a generalização deste regime (por exemplo, com dispensa de culpa do vendedor e a natureza injuntiva de todos os direitos do consumidor) poderá afigurar-se inconveniente. Restaria, pois, prever no Código Civil Português tais especificidades, o que suporia o aparecimento neste da figura do consumidor, entre nós sempre deixada, desde 1981, a leis especiais.

Sobre a transposição da directiva na Alemanha, v. F. SCHURR, *cit.*, pp. 223-4, e J. SCHMIDT-RÄNTSCH, "Gedanken...", *cit.*, *passim* (falando este de uma necessidade de transposição para além do obrigatório e prevendo a possibilidade de introduzir várias compensações para o interesse do vendedor).

[271] Estão em decurso entre nós trabalhos para a reforma do direito do consumo e elaboração de um Código do Consumidor, a cargo de uma comissão presidida pelo Prof. Pinto Monteiro e da qual quem subscreve estas linhas também faz parte. Nesse contexto – e tendo também em conta a existência, já hoje, na LDC de um regime mais protector para o comprador/consumidor –, seria de optar pela terceira opção delineada no texto.

[272] V. Mário TENREIRO, "Un code de la consommation ou un code autour du consommateur? Quelques reflexions critiques sur la codification et la notion du consommateur", in *Law and Diffuse Interests in the European Legal Order – Liber Amicorum*

de incluir (ou de propor a inclusão noutra *sedes materiae*) também regras que, encontrando-se previstas na directiva e tendo a sua origem ainda na protecção do consumidor/comprador, se projectam para além do elo final da cadeia de distribuição (o caso do referido direito de regresso do vendedor final).

Trata-se de problemas que, a benefício de melhor reflexão, prefiro aqui deixar intencionalmente em aberto.

Norbert Reich, Baden-Baden, 1997, pp. 339-56, inspirando-se na concepção também do direito comercial como "direito à volta das empresas" (ORLANDO DE CARVALHO, *Critério e estrutura do estabelecimento comercial*, I, Coimbra,1967, p. 178).
　Não cabe tratar aqui aprofundadamente do problema geral da possibilidade de codificação do direito do consumo (v., além da *ob.cit.* de M. TENREIRO, António PINTO MONTEIRO, "Do direito do consumo ao Código do Consumidor", *Estudos de direito do consumidor*, n.º 1, 1999, pp. 201-14). Cumpre notar, apenas, que um diploma geral sobre a matéria jurídica da defesa do consumidor, dotado de um adequado sistema e compreensão, não pode, a nosso ver, fugir a integrar também matérias que, tendo surgido ordenadas ao objectivo de defesa dos consumidores e tendo ainda neste o seu ponto fundamental de referência (a sua *ratio* principal), todavia abrangem também outros sujeitos – é o caso, por exemplo, do regime da responsabilidade civil do produtor (v., aliás, o enquadramento deste tema no direito do consumo por J. CALVÃO DA SILVA, *Responsabilidade civil do produtor*, cit., pp. 56 e ss).
　E, ainda a propósito da questão da codificação (esta e de outras), recorde-se a crítica de R. v. JHERING (em *Jherings Jahrbücher für die Dogmatik des bürgerlichen Rechts*, 5, 1861, pp. 363 e s.) à eterna dúvida com origem em Savigny: "uma época que, ao mesmo tempo que divisa a necessidade de reorganização das suas soluções jurídicas, ou simplesmente de uma codificação, baixa os braços porque não se toma por cientificamente madura, não sofre de pouca mas antes de excessiva cientificidade, e passa-se a si própria um atestado de pobreza menos científica do que moral."

ANEXO

Directiva 1999/44/CE, do Parlamento Europeu e do Conselho, de 25 de Maio de 1999, relativa a certos aspectos da venda de bens de consumo e das garantias a ela relativas

O PARLAMENTO EUROPEU
E O CONSELHO DA UNIÃO EUROPEIA

Tendo em conta o Tratado que institui a Comunidade Europeia e, nomeadamente, o seu artigo 195.º,

Tendo em conta a proposta da Comissão [1],

Tendo em conta o parecer do Comité Económico e Social [2],

Deliberando nos termos do artigo 251.º do Tratado, de acordo com o projecto comum aprovado pelo Comité de Conciliação em 18 de Março de 1999 [3],

(1) Considerando que o n.º 1 e 3 do artigo 153.º do Tratado estabelece que a Comunidade deve contribuir para a realização de um nível elevado de defesa dos consumidores através de medidas adoptadas nos termos do artigo 95.º;

(2) Considerando que o mercado interno comporta um espaço sem fronteiras internas no qual é assegurada a livre circulação

---

[1] JOCE C 307 de 16.10.1996, p. 8, e JOCE C 148 de 14.5.1998, p. 12.

[2] JOCE C 66 de 3.3.1997, p. 5.

[3] Parecer do Parlamento. Europeu de 10 de Março de 1998 (JOCE C 104 de 6.4.1998, p. 30), posição comum do Conselho de 24 de Setembro de 1998 (JOCE C 333 de 30.10.1998, p. 46) e decisão do Parlamento Europeu de 17 de Dezembro de 1998 (JOCE C 98 de 9.4.1999, p. 226). Decisão do Parlamento Europeu de 7 de Maio de 1999. Decisão do Conselho de 17 de Maio de 1999.

de mercadorias, de pessoas, de serviços e de capitais; que a livre circulação de mercadorias não respeita apenas ao comércio profissional, mas também às transacções efectuadas pelos particulares; que implica que os consumidores residentes num Estado-Membro possam adquirir bens no território de outro Estado-Membro com base num conjunto mínimo de regras equitativas que regulem a venda de bens de consumo;

(3) Considerando que as legislações dos Estados-Membros respeitantes às vendas de bens de consumo apresentam muitas disparidades, daí resultando que os mercados nacionais de venda de bens de consumo difiram entre si e que se possam verificar distorções na concorrência entre os vendedores;

(4) Considerando que o consumidor que procura beneficiar das vantagens do grande mercado, comprando bens num Estado--Membro diverso do da sua residência, desempenha um papel fundamental na realização do mercado interno; que a criação artificial de fronteiras e a compartimentação dos mercados deve ser impedida; que as possibilidades de que dispõem os consumidores foram consideravelmente alargadas pelas novas tecnologias da comunicação, que permitem o acesso fácil a sistemas de distribuição de outros Estados-Membros ou de países terceiros; que, na ausência de harmonização mínima das regras relativas à venda de bens de consumo, o desenvolvimento da venda de bens por via das novas tecnologias da comunicação à distância corre o risco de ser entravado;

(5) Considerando que a criação de um corpo mínimo comum de direito do consumo, válido independentemente do local de aquisição dos bens na Comunidade, reforçará a confiança dos consumidores e permitir-lhes-á beneficiar mais das vantagens do mercado interno;

(6) Considerando que as principais dificuldades encontradas pelos consumidores, e a principal fonte de conflitos com os vendedores, se referem à não conformidade dos bens com o contrato; que convém, portanto, aproximar as legislações nacionais relativas à venda de bens de consumo sob este aspecto, sem todavia prejudicar as disposições e os princípios das legisla-

ções nacionais relativas aos regimes de responsabilidade contratual e extra-contratual;

(7) Considerando que os bens devem, antes de mais, ser conformes às cláusulas contratuais; que o princípio de conformidade com o contrato pode ser considerado como uma base comum às diferentes tradições jurídicas nacionais; que em determinadas tradições jurídicas nacionais nem sempre é possível confiar unicamente neste princípio para garantir aos consumidores um nível mínimo de protecção; que, especialmente nessas tradições jurídicas, podem ser úteis disposições nacionais suplementares destinadas a garantir a protecção dos consumidores nos casos em que as partes não acordaram em cláusulas contratuais específicas ou em que as partes acordaram em cláusulas ou firmaram acordos que directa ou indirectamente anulam ou restringem os direitos dos consumidores e que, na medida em que esses direitos resultem da presente directiva, não são vinculativos para os consumidores;

(8) Considerando que, para facilitar a aplicação do princípio de conformidade com o contrato, é útil introduzir uma presunção ilidível de conformidade com este, que abranja as situações mais correntes; que essa presunção não restringe o princípio da liberdade contratual das partes; que, além disso, na inexistência de cláusulas contratuais específicas, bem como no caso de aplicação da cláusula da protecção mínima, os elementos que constituem essa presunção podem servir para determinar a não conformidade dos bens com o contrato; que a qualidade e o comportamento que os consumidores podem razoavelmente esperar dependerá, nomeadamente, do facto de os bens serem em primeira ou em segunda mão; que os elementos que constituem a presunção são cumulativos; que, se as circunstâncias do caso tornarem qualquer elemento específico manifestamente inapropriado, continuarão, não obstante, a ser aplicáveis os restantes elementos da presunção;

(9) Considerando que o vendedor deve ser directamente responsável perante o consumidor pela conformidade dos bens com o contrato; que é essa a solução tradicional consagrada na

ordem jurídica dos Estados-Membros; que, não obstante, o vendedor, nos termos do direito nacional, deve gozar de um direito de reparação perante o produtor, um vendedor anterior da mesma cadeia contratual, ou qualquer outro intermediário, salvo se tiver renunciado a esse direito; que a presente directiva não prejudica o princípio da liberdade contratual entre o vendedor, o produtor, um vendedor anterior ou qualquer outro intermediário; que as normas que regem o modo como o vendedor pode exercer esse direito de reparação são determinadas pela legislação nacional;

(10) Considerando que, em caso de não conformidade do bem com o contrato, os consumidores devem ter o direito de obter que os bens sejam tornados conformes com ele sem encargos, podendo escolher entre a reparação ou a substituição, ou, se isso não for possível, a redução do preço ou a rescisão do contrato;

(11) Considerando desde logo que os consumidores podem exigir do vendedor a reparação ou a substituição do bem, a menos que isso se revele impossível ou desproporcionado; que, a desproporção deve ser determinada objectivamente; que uma solução é desproporcionada se impuser custos excessivos em relação à outra solução; que, para que os custos sejam excessivos, devem ser significativamente mais elevados que os da outra forma de reparação do prejuízo;

(12) Considerando que, em caso de falta de conformidade, o vendedor pode sempre oferecer ao consumidor, como solução, qualquer outra forma de reparação possível; que compete ao consumidor decidir se aceita ou rejeita essa proposta;

(13) Considerando que, a fim de permitir que os consumidores beneficiem do mercado interno e a comprarem bens de consumo num outro Estado-Membro, dever-se-á recomendar que, no interesse dos consumidores, os produtores de bens de consumo comercializados em diversos Estados-Membros juntem ao produto uma lista indicando, pelo menos, um endereço de contacto em cada Estado-Membro em que o produto for comercializado;

(14) Considerando que as referências à data de entrega não implicam que os Estados-Membros devam alterar as suas normas sobre transferência do risco;
(15) Considerando que os Estados-Membros podem dispor no sentido de que qualquer reembolso ao consumidor possa ser reduzido, de modo a ter em conta a utilização que o consumidor fez dos produtos a partir do momento em que lhe foram entregues; que as disposições de pormenor mediante as quais a rescisão do contrato ganha efeito podem ser fixadas na legislação nacional;
(16) Considerando que a natureza específica dos produtos em segunda mão torna, de modo geral, impossível a sua reposição; que, por isso, o direito do consumidor à substituição não é, em geral, aplicável a esses produtos; que, os Estados-Membros, quanto a esses produtos, podem permitir que as partes acordem num prazo de responsabilidade mais curto;
(17) Considerando que se deve encurtar o prazo durante o qual o vendedor é responsável por qualquer falta de conformidade existente no momento da entrega dos bens; que os Estados-Membros podem igualmente prever a limitação do prazo durante o qual os consumidores podem exercer os seus direitos, desde que não expire nos dois anos seguintes ao momento da entrega; que, quando, nos termos de uma legislação nacional, a data em que o prazo se inicia não seja a data de entrega dos bens, a duração total do prazo previsto nessa legislação nacional não pode ser inferior a dois anos a contar da data de entrega;
(18) Considerando que os Estados-Membros podem prever a suspensão ou o reinício do prazo durante o qual a falta de conformidade se deverá manifestar e do prazo de prescrição, quando aplicáveis, nos termos das respectivas legislações nacionais, em caso de reparação, de substituição ou de negociações entre o vendedor e o consumidor com vista a uma solução amigável;
(19) Considerando que os Estados-Membros devem poder fixar um prazo durante o qual os consumidores devem informar o vendedor de qualquer falta de conformidade; que os Estados-

-Membros podem assegurar aos consumidores um nível de protecção mais elevado não introduzindo uma obrigação desse tipo; que, de qualquer modo, os consumidores comunitários devem dispor de, pelo menos, dois meses para informar o vendedor da existência da falta de conformidade;
(20) Considerando que os Estados-Membros devem agir de modo a que esse prazo não coloque em desvantagem os consumidores que adquiram bens além-fronteiras; que todos os Estados-Membros devem informar a Comissão sobre o modo como aplicam esta disposição; que a Comissão deve controlar o efeito das diferentes aplicações desta disposição sobre os consumidores e no mercado interno; que as informações sobre o modo como os Estados-Membros as aplicam devem estar disponíveis para os restantes Estados-Membros, para os consumidores e para as organizações de consumidores em toda a Comunidade; que uma síntese da situação em todos os Estados-Membros deve, pois, ser publicada no *Jornal Oficial das Comunidades Europeias*;
(21) Considerando que, quanto a determinadas categorias de bens, é prática corrente os vendedores e os produtores oferecerem garantias contra qualquer defeito que possa manifestar-se durante determinado prazo; que esta prática pode estimular a concorrência; que, constituindo embora práticas comerciais legítimas, essas garantias não devem induzir os consumidores em erro; que, para assegurar este objectivo, as garantias devem conter determinadas informações, incluindo uma declaração de que a garantia não afecta os direitos legais dos consumidores;
(22) Considerando que as partes não podem, por acordo mútuo, restringir ou renunciar aos direitos reconhecidos aos consumidores, uma vez que dessa forma estariam a viciar a protecção jurídica concedida; que este princípio deve aplicar-se igualmente às cláusulas segundo as quais o consumidor teria conhecimento de qualquer falta de conformidade dos bens de consumo existente no momento em que celebrou o contrato; que a protecção reconhecida aos consumidores nos

termos da presente directiva não deve ser reduzida com fundamento em que a lei de um Estado não membro foi escolhida como lei aplicável ao contrato;

(23) Considerando que a legislação e a jurisprudência neste domínio revelam, nos diferentes Estados-Membros, a existência de uma preocupação crescente em garantir um elevado nível de protecção dos consumidores; que, atendendo a esta evolução e à experiência adquirida com a aplicação da presente directiva, poderá ser necessário considerar um grau mais elevado de harmonização e prever, nomeadamente, a responsabilidade directa do produtor pelos defeitos de que é responsável;

(24) Considerando que os Estados-Membros devem dispor da faculdade de adoptar ou de manter, no domínio regulado pela presente directiva, disposições mais estritas, com o objectivo de garantir um nível mais elevado de protecção dos consumidores;

(25) Considerando que, segundo a recomendação da Comissão, de 30 de Março de 1998, relativa aos princípios aplicáveis aos organismos responsáveis pela resolução extrajudicial de litígios de consumo [4], os Estados-Membros podem criar organismos que garantam um tratamento imparcial e eficaz das queixas num contexto nacional e transfronteiras e a que os consumidores possam recorrer como mediadores;

(26) Considerando que, para a defesa dos interesses colectivos dos consumidores, é conveniente aditar a presente directiva à lista de directivas enunciada no anexo da Directiva 98/27//CE do Parlamento Europeu e do Conselho, de 19 de Maio de 1988, relativa às acções inibitórias em matéria de protecção dos interesses dos consumidores [5],

---

[4] JOCE L 115 de 17.4.1998, p. 31.
[5] JOCE L 166 de 11.6.1998, p. 51.

ADOPTARAM A PRESENTE DIRECTIVA:

Artigo 1.º
Âmbito de aplicação e definições

1. A presente directiva tem por objectivo a aproximação das disposições legislativas, regulamentares e administrativas dos Estados-Membros relativas a certos aspectos da venda de bens de consumo e das garantias a ela relativas, com vista a assegurar um nível mínimo uniforme de defesa dos consumidores no contexto do mercado interno.

2. Para efeitos da presente directiva, entende-se por:

a) Consumidor: qualquer pessoa singular que, nos contratos abrangidos pela presente directiva, actue com objectivos alheios à sua actividade comercial ou profissional;

b) Bem de consumo: qualquer bem móvel corpóreo, com excepção:
- dos bens vendidos por via de penhora, ou qualquer outra forma de execução judicial,
- da água e do gás, quando não forem postos à venda em volume delimitado, ou em quantidade determinada,
- da electricidade;

c) Vendedor: qualquer pessoa singular ou colectiva que, ao abrigo de um contrato, vende bens de consumo no âmbito da sua actividade profissional;

d) Produtor: o fabricante de um bem de consumo, o importador do bem de consumo no território da Comunidade ou qualquer outra pessoa que se apresente como produtor através da indicação do seu nome, marca ou outro sinal identificador no produto;

e) Garantia: qualquer compromisso assumido por um vendedor ou um produtor perante o consumidor, sem encargos adicionais para este, de reembolsar o preço pago, substituir, reparar ou ocupar-se de qualquer modo de um bem de consumo, no caso de este não corresponder às condições enumeradas na declaração de garantia ou na respectiva publicidade;

f) Reparação: em caso de falta de conformidade, a reposição do bem de consumo em conformidade com o contrato de compra e venda.

3. Os Estados-Membros podem prever que a definição de "bem de consumo" não abranja os bens em segunda mão adquiridos em leilão, quando os consumidores tenham oportunidade de assistir pessoalmente à venda.

4. Para efeitos da presente directiva, são igualmente considerados contratos de compra e venda os contratos de fornecimento de bens de consumo a fabricar ou a produzir.

ARTIGO 2.º

Conformidade com o contrato

1. O vendedor tem o dever de entregar ao consumidor bens que sejam conformes com o contrato de compra e venda.

2. Presume-se que os bens de consumo são conformes com o contrato, se:

   a) Forem conformes com a descrição que deles é feita pelo vendedor e possuírem as qualidades do bem que o vendedor tenha apresentado ao consumidor como amostra ou modelo;
   b) Forem adequados ao uso específico para o qual o consumidor os destine e do qual tenha informado o vendedor quando celebrou o contrato e que o mesmo tenha aceite;
   c) Forem adequados às utilizações habitualmente dadas aos bens do mesmo tipo;
   d) Apresentarem as qualidades e o desempenho habituais nos bens do mesmo tipo e que o consumidor pode razoavelmente esperar, atendendo à natureza do bem e, eventualmente às declarações públicas sobre as suas características concretas feitas pelo vendedor, pelo produtor ou pelo seu representante, nomeadamente na publicidade ou na rotulagem.

3. Não se considera existir falta de conformidade, na acepção do presente artigo, se, no momento em que for celebrado o contrato, o consumidor tiver conhecimento dessa falta de conformidade ou não puder razoavelmente ignorá-la ou se esta decorrer dos materiais fornecidos pelo consumidor.

4. O vendedor não fica vinculado pelas declarações públicas a que se refere a alínea *d*) do n.º 2, se:

- demonstrar que não tinha conhecimento nem podia razoavelmente ter conhecimento da declaração em causa,
- demonstrar que, até ao momento da celebração do contrato, a declaração em causa fora corrigida, ou
- demonstrar que a decisão de comprar o bem de consumo não poderia ter sido influenciada pela declaração em causa.

5. Presume-se que a falta de conformidade resultante de má instalação do bem de consumo é equiparada a uma falta de conformidade do bem quando a instalação fizer parte do contrato de compra e venda e tiver sido efectuada pelo vendedor, ou sob sua responsabilidade, ou quando o produto, que se prevê seja instalado pelo consumidor, for instalado pelo consumidor e a má instalação se dever a incorrecções existentes nas instruções de montagem.

Artigo 3.º

Direitos do consumidor

1. O vendedor responde perante o consumidor por qualquer falta de conformidade que exista no momento em que o bem lhe é entregue.

2. Em caso de falta de conformidade, o consumidor tem direito a que a conformidade do bem seja reposta sem encargos, por meio de reparação ou de substituição, nos termos do n.º 3, a uma redução adequada do preço, ou à rescisão do contrato no que respeita a esse bem, nos termos dos n.ᵒˢ 5 e 6.

3. Em primeiro lugar, o consumidor pode exigir do vendedor a reparação ou a substituição do bem, em qualquer dos casos sem encargos, a menos que isso seja impossível ou desproporcionado.

Presume-se que uma solução é desproporcionada se implicar para o vendedor custos que, em comparação com a outra solução, não sejam razoáveis, tendo em conta:

- o valor que o bem teria se não existisse falta de conformidade,
- a importância da falta de conformidade,
- a possibilidade de a solução alternativa ser concretizada sem grave inconveniente para o consumidor.

A reparação ou substituição deve ser realizada dentro de um prazo razoável, e sem grave inconveniente para o consumidor, tendo em conta a natureza do bem e o fim a que o consumidor o destina.

4. A expressão "sem encargos" constante dos n.ºs 2 e 3 reporta-se às despesas necessárias incorridas para repor o bem em conformidade, designadamente as despesas de transporte, de mão-de-obra e material.

5. O consumidor pode exigir uma redução adequada do preço, ou a rescisão do contrato:

- se o consumidor não tiver direito a reparação nem a substituição, ou
- se o vendedor não tiver encontrado uma solução num prazo razoável, ou
- se o vendedor não tiver encontrado uma solução sem grave inconveniente para o consumidor.

6. O consumidor não tem direito à rescisão do contrato se a falta de conformidade for insignificante.

Artigo 4.º

Direito de regresso

Quando o vendedor final for responsável perante o consumidor pela falta de conformidade resultante de um acto ou omissão do produtor, de um vendedor anterior da mesma cadeia contratual, ou de qualquer outro intermediário, o vendedor final tem direito de regresso contra a pessoa ou pessoas responsáveis da cadeia contratual. O responsável ou os responsáveis contra quem o vendedor final tem direito de regresso, bem como as correspondentes acções e condições de exercício, são determinados pela legislação nacional.

Artigo 5.º

Prazos

1. O vendedor é responsável, nos termos do artigo 3.º, quando a falta de conformidade se manifestar dentro de um prazo de dois anos a contar da entrega do bem. Se, por força da legislação nacional, os

direitos previstos no n.º 2 do artigo 3.º estiverem sujeitos a um prazo de caducidade, esse prazo não poderá ser inferior a dois anos a contar da data da entrega.

2. Os Estados-Membros podem determinar que, para usufruir dos seus direitos, o consumidor deve informar o vendedor da falta de conformidade num prazo de dois meses a contar da data em que esta tenha sido detectada.

Os Estados-Membros devem informar a Comissão da aplicação que derem ao presente número. A Comissão controlará as consequências, para o consumidor e o mercado interno, da possibilidade assim oferecida aos Estados-Membros.

O mais tardar até 7 de Janeiro de 2003, a Comissão elaborará um relatório sobre a aplicação que os Estados-Membros fazem do presente parágrafo. Esse relatório será publicado no *Jornal Oficial das Comunidades Europeias*.

3. Até prova em contrário, presume-se que as faltas de conformidade que se manifestem num prazo de seis meses a contar da data de entrega do bem já existiam nessa data, salvo quando essa presunção for incompatível com a natureza do bem, ou com as características da falta de conformidade.

Artigo 6.º

Garantias

1. As garantias vinculam juridicamente as pessoas que as oferecem, nas condições constantes da declaração de garantia e da publicidade correspondentes.

2. As garantias devem:
– declarar que o consumidor goza dos direitos previstos na legislação nacional aplicável em matéria de compra e venda de bens de consumo e especificar que esses direitos não são afectados pela garantia,
– estabelecer, em linguagem clara e concisa, o conteúdo da garantia e os elementos necessários à sua aplicação, nomeadamente a duração e a extensão territorial dela, bem como o nome e o endereço da pessoa que oferece a garantia.

3. A pedido do consumidor, a garantia deverá ser-lhe facultada numa versão escrita, ou sob qualquer outra forma duradoura disponível e à qual tenha acesso.

4. O Estado-Membro em que os bens de consumo são comercializados pode, nos termos do Tratado, impor no seu território que a garantia seja redigida numa ou em várias línguas por ele determinadas, entre as línguas oficiais da Comunidade.

5. Se uma garantia não obedecer aos requisitos dos n.os 2, 3 ou 4, a validade dessa garantia não será afectada por esse facto, podendo o consumidor continuar a invocá-la e a exigir a sua aplicação.

Artigo 7.º
Carácter vinculativo

1. As cláusulas contratuais e os acordos celebrados com o vendedor antes da falta de conformidade lhe ser comunicada que, directa ou indirectamente, excluam ou limitem os direitos resultantes da presente directiva não vinculam, nos termos previstos na legislação nacional, o consumidor.

Os Estados-Membros podem determinar que, no caso de bens em segunda mão, o vendedor e o consumidor possam acordar em cláusulas contratuais ou celebrar acordos que prevejam um prazo de responsabilidade do vendedor mais curto que o estabelecido no n.º 1 do artigo 5.º O prazo assim previsto não pode ser inferior a um ano.

2. Os Estados-Membros adoptarão as medidas necessárias para que o consumidor não seja privado da protecção resultante da presente directiva pelo facto de ter escolhido, como direito aplicável ao contrato, a legislação de um Estado não membro, quando o contrato apresente uma conexão estreita com o território dos Estados-Membros.

Artigo 8.º
Direito nacional e protecção mínima

1. O exercício dos direitos resultantes da presente directiva não prejudica o exercício de outros direitos que o consumidor possa invocar

ao abrigo de outras disposições nacionais relativas à responsabilidade contratual ou extracontratual.

2. Os Estados-Membros podem adoptar ou manter, no domínio regido pela presente directiva, disposições mais estritas, compatíveis com o Tratado, com o objectivo de garantir um nível mais elevado de protecção do consumidor.

Artigo 9.º

Os Estados-Membros tomarão as medidas necessárias para informar o consumidor sobre as disposições nacionais de transposição da presente directiva, e incentivarão, eventualmente, as organizações profissionais a informarem os consumidores dos seus direitos.

Artigo 10.º

O anexo da Directiva 98/27/CE será complementado do modo seguinte:
"10. Directiva 99/44/CE do Parlamento Europeu e do Conselho, de 25 de Maio de 1999, relativa a certos aspectos da venda de bens de consumo e das garantias a elas relativas (JO L 171 de 7.7.1999, p. 12).".

Artigo 11.º

Transposição

1. Os Estados-Membros adoptarão as disposições legislativas, regulamentares e administrativas necessárias para darem cumprimento à presente directiva o mais tardar em 1 de Janeiro de 2002. Desse facto informarão imediatamente a Comissão.

Quando os Estados-Membros adoptarem essas disposições, estas deverão incluir uma referência à presente directiva ou ser acompanhadas dessa referência na publicação oficial. As modalidades dessa referência serão estabelecidas pelos Estados-Membros.

2. Os Estados-Membros comunicarão à Comissão o texto das disposições de direito interno que adoptarem no domínio abrangido pela presente directiva.

ARTIGO 12.º

Revisão

O mais tardar até 7 de Julho de 2006, a Comissão examinará a aplicação da presente directiva e apresentará um relatório ao Parlamento Europeu e ao Conselho. O relatório abordará, designadamente, a questão da eventual introdução da responsabilidade directa do produtor e, se necessário, será acompanhado de propostas.

ARTIGO 13.º

Entrada em vigor

A presente directiva entra em vigor no dia da sua publicação no *Jornal Oficial das Comunidades Europeias*.

ARTIGO 14.º

Os Estados-Membros são destinatários da presente directiva.

Feito em Bruxelas, em 25 de Maio de 1999.
Pelo Parlamento Europeu
O Presidente
J. M. GIL-ROBLES

Pelo Conselho
O Presidente
H. EICHEL

A PROTECÇÃO DO CONSUMIDOR DE SERVIÇOS PÚBLICOS ESSENCIAIS*

António Pinto Monteiro
Professor da Faculdade de Direito
da Universidade de Coimbra

Sumário

1. *A protecção do consumidor*; **2.** *A preparação do Código do Consumidor*; **3.** *Âmbito da lei que protege o utente de serviços públicos essenciais (Lei n.º 23//96)*; **4.** *Medidas consagradas*; **4.1.** *Princípio da boa-fé*; **4.2.** *Dever de informação*; **4.3.** *Suspensão do serviço*; **4.4.** *Facturação detalhada*; **4.5.** *Prazos curtos*; **5.** *Cláusulas contratuais gerais*; **6.** *Conclusão*.

1. A protecção do consumidor em Portugal

Antes de entrar propriamente na análise do tema – sobre a protecção do consumidor de serviços públicos essenciais –, parece-me oportuno fazer, numa breve introdução, uma curtíssima referência, de carácter geral, à situação do consumidor do ponto de vista da tutela jurídica que lhe é dispensada.

Começo por dizer que Portugal não destoa dos países que, como o Brasil, há já algum tempo sentiram a necessidade de adoptar medidas

---

* O texto serviu de base à conferência proferida pelo autor no 1º Congresso Inter-Americano de Direito do Consumidor, que decorreu em Gramado, Rio Grande do Sul, de 8 a 11 de Março de 1998, e que foi organizado pelo Brasilcon – Instituto Brasileiro de Política e Direito do Consumidor

legislativas adequadas à protecção do consumidor. Medidas essas que, além da *especificidade* de que se vão revestindo – em função do objectivo que visam –, vão progressivamente perdendo o seu carácter disperso e pontual para se integrarem e serem expressão de uma *política* sistemática, unitária e coerente de *defesa do consumidor* (que ultimamente se tem assumido, como direi mais à frente).

Efectivamente, tomou-se consciência de que era imperioso proteger a *vítima* da moderna *sociedade de consumo*, em face, nomeadamente, das situações de desigualdade que esta potencia, das formas ardilosas de persuasão que inventa, da criação artificial de necessidades e das técnicas de "marketing" e de publicidade que engendra, dos abusos do poder económico que tolera, da falta de qualidade e de segurança dos bens que oferece e, enfim, das múltiplas situações de risco que cria, quantas vezes dramaticamente traduzidas em inúmeros e gravíssimos danos.

A *revolução industrial*, como se sabe, apoiada em invenções técnicas da maior importância, levou à produção em série, à mecanização do processo produtivo e ao aumento considerável do nível de vida, graças, sobretudo, à descida dos custos de produção. A *revolução comercial*, por sua vez, apoiada em novos métodos de venda, na publicidade, no crédito e no recurso a intermediários, desenvolveu consideravelmente o comércio, modernizou-o e permitiu, assim, que ao progresso da técnica se associasse o engenho dos distribuidores, em ordem ao escoamento dos produtos. Uma e outra – a revolução industrial e a revolução comercial – geraram, pois, a *sociedade* dita *de consumo*, uma sociedade de *abundância* que, por isso mesmo, teve de desenvolver mecanismos destinados a incrementar o *consumo* dos bens que produz.

Assistiu-se ao crescimento das empresas, à massificação do consumo e das trocas, à proliferação dos contratos "standard", ao aparecimento de uma extrema variedade de produtos, de complexidade técnica cada vez maior, à difusão dos serviços, ao incremento da publicidade, ao desenvolvimento das técnicas de "marketing" e dos métodos agressivos de vendas, etc, etc, etc. Tudo isto *agravou* consideravelmente *situações de desequilíbrio*, multiplicou *situações de risco* e diminuiu as *defesas da vítima*. O direito tradicional não estava preparado para este "mundo novo"; foi preciso *reformá-lo*, para o que muito tem contribuído o poder reivindicativo e organizado do consumidor, graças a um maior grau de consciência cívica, cultural e jurídica dos cidadãos e ao desenvolvimento do movimento associativo.

Ora, tal como em muitos outros países, também em Portugal se constatou essa inadequação e insuficiência do direito tradicional para defender eficazmente o consumidor. Daí os apelos frequentes a que o legislador interviesse em vários domínios e consagrasse medidas destinadas a proteger o consumidor.

O legislador correspondeu a esses apelos. A especial sensibilização pelos problemas dos consumidores levou, mesmo, a que os direitos destes tivessem sido reconhecidos ao mais alto nível, acabando por ser acolhidos na própria *Constituição da República Portuguesa*.

Com efeito, a Constituição de 1976 colocou a *protecção do consumidor* entre as "*incumbências prioritárias do Estado*" português (art. 81.º). E com as revisões constitucionais de 1982 e de 1989 os direitos dos consumidores alcançaram a dignidade de *direitos fundamentais*. O n.º 1 do art. 60.º da Constituição estabelece que "os consumidores têm direito à qualidade dos bens e serviços consumidos, à formação e à informação, à protecção da saúde, da segurança e dos seus interesses económicos, bem como à reparação de danos". O n.º 2 do mesmo art. 60.º proíbe a publicidade oculta, indirecta ou dolosa. E o n.º 3 consagra direitos das associações de consumidores, tendo-lhes acabado de ser reconhecida, após a recente revisão constitucional (a quarta, de 1997), "legitimidade processual para defesa dos seus associados ou de interesses colectivos ou difusos". Por último, também o art. 99.º da Constituição coloca a protecção dos consumidores entre os objectivos da política comercial.

É oportuno dar conta, neste contexto – evidenciando a importância de a protecção do consumidor ter *assento constitucional* –, de uma interessante decisão do Tribunal Constitucional, tomada em 3 de Maio de 1990. Em termos breves, passo a expor a situação.

Por se terem extraviado alguns vales postais, o destinatário só veio a recebê-los cerca de seis meses depois de eles lhe terem sido enviados. Isto causou-lhe prejuízo, em virtude do atraso com que recebeu as importâncias dos vales. Pretendeu, por isso, ser indemnizado pelos Correios (CTT), entidade responsável pelo extravio dos vales. Perante a recusa dos CTT, promoveu o lesado acção judicial contra esta empresa. O tribunal absolveu os CTT com fundamento numa norma jurídica que fazia parte do estatuto desta empresa (n.º 3 do art. 53.º do anexo I ao Decreto-Lei n.º 49 638, de 10 de Novembro de 1969), segundo a qual "em relação aos utentes, a responsabilidade dos CTT não poderá abranger, em caso algum, lucros cessantes (...)".

Desta sentença recorreu o Autor para o Tribunal Constitucional, pedindo que fosse julgada a inconstitucionalidade do referido art. 53.º, n.º 3. O Tribunal Constitucional, pelo Acórdão n.º 153/90, de 3 de Maio de 1990, deu razão ao Autor, julgando a *inconstitucionalidade* dessa norma. E isto porque ela violava o imperativo constitucional de *protecção do consumidor*, que faz parte da *ordem pública*, contrariando o art. 110.º, n.º 1 da Constituição (hoje, após as revisões constitucionais, o art. 60.º, n.º 1), onde se consagra o direito dos consumidores à reparação dos danos. Se, em princípio, nas palavras do Tribunal, são de admitir cláusulas de exclusão quando não estejam em causa casos de dolo ou de culpa grave do devedor, a solução deve ser outra, porém, quando especiais razões de protecção social justifiquem uma proibição absoluta dessas cláusulas. Era o que se passava, no caso concreto, por razões de protecção do consumidor, com a norma que isentava de responsabilidade os CTT e que o Tribunal julgou inconstitucional.

Em conformidade com o *imperativo constitucional* de protecção do consumidor, foi publicada em Portugal, logo em 1981, uma importante *Lei de defesa do consumidor*: a Lei n.º 29/81, de 22 de Agosto. Nela se estabeleceram os direitos dos consumidores e os direitos das associações de consumidores, bem como as regras e os princípios por que se havia de concretizar a defesa desses direitos. Tratou-se de uma lei-quadro que foi sendo actuada através de muitas outras leis, algumas das quais, ao mesmo tempo, foram transpondo para o direito português as correspondentes directivas da Comunidade Europeia: sobre cláusulas abusivas, publicidade, time sharing, responsabilidade do produtor, crédito ao consumo, vendas ao domicílio, viagens turísticas, etc, etc, etc.

A Lei n.º 29/81 foi entretanto *revogada* e *substituída*, em 1996, pela actual *Lei n.º 24/96*, de 31 de Julho, que "estabelece o regime legal aplicável à defesa dos consumidores". Continuamos na presença de uma lei-quadro, embora mais desenvolvida do que a primeira, que passa a ser a *trave-mestra* da política de consumo e o *quadro normativo* de referência no tocante aos direitos do consumidor e às instituições destinadas a promover e a tutelar esses direitos.

2. A preparação do Código do Consumidor

A legislação entretanto publicada na área do consumo – em decorrência do postulado constitucional, da lei-quadro e das várias directivas da Comunidade Europeia em prol do consumidor – tem sido *imensa*. Infelizmente, porém, nem sempre à *law in the books* tem correspondido a *law in action*! E isto, muitas vezes, por deficiências do próprio sistema legal, a começar pela *proliferação legislativa* a que se tem assistido, a qual apresenta inconvenientes vários, desde logo pela *dispersão* e *falta de unidade* de que dá mostra. Essa uma das razões por que decorrem em Portugal os trabalhos de elaboração de um *Código do Consumidor*.

Na verdade, existe em Portugal, desde 1996, uma *Comissão* encarregada da *reforma do direito do consumo* e da *elaboração do Código do Consumidor*, à qual tenho a honra de presidir. Se os nossos trabalhos chegarem a bom porto, como esperamos, Portugal virá a dar, num futuro muito próximo, um passo semelhante ao que outros países já deram: o Brasil, com a Lei n.º 8.078, de 11 de Setembro de 1990; a França, com a Lei n.º 93-349, de 26 de Julho de 1993; e a Bélgica, se bem que neste caso não tenham sido ainda aprovadas as propostas da Comissão belga, entregues em finais de 1995.

É discutível, sem dúvida, a existência de um Código do Consumidor; acresce tratar-se de uma tarefa muito complexa e delicada, numa área ainda jovem e em constante movimento. Mas há vantagens que justificam esse Código. Direi, muito abreviadamente, que a aprovação de um Código do Consumidor que *unifique*, *sistematize* e *racionalize* o direito do consumo compensará tais inconvenientes.

Ao dizer isto, não estou a pensar num simples *código-compilação*, à semelhança do que acabou – para já, pelo menos – por vingar em França, traduzido numa mera *recolha* do direito do consumo já existente, pese embora tivesse sido outra a proposta da Comissão francesa.

Está hoje em voga este modelo de codificação (mas as suas raízes remontam já a tempos bem recuados), contraposto ao que pode chamar--se de *código-inovação*, isto é, ao código que inova, que introduz modificações na área jurídica a que respeita. Não se negam, como é evidente, as vantagens que decorrem dos códigos-compilações, designadamente pela *reunião*, num só diploma, da legislação avulsa existente em determinado sector, com o que se combate a *dispersão* e se facilita o acesso ao *conhecimento* do direito.

Mas essa é apenas *uma* das vantagens que apresenta a elaboração de um código. Importante, sem dúvida, de um ponto de vista da *facilidade de consulta* que assim se possibilita, em *benefício* de todos, do consumidor, do tribunal e dos próprios profissionais. Mas que *deixa de fora* uma outra vantagem, da maior importância, pois a elaboração de um código permite *intervir normativamente* na realidade jurídica existente, *eliminando* disposições repetidas ou supérfluas, *integrando* lacunas, *superando* incoerências ou deficiências e *inovando* sempre que necessário. Numa palavra, é a possibilidade de *reforma* da legislação existente que uma mera compilação *deixa de fora*.

Ora, a Comissão a que presido visa a *reforma* do direito do consumo. Essa reforma far-se-á *no código* e *com o código*, através de um trabalho *sistematicamente* ordenado, *unitário* e *coerente*. A tarefa exige que se *repense* o material legislativo existente, se *aproveite* o que valer a pena, se *elimine* o que se mostre supérfluo ou inconveniente, se *colmatem* lacunas e se *inove* onde se justifique. Foi esse o mandato que me foi confiado e é esse o horizonte das nossas preocupações. A menor das quais não é, posso assegurá-lo, a de que à *law in the books* venha a corresponder uma efectiva *law in action*. Espero, como já disse em outras ocasiões, que o Código venha a ser a *matriz* e o *rosto* do direito do consumo.

3. Âmbito da lei que protege o utente de serviços públicos essenciais (Lei n.º 23/96)

Posto isto, encerradas estas breves notas introdutórias através das quais fiz o *ponto da situação* a respeito da tutela do consumidor em Portugal, passo a entrar directamente no tema que me propus analisar: *a protecção do consumidor de serviços públicos essenciais*.

É minha intenção dar conta das soluções consagradas no direito português. Tomarei em especial consideração, para o efeito, uma lei muito importante e inovadora aprovada pela Assembleia da República em 1996, a *Lei n.º 23/96*, de 26 de Julho, que teve na sua base uma Proposta de Lei do Governo.

Os serviços abrangidos pela dita lei são os de fornecimento de *água, energia eléctrica, gás* e *telefone* (art. 1.º, n.º 2). Foram estes os serviços públicos essenciais que o legislador decidiu, desde já, disciplinar especialmente, deixando para um segundo momento (que até à data ainda não ocorreu) a extensão desta disciplina aos serviços de telecomunicações avançadas e aos serviços postais (art. 13.º, n.º 2).

Poder-se-á sempre objectar, é claro, perguntando por que razão foram aqueles e não outros – ou apenas aqueles – os serviços públicos abrangidos. Acrescentar-se-á, porventura, que também os transportes e os serviços de saúde, por exemplo, se revestem dessa característica da essencialidade. Poder-se-ia, por isso, ter abrangido, além daqueles, outros serviços públicos essenciais, ou, em alternativa, não se ter especificado quaisquer serviços, limitando-se a lei a estabelecer regras aplicáveis aos (ou a todos os) serviços públicos essenciais *tout court*.

Esta última parece ter sido a opção do legislador brasileiro, conforme decorre do art. 22.º do Código de Defesa do Consumidor. Aí se estabelece que os serviços fornecidos pelos órgãos públicos, por si ou suas empresas, devem ser adequados, eficientes, seguros e, quanto aos essenciais, contínuos, acrescentando o parágrafo único desse preceito que em caso de "descumprimento" dessas obrigações as pessoas jurídicas serão compelidas a cumpri-las e a reparar os danos causados.

Mas o legislador português assumiu uma postura diferente. Pretendeu, por um lado, ser *mais completo* e *preciso* na regulamentação que estabeleceu, o que implicava uma definição prévia dos serviços abrangidos; por outro lado, decidiu *prevenir* as *dúvidas* e discussões intermináveis que de outro modo haveria sobre o *âmbito* de aplicação da lei, no que concerne à determinação de *quais* os serviços que têm a natureza de serviços *públicos* e, de entre eles, *quais* os que são *essenciais*; por último, ao *fazer-se* a opção de a lei se aplicar aos serviços públicos de fornecimento de água, energia eléctrica, gás e telefone, visou-se criar regras *adequadas* a problemas frequentes e já suficientemente delimitados *destes serviços básicos*, aos quais havia que responder.

Como se dizia na exposição de motivos que acompanhou a Proposta de Lei do Governo, é tarefa do Estado prover à satisfação de necessidades essenciais e contribuir para o bem estar e qualidade de vida de todos. O cumprimento deste imperativo constitucional requer que o Estado se não desinteresse do modo como ele é conseguido e, designadamente, dos termos e condições em que os bens são fornecidos e os serviços prestados. Ora, nas sociedades modernas, os serviços públicos de água, gás, electricidade e telefone exigem especial atenção, atenta a sua natureza e características. Era preciso intervir a fim de proteger os utentes contra práticas abusivas ou menos correctas. Foi o que se fez.

A lei disciplina, assim, a relação que se estabelece entre o *prestador do serviço* e o *utente* do mesmo – são eles os *sujeitos* desta relação e é para a *prestação* de tais serviços que a lei consagra regras especiais.

Note-se, porém, num breve parêntesis, que a lei consagra um *direito de participação* a favor das organizações representativas dos utentes, atribuindo-lhes, em certos termos, o direito de serem *consultadas* quanto a determinados actos que venham a ser celebrados entre o Estado e as entidades concessionárias, bem como o direito de serem *ouvidas* relativamente à definição, por tais entidades, das grandes opções estratégicas (art. 2.º). Este direito de participação *extravasa* do quadro da relação de prestação de serviços, surge a *montante* desta e entre *sujeitos* que não são rigorosamente os mesmos que titulam essa relação.

Quanto ao *prestador do serviço*, a natureza de serviço público não impõe que seja necessariamente o Estado ou uma entidade pública a prestá-lo. Embora se trate de um domínio tradicional do Estado, regiões autónomas, autarquias e empresas públicas, os serviços públicos essenciais podem ser prestados por empresas privadas a quem esses serviços hajam sido concessionados.

A respeito do *utente* – o outro pólo da relação –, a lei não o identifica com o consumidor, se a este conceito se atribuir o significado técnico que ele vai tendo na legislação de consumo. Trata-se, antes, de uma pessoa, singular ou colectiva, a quem o fornecedor do serviço se obriga a prestá-lo, *independentemente da sua qualidade e do destino a dar ao serviço*.

É claro que a necessidade de proteger o utente é maior quando ele não passa de mero consumidor final. Mas o legislador entendeu – e bem – que não devia restringir o âmbito de aplicação da lei a tal situação. Isso não obsta, porém, a que deva reconhecer-se ser a *protecção do consumidor* a principal razão a justificar as regras que foram consagradas e de se vir a conceder uma protecção *acrescida* ao consumidor quando for caso disso (como veio a suceder com a facturação detalhada, conforme veremos). Trata-se, aliás, de uma situação que vai sendo frequente e com a qual se depara no domínio das cláusulas contratuais gerais, da responsabilidade do produtor e da publicidade, *domínios nucleares de uma política de defesa do consumidor*, mas em que as medidas legislativas consagradas não restringem o seu alcance às relações de consumo em sentido próprio.

Por último, e relacionado com o que acabamos de dizer, a *finalidade* da lei é a *protecção do utente*. Esse objectivo é declarado logo no art. 1.º, n.º 1, e transparece ao longo de todo o diploma, nas várias soluções que consagrou.

A este propósito, é de realçar, desde já, a natureza *imperativa* conferida aos direitos dos utentes, o que leva a *proibir* qualquer convenção que exclua ou limite tais direitos, sob pena de *nulidade*; nulidade, esta, que é *atípica*, pois só pode ser invocada pelo utente, o qual, por outro lado, é livre de optar pela *redução* do contrato (art. 11.º).

É igualmente de sublinhar, neste contexto – bem elucidativo da finalidade deste diploma legal –, que houve a preocupação de *ressalvar* todas as disposições legais que, em concreto, se mostrem mais favoráveis ao utente (art. 12.º). Quer dizer, a Lei n.º 23/96 *não se aplica se outras disposições legais conduzirem a resultados concretos mais favoráveis ao utente dos serviços públicos essenciais*.

4. Medidas consagradas

A propósito da definição do âmbito da lei e da sua finalidade, referimos já alguns aspectos através dos quais se consagra a protecção do utente.

Falámos do *direito de participação* de que beneficiam as organizações representativas dos utentes, da natureza *imperativa* dos direitos e da *ressalva* destinada a permitir a aplicação de *outras normas legais* que venham a mostrar-se *mais favoráveis* ao utente.

Outros aspectos merecem ser referidos, numa visão corrida do diploma. Está neste caso o *direito a quitação parcial* (art. 6.º), destinado a *impedir* que o consumidor fique obrigado a pagar *simultaneamente* serviços facturados *em conjunto*, apesar de não existir entre esses serviços uma relação funcional que o justifique: o consumidor tem direito não só à quitação parcial como, igualmente, a exigir que determinado serviço seja prestado, ainda que não tenha pago o outro serviço incluído na mesma factura (art. 5.º, n.º 4). A título exemplificativo, podem citar-se os casos, que eram frequentes em Portugal, de a factura da energia eléctrica incluir a taxa da rádio ou de a conta da água incluir a taxa de recolha do lixo!

Uma outra medida importante, sobretudo para as bolsas mais carenciadas ou para aqueles que têm mais do que uma residência, foi a de serem proibidas a imposição e a cobrança de *consumos mínimos* (art. 8.º). O alcance desta regra visa principalmente os serviços de fornecimento de água e de energia eléctrica, onde tal prática era habitual.

Passo a referir de seguida outras regras e soluções, as quais, pelo seu impacto e importância, merecem ser autonomizadas.

4.1. Princípio da boa fé

Logo após se ter definido o âmbito e finalidade da lei e previsto o direito de participação a favor das organizações representativas dos utentes, consagrou-se – à cabeça dos preceitos dedicados à relação propriamente dita da prestação do serviço – o *princípio da boa fé*, enquanto princípio normativo de alcance geral por que deve aferir-se o comportamento do prestador do serviço e *matriz* fundante dos *múltiplos deveres* que uma actuação segundo a boa fé exige (art. 3.º).

Trata-se, como se sabe, de uma técnica legislativa actualmente muito divulgada, plena de virtualidades jurisgénicas. A boa fé, "maxime" quando tomada em sentido objectivo, impõe às partes comportamentos correctos, honestos e leais em ordem à prossecução plena do fim contratual. A esta luz, não pode haver qualquer dúvida quanto à obrigação de os serviços fornecidos deverem ser *adequados, eficientes, seguros* e *contínuos* (conforme prescreve o art. 22.º do Código Brasileiro de Defesa do Consumidor).

Concretizando um pouco, mas sem retirar ao preceito as suas potencialidades, o art. 3.º da lei portuguesa acrescenta algumas directrizes a ter em conta pelo prestador do serviço, tanto as que resultem de uma ponderação razoável dos *interesses dos utentes* como as que estejam em conformidade com os ditames que decorram da *natureza pública* do serviço.

A este respeito, terá o prestador do serviço que considerar certos princípios, pelos quais se pauta e deve nortear a sua actividade. Estarão neste caso, entre outros, o princípio da *universalidade*, segundo o qual o serviço é acessível a *todos* os interessados, parecendo resultar deste princípio, por outro lado, o *dever* de contratar imposto ao prestador do serviço; o princípio da *igualdade*, que prevalecerá assim sobre o da liberdade contratual; o princípio da *continuidade*, a fim de assegurar um funcionamento regular do serviço (e que explica a solução consagrada no art. 5.º); e o princípio do *bom funcionamento*, com tudo o que isso implica em termos de *qualidade* do serviço, designadamente, como dissemos atrás, da sua adequação, eficiência e segurança. A este propósito, a lei destaca uma norma sobre *padrões de qualidade* (art. 7.º), determinando que neles deve incluir-se o grau de satisfação dos consumidores, especialmente quando a fixação do preço varie em função desses padrões.

4.2. Dever de informação

Se bem que o princípio da boa fé incluísse já o *dever de informação*, a lei autonomizou-o (art. 4.º), com a vantagem de ele aparecer assim explicitamente consagrado e o seu conteúdo (mais ou menos) precisado.

Não se torna necessário encarecer a importância que o dever de informação assume: todos sabem que ele é um instrumento *imprescindível* de tutela do consumidor e um dos temas *centrais* do direito do consumo. Apesar disso, não se pode esperar dele mais do que pode dar: não é uma panaceia capaz de resolver todos os problemas do consumidor e uma informação excessiva ou desproporcionada pode constituir, ela própria, violação do dever de informar. Mas é, sem dúvida, o *primeiro passo*, e um passo *muito importante*, em ordem ao *esclarecimento* do consumidor, neste caso, o utente dos serviços públicos essenciais.

Para os operadores de serviços de *telecomunicações* acrescenta-se uma regra *especial* que os obriga a prestar informação regular, atempada e eficaz sobre as *tarifas* aplicáveis, designadamente as que respeitam à comunicação entre a rede fixa e a rede móvel. Isto porque neste último caso as tarifas aplicáveis eram mais elevadas do que as respeitantes às comunicações entre postos da rede fixa.

Note-se, por fim, que o direito à facturação detalhada, previsto no art. 9.º e que analisaremos mais à frente, constitui de algum modo uma implicação do dever de informar, a cargo do prestador do serviço.

4.3. Suspensão do serviço

Já vimos atrás que um dos princípios que decorrem da natureza pública e essencial dos serviços que estamos a tratar é o princípio da *continuidade*. Daí que os serviços devam ser assegurados de forma regular e contínua, sem interrupções ou suspensões. Isto mesmo é reafirmado pelo art. 7.º do Regulamento de Exploração do Serviço Fixo de Telefone (aprovado pelo Decreto-Lei n.º 240/97, de 18 de Setembro), mas o princípio é igualmente válido para os outros serviços públicos essenciais regulados pela Lei n.º 23/96, conforme dispõe o art. 5.º deste diploma legal.

Há casos, porém, em que o fornecimento do serviço terá de ser *suspenso*, por motivos justificados. Nestes casos deve o prestador do serviço *prevenir* o utente, informando-o da suspensão que vai ocorrer, mediante *pré-aviso adequado*, salvo caso fortuito ou de força maior.

Outras vezes a suspensão é justificada pela *mora* do utente no pagamento da conta relativa à prestação do serviço já efectuada. Isso pode ocorrer com qualquer serviço, mas a situação mais frequente reporta-se ao serviço de telefone (é o designado "*corte*" do telefone).

É claro que essa *suspensão*, em caso de mora do utente, é em princípio válida, no quadro do instituto da *excepção de não cumprimento do contrato* (art. 428.º do Código Civil português; e pode mesmo levar à *resolução* do contrato, de acordo com os princípios gerais: arts. 801.º e 808.º, designadamente, do referido Código). Note-se, porém, que no caso dos serviços públicos essenciais há especialidades a ter em conta. Assim, em primeiro lugar, parece que o serviço só poderá ser suspenso quando a situação de mora o *justificar*, o que permite considerar o princípio da boa fé para apreciação da atitude do prestador do serviço. Em segundo lugar, de todo o modo, é sempre necessário *advertir* o consumidor, por escrito, com uma antecedência mínima de oito dias, justificando o motivo da suspensão e informando-o dos meios de que dispõe para evitar essa suspensão bem como para a retoma do serviço.

Por último, e como já atrás referimos, não pode suspender-se o serviço pelo facto de haver qualquer outro serviço facturado conjuntamente e ainda não pago, salvo se a ligação funcional entre eles o justificar.

4.4. Facturação detalhada

O art. 9.º consagra regras da maior importância, do ponto de vista da informação e esclarecimento do consumidor no tocante aos *valores* incluídos nas *facturas* dos serviços utilizados. E a primeira regra, aplicável a todos os serviços, é que a factura deve *especificar* devidamente os valores que apresenta.

Seguidamente, a lei encara o problema da dita *facturação detalhada*, respeitante ao serviço telefónico. Trata-se de uma reivindicação já antiga, esta de o prestador do serviço dever *identificar* cada chamada telefónica e o respectivo custo. Só assim poderá o utente ficar devidamente *esclarecido* e em condições de *controlar* a utilização que é feita do telefone e de impedir eventuais *abusos*.

Acontece, todavia, que este direito à facturação detalhada pode *colidir* com o *direito à privacidade*, quer dos *iniciadores* da comunicação (que podem não coincidir com o titular do posto telefónico), quer dos *destinatários* da mesma. Através da facturação detalhada o titular do posto terá conhecimento de todas as chamadas feitas por terceiros, familiares ou outros, a partir do seu telefone, bem como dos respectivos destinatários.

Esta *ingerência*, note-se, não tem que ver apenas com o *conteúdo* da comunicação – dir-se-á que a facturação detalhada não leva a isso –, mas também com o *conhecimento das condições factuais* em que ela decorre, que uma facturação desse tipo permite. Trata-se, numa palavra, do conhecimento dos chamados *dados de tráfego* através da facturação detalhada, em prejuízo do *direito fundamental ao sigilo das comunicações* e do *direito à reserva da vida privada*. Há mesmo quem fale, a este propósito e em face da tutela constitucional, civil e penal, de um *direito à autodeterminação comunicacional*.

Ora, este direito, implicando o *segredo* das comunicações, parece *impedir* a facturação detalhada, na medida em que esta contém uma discriminação de tal ordem (números chamados, hora, duração, custos, etc) que viola o direito ao segredo das comunicações, não só do *destinatário* destas, mas também do efectivo *iniciador*.

Há, todavia, que considerar *outros direitos*, também eles constitucional, penal e civilmente protegidos, que apontam na direcção contrária, ou seja, que *podem ser invocados a favor da facturação detalhada*. Desde logo, o *direito aos dados pessoais*, o direito à *protecção do consumidor* e, mesmo, os direitos de autonomia privada e propriedade privada.

Assim sendo, estamos perante um problema de *colisão de direitos*. Ora, nessa medida, o *critério de solução* terá de contemplar algumas regras, à semelhança do que se vem advogando (e praticando) em outros países.

Em primeiro lugar, de um ponto de vista técnico, deve o operador de telecomunicações proceder à *cifragem* dos últimos algarismos do número de telefone chamado: tutela-se, assim, o direito do *destinatário*, que não é identificado pelo seu número de telefone; tutela-se o direito do *iniciador* da comunicação, pelo menos na medida em que não se identifica o destinatário; e tutela-se, ainda, o *titular do posto*, pois este fica pelo menos a saber a *zona* para onde foi feita a chamada (tendo sido, ele próprio, o iniciador da comunicação, poderá identificá-la sem dificuldade).

Mas torna-se ainda necessário, em segundo lugar, fazer depender a emissão de factura detalhada do correspondente *pedido* do interessado, que desta forma *consente* (implicitamente, ao menos) na sua emissão.

A solução consagrada no art. 9.º da Lei n.º 23/96 respeita estes princípios, procurando conciliar o direito à facturação detalhada com os direitos à privacidade e ao sigilo das comunicações.

Entretanto, ainda sobre esta matéria, foi publicado, em 29 de Novembro de 1996, o *Decreto-Lei n.º 230/96*, que em *complemento* daquela lei sobre os serviços públicos essenciais veio estabelecer que a facturação detalhada é fornecida *sem qualquer encargo* quando o utente do serviço telefónico for uma pessoa singular que deva ser considerada como *consumidor*, nos termos da legislação respectiva (a Lei n.º 24/96, de 31 de Julho – cr., *supra*, n.º 1), e desde que haja reclamações sobre uma factura não detalhada ou um correspondente pedido escrito do consumidor.

Recorde-se, precisamente, como já tínhamos antes referido, que este é um domínio que não é exclusivo do consumidor, consagrando a lei soluções de que podem beneficiar todos os utentes dos serviços, mas sem que isso impeça a consagração de *regras especiais para os consumidores*, conferindo-lhes uma protecção *acrescida*. Foi a solução estabelecida pelo Decreto-Lei n.º 230/96, ao *isentar* de encargos o *consumidor*, nos termos descritos.

Refira-se, por último, que o operador do serviço fixo de telefone está obrigado a manter em registo o detalhe da informação relativa à facturação dos últimos três meses, por forma a viabilizar eventuais esclarecimentos da factura apresentada ao assinante. E se houver reclamações de facturação detalhada o operador deve disponibilizar um meio alternativo de controlo, nomeadamente através de chamadas assistidas pelo período mínimo de 30 dias. São as soluções que o art. 36.º do Regulamento do Serviço Fixo de Telefone veio recentemente estabelecer.

4.5. Prazos curtos

Uma última nota que nos parece de destacar tem a ver com os *prazos curtos* de que goza o fornecedor para exigir o *pagamento do preço dos serviços*. Esse prazo, que de acordo com as regras gerais seria de cinco anos (art. 310.º, al. g), do Código Civil), passa a ser de *seis meses*, sob pena de prescrição (art. 10.º, n.º 1, da Lei n.º 23/96).

O mesmo prazo reduzido de *seis meses* vigora para o exercício, pelo prestador do serviço, do direito ao *recebimento da diferença de preço* no caso de ter havido da sua parte uma deficiente facturação (por erro de cálculo, por ex.) do serviço prestado. Decorridos esses seis meses após o pagamento da quantia facturada, caduca o direito do prestador do serviço a receber a diferença de preço. É a solução constante do n.º 2 da mesma norma, que pôs assim termo a uma controvérsia jurisprudencial sobre este ponto.

Num caso e no outro, os prazos *muito curtos* de que dispõe o prestador do serviço devem-se a razões ligadas à *protecção do utente*: impedir a *acumulação* de dívidas, o que se afigura muito importante numa época em que o "*superendividamento*" (ou o *sobreendividamento*, como se diz em Portugal) é uma preocupação bem premente; reagir contra a *incúria* do prestador do serviço, que deixa arrastar-se a situação e prolonga a *insegurança* do consumidor; e facilitar a posição deste também no tocante ao domínio da *prova*.

5. Cláusulas contratuais gerais

Analisámos até agora o *regime especial* de protecção do utente de serviços públicos essenciais consagrado pela Lei n.º 23/96. Os serviços abrangidos são, como dissemos, os de fornecimento de água, energia eléctrica, gás e telefone. Ora, é importante recordar que existem na ordem jurídica portuguesa (como aliás na de outros países, entre os quais o Brasil) *outros diplomas* adequados a proteger o utente destes serviços. Assim como não é de excluir o recurso a princípios, regras e institutos que, embora de carácter geral, permitem soluções correctas neste domínio.

Isto mesmo era dito na exposição de motivos que acompanhou a Proposta de Lei do Governo. E convém tê-lo sempre presente, pois há problemas cuja resposta decorre do regime geral, designadamente do direito dos contratos, onde se inclui o diploma sobre as cláusulas contratuais gerais. Será útil, parece-nos, fornecer algumas notas a este respeito, ainda que muito breves, pois os contratos de fornecimento de água, energia eléctrica, gás ou telefone são tipicamente *contratos de adesão* celebrados com base em *cláusulas contratuais gerais* (ou "condições gerais") da empresa.

Pode dizer-se, de forma muito resumida, que tais contratos levantam, fundamentalmente, três tipos de problemas: risco de *desconhecimento*, pelo aderente, de cláusulas do contrato, por não lhe ter sido dada possibilidade razoável de as conhecer; inclusão de *cláusulas abusivas*, que não são o resultado de eventuais negociações, pois são elaboradas antes e independentemente de quaisquer negociações; necessidade de consagrar meios adequados de reacção judicial, mormente ao nível da *legitimidade processual* e da *eficácia da decisão*.

Portugal dispõe, desde 25 de Outubro de 1985, de um diploma muito importante: o Decreto-Lei n.º 446/85. Entretanto, a Comunidade Europeia aprovou em 1993 uma directiva sobre cláusulas abusivas nos contratos com os consumidores: a Directiva 93/13/CEE, de 5 de Abril. E a lei portuguesa foi modificada a fim de ficar em conformidade plena com a directiva: esse foi o objectivo do Decreto-Lei n.º 220/95, de 31 de Agosto, que modificou o já referido Decreto-Lei n.º 446/85, e, mais tarde, do Decreto-Lei n.º 249/99, de 7 de Julho, que modificou, de novo, o mesmo diploma legal.

De acordo com esta lei – que não restringe o seu âmbito de aplicação às relações com os consumidores, embora estas mereçam um tratamento especial, mais alargado –, o *controlo* exerce-se em três planos, em conformidade com os três tipos de problemas que referi.

Assim, ao nível da formação do contrato, consagram-se especiais *deveres de comunicação* e de *informação*, a cargo de quem utilize cláusulas contratuais gerais (arts. 5.º e 6.º), sob pena de se terem por *excluídas* do contrato singular as cláusulas que não respeitaram tais requisitos (art. 8.º). A solução é a mesma para as cláusulas que suscitam reacções de *surpresa* e para aquelas que surgem só *após* a assinatura do contrato.

Quanto às *cláusulas abusivas*, há longas listas negras a *proibi-las*, nuns casos em termos *absolutos* (arts. 18.º e 21.º), noutros em termos *relativos* (arts. 19 e 22.º), havendo ainda a considerar o princípio da *boa fé* (arts. 15.º e 16.º) como malha de redes mais apertadas capaz de impedir cláusulas não abrangidas nas tais "listas negras". As cláusulas proibidas são *nulas* (art. 12.º), podendo o aderente optar pela manutenção do contrato (art. 13.º).

Por último, no plano processual, a lei previu uma medida de grande alcance e eficácia, a denominada *acção inibitória* (art. 25.º), de cariz *preventivo,* e que pode ser actuada, designadamente, pelo *Ministério Público* e por *associações de defesa do consumidor* (art. 26.º). Trata-se de uma forma de controlo que, embora esteja a cargo dos tribunais, se aproxima bastante do controlo que em outros países, como Israel, a Suécia e a França, é exercido por um órgão próprio, não judicial. O legislador português optou, no entanto, por outro modelo, o alemão, na linha daquele que a *AGB-Gesetz*, de 9 de Dezembro de 1976, já consagrara.

Pois bem. A prestação de qualquer serviço público essencial, ocorrendo no âmbito de um contrato celebrado nestas condições (como sucederá normalmente!), *fica sujeita ao controlo* que sumariamente acabamos de referir. Poderá o utente, pois, socorrer-se de tais medidas, quer no tocante à formação do contrato, quer para reagir contra eventuais cláusulas abusivas.

6. Conclusão

É tempo de concluir. Aqui fica esta nota sobre medidas que vigoram entre nós destinadas a *proteger o utente de serviços públicos essenciais*.

Estas medidas, mesmo quando são de *alcance geral*, devem enquadrar-se nas que são tomadas em execução da *política de consumo* e articular-se com elas. Assim como não dispensam o recurso às regras gerais, quantas vezes dotadas de virtualidades jurisgénicas que o intérprete não deve desperdiçar! Afinal, todas as "armas" não são demais para servir essa nobre causa da *protecção do consumidor*!

Sessão de Encerramento do 2.º Curso de Pós-graduação em Direito do Consumo

DISCURSO NA SESSÃO DE ENCERRAMENTO DO 2.º CURSO *

ANTÓNIO PINTO MONTEIRO
*Professor da Faculdade de Direito
da Universidade de Coimbra*

1. Chega ao seu termo o 2.º Curso de Pós-Graduação em Direito do Consumo. Com o entusiasmo próprio da *juventude* do nosso Curso, aqui estamos hoje reunidos, *com ar festivo*, a assinalar a data. Permitam-me que antes de dar a palavra ao Senhor Professor Mário Júlio de Almeida Costa registe duas ou três breves notas muito singelas.

Antes de mais, para saudar e agradecer a presença de todos nesta cerimónia, que muita nos honra e sensibiliza. Destaco o Senhor Secretário de Estado para a Defesa do Consumidor, que de novo nos distingue com a sua participação num acto do CDC. Esteve Vossa Excelência connosco, Senhor Secretário de Estado, na abertura do Curso, e está hoje de novo, na sessão de encerramento, a testemunhar-nos o seu apoio. Não esqueceremos este seu gesto e procuraremos merecê-lo e ser dignos dele.

2. O que hoje nos reúne nesta cerimónia é o encerramento do 2.º Curso de Pós-Graduação em Direito do Consumo.

---

* Na Faculdade de Direito de Coimbra, em 26 de Maio de 2000, na qualidade de Presidente da Direcção do CDC e Responsável Científico do Curso.

Foram 57 os alunos que se inscreveram e frequentaram o Curso, predominando os licenciados em Direito (53) e a presença feminina (40). Nove destes estudantes foram indicados pelo Instituto do Consumidor, ao abrigo do Protocolo subscrito com este Centro, Instituto do Consumidor ao qual dirijo um grato cumprimento. De realçar, ainda, a inscrição de 3 estudantes brasileiros, um dos quais indicado pela AMB (Associação de Magistrados Brasileiros), a Dr[a] Adalgiza, juíza no Rio de Janeiro, no âmbito da colaboração que mantemos com esta Associação, e que também cumprimento. Para todos os Estudantes do Curso uma saudação muito afectuosa – e os meus votos de sucesso nos exames que se aproximam!

Uma saudação amiga também para os Colegas, que com a sua dedicação e competência enriquecem o Curso. A eles se deve o prestígio da obra que vamos erguendo.

E permitam-me que com toda a justiça realce – como um dos momentos mais altos do Curso – a conferência de hoje, sobre *Intervenções fulcrais da boa fé nos contratos*, do Senhor Professor Mário Júlio de Almeida Costa. Muito obrigado, Senhor Doutor, por ter aceitado o nosso convite.

Vossa Excelência vai intervir no Curso de Direito do Consumo. Sabemos que na vasta e rica obra de V. Exc[a] se incluem vários temas do direito do consumidor, temas que o Senhor Professor trata com a *profundidade* e o *rigor* a que de há muito nos habituou. E todos sabem também que uma das leis mais importantes e mais perfeitas que vigora neste país tem a sua chancela: a *lei das cláusulas contratuais gerais*, o Decreto-Lei n.º 446/85, de 25 de Outubro. *Lei modelo, exemplo a seguir*, como tem sido sublinhado de muitos lados: lembro apenas, entre tantas vozes autorizadas nesse sentido, a do Professor Jacques Ghestin e a da própria Comissão Europeia, nos trabalhos que antecederam a aprovação da Directiva 93/13/CEE, de 5 de Abril, sobre cláusulas abusivas nos contratos com os consumidores. Vamos estar atentos à Lição de V. Exc[a] e aprender com ela, com a Lição de um Mestre respeitado, atrevendo-me a pedir-lhe, desde já, autorização para publicarmos o texto da Conferência nos nossos *Estudos de Direito do Consumidor*.

3. Senhor Presidente do Conselho Directivo, com a presença de Vossa Excelência nesta cerimónia está a Faculdade de Direito repre-

sentada ao mais alto nível. É para nós extremamente honroso e gratificante saber que a nossa *Casa* reconhece o trabalho que nela vimos desenvolvendo.

Nesse trabalho inclui-se, hoje, a 1.ª publicação científica deste Centro: o vol. n.º 1 dos *Estudos de Direito do Consumidor*. Nele se dá conta de algumas das intervenções e dos instantes mais significativos do Curso anterior, a par de outras colaborações de relevo. Procuraremos manter a qualidade dos *Estudos* e a regularidade da sua publicação, contribuindo, também deste modo, para o estudo dos problemas do direito do consumidor e para a *dimensão universitária* que pretendemos conferir-lhe com a criação deste Centro.

V. Exc² acaba de tomar posse como Presidente do Conselho Directivo – e será porventura este o primeiro acto público nesta qualidade. Mas V. Exc² conhece-nos bem e conhece bem o modelo do nosso Centro e do nosso Curso. Afinal, é justo sublinhá-lo, foi V. Exc², Senhor Doutor Manuel Porto, quem iniciou, há mais de 15 anos, com o Curso de Estudos Europeus, uma caminhada que outros de nós, mais tarde, ousámos seguir, com o Instituto Jurídico da Comunicação, o Centro de Direito Biomédico e tantos mais, como o jovem Centro de Direito do Consumo, que hoje nos acolhe. E fiquei satisfeito por ainda hoje de manhã ter ouvido palavras de V. Exc² de *apreço* pelo trabalho que vimos desenvolvendo a este nível e pelo *enriquecimento* que isso representa para a Faculdade.

Reitero a todos o nosso agradecimento pela vossa vinda.

INTERVENÇÕES FULCRAIS DA BOA FÉ NOS CONTRATOS

MÁRIO JÚLIO DE ALMEIDA COSTA
*Professor Catedrático da Faculdade
de Direito da Universidade de Coimbra*

1. Sempre tenho perfilhado o ponto de vista de que a contribuição ideológica e política mais original – e, porventura, a mais fecunda –, que se encontra na base da construção do Estado moderno do século XIX é o princípio da separação ou divisão de poderes, designadamente do poder legislativo e do poder judicial. Centralizados, até então, no monarca, embora a prática pudesse iludir um tanto o modelo teórico, deslocou-se, cada um deles, em cheio, para o parlamento e para os tribunais.

Daí que, numa primeira atitude, tributária de manifesto fundamentalismo, surgissem dogmas precisos: o direito identifica-se com a lei; esta materializa ou positiva o direito ideal de inspiração racionalista; a ordem jurídica constitui um todo acabado; a sua plenitude atinge o momento definitivo num conjunto de Códigos modernos, sistemáticos, completos – a razão escrita encontrada pelo poder legislativo omnipotente.

A identificação da juridicidade com a legalidade conduziu à negação da importância do costume como fonte de direito, inclusive, a título supletivo, a favor da analogia. Do mesmo modo, implicou a subalternização do papel da jurisprudência e da doutrina. A criação do direito torna-se, portanto, um acto típico do Estado, em prejuízo das vias popular e científica.

Expressão exacta, no plano metodológico, do positivismo jurídico é, como se sabe, a Escola da Exegese, de raiz francesa, que surge ligada ao movimento codificador – em especial ao Código Civil francês, pois os seus adeptos contam-se, sobretudo, entre os cultores desse ramo do direito. Eis a corrente que dominou – posto que não em exclusivo – a maioria dos países da Europa continental, praticamente, por todo o século XIX. Seria desajustado ao tema aqui proposto efectuar uma análise ou tão-só uma enunciação das várias posições concomitantes e sucessivas que conduziram às perspectivas do pensamento jurídico de nossos dias.

Na verdade, o direito e a realização da justiça foram orientados, ao longo do século XX, quando menos durante as primeiras décadas, pelos cânones do positivismo científico e legalista, com os seus ideais de um sistema fechado de normas jurídicas, sucintas e lapidares, e de Códigos dotados de soluções para todos os casos. Prevaleciam os objectivos da certeza e da segurança da vida jurídica e a consequente postulação de normas de *direito estrito* («ius strictum»), assentando em métodos axiomático-dedutivos.

Entretanto, a aceleração do processo tecnológico, de que as sucessivas Revoluções Industriais, um pouco artificialmente autonomizadas, constituem os momentos mais salientes, as crises económicas e financeiros dos últimos decénios, o moderno fenómeno da globalização, tudo aliado a mudanças inevitáveis nas esferas dos valores e da cultura, trouxeram maior complexidade de situações e a exigência de diverso enfoque do direito e da sua aplicação. Às mencionadas determinantes de certeza e de segurança, satisfeitas por legalismo cristalizado, sobrepõem-se interesses que reclamam soluções mais flexíveis, numa intenção jurídica material e ajustada às realidades. É o tempo do chamado *direito equitativo* («ius aequum»), com o predomínio dos métodos tópico-jurisprudenciais.

Seguem-se uma nova atitude e uma nova utensilagem legislativas, onde se conta o emprego crescente de *cláusulas gerais* («Generalklauseln») e de *conceitos indeterminados* («unbestimmte Rechtsbegriffe»). Recordemos que se entendem, por estes últimos, as noções de tipo descritivo, cujos contornos de objectivação da realidade a que se referem são definidos em termos genéricos e não exactos ou precisos (ex.: a base do negócio – art. 252.º, n.º 2; conforme o estado e condição – art. 489.º, n.º 2; demais circunstâncias do caso – art. 494.º) [1].

2. A nossa atenção centra-se, todavia, no primeiro dos dois referidos âmbitos, dado que nos ocupamos da boa fé. Importa focá-la, antes de tudo, no plano dos *princípios normativos*, ou seja, como intenção ou fundamento de efectivas soluções disciplinadoras. Aí se encontra a sua autêntica sede. Encarando a boa fé numa perspectiva jurídico-positiva, ela exprime-se através de *cláusulas gerais*. Estas, em si mesmas, nada acrescentam ao conteúdo do correspondente princípio normativo, traduzindo tão-só o apelo directo que o legislador faz àquele princípio na regulamentação de certos domínios. Pela respectiva estrutura, as cláusulas gerais apenas representam a expressão gramatical dos paralelos princípios normativos, não fornecendo ao julgador conceitos aptos à imediata subsunção lógico-formal, mas simples critérios valorativos.

Assim, o acolhimento, por uma norma jurídica, de um modelo ideal de conduta, de um «standard» ou padrão ético-jurídico, mercê da sua indeterminação deliberada, levanta o problema de uma contínua *concreção, concretização* ou, como também se menciona, de um *preenchimento com valorações*. Nessa tarefa concretizadora ou de preenchimento do «espaço vazio» da cláusula, não se podem desconhecer ou esquecer o conteúdo do princípio da boa fé objectivado pela vivência social, a finalidade intentada com a sua consagração e utilização, bem como a estrutura da hipótese em causa.

Fornecerão mais ou menos luz as anteriores concretizações da cláusula. De toda a sorte, há que encontrar dentro dos aludidos parâmetros uma normatividade exterior ao juiz, embora não rigorosamente fechada ou vinculativa, que afaste a insegurança jurídica e o arbítrio decorrentes de inconfinado subjectivismo jurisprudencial.

---

[1] Aproveita-se esta primeira referência ao Código Civil português vigente para indicar que a ele se reportam os preceitos legais doravante citados sem menção expressa da sua proveniência.

3. Um juiz inglês, LORD REID, observou, numa conhecida decisão (*Gollins* v. *Gollins*), que «a vida se tornaria impossível, dadas as circunstâncias modernas, se na auto-estrada e na praça pública não tivessemos a expectativa de que o nosso próximo se comporta como um homem razoável»[2]. Sublinho que a boa fé constitui naturalmente um atributo do homem razoável que esperamos.

O nosso ordenamento jurídico socorre-se da boa fé sob diferentes ângulos e atribui-lhe efeitos diversos. Dispenso-me de chamar a atenção para as inúmeras normas do direito das obrigações que lhe fazem apelo.

Também não insistirei nas duas consabidas significações ou perspectivação em que, de acordo com o critério comum, se traduz a expressão: a da boa fé em *sentido objectivo* ou *ético*, quer dizer, como norma de conduta; e a da boa fé em *sentido subjectivo* ou *psicológico*, quer dizer, como consciência ou convicção justificada de se adoptar um comportamento conforme ao direito. Distingue-se, pois, entre o princípio da boa fé e o estado ou situação de boa fé. Verdadeiramente, trata-se de uma diferença de ângulos de encarar ou exprimir a mesma realidade.

4. Feitas estas considerações introdutórias, passo directamente ao tema central da minha exposição: a intervenção da boa fé em aspectos fulcrais dos contratos.

O Código Civil português logo fixa um tríptico normativo dirigido às fases vitais do negócio jurídico e da relação obrigacional – a formação dos contratos (art. 227.º), a integração das declarações negociais (art. 239.º) e a conduta das partes no cumprimento (art. 762.º, n.º 2). Outras aflorações da chamada boa fé objectiva merecem ser recordadas, como as relativas ao valor jurídico dos usos (art. 3.º, n.º 1), ao comportamento na pendência da condição (arts. 272.º e 275.º, n.º 2), ao abuso do direito (art. 334.º) e à resolução ou modi-

---

[2] «Life would be impossible in modern conditions unless on the highway and in the market place we were entitled to rely on the other man behaving like a reasonable man» (cfr. P.S. ATIYAH, *The Rise and Fall of Freedom of Contract*, Oxford, 1979 – 2ª impressão, 1988 –, nº 22, designadamente pág. 771).

ficação do contrato por alteração das circunstâncias (art. 437.º, n.º 1). Observa-se, ainda, que deriva da boa fé (arts. 239.º e 762.º, n.º 2) o reconhecimento da *responsabilidade pós-contratual*, ou seja, de uma possível eficácia póstuma ou ulterior dos contratos para além do exercício dos direitos básicos que os integram e do cumprimento das obrigações correlativas.

Excederia a côngrua medida do tempo que devo tomar a quantos me acompanham, na circunstância, se abordasse, embora sucintamente, todos os temas que enumerei ou mesmo apenas os mais relevantes. Escolhi dois, como que simétricos, pois um deles reporta-se ao ciclo que precede o nascimento do contrato – o da *responsabilidade pré-contratual* – e o outro ao ciclo subsequente à sua morte – o da *responsabilidade pós-contratual*. Seleccionei-os mercê do interesse e da actualidade que oferecem.

5. Começo pela *responsabilidade pré-contratual*.

É da experiência comum que múltiplos contratos se formam rapidamente, pelo mero encontro de uma oferta e de uma aceitação, sem que existam, ou não existindo quase, anteriores aproximações dos contraentes ou negociações prévias. Este modelo corresponde a situações da vida de todos os dias: *A* entra numa livraria e adquire um livro; *B* instala-se num hotel ou toma uma refeição num restaurante; *C* dirige-se a um estabelecimento da especialidade e adquire uma peça de vestuário.

Contudo, também decorre da experiência quotidiana a realização de muitos outros contratos que não obedecem a esquema tão simples e imediato. Vejamos: *A* deseja comprar uma moradia e, com essa intenção, procede a investigações sobre as particularidades do imóvel sugerido pelo vendedor, discute com ele algumas adaptações, assim como o preço e os termos do pagamento; *B* pretende constituir uma sociedade destinada à fabricação de certo produto, para o que, além da vontade dos futuros sócios, se torna necessário realizar ensaios, análises, pesquisas, prospecções do mercado, etc.; *C*, empresário, querendo obter a colaboração de *D*, técnico especializado, não só ajusta com este as cláusulas contratuais, mas igualmente o convida a estagiar na sua fábrica e o submete a prévios testes e entrevistas.

Pense-se, ainda, por exemplo, na celebração cuidadosa que reclamam os chamados contratos de «chave na mão» («clé en main», «turnkey contract») relativos a empreendimentos de vulto, os negócios respeitantes à aquisição de grandes lotes de acções e os contratos de transferência de tecnologia, que, amiúde, assumem âmbito internacional.

No meio industrializado contemporâneo, onde sectores significativos da actividade empresarial se ligam a consideráveis operações financeiras, são, de facto, cada vez mais frequentes os negócios em que os respectivos preliminares se alongam e pormenorizam. O fenómeno explica-se pela importância e a complexidade crescentes dos bens e serviços que constituem objecto do comércio jurídico e dos mecanismos através dos quais este se realiza. Acresce que o desenvolvimento das técnicas de gestão comercial ou mercadologia («marketing»), assim como dos meios de comunicação, ao mesmo tempo que produziu a ampliação do âmbito dos contratantes potenciais, tornou necessária uma progressão mais ou menos demorada das negociações anteriores ao acordo definitivo.

Daí, a frequência sempre maior de contratos precedidos de um processo genético, que se inicia aos primeiros contactos das partes com a finalidade da realização de um negócio e se prolonga até ao momento da sua efectiva celebração. Nele cabem vários e sucessivos trâmites, tais como entrevistas e outras formas de diálogo, estudos individuais ou em conjunto, experiências, consultas de técnicos, viagens de esclarecimento pessoal, redução a escrito de aspectos parcelares ou acordos provisórios e a unificação destes num projecto ou minuta, incitamentos recíprocos a propostas contratuais e, por último, a oferta e a aceitação definitivas. Tudo se dirige à obtenção da convergência da vontade das partes nas cláusulas sobre as quais qualquer delas tenha considerado necessário o acordo, sem o que o contrato não fica concluído (art. 232.º).

Porém – ou o «iter negotii» se limite ao mínimo, ou se encadeie numa série morosa e laboriosa de actos preparatórios –, estabelece a lei que todo aquele que «negoceia com outrem para a conclusão de um contrato deve, tanto nos preliminares como na formação dele, proceder segundo as regras da boa fé, sob pena de responder pelos danos que culposamente causar à outra parte» (art. 227.º, n.º 1). Portanto, o nosso legislador sanciona, em termos gerais, a *responsabilidade por culpa na formação dos contratos* («culpa in contrahendo»). A esta expressão clássica, ainda utilizada pelo Código Civil vigente, é comum a literatura jurídica moderna preferir a designação de *responsabilidade pré-contratual* ou *pré-negocial.*

Entende-se que, durante as fases anteriores à celebração do contrato – quer dizer, na *fase negociatória* e na *fase decisória,* que a própria lei distingue –, o comportamento dos contraentes terá de pautar-se pelos cânones da lealdade e da probidade. De modo mais concreto: apontam-se aos negociadores certos deveres recíprocos, como, por exemplo, o de comunicar à outra parte a causa de invalidade do negócio, o de não adoptar uma posição de reticência perante o erro em que esta lavre, o de evitar a divergência entre a vontade e a declaração, o de se abster de propostas de contratos nulos por impossibilidade do objecto, e, ao lado de tais deveres, ainda, em determinados casos, o de contratar ou prosseguir as negociações iniciadas com vista à celebração de um acto jurídico.

Através da responsabilidade pré-contratual tutela-se directamente a confiança fundada de cada uma das partes em que a outra conduza as negociações segundo a boa fé; e, por conseguinte, as expectativas legítimas que a mesma lhe crie, não só quanto à validade e eficácia do negócio, mas também quanto à sua futura celebração. Convirá salientar, todavia, que o alicerce teleológico desta disciplina ultrapassa a mera consideração dos interesses particulares em causa. Avulta, com especial evidência, a preocupação de defesa dos valores sociais da segurança e da facilidade do comércio jurídico. Não é inédito aduzirem-se postulados da análise económica do direito.

O estudo da responsabilidade pré-contratual iniciou-se, na construção de IHERING [3], pela consideração da boa fé dos contraentes a respeito da celebração de um negócio nulo ou anulável. Mas esse âmbito restrito com que o problema surgiu não obstou a que fosse recebido como uma sensacional «descoberta jurídica» [4], que chamou a

---

[3] R. VOM IHERING, *Culpa in contrahendo oder Schadenersatz bei nichtigen oder nicht zur Perfektion gelangten Verträgen,* in «Jharbücher für die Dogmatik des heutigen römischen und deutschen Privatrechts», vol. IV, Iena, 1869, págs. 11 e segs.

[4] Cfr. DÖLLE, *Juristische Entdenkungen,* in «Deutscher Juristentag», nº 42, Tübingen, 1958, págs. 2 e segs., designadamente pág. 7.

atenção para uma série de questões a bem dizer ignoradas. Na sequência da doutrina e da jurisprudência, vários legisladores, impressionados pelo alcance prático do tema, introduziram em seus ordenamentos algumas normas que sancionaram a «culpa in contrahendo», sobretudo, com a imposição da obrigação de ressarcimento do dano produzido, a cargo da parte que culposamente causasse a invalidade do negócio.

Entretanto, os horizontes da responsabilidade pré-negocial alargaram-se cada vez mais, até englobaram no seu conceito, quer as hipóteses do negócio inválido e ineficaz, quer aquelas em que se haja estipulado um negócio válido e eficaz, surgindo, contudo, do processo formativo danos a reparar, quer, ainda, as situações em que não se tenha celebrado negócio algum, mercê da ruptura da fase negociatória ou decisória.

São memoráveis, a este respeito, os esforços e as conclusões dominantes da doutrina e da jurisprudência alemãs, diante das exigências do tráfico jurídico, para sustentar a admissão da «culpa in contrahendo», como figura geral e em termos amplos, no sistema do *BGB*. Todavia, só codificações mais recentes [5] quebraram a rigidez da orientação restritiva dos modelos legislativos anteriores e utilizaram expressões onde se pode considerar totalmente admitida a defesa da boa fé dos contraentes durante as fases antenegociais. Na referida linha se inclui o art. 227.º, n.º 1, do nosso Código Civil.

Este preceito utiliza a noção de boa fé em sentido objectivo, portanto, como regra de conduta. Interessa aprofundar o seu alcance,

---

[5] Cfr. Os arts. 197 e 198 do Código Civil grego e os arts. 1337 e 1338 do Código Civil italiano, assim como os arts. 421 e 422 do Projecto de Código Civil brasileiro (redacção final do Projeto de Lei n° 634-B, de 1975, in «Diário do Congresso Nacional, Seção I, ano XXXIX – Suplemento ao n° 047, de 17 de Maio de 1984). O novo Código Civil holandês (*Nieuw Burgerlijk Wetboek*, abreviadamente *NBW*), já da década de 90, pelo contrário, não contém uma previsão expressa da responsabilidade pré-contratual como fonte de responsabilidade civil, preferindo-se deixar a matéria aberta à evolução da jurisprudência, com apelo à boa fé e aos consequentes deveres de informação e correcção que antecedem a conclusão do acordo (ver ELENA IORIATTI, *Il nuovo codice civile dei Paesi Bassi fra soluzioni originali e circulazione dei modelli*, in «Rivista di Diritto Civile», ano XXXIX, Padova, 1992, n° 1, págs. 117 e segs., designadamente págs. 141 e seg.).

além do que se observou antes. É que não se aponta aos contraentes uma simples atitude de correcção, traduzida em obrigações de escopo negativo – embora o conteúdo destas possa consistir num «non facere» ou num «facere» –, quer dizer, dirigidas apenas a impedir toda a lesão na esfera jurídica de outrem; determina-se, igualmente, uma colaboração activa, no sentido da satisfação das expectativas alheias, que exige o conhecimento real da situação que constitui objecto das negociações. Atende-se, em síntese, aos dois aspectos, o negativo e o positivo, que se costumam distinguir no âmbito da boa fé objectiva.

Claro que não é a propósito dos actos preparatórios de um negócio jurídico que revistam eles mesmos, em si, natureza negocial que se põe o caracterizado problema da responsabilidade na formação dos contratos. Esses chamados «negócios preliminares», como o contrato-promessa, o acordo de princípio ou de negociação e o acordo-quadro, possuem uma força vinculativa específica.

6. Antes de concluir a minha exposição sobre a responsabilidade pré-contratual, abordarei um aspecto que tem certa delicadeza. Consiste no problema de relacionar essa lealdade imposta pela boa fé com a simples solércia ou astúcia, que define o *dolo tolerado* («dolus bonus»), admitido pela lei enquanto circunstrito a artifícios ou sugestões usuais ou normais, conforme os conceitos imperantes no sector negocial em causa. Com efeito, estabelece o n.º 2 do art. 253.º do Código Civil que «não constituem dolo ilícito as sugestões ou artifícios usuais, considerados legítimos segundo as concepções dominantes do comércio jurídico, nem a dissimulação do erro, quando nenhum dever de elucidar o declarante resulte da lei, de estipulação negocial ou daquelas concepções».

Ora, haverá obrigação de esclarecer o erro, sempre que se tenha conhecimento, salvando-se, assim, a contradição que se verifica, pelo menos à primeira vista, entre o disposto neste preceito e o que determina o art. 227.º, n.º 1, em matéria de responsabilidade pré-contratual?

Numa compreensão moralizante do direito, pode entender-se que existe, como regra, o dever de esclarecimento e não apenas quando ele se infira de norma especial da lei, de cláusula negocial ou das concepções fácticas dominantes no comércio jurídico. Sentindo-se dificuldade na derivação do aludido dever geral destas últimas concepções, restam dois caminhos: ou considerar que a lei faz referência a concepções dominantes no comércio jurídico, com o sentido de prática ideal corrente dos negócios; ou admitir que o mencionado dever de esclarecimento resulta da boa fé imposta pelo n.º 1 do art. 227.º

Será a solução irrealista? Contra a interpretação da segunda parte do n.º 2 do art. 253.º, à luz do n.º 1 do art. 227.º, torna-se possível aduzir, evidentemente, que a mesma acentua demasiado o ângulo eticizante do direito, que vai além da normal e satisfatória visão da ordem jurídica.

Reformulemos a dúvida através de um exemplo: *A* dirige-se ao estabelecimento de *B* para comprar o objecto *X* e declara a *B* que acha o respectivo preço muito exagerado, acrescentando que apenas lho adquire porque necessita dele urgentemente e sabe que não o encontra noutra loja da localidade a preço inferior; contudo, *B* tem notícia de que um colega do mesmo ramo de negócio, *C*, com porta aberta em rua próxima, vende o objecto *X* mais barato, dado que o recebeu numa antiga remessa do fabricante. É legítimo o silêncio de *B*, em face do n.º 2 do art. 253.º («dolus bonus»)?

A resposta relaciona-se com a atitude que se adopte na questão acima mencionada do grau de compreensão ética da ordem jurídica. Afigura-se ser esta a linha da solução do problema.

Numa pura perspectiva formal, os dois preceitos conjugam-se do modo seguinte: a esfera de acção do n.º 1 do art. 227.º começa onde termina a do n.º 2 do art. 253.º, isto é, a responsabilidade pré-contratual apoia-se em factos que não se qualificam como dolo tolerado. Só que importa reconhecer manifestamente insatisfatória uma ponderação tão redutora.

7. Passo ao segundo tema anunciado. Concerne à *responsabilidade pós-contratual* («culpa post pactum finitum») ou *eficácia posterior das obrigações*, instituto cuja designação decorre precisamente da circunstância de se apoiar num contrato celebrado e executado quanto às prestações principais. Salientei que se posiciona em paralelismo ou simetria à analisada *responsabilidade pré-contratual*: uma relaciona-se com factos anteriores ao nascimento do contrato e a outra resulta de causas posteriores à sua extinção.

Assumem evidente predominância na vida dos contratos as prestações principais. Elas identificam, de resto, o tipo contratual. Mas a completa satisfação dos interesses das partes pode envolver que esses deveres principais de prestação sejam acompanhados por deveres secundários e por deveres laterais. Todos estruturam a relação obrigacional complexa.

Eis o contexto em que se admite uma eficácia do contrato posterior ao exercício dos direitos básicos que o integram e ao cumprimento das correspondentes obrigações. Esta eficácia póstuma ou ulterior («Nachwirkung») alicerça a figura da responsabilidade pós-contratual, que se traduz na possibilidade de surgir um dever de indemnização derivado da conduta de uma das partes depois da referida extinção do contrato.

Entende-se, na verdade, que, não obstante se encontrarem cumpridas as obrigações de prestação contratuais, se impõe aos contraentes o dever de se absterem de comportamentos susceptíveis de colocar em perigo ou prejudicar o fim do contrato. O instituto oferece diversas vertentes ou concretizações.

Figuremos um exemplo: *A*, vendedor de vestuário, encarrega *B*, que trabalha autonomamente, de fazer um modelo de casaco de senhora, de acordo com o desenho que lhe proporciona, e confeccionar em seguida determinado número de casacos conforme esse modelo; *B* cumpre o contrato a inteiro contento de *A*, elaborando o modelo e entregando-lhe a partida de casacos encomendada; depois disso, porém, ainda na mesma estação, *B* faculta a *C*, concorrente de *A*, o modelo preparado segundo o desenho deste último, ou, inclusive, fabrica para *C* uma série de casacos absolutamente idênticos aos que forneceu a *A*. Entende-se que atitudes como a de *B* contrariam a regra da boa fé e ocasionam responsabilidade pós-contratual.

Aliás, não raro, deparar-se-á com a violação de deveres surgidos em consequência da própria extinção do contrato. Pense-se, por hipótese, na obrigação de o proprietário manter afixada no prédio, durante certo tempo, a indicação da nova morada do inquilino, depois de haver cessado o contrato de arrendamento.

Em face do direito português, pode encontrar-se algum fundamento para a responsabilidade pós-contratual no art. 239.º do Código Civil, relativo à integração dos negócios jurídicos. Mas, independentemente deste preceito, o princípio da boa fé assegura um amplo suporte ao instituto, «maxime» através do art. 762.º, n.º 2, que se reporta à conduta do devedor no cumprimento da obrigação e ao exercício do direito correspectivo pelo credor.

8. Chego ao termo das minhas reflexões. Gostaria de ter conseguido sensibilizar, para os problemas versados, os que se dispuseram a segui-las. Tal não envolve, necessariamente, uma aspiração à sua concordância.

Trabalhos de Estudantes do Curso

A ARBITRAGEM DE CONSUMO

ISABEL OLIVEIRA
*Estudante do Curso do CDC 1998-1999
Advogada e jurista da Associação de
Arbitragem de Conflitos de Consumo do
Distrito de Coimbra*

"*...colocado frente al arbitrage, no existe ningún grupo de juristas que no reaccione vivamente, en favor o en contra, y acaso sea la mejor manera de diagnosticar la concepción del derecho que cada uno tiene, la de preguntarle, en substancia, qué opina del arbitrage, ya que ségun se manifieste en pro o en contra, habremos descubierto sus últimos pensamientos, metafísicos, más que dogmáticos, sobre lo que el derecho verdaderamente deba ser.*" (GUASP, cit *in* Álvarez Alarcón, A., "El Sistema Español de Arbitrage de Consumo", 1999, Ed. INC, p. 26-27).

Sumário

INTRODUÇÃO. I – A ARBITRAGEM VOLUNTÁRIA 1. Elementos caracterizadores da arbitragem. 2. Natureza Jurídica. II – A ARBITRAGEM VOLUNTÁRIA E A RESOLUÇÃO DE LITÍGIOS DE CONSUMO. 1. Enquadramento legal. 1.1 *No direito interno*. 1.2. *No direito comunitário*. 2. Estrutura dos Centros de Arbitragem. 3. Características da Arbitragem de Consumo. 3.1. *Voluntariedade. Voluntariedade versus obrigatoriedade. Voluntariedade, Convenção Arbitral e Adesão Genérica.* 3.2. *Unidireccionalidade.* 3.3. *Gratuitidade.* 3.4. *Eficácia.* 4. Procedimento. 4.1. *A informação.* 4.2. *A mediação e a conciliação.* 4.3. *O julgamento arbitral.* 4.4 *As provas.* 4.5. *A decisão arbitral.* 4.6. *Recurso e anulação da decisão.* III – CONCLUSÕES. NOTAS BIBLIOGRÁFICAS.

Introdução

Independentemente de se assumir uma opinião negativa ou positiva relativamente à existência de um "Direito do Consumo" ou "Direito dos Consumidores" e à sua individualização relativamente a outros ramos do direito, torna-se hoje difícil ignorar o peso legislativo do que se poderá chamar "negócio jurídico de consumo" enquanto negócio jurídico que tem "como objecto um bem de consumo, coisa ou serviço susceptível de ser utilizado na satisfação de necessidades pessoais ou privadas", no qual uma das partes envolvidas "há-de ser uma empresa ou um profissional de certa actividade económica, não podendo a outra parte actuar nessa qualidade" e cuja função económico-social consiste na "satisfação de necessidades pessoais dos consumidores"[1].

No entanto, a concretização dos direitos dos consumidores não passa meramente pela sua expressão legal, pois implica necessariamente a existência de um sistema judicial que garanta a sua exigibilidade.

A maioria dos litígios de consumo caracterizam-se pelo seu pequeno valor económico – são o que se convencionou chamar "bagatelas jurídicas" –, bem como por um natural desequilíbrio entre as partes envolvidas, apresentando-se o consumidor como a parte economicamente mais fraca e, consequentemente, com menor capacidade de fazer valer os seus direitos.

Como refere BOURGOIGNIE [2], para que realmente seja aplicada, a legislação de consumo deve entrar no dia-a-dia da vida do consumidor; para que isso seja possível não pode permanecer como uma legislação meramente simbólica, inacessível e inoperante.

---

[1] FERREIRA DE ALMEIDA, C. "Negócio Jurídico de Consumo – Caracterização, Fundamentação e Regime Jurídico". In *Boletim do Ministério da Justiça*, 347 – 1985; 11-38.

[2] BOURGOIGNIE, Th., *Granting Consumers Effective Access to Justice: Should we only dream about it or will it become real?*, In Access to Justice for Consumers in Central and Eastern European Countries. 1996, p. 13.

O direito de acesso à justiça deve ser um direito real e efectivo, sob pena de os direitos legalmente garantidos serem apenas símbolos de um Estado de Direito vazio de justiça. O efectivo acesso à justiça deve ser visto como o mais básico requisito (o mais básico "direito humano") de um sistema legal moderno e igualitário, que se propõe garantir, e não meramente proclamar, os direitos de todos [3].

Para se alcançar este objectivo, torna-se necessário ultrapassar alguns obstáculos, que diversos autores caracterizam da seguinte forma:

- *os custos de acesso ao direito e à justiça* – onde se incluem quer os custos de informação e dos serviços legais, quer do litígio, especialmente quando se trata de questões de pequeno valor, como é normal nos litígios de consumo. Se o conflito tem de ser resolvido por um advogado e recorrendo a uma acção judicial, os custos facilmente ultrapassam o valor do litígio, tornando este extremamente oneroso para o consumidor, ou mesmo fútil;
- *a falta de educação legal do consumidor* – o qual tem um conhecimento rudimentar dos seus direitos, pelo que nem sempre sabe como enfrentar situações que considera injustas ou a quem deve dirigir a sua reclamação;
- *a relutância em recorrer aos tribunais* – mesmo aqueles que conhecem os seus direitos e como os exercer, nem sempre o fazem. As razões que justificam esta relutância, entre outras, são a desconfiança nos advogados, a intimidação das salas de julgamento, assim como um sentimento generalizado de que o sistema judicial só funciona para os ricos, mas não para os pobres ou para o cidadão comum;
- *procedimentos complicados, atrasos nos processos, linguagem ininteligível* usada quer por advogados, quer por juízes, a que acresce o facto de os consumidores individuais serem,

---

[3] CAPELLETTI, M. & GARTH, B. *Access to Justice: a World Survey*, 1978, Vol I: I, pág. 9.

normalmente, "*one-shot litigants*", enquanto que os fornecedores de bens e serviços são geralmente "*repeat players*"[4];
- **os interesses dos consumidores são difusos**, partilhados por todos ou por um grupo de consumidores, vítimas de um mesmo comportamento ilegal ou injusto, sendo certo que a protecção individual destes interesses ainda levanta alguns problemas;
- por último, obstáculos adicionais resultam dos denominados **conflitos transfronteiriços**, os quais são cada vez mais banais, com a concretização do Mercado Único e a livre circulação de bens e serviços no espaço da União Europeia. Nestes casos, os obstáculos descritos são agravados por questões de determinação da lei aplicável, competência dos tribunais, etc.

Como se pode apreciar desta breve mas não exaustiva descrição, os obstáculos colocados ao consumidor para que possa exercer o seu direito de acesso à justiça assumem diversas formas e seria ingénuo afirmar que todos eles podem ser ultrapassados ou diminuídos de forma significativa.

Os Centros de Arbitragem de Conflitos de Consumo, estruturas criadas a pensar numa forma simplificada e rápida de resolver pequenos litígios de consumo ("*small claims*"), ainda que subordinados aos princípios e procedimentos previstos na Lei de Arbitragem Voluntária (LAV), aparecem com o objectivo de superar alguns destes obstáculos.

O facto de estes Centros não se limitarem a resolver litígios através da Arbitragem Voluntária, proporcionando, ainda, informação e aconselhamento jurídico e um procedimento faseado que vai desde a mediação à conciliação e arbitragem, transforma-os em estruturas com algumas peculiaridades, das quais resultam as suas maiores virtudes e originam as principais críticas.

---

[4] GALANTER (cit *in* CAPELLETTI & GARTH, 1978, 188ss. *op cit*) desenvolveu esta distinção entre o que designou como "one-shot" e "repeat-player" litigants, com base na frequência de utilização do sistema judicial. Colocando, de um lado, o litigante individual que tem um contacto isolado ou pouco frequente com o sistema judicial e, de outro, organizações com longa experiência judicial.

Em Portugal existem seis Centros de Arbitragem de Conflitos de Consumo com idêntica estrutura e procedimento. De norte para sul, temos o Centro de Arbitragem de Conflitos de Consumo do Vale do Ave/Tribunal Arbitral, com sede em Guimarães; o Centro de Informação e Arbitragem de Braga; o Centro de Informação de Consumo e Arbitragem do Porto; o Centro de Arbitragem de Conflitos de Consumo do Distrito de Coimbra; o Centro de Arbitragem de Conflitos de Consumo da Cidade de Lisboa; o Centro de Informação, Mediação e Arbitragem do Algarve. Como adiante se verá, estas estruturas têm diferentes competências territoriais, não abrangendo todo o território nacional. A par destes, existe o Centro de Arbitragem do Sector Automóvel, com sede em Lisboa e competência territorial em todo o país, mas limitado à arbitragem de litígios relativos à reparação e aquisição de veículos em segunda mão.

Na caracterização do *sistema arbitral de consumo* em Portugal será abordada a questão da competência territorial, bem como o facto de não terem idêntica competência em razão do valor ou mesmo as diferenças estruturais e organizacionais.

Tentar-se-á reflectir sobre as características de um possível *sistema arbitral de consumo*, tendo em conta os elementos que aproximam os Centros de Arbitragem (essencialmente no que respeita ao procedimento), bem como aqueles que revelam as suas diferenças.

Em conclusão, não se pretende com este trabalho fornecer respostas, mas antes levantar questões que urge discutir para que a Arbitragem de Consumo possa ser uma realidade para todos os cidadãos e não apenas para alguns privilegiados.

I – A Arbitragem Voluntária

1. Elementos caracterizadores da arbitragem

Seguindo o modelo de Guasp Delgado [5], podem assinalar-se as seguintes características da Arbitragem:

---

[5] *Cit in* Córdon Moreno, F., "El Arbitrage en el Derecho Español: Interno e Internacional", 1995, Ed. Aranzadi

– É um **instituto**, na medida em que, com o objectivo de resolver um litígio se entrelaçam uma série de elementos. A convenção de arbitragem, que expressa a vontade das partes e confere uma eficácia típica à decisão, na medida em que as partes se vinculam a aceitá-la, funcionando como um contrato de "dação e recepção" da arbitragem, através do qual se confere aos árbitros "jurisdição" para resolver o litígio e o procedimento arbitral, que finaliza com a decisão arbitral, dotada pela Lei de valor de caso julgado e força executiva.

– O seu fundamento é a **existência de um litígio**, o qual a Lei não exige que seja actual, podendo ser eventual ou futuro (artigo 1.º, n.º 2 da Lei n.º 31/86, de 29 de Agosto, Lei de Arbitragem Voluntária – LAV) [6].

– A sua terceira grande característica traduz-se no facto de **o litígio ser resolvido por um terceiro**, que não precisa de ser um juiz de carreira (artigo 8.º LAV) [7], cuja decisão tem a mesma eficácia de uma sentença judicial (artigo 26.º da LAV) [8], ainda que necessite da *potestas* de um órgão jurisdicional para a sua execução (artigo 30.º LAV) [9].

– A sua grande força e justificação como solução para a resolução de litígios reside na **vontade das partes**, que aceitam previamente a decisão dos árbitros. É este, na verdade, o fio condutor da arbitragem, pois não apenas lhe dá origem, como também condiciona todo o procedimento. Desde logo, condiciona as matérias que podem ser submetidas à arbitragem, bem como fundamenta o seu carácter facultativo, já que esta

---

[6] "2 – *A convenção de arbitragem pode ter por objecto um litígio actual, ainda que se encontre afecto a tribunal judicial (compromisso arbitral), ou litígios eventuais emergentes de uma determinada relação jurídica contratual ou extracontratual (cláusula compromissória).*"

[7] "*Os árbitros devem ser pessoas singulares e plenamente capazes.*"

[8] "2 – *A decisão arbitral tem a mesma força executiva que a sentença do tribunal judicial de primeira instância.*"

[9] "*A execução da decisão arbitral corre no tribunal de 1.ª instância, nos termos da lei de processo civil.*"

é uma alternativa escolhida pelas partes para resolução de conflitos privados [10].

— A eficácia da arbitragem depende, quanto ao procedimento, do estrito cumprimento da Lei de Arbitragem Voluntária, quanto ao fundamento das decisões dos árbitros, estes deverão julgar segundo o direito constituído, a não ser que as partes, previamente, os autorizem a julgar segundo a equidade (artigo 22.º LAV) [11].

2. Natureza Jurídica

A caracterização da figura da arbitragem assenta, assim, no reconhecimento da intervenção de um terceiro que age como pacificador de um conflito entre dois sujeitos. No entanto, esta intervenção ultrapassa a mera proposta de uma solução ou composição das posições em confronto, pois nestes casos estaríamos perante conciliação ou mediação, impondo-se às partes em litígio a decisão de um terceiro, que estas previamente se comprometeram aceitar [12].

Traduzindo-se a peculiaridade da arbitragem no facto de assentar na vontade dos sujeitos, que tomam a iniciativa de resolver a controvérsia que os opõe através de uma via extrajudicial, bem como de depender da lei para ter efeitos de caso julgado e força executiva, coloca-se então a questão da sua caracterização jurídica. Questão

---

[10] *"Expressamente admitida pela Constituição a existência de tribunais arbitrais, a par de tribunais judiciais (…) terá de reconhecer-se que a instituição da arbitragem voluntária assenta na* **autonomia privada***: nela se funda a constituição e o funcionamento de órgãos a quem competem algumas das funções que a lei fundamental atribui aos tribunais (artigo 206.º da Constituição). In* Proposta de Lei n.º 34/IV: Estabelece disposições sobre arbitragem voluntária. Diário da Assembleia da República, 1986, II Série-N.º 83, p. 3196.

[11] "Os árbitros julgam segundo o direito constituído, a menos que as partes, na convenção de arbitragem ou em documento subscrito até à aceitação do primeiro árbitro, os autorizem a julgar segundo equidade."

[12] Neste sentido ÁLVAREZ ALARCÓN, A., "El Sistema Español de Arbitrage de Consumo", 1999, Ed. INC, p. 27.

sobejamente discutida, quer ao nível de direito interno e internacional, quer ao nível da dogmática e da jurisprudência.

Partindo sempre da vontade das partes como factor essencial e dinamizador da arbitragem, uns consideram que o elemento decisivo e preponderante é essa mesma vontade, a qual origina e caracteriza a arbitragem – teoria *contratualista* –; outros consideram que, na arbitragem, se produz um desvio da jurisdição convencional, resolvendo-se um litígio através de uma decisão que tem valor de caso julgado e eficácia executiva [13] – teoria *jurisdicionalista*.

Na própria Lei de Arbitragem Voluntária (Lei 31/86, de 29 de Agosto) esta questão não é de todo solucionada, colocando-se em causa a sua necessidade prática, pois aquela não deixa de determinar como requisito essencial para a realização da arbitragem a vontade das partes, bem como atribui à decisão proferida a necessária eficácia, exigindo o cumprimento de um processo que garante às partes os mesmos direitos básicos que teriam se resolvessem a sua controvérsia em Tribunal Judicial. Mas parece ter havido alguma intencionalidade na não resolução desta questão, pois na proposta de lei n.º 34/IV diz-se: "*O reconhecimento da autonomia privada como fundamento da arbitragem voluntária e o facto de tal reconhecimento moldar a disciplina do instituto em aspectos tão importantes como a definição do litígio cometido a tribunal arbitral, a constituição deste, a escolha das regras de processo e até, como adiante se dirá, a fixação do direito aplicável pelos árbitros, não pode fazer esquecer que o tribunal arbitral constitui um órgão participante na função jurisdicional.*

*O reconhecimento da força de caso julgado à decisão arbitral, nos termos do n.º 1 do artigo 26.º, e bem assim a atribuição a essa decisão da força executiva que pertence à sentença do tribunal judicial de 1.ª instância, com a dispensa, para tanto, de qualquer intervenção do órgão (artigo 26.º, n.º 2), reafirmam soluções tradicionais da nossa ordem jurídica que claramente revelam o **carácter bifrontal do instituto da arbitragem voluntária: fundado, como se disse, na autonomia privada, ele é, por força da lei, tornado peça integrante do sistema de tribunais previsto na Constituição**"* [14].

---

[13] ÁLVAREZ ALARCÓN, A., *op cit.*
[14] *In* Proposta de Lei n.º 34/IV: *op.cit* ..., p. 3197.

Esta discussão entre jurisdicionalistas e contratualistas poderá considerar-se superada, na medida em que, apesar de os árbitros exercerem uma função similar à jurisdicional, pois a decisão arbitral tem a mesma força e eficácia de uma decisão judicial, a arbitragem depende sempre da prática de actos que relevam da autonomia privada, como seja a convenção arbitral [15].

II – A Arbitragem Voluntária e a Resolução de Litígios de Consumo

1. Enquadramento legal

1.1. No direito interno

A resolução de litígios de consumo surge no quadro da arbitragem institucionalizada (nos termos previstos no art.º 38.º da LAV), ou seja, as partes optam por entregar a resolução do litígio a organizações autorizadas a praticar arbitragem voluntária, as quais já têm os seus próprios árbitros (ou árbitro) e regulamentos próprios, abdicando da capacidade que a lei lhes confere de escolher os árbitros e as regras de processo que estes terão de observar (como se passa na arbitragem *ad hoc*). Já na exposição de motivos da Proposta de Lei n.º 34/IV se apontavam as possíveis vantagens da arbitragem institucionalizada para a economia nacional [16]. No entanto, em virtude da pouca expe-

---

[15] ÁLVAREZ ALARCÓN, A., *op cit...* pág 29.
[16] Não estava muito enganado o legislador se considerarmos que em 1997, segundo estatísticas do Gabinete de Estudos e Planeamento do Ministério da Justiça (citadas *in* PEDROSO & CRUZ (1999) "A Arbitragem Institucional em Portugal: o caso do Centro de Arbitragem de Conflitos de Consumo de Coimbra e Figueira da Foz") os litígios sujeitos à arbitragem institucional representam já cerca de 2% dos processos findos no mesmo ano, em primeira instância, no sistema judicial; sem esquecer que em Portugal existiam apenas, naquela data, 19 instituições arbitrais, com diferentes competências e cobertura territorial. E se compararmos apenas o que é comparável, poderemos verificar que em 1997 *"findaram 8572 acções declarativas cíveis de responsabilidade contratual (excepto 'acções de dívida') e de responsabilidade por outros factos ilícitos, enquanto que findaram no conjunto dos centros de arbitragem*

riência a este nível, por forma a acautelar o respeito pelos princípios processuais básicos previstos na LAV e garantir a legitimidade e isenção das entidades autorizadas a organizar arbitragens voluntárias, o Estado reservou para si a *"indicação das entidades autorizadas a organizar tais arbitragens, bem como a delimitação do campo em que poderão exercer essa actividade"*. Encontrando-se estas listadas na Portaria n.º 1206/97, de 29 de Novembro, nos termos previstos no Decreto-Lei n.º 425/86, de 27 de Dezembro.

A Constituição da República Portuguesa [17] determina, quanto ao exercício da função jurisdicional, que *"A lei poderá institucionalizar instrumentos e formas de composição não jurisdicional de conflitos"* (Art.º 202.º) prevendo no seu artigo 209.º/2 como categorias de tribunais os tribunais arbitrais.

Esta determinação implica que aos tribunais arbitrais, enquanto instituições com funções jurisdicionais, cabe *"assegurar a defesa dos direitos e interesses legalmente protegidos dos cidadãos"*.

A Lei de Defesa do Consumidor (Lei n.º 24/96, de 31 de Julho) estatui como um dos direitos básicos do consumidor, entre outros, o direito *"à protecção jurídica e a uma justiça acessível e pronta"* (art.º 3.º, alínea g)), prevendo para a sua concretização que *"incumbe aos órgãos e departamentos da Administração Pública promover a criação e apoiar centros de arbitragem com o objectivo de dirimir os conflitos de consumo"* (art.º 14.º, n.º 1). Neste sentido, a Lei n.º 24/96, de 31 de Julho, foi um pouco mais longe do que a sua antecessora, a Lei n.º 29/81, de 22 de Agosto, que não previa a criação ou existência de centros de arbitragem sectoriais, cujo principal objecto se traduz na resolução de litígios de consumo.

2666 processos relativos a litígios no âmbito do direito privado. Parece-nos, assim, legítimo afirmar que o número de processos tratados pelo sistema arbitral revela já um peso significativo, tendo em conta que o seu número representa já cerca de um terço do número de processos substancialmente homólogos tratados pelo sistema judicial" (Pedroso & Cruz: 1999).

[17] Lei Constitucional n.º 1/97, de 20-09, que aprovou a quarta revisão constitucional.

No entanto, apesar do importante avanço na definição da política de protecção dos interesses dos consumidores que esta previsão legal representa, o legislador poderia ter ido um pouco mais além, tendo em conta a especificidade dos litígios de consumo. Parece resultar da leitura da lei que aos *órgãos da Administração Pública* apenas compete *promover* e *apoiar* a criação destes Centros de Arbitragem, podendo na prática desvincular-se da responsabilidade de os criar ou mesmo de garantir o funcionamento de um verdadeiro *sistema arbitral* para a resolução de litígios de consumo. Consequentemente, a arbitragem de consumo em Portugal não é uma realidade para todos os cidadãos, em virtude das competências territoriais limitadas de cada um dos Centros de Arbitragem existentes, não se garantindo, assim, o mesmo direito de acesso à justiça a todos os consumidores portugueses.

Em termos comparativos, a lei espanhola, Ley 26/1984, de 19 de julio, *General para la Defensa de los Consumidores y Usuarios*, é mais específica, pois obriga o governo a criar um sistema arbitral, prevendo a forma de constituição dos colégios arbitrais e determinando que o sistema arbitral não deverá ter formalidades especiais, atribuindo força vinculativa e executiva às suas decisões. Assim, no seu artigo 31 refere: "1. *Previa audiencia de los sectores interesados y de las Asociaciones de consumidores y usuarios, el Gobierno establecerá un sistema arbitral que, sin formalidades especiales, atienda y resuelva con carácter vinculante y ejecutivo para ambas partes las quejas o reclamaciones de los consumidores o usuarios, siempre que no concurra intoxicación, lesión o muerte, ni existan indicios racionales de delito, todo ello sin perjuicio de la protección administrativa y de la judicial, de acuerdo con lo establecido en el artículo 24 de la Constitición. 2. El sometimiento de las partes al sistema arbitral será voluntário y deberá constar expresamente por escrito. 3. Los órganos de arbitrage estarán integrados por representantes de los sectores interesados, de las organizaciones de consumidores y usuarios y de las Administraciones públicas dentro del ámbito de sus competencias.*"

A definição das obrigações da administração pública na criação e apoio de Centros de Arbitragem de resolução de conflitos de consumo acaba por ter reflexo na atribuição de competências das Autarquias locais, conforme se pode apreciar da análise do art.º 27.º, alínea c), do Decreto-Lei n.º 159/99, de 14 de Setembro: " *São competências dos órgãos municipais no domínio da defesa do consumidor ... criar e participar em sistemas de arbitragem de conflitos de consumo de âmbito local.*"

Os termos utilizados são suficientemente vagos para nos permitir questionar a participação das autarquias locais na arbitragem de consumo. Deverá esta participação resultar num mero apoio financeiro e político ou deverão as autarquias locais participar na administração dos Centros de Arbitragem? Poderão ou deverão as autarquias criar e suportar centros de arbitragem para resolução de conflitos de consumo no âmbito da sua estrutura orgânica?

Apesar desta indefinição quanto ao papel que as autarquias devem desempenhar na construção de um "sistema" arbitral de consumo, estas sempre tiveram um papel preponderante na criação destes centros de arbitragem [18], encontrando-se representadas em todas as associações de arbitragem constituídas para a resolução de litígios de consumo e assumido, em parte, os seus custos financeiros.

No entanto, para além da Lei de Arbitragem Voluntária, à qual obviamente a arbitragem de consumo se submete, o enquadramento legal descrito não permite definir um procedimento uniforme para todos os Centros de Arbitragem de conflitos de consumo, os quais têm os seus regulamentos próprios e, apesar de terem uma estrutura funcional idêntica, variam entre si em termos de definição de competências, material, territorial e em razão do valor.

O que nos permite levantar a questão se em Portugal podemos falar de um verdadeiro *sistema arbitral de consumo*, se entendermos como sistema um "*conjunto de partes coordenadas entre si. Reunião de proposições, de princípios coordenados de modo a formar um todo científico* **ou** *um corpo de doutrina. Reunião* **ou** *combinação de partes*

---

[18] Em 1989, a Câmara Municipal de Lisboa participa na criação do Centro de Arbitragem de Conflitos de Consumo da Cidade de Lisboa (ainda enquanto projecto piloto); em 1992, a Câmara Municipal de Coimbra tem um papel preponderante no projecto piloto de criação do Tribunal Arbitral de Coimbra.

*reunidas para concorrerem para um certo resultado **ou** de modo a formarem um conjunto"* [19]. Questão esta à qual voltaremos quando se proceder à análise do funcionamento da arbitragem de consumo.

1.2. No direito comunitário

Para podermos falar de arbitragem de consumo, não podemos deixar de falar, ainda que de forma breve e sucinta, do direito comunitário e da política de defesa do consumidor em curso na União Europeia. Apesar de nos cingirmos à análise de um único documento, neste momento o mais significativo em termos de política comunitária, a *Recomendação da Comissão (98/257/CE) de 30 de Março de 1998, relativa aos princípios aplicáveis aos organismos responsáveis pela resolução extrajudicial de conflitos de consumo* [20].

O direito comunitário tem vindo a conceder uma grande importância ao direito do consumo, não só na uniformização do direito substantivo dos Estados-membros, mas também ao nível da sua concretização, propugnando medidas que facilitem o acesso à justiça dos consumidores, tendo em conta as dificuldades que se verificam a este nível no espaço comunitário.

Apesar da preocupação manifestada quanto à necessidade de encontrar meios alternativos de resolução de conflitos de consumo, as medidas adoptadas pela União Europeia carecem de carácter vinculativo para os Estados-membros, limitando-se a meras recomendações ou não ultrapassando as meras intenções políticas.

O primeiro texto em que se refere a arbitragem remonta já aos anos 70: a Resolução de 14 de Abril de 1975 [21], relativa a um Programa Preliminar para uma Política de Protecção e Informação dos Consumidores, previa que a Comissão realizasse um estudo sobre o

---

[19] Vid. Grande Diccionário da Língua Portuguesa.1991. Ed. Alfa. Vol. VI, pág 100.
[20] JOCE, L 115 de 17/04/1998, pág. 0031-0034
[21] JOCE, C 92, de 25 de Abril de 1975.

sistema de reclamações, arbitragem e resolução amigável dos litígios existentes entre os Estados-membros.

Desde essas primeiras medidas muito se tem discutido sobre a resolução extrajudicial de conflitos de consumo e sobre qual os meios ideais para promover a resolução destes conflitos no âmbito das relações comerciais transfronteiriças.

No decurso destas reflexões surge a Recomendação 98/257/CE, a qual vem impor uma série de princípios processuais básicos a que qualquer meio de resolução extrajudicial de conflitos deve obedecer, independentemente de se falar de procedimentos que se baseiem na mediação, conciliação ou, mesmo, arbitragem, se pretendem que os acordos que se estabeleçam entre as partes em litígio ou as decisões que esses órgãos tomem sejam eficazes e, portanto, vinculativas. Já que a presente *"recomendação deve limitar-se aos procedimentos que, independentemente da respectiva designação, levam à resolução do diferendo através da intervenção de um terceiro que propõe ou impõe uma solução; que, por conseguinte, não estão abrangidos os procedimentos que se limitam a uma simples tentativa de aproximar as partes para as convencer a encontrar uma solução de comum acordo"* [22].

A Comunicação da Comissão sobre *"A resolução extrajudicial dos conflitos de consumo"*, que esteve na base da referida Recomendação, indica três vias para chegar a uma solução: *"a simplificação e a melhoria dos procedimentos judiciais, o reforço da comunicação entre os profissionais e os consumidores e o recurso a procedimentos extrajudiciais de resolução de conflitos de consumo."* Considerando

---

[22] Em Portugal, o Decreto-lei n.º 146/99, de 4 de Maio, veio estabelecer o quadro legal pelo qual os órgãos responsáveis pela resolução extrajudicial de conflitos de consumo se devem reger, sujeitando-os a um sistema de registo voluntário, sendo requisito essencial para que as suas decisões sejam vinculativas, o cumprimento dos princípios definidos naquele diploma, os quais transcrevem os princípios exigidos pela Recomendação da Comissão. Este diploma, conforme o seu artigo 1.º, n.º 3, não se aplica à arbitragem, pois esta tem o seu regime próprio.

Este diploma encontra-se regulamentado, no que se refere aos procedimentos a que deve obedecer o registo das entidades que pretendam criar sistemas de resolução extrajudicial de litígios de consumo, pela Portaria n.º 328/2000, de 9 de Junho.

que o recurso a procedimentos extrajudiciais só seria possível se se estabelecesse um conjunto de princípios mínimos que os órgão de resolução extrajudicial deveriam cumprir.

Assim, a Comissão recomenda *"que qualquer organismo existente ou a criar e que esteja habilitado para a resolução extrajudicial de litígios de consumo, respeite os seguintes princípios:*

I – Princípio da Independência;
II – Princípio da Transparência;
III – Princípio do Contraditório;
IV – Princípio da Eficácia;
V – Princípio da Legalidade;
VI – Princípio da Liberdade;
VI – Princípio da Representação."

No fundo, a Comissão pretende salvaguardar, com o princípio da independência, que na medida em que os organismos extrajudiciais resultem da iniciativa privada, a independência dos órgãos que tomam as decisões seja garantida, permitindo a representação equitativa dos interesses em confronto, quando se trate de um órgão colegial, pois *"sempre que a decisão for tomada de forma colegial, a participação paritária dos representantes dos consumidores e dos profissionais constitui meio adequado para garantir esta independência"* [23]. Não nos parece tão evidente que esta forma de composição do Colégio Arbitral, só por si, garanta a independência do órgão. Neste sentido afirma CARPI PÉREZ [24] *"Siendo el arbitrage un ejercicício de la función jurisdicional, e parece discutible que puedan ejercer dicha función aquellas personas que, por pertenecer a los sectores cuyos miembros están en conflicto, puden, sin temor a exagerar, ser calificados de juez y parte en el juicio que deben fallar. Otra cosa dístinta sería se la misíon de los miembros del Colegio arbitral fuera la de arreglar o componer el conflicto; en este caso, la composición del Colegio sería*

---

[23] Justificação constante dos considerandos da Recomendação 98/257/CE.

[24] CARPI PÉREZ, J. El Colegio Arbitral Y Las Partes Del Processo Arbitral De Consumo. In *El Sistema Arbitral De Consumo (Comentarios Al Real Decreto 636/ /193, De 3 De Mayo)*. Eds. Ignacio Quintana Carlo and Angel Bonet Navarro. Pamplona: Aranzadi, 1997. p.130.

la idónea para acercar las posturas enfrentadas y lograr un acuerdo. Pero, del mismo modo que la verdad no nace de la mezcla de varias mentiras, la imparcialidad no surge de la concurrencia de varias posturas parciales".

Quando o órgão que toma as decisões for singular, a Recomendação impõe algumas regras para garantir a independência do árbitro, entre as quais o impedimento de *"sempre que a pessoa designada for nomeada ou paga por uma associação profissional ou por uma empresa, não poderá ter trabalhado, nos três anos que precedem a sua entrada em funções, para a associação profissional ou empresa em causa".*

Em Portugal, apesar de o Tribunal Arbitral ser constituído por um único árbitro, este é nomeado pelo Conselho Superior de Magistratura e não pelas próprias Associações de Arbitragem (apesar de estas assumirem os seus custos), o que em princípio garante a sua independência, mas poderá levantar a questão da excessiva jurisdicionalização do sistema.

Com a exigência de transparência, a Comissão pretende que os procedimentos utilizados pelos órgãos de resolução extrajudicial sejam plenamente e previamente conhecidos por aqueles que a eles recorrem.

Já o princípio do contraditório é um princípio básico e pedra de toque fundamental de todo e qualquer procedimento extrajudicial para a resolução de litígios de consumo, garantindo a validade das suas decisões e fundamentando a sua eficácia, visto que só pelo exercício do direito de resposta se pode garantir a justiça e a transparência de todo o processo. Na medida em que esta Recomendação tem por fim a definição de princípios básicos aplicáveis também à resolução de litígios transfronteiriços, não deve ser exigido, para o exercício do direito de resposta a oralidade, devendo os organismos de resolução extrajudicial prever que este possa ser feito apenas por escrito, por forma a evitar que as partes tenham de se deslocar.

Por outro lado, para que o sistema funcione é necessário que este seja eficaz. Entendendo-se esta eficácia em termos de garantir o cumprimento de um conjunto de medidas que garantam *"o acesso do consumidor ao processo"*, o que lhe deve ser permitido sem a necessidade da assistência de um representante legal; *"a gratuitidade do processo"* ou estabelecimento de custos moderados, tendo em conta o pequeno valor da maioria dos litígios de consumo; e a exigência de um prazo curto de resolução, pois é sabido que um dos principais problemas que se colocam no sistema judicial é o do tempo que leva a resolver um litígio desde que o processo entra em tribunal até que é tomada uma decisão.

Com o princípio da legalidade pretende-se garantir ao consumidor que não será privado, no caso da resolução de litígios transfronteiriços, *"da protecção que lhe asseguram as disposições imperativas da legislação do Estado no território do qual o organismo está estabelecido"*, ou mesmo da *"protecção que lhe asseguram a disposições imperativas da lei do estado-membro no qual o consumidor tem a sua residência habitual, nos casos previstos no artigo 5.º da Convenção de Roma de 19 de Junho de 1980"*.

O princípio da liberdade implica que a eficácia da decisão do organismo extrajudicial esteja condicionada à vontade das partes para que esta seja vinculativa, devendo a declaração de vontade ser expressa. Neste âmbito prevê-se ainda a inclusão em contratos-tipo de cláusulas que determinam a submissão do litígio a um sistema de resolução extrajudicial, ao qual pertencem as empresas predisponentes [25].

Quanto ao princípio da representação, este pretende garantir a liberdade das partes de se fazerem representar, ou não, junto destes organismos, por um advogado ou por uma associação de consumidores.

Os princípios definidos na Recomendação 98/257/CE não parecem longe dos princípios definidos na Lei de Arbitragem Voluntária e seguidos pelos Centros de Arbitragem de Conflitos de Consumo, pelo que estes estarão preparados para responder às exigências da Comissão, no sentido de poderem participar numa rede europeia de organismos extrajudiciais de resolução de litígios de consumo para a resolução de conflitos transfronteiriços (a EEJ-NET) [26].

---

[25] Ora, tais cláusulas contratuais não podem impedir o consumidor de recorrer a um tribunal judicial, apesar de deverem vincular a empresa que inseriu a cláusula nos seus contratos a aceitar o procedimento arbitral e a decisão do organismo extrajudicial competente.

[26] European Extra-Judicial Network

As dificuldades que os consumidores experimentam, a nível nacional, no acesso à justiça, crescem quando começamos a falar em litígios transfronteiriços. Litígios cuja ocorrência, com a *"multiplicação das transacções de consumo transfronteiriças e a emergência de novas técnicas de venda e de prestação de serviços"*, onde ganha relevo o comércio electrónico, tende a aumentar. Ora, perante as dificuldades em fazer valer os seus direitos, os consumidores tendem a desistir e a conformar-se com a sua violação.

Para que o mercado único seja uma realidade, as formas de resolução de litígios entre consumidores e profissionais têm de ser facilitadas. Aproveitando o facto de muitos dos Estados-membros desenvolverem já soluções extrajudiciais para a resolução dos litígios de consumo [27] – abrangendo procedimentos prévios ou complementares aos judiciais, como a mediação e a conciliação, e mecanismos alternativos, como a arbitragem –, a Comissão propõe a coordenação dos organismos de resolução extrajudicial de litígios existentes nos Estados-membros, por forma a constituir uma rede que permita a resolução de litígios transfronteiriços.

Para que isto seja possível, tendo em conta a diversidade de instrumentos extrajudiciais existentes na União Europeia, só os organismos cujos procedimentos obedeçam aos princípios estabelecidos pela Recomendação poderão ser "certificados" para fazer parte da rede (EEJ-NET).

Torna-se, desde logo, evidente que não será tarefa fácil a coordenação dos diferentes sistemas de resolução extra-judicial, sendo natural colocar a questão de como oferecer garantias similares às judiciais e ao mesmo tempo facilitar o acesso à resolução dos litígios.

Por outro lado, a flexibilidade dos sistemas extrajudiciais, que permitem a resolução de litígios sem a necessidade da aplicação rigorosa das regras de direito, as questões colocadas quanto à impossibilidade de recurso da decisão em alguns sistemas, ou mesmo a dificuldade de execução das decisões, essencialmente quando estas

---

[27] Grande parte deles com apoio financeiro da Comissão Europeia, que desde há muito vem apoiando "projectos-piloto" neste âmbito. Assim surgiram o Centro de Arbitragem de Conflitos de Consumo da Cidade de Lisboa e o Centro de Arbitragem de Consumo do Distrito de Coimbra.

devam ser executadas num Estado-membro diferente daquele em que foi tomada a decisão, são problemas para os quais a EEJ-NET terá de procurar e encontrar respostas.

2. Estrutura dos Centros de Arbitragem

Para podermos compreender as diferenças existentes entre os Centros de Arbitragem de Conflitos de Consumo, criados até agora desde 1989, basta reflectir sobre dois pontos:1. Os Centros de Arbitragem assentam em estruturas de suporte que são Associações Privadas sem Fins Lucrativos; e, 2. não temos, como em Espanha, uma lei de Arbitragem de consumo.

As Associações de Arbitragem de Conflitos de Consumo têm a peculiaridade de ser constituídas por um leque de entidades de vários quadrantes da sociedade civil. Assim, confluem para um mesmo objectivo Associações de Consumidores, Associações Comerciais e Empresariais, Autarquias Locais e Ordem dos Advogados, entre outras entidades.

Ou seja, a arbitragem voluntária institucionalizada para a resolução de litígios de consumo nasce, em Portugal, da iniciativa privada, juntando na mesma instituição arbitral entidades com diferentes interesses, mas propugnando um mesmo objectivo: facilitar o acesso à justiça dos consumidores.

Em Espanha, a iniciativa de criação das Juntas Arbitrais de Consumo é da Administração Pública, como se pode deduzir da leitura do artigo 3 do *Real Decreto 636/1993, de 3 de mayo, por el que se regula el sistema arbitral de consumo"*: *"1. Se constituye una Junta Arbitral de Consumo de ámbito nacional, adscrita al Instituto Nacional del Consumo (...); 2. Las Juntas Arbitrales de Consumo, de ámbito municipal, de mancomunidad de municipios, provincincial y autonómico, se establecerán por la Administración General del Estado mediante acuerdos suscritos a través del Instituto Nacional del Consumo, con las correspondientes Administraciones públicas"*.

As vantagens que resultam de o *sistema arbitral de consumo* se encontrar dependente da iniciativa da administração pública e se encontrar inserido nos quadros dessa administração são as que podemos apreciar pela cobertura territorial das Juntas Arbitrais de Consumo em Espanha, todo o território nacional tem Juntas Arbitrais competentes para a resolução de litígios de Consumo; o que não acontece em Portugal, já que os Centros de Arbitragem têm a sua competência territorial adstrita à zona de implementação da Associação de Arbitragem que a suporta, criando desigualdades entre os consumidores que têm o privilégio de viver numa zona onde existe um Centro de Arbitragem e aqueles que vivem em zonas do país onde a arbitragem de consumo não existe.

Por outro lado, colocam-se problemas ao nível do suporte financeiro destas Associações de Arbitragem, dependentes, em Portugal de subsídios concedidos pelo Ministério da Justiça, pelo Instituto do Consumidor e pelos Municípios que se encontram integrados nestas associações. O que, a nosso ver, não permite uma gestão orçamental coerente e consequente com as necessidades que os Centros de Arbitragem têm de enfrentar face ao crescimento actual das solicitações de arbitragem.

Caberia ponderar e discutir se a estrutura actual é, não a ideal, mas aquela que permite dar uma melhor resposta às expectativas crescentes dos consumidores. Será o quadro legal e de apoio financeiro suficiente para garantir o crescimento do sistema, oferecendo aos consumidores e agentes económicos garantias idênticas às do sistema judicial? Será a criação de Centros de Arbitragem sectoriais, cada vez mais especializados, por exemplo, na área dos seguros ou da banca, ou mesmo na área das telecomunicações, suportados financeiramente pelas empresas do sector, uma forma de responder às solicitações dos consumidores? Serão estes Centros de Arbitragem capazes de garantir a sua independência?

Em nossa opinião, se queremos construir um Sistema Arbitral de Consumo, teremos de repensar a estrutura dos Centros de Arbitragem, o seu financiamento, a extensão da sua área de competência territorial, competência material ou mesmo os seus objectivos. Caso contrário, a mera proliferação de sistemas ou de instrumentos de resolução extrajudicial, com fundamento na ineficácia do sistema judicial, poderá vir a dar razão às vozes mais críticas [28] (que

---

[28] Refere Calais-Auloy (*Droit de la Consommation*, 4.ª Ed., Dalloz, 1996, p. 434): *"Il est dangereux, à notre avis, de creér une espèce de justice au rabais*

não podem ser ignoradas), sob pena de tornar ineficazes os mesmos sistemas de resolução extrajudicial.

3. Características da Arbitragem de Consumo

3.1. Voluntariedade

Voluntariedade *versus* **Obrigatoriedade**

A arbitragem de consumo assenta na vontade das partes em submeter o litígio de consumo à decisão de um terceiro (árbitro). O artigo 1.º da LAV determina que, *"desde que por lei especial não esteja submetido exclusivamente a tribunal judicial ou a arbitragem necessária, qualquer litígio que não respeite a direitos indisponíveis* **pode ser cometido pelas partes***,* **mediante convenção de arbitragem***, à decisão de árbitros"* (n.º 1).

A vontade das partes deve manifestar-se de forma expressa e inequívoca. Assim, ambas devem subscrever uma convenção de arbitragem, a qual *"pode ter como objecto um litígio actual, ainda que se encontre afecto a tribunal judicial (***compromisso arbitral***), ou litígios eventuais emergentes de uma determinada relação jurídica contratual ou extracontratual (***cláusula compromissória***)"* (n.º 2).

A exigência da voluntariedade encontra-se, ainda, expressa nos diferentes regulamentos dos Centros de Arbitragem de Conflitos de Consumo, no estrito cumprimento da LAV. Por exemplo, o Artigo 6.º, n.º 1, do Regulamento do Centro de Arbitragem de Conflitos de

---

devant des organes qui ne présentent pas les garanties d'une vraie juridiction. Oui, les tribunaux sont surchargés, mais la solution ne consiste-t-elle pas à leur donner les moyens de faire face à leur tâche? Oui, les consommateurs ont besoin de procédures simplifiées, mais pouquoi ne pas instituer de telles procédures devant le tribunal d'instance? La création systématique d'organismes extrajudiciaires risque d'être perçue par l'opinion comme l'aveu de l'inefficacité du système judiciaire.

Cela ne veut pas dire qu'il faut supprimer toutes les procédures de médiation et de conciliation extrajudiciaires. Mais il serait dangereux d'y voir le remède absolu au problème de l'accès à la justice".

Consumo do Distrito de Coimbra determina que *"a submissão do litígio a julgamento e decisão em Tribunal Arbitral depende de convenção das partes"*.

A necessidade de recorrer a sistemas alternativos para a resolução de litígios de consumo, por forma a facilitar o acesso dos consumidores à justiça, poderia levar-nos a pensar que estes sistemas deveriam ser, de alguma forma, obrigatórios. Na verdade, a arbitragem de consumo não pode funcionar sem a necessária participação dos fornecedores de bens e serviços, os quais encontrando-se, em princípio, numa posição mais favorável em relação ao consumidor, tendem a não aceitar meios alternativos de resolução de litígios. Por isso, alguns propugnam a obrigatoriedade da arbitragem de consumo, sempre que os consumidores apresentem a sua reclamação ou solicitação de arbitragem, não deixando outra alternativa a empresários e comerciantes, senão o submeter-se à arbitragem.

Haverá, a este respeito, quem aponte argumentos a favor e argumentos em contra.

No entanto, no quadro legal actual, seria difícil estabelecer a obrigatoriedade da arbitragem de consumo. Primeiro, porque a lei geral que estabelece o âmbito e objecto da arbitragem a circunscreve à arbitragem voluntária [29] (razão pela qual limita a vontade das partes, as quais não podem cometer à arbitragem litígios respeitantes a direitos indisponíveis, cuja resolução continua a cargo dos tribunais judiciais), não existindo qualquer norma específica aplicável aos litígios de consumo que determine a obrigatoriedade do recurso à arbitragem.

Em segundo lugar, porque se poderiam colocar algumas dúvidas quanto à constitucionalidade de tal medida, pois a obrigatoriedade de resolução dos litígios de consumo pela via arbitral, impediria os cidadãos de exercerem o seu direito, tutelado pelo artigo 202.º da Constituição da República Portuguesa, de recorrer aos tribunais judiciais para resolver os seus litígios, obrigando-os a resolvê-los pela via extrajudicial. A autonomia da vontade das partes constitui o fundamento e

---

[29] Não cabendo aqui referência à arbitragem necessária a qual tem um âmbito e um objecto próprio, nos termos definidos na lei processual.

a essência da arbitragem, na medida em que implica a exclusão da via judicial, pelo que permitir que a lei suprima a vontade de uma das partes para submeter o litígio à arbitragem seria, em nossa opinião e face aos fundamentos apresentados, inconstitucional.

Este mesmo problema levantou-se em Espanha, relativamente à Lei de Ordenação de Transportes Terrestres [30], a qual, na sua primitiva redacção (artigo 38) previa que: *"Siempre que la cuantía de la controversia no exceda de 500.000 pesetas, las partes someterán al arbitrage de las Juntas* (referindo-se às Juntas Arbitrais de Transporte) *cualquier conflicto que surja en relación con el cumplimiento del contrato, salvo pacto expreso en contrario."* Acrescentando no parágrafo seguinte que: *"En las controversias cuya cuantía exceda de 500.000 pesetas, las partes contratantes podrán pactar expresamente el sometimiento al arbitrage de las Juntas de los conflictos surgidos en el cumplimiento de los referidos contratos de transporte."*

O Tribunal Constitucional Espanhol pronunciou-se pela inconstitucionalidade de tal norma, fundamentando a sua decisão nos seguintes termos: *"el arbitrage es un medio para la solución de conflictos basado en la autonomia de la voluntad de las partes ...y supone una renuncia a la jurisdicción estatal por la del árbitro o árbitros..."*, concluindo que *"resulta contrario a la Cosntituición que la ley suprima o prescinda de la voluntad de una de las partes para someter la controversia al arbitrage de la Junta que es lo que hace el párrafo primero del artículo 38.2. La primera nota del derecho a la tutela consiste en la libre facultad que tiene el demandante para incoar el proceso y someter al demandado a los efectos del mismo. Quebranta, por tanto, la esencia misma de la tutela judicial tener que contar con el consentimeinto de la parte contraria para ejercer ante un órgano judicial una pretensión frente a ella"* [31].

A referida norma foi alterada, tendo o legislador substituído a obrigatoriedade pela presunção de consentimento, nos seguintes

---

[30] Ley 16/1987, de 30 de Julio, de Ordenación de Los Transportes Terrestres (B.O.E. núm. 182, de 31 de Julio).

[31] In ÁLVAREZ ALARCÓN. *Op cit.* Pág. 38.

termos: "*Se presumirá que existe el referido acuerdo de sometimiento al arbitrage de las Juntas siempre que la cuantia de la controversia no exceda de 500.000 pesetas y ninguna de las partes intervenientes en el contrato hubiera manifestado expresamente a la otra su voluntad en contra antes del momento en que se inicie o debería haberse iniciado la realización del servicio o actividad contratado.*"

Parece manterem-se aqui as razões que fundamentaram a declaração de inconstitucionalidade da norma no seu texto inicial, visto que presunção de consentimento não é verdadeiro consentimento ou expressa declaração de vontade, face às disposições da Lei de Arbitragem Espanhola [32] que determinam que:"*Mediante el arbitrage, las personas naturales o jurídicas pueden someter, **previo convenio**, a la decisión de uno o varios árbitros las cuestiones litigiosas, surgidas o que puedan surgir, en materias de su libre disposición conforme a derecho*" (artigo 1); definindo que: "*el **convenio arbitral** deberá expresar la voluntad inequivoca de las partes de someter la solución de todas las cuestiones litigiosas o de algunas de estas cuestiones, surgidas o que puedan surgir de relaciones jurídicas determinadas, sean o no contractuales, a la decisión de uno o más árbitros, así como expresar la obligación de cumplir tal decisión.*" (artigo 5.1) [33].

Relativamente a este caso concreto de arbitragem obrigatória, cabe realçar que a arbitragem de litígios ocorridos em função de contratos de transporte terrestre tem um regime próprio, não se encontrando subordinada ao Sistema Arbitral de Consumo, sendo a presunção de consentimento, em submeter o litígio de valor inferior a 500.000 pesetas, um caso único na Arbitragem Espanhola.

Outro grupo de argumentos que poderiam ser chamados à discussão da obrigatoriedade da arbitragem de consumo prendem-se com a actual "*estrutura*" arbitral de consumo, a qual não cobre todo o território nacional, não podendo impor-se a todos os cidadãos; apesar de os Centros de Arbitragem utilizarem procedimentos

---

[32] Ley 36/1988, de 5 de Diciembre, de Arbitrage (B.O.E. núm. 293, de 7 de diciembre; corrección de errores B.O.E. núm. 185, de 4 de agosto de 1989

[33] Neste sentido ÁLVAREZ ALARCÓN, *op cit*, pág. 40; e GASPAR LERA, S., "El Ambito de Aplicación del Arbitrage", *Ed. ARANZANDI, 1998, pág. 225.*

idênticos, existem algumas diferenças pontuais; para além de que a arbitragem de consumo, no âmbito da arbitragem voluntária institucionalizada, depende de associações privadas sem fins lucrativos, às quais se estaria a exigir e impor que dessem resposta a essa obrigatoriedade, funcionando quase como tribunais judiciais, mas mantendo as vantagens de um sistema mais simples e voluntário, como a celeridade e a gratuitidade, havendo o perigo de tornar inoperantes os poucos Centros de Arbitragem existentes.

Voluntariedade, Convenção Arbitral e *Adesão Genérica*

Uma das inovações do *Sistema* Arbitral de Consumo traduz-se numa forma peculiar de *"convenção arbitral"*[34], subscrita pelos fornecedores de bens e serviços, cujo objecto é a submissão à arbitragem de consumo de litígios eventuais e futuros e que recebe a denominação de *Declaração de Adesão Genérica* (Artigo 7.º, do Regulamento do Centro de Arbitragem de Conflitos de Consumo do Distrito de Coimbra)[35].

Em consequência desta *declaração de adesão* ao *Sistema* Arbitral de Consumo, os *aderentes* acordam em submeter ao Tribunal Arbitral todos os litígios que ocorram no âmbito do exercício da sua actividade económica. Por forma a tornar esta *adesão* conhecida pelo consumidor, o *aderente* tem o direito de afixar no seu estabelecimento comercial um símbolo distintivo, que o identifica como *aderente*

---

[34] Levanta-se aqui a dúvida se esta *declaração de adesão genérica* é ou não uma convenção arbitral, já que o compromisso não é subscrito com a parte em litígio, mas com a entidade autorizada a realizar arbitragem voluntária institucionalizada. Como refere MONROY, M. G., *"Se ha dicho con razón que el compromiso tiene un carácter compuesto dado que supone una manifestación conjunta dirigida a los árbitros y en la qual les confieren el encargo de decidir determinadas controversias y luego una manifestación de voluntad correlativa de los árbitros en la que aceptan el encargo y lo asumen"*.(Monroy, M. G., *Arbitrage Comercial*, Bogotá. Ed. Temis, 1982, p. 30).

[35] A *Adesão Genérica* é idêntica em todos os Centros de Arbitragem de Conflitos de Consumo, com algumas diferenças no que concerne às consequências inerentes ao não cumprimento da decisão Arbitral.

àquele Centro de Arbitragem/Tribunal Arbitral. O Centro de Arbitragem compromete-se, por sua parte, a publicitar a *adesão* através da afixação na sua sede de uma lista de *aderentes*.

A *adesão genérica*, mais do que uma convenção arbitral apresenta-se como um *contrato* entre o organismo arbitral e a empresa aderente, comprometendo-se esta à resolução através daquele dos conflitos futuros que surjam no exercício da sua actividade. Daí que se possa levantar a questão da sua validade enquanto convenção arbitral e da sua oponibilidade ao consumidor.

Apesar da existência de uma *adesão genérica*, que vincula o fornecedor de bens ou serviços ao *Sistema Arbitral de Consumo*, esta não deve interpretar-se no sentido de uma convenção de arbitragem unilateral que obrigue o consumidor, contraparte no litígio e que não participou no acordo realizado entre a empresa aderente e o Centro de Arbitragem, a submeter-se à *jurisdição* deste, o que significa que a empresa aderente não pode invocar contra o consumidor, em Tribunal Judicial, a excepção de preterição do Tribunal Arbitral.

Por outro lado, ainda em consequência do âmbito genérico da adesão, sempre que surja um litígio específico e o consumidor o deseje submeter à decisão do Tribunal Arbitral, invocando a *adesão genérica* do reclamado, torna-se necessário delimitar o objecto do litígio, nos termos do n.º 3 do artigo 11.º da LAV [36], levantando-se mesmo a questão de o consumidor poder invocar esta *adesão genérica* para obrigar o reclamado a resolver o litígio através da arbitragem de consumo, pois, segundo CAPELO, M. J. *"Nos termos da lei civil, um acordo tem eficácia inter-partes, e em relação a terceiros só produz efeitos nos casos e em termos previstos na lei (n.º 2 do artigo 406.º do Código Civil). Contudo, não há regra alguma na Lei de Arbitragem (ou nos regulamentos) que chancele esta eficácia perante terceiros (neste caso, o consumidor). Tal significa que, no caso de o agente económico se recusar a celebrar uma convenção de arbitragem, o consumidor não lhe pode opor a declaração de adesão genérica à arbitragem."*

---

[36] Neste Sentido CAPELO, M. J. "A lei de Arbitragem Voluntária e os Centros de Arbitragem de Conflitos de Consumo (Breves considerações), In *Estudos de Direito do Consumidor*, n.º 1, 1999, pág 101-116.

Na *Arbitragem de Consumo*, os fornecedores de bens e serviços que subscrevem uma *adesão genérica* raramente limitam as relações jurídicas a que devem respeitar os litígios, querendo com isto dizer que não subtraem à arbitragem algumas relações jurídicas que, sendo relações jurídicas de consumo, não desejariam ver resolvidas no âmbito da arbitragem de consumo.

No entanto, nada parece obstar a que um fornecedor de bens ou serviços possa limitar ou impor condições prévias ao âmbito de aplicação da sua *adesão*. Por exemplo, no Sistema Arbitral de Consumo Espanhol, a *adesão* [37] de algumas empresas foi feita mediante algumas limitações e condições prévias, como sucedeu com a *adesão* da Companhia Telefónica, a qual impôs uma condição de tipo procedimental, exigindo que para que o litígio seja resolvido em sede de Arbitragem de Consumo, o consumidor tenha apresentado previamente reclamação nos seus estabelecimentos. Outras empresas impõem limites de valor do litígio, só se sujeitando à arbitragem até um valor máximo, outras, por exemplo, aceitam submeter à arbitragem litígios resultantes de contratos de compra e venda, mas já não de contratos de reparação, ainda que prestem esses serviços aos seus clientes no âmbito do mesmo contrato de compra e venda.

Com excepção dos Regulamentos do Centro de Arbitragem de Conflitos de Consumo do Distrito de Coimbra e do Centro de Arbitragem de Conflitos de Consumo do Vale do Ave/Tribunal Arbitral, os restantes Centros (entre os quais, o Centro de Arbitragem do Sector Automóvel) incluíram nos seus regulamentos, no âmbito da *adesão genérica* a possibilidade de os *aderentes* inserirem nos seus contratos, "*caso utilizem cláusulas contratuais gerais*", "*cláusulas compromissórias designando como competente o tribunal arbitral funcionando no Centro*". Convém, neste particular aspecto da *adesão genérica*, se a equipararmos a uma cláusula compromissória (com as reservas

---

[37] Que no Sistema Arbitral de Consumo Espanhol se denomina *Oferta Pública de Sometimiento al Sistema Arbitral de Consumo* (artigo 6.1 do *Real Decreto 636/ /1993, de 3 de Mayo, por el que se Regula el Sistema Arbitral de Consumo* (B.O.E. núm. 121, de 21 de mayo).

apontadas *supra*), questionar se, quando incluída entre condições que não foram negociadas, é eficaz ou viola o regime legal das cláusulas contratuais gerais. Conforme De Castro, *"No existe ninguna otra cláusula más peligrosa que la Compromisoria, puesto que en virtud de la misma se permite a las grandes organizaciones industriales y mercantiles imponer a los más débiles económicamente, tribunales arbitrales y normas favorables a sus intereses. La cláusula compromisoria escondida en la letra pequeña del contrato, entre el oscuro fárrago de condiciones, puede surgir de pronto para el adherente como muralla inexpugnable frente a cualquier reclamación del comprador"* [38].

A Directiva 93/13/CEE do Conselho, de 5 de Abril de 1993, relativa às cláusulas abusivas nos contratos celebrados com os consumidores, estabelece na alínea *q*) do seu anexo que são consideradas abusivas as cláusulas que tenham por fim *"Suprimir ou entravar a possibilidade de intentar acções judiciais ou seguir outras vias de recurso, por parte do consumidor, nomeadamente obrigando-o a submeter-se exclusivamente a uma jurisdição de arbitragem não abrangida por disposições legais, limitando indevidamente os meios de prova à sua disposição ou impondo-lhe um ónus da prova que, nos termos do direito aplicável, caberia normalmente à outra parte contratante"*.

Já no nosso direito interno, o Decreto-Lei n.º 446/85, de 25 de Outubro, com as alterações introduzidas pelo Decreto-Lei n.º 220/95, de 31 de Janeiro refere no seu artigo 21.º, alínea *h*) que são absolutamente proibidas as cláusulas que *"Excluam ou limitem de antemão a possibilidade de requerer tutela judicial para situações litigiosas que surjam entre os contratantes ou prevejam modalidades de arbitragem que não assegurem as garantias de procedimento estabelecidas na lei"*.

A análise destas normas leva-nos a considerar que tal cláusula não deve vincular o consumidor, devendo apenas ter o valor de declaração arbitral do predisponente, que se auto vincula a resolver os litígios eventuais com o subscritor do contrato no tribunal arbitral daquele Centro de Arbitragem. Ao consumidor deve ser dada a

---

[38] *Cit in* GASPAR LERA, S. S., "El Ambito de Aplicación del Arbitrage", Ed. ARANZANDI, 1998, pág. 206.

liberdade de optar por resolver o litígio pela via arbitral ou pela via judicial. Aquela cláusula não deve vincular o consumidor, pois nada assegura que este tenha compreendido o seu alcance ou que o predisponente lhe tenha explicado as suas consequências. Por outro lado, ao permitir a inclusão de uma cláusula que atribui competência a um Tribunal Arbitral de um Centro de Arbitragem de Conflitos de Consumo, deveria proceder-se a uma fiscalização da utilização dessa cláusula, por forma a evitar utilizações abusivas e por vezes enganadoras, já que podem criar no consumidor falsas expectativas.

Uma outra questão se coloca quanto à duração da *adesão genérica*. Normalmente não se estabelece um limite temporal a esta *adesão*, pelo que se pode considerar celebrada por tempo indefinido, podendo terminar por vontade do aderente ou ser revogada pelo Centro de Arbitragem, quando o aderente *"não respeite o compromisso nela assumido ou não cumpra voluntariamente a decisão arbitral transitada em julgado"* [39].

3.2 Unidireccionalidade

Uma outra característica específica do *Sistema Arbitral de Consumo* é a unidireccionalidade do procedimento, o que significa que apenas o consumidor pode iniciar o processo, não tendo os fornecedores de bens e serviços a mesma capacidade activa. Tal situação decorre dos diversos regulamentos dos Centros de Arbitragem que prevêem ou fazem pressupor o início do procedimento arbitral com a apresentação da reclamação pelo consumidor. Assim, "*A reclamação emergente de uma relação de consumo é apresentada pelo consumidor no Centro de Arbitragem, nos CIAC ou nas Associações*" (artigo 8.º, n.º 1 do Regulamento do Centro de Arbitragem de Conflitos de Consumo do Distrito de Coimbra); "*O agente económico pode contestar por escrito ou oralmente*" (artigo 11.º, n.º 1, do Regulamento do Cen-

---

[39] Artigo 7.º, n.º 4, do Regulamento do Centro de Arbitragem de Conflitos de Consumo do Distrito de Coimbra.

tro de Arbitragem de Conflitos de Consumo da Cidade de Lisboa e do Regulamento do Centro de Informação de Consumo e de Arbitragem do Porto).

Este *princípio da unidireccionalidade do Sistema Arbitral de Consumo* não decorre nem da LAV, nem da Lei de Defesa do Consumidor, a qual se limita, no seu artigo 14.º (*Direito à Protecção Jurídica e Direito a uma Justiça Acessível e Pronta*) a determinar que "*incumbe aos órgãos e departamentos da AdministraçãoPública promover a criação e apoiar centros de arbitragem com o objectivo de dirimir os conflitos de consumo*". Aliás, como refere CAPELO, M. J. "*Apesar da posição desfavorecida, na relação especial de consumo, encarnada pelo consumidor, parece-me pouco consentâneo com os princípios da igualdade e de acesso à justiça arbitral, o impedimento que recai sobre o agente económico. O recurso à justiça arbitral assenta num acordo de vontades, pelo que a convenção deve poder ser aproveitada por ambos os contraentes. O acesso à arbitragem voluntária institucionalizada deve ser possível nos mesmos moldes em que é possível a arbitragem ad hoc*" [40].

Excepções a este *princípio da unidireccionalidade do Sistema* é o disposto no Regulamento do Centro de Arbitragem de Conflitos de Consumo do Vale do Ave/Tribunal Arbitral, que prevê que "*Quer o agente económico, que tenha aderido genericamente, quer o consumidor poderão desencadear o processo de arbitragem com vista à resolução dos conflitos de consumo...*", limitando, no entanto, esta capacidade activa aos fornecedores de bens ou serviços que tenham subscrito uma *adesão genérica*; verificando-se a existência de idêntica norma no Regulamento do Centro de Arbitragem do Sector Automóvel que, no seu artigo 6.º, alínea b),dispõe que "*podem recorrer ao Centro de Arbitragem, na qualidade de reclamantes: As empresas de reparação, de revenda de automóveis, e as estações de prestação de serviços e de revenda de combustíveis, qualquer que seja a sua natureza jurídica, quando pretendam dirimir conflitos com consumidores em que estejam em causa questões relacionadas com a qualidade do serviço prestado ou do bem vendido, desde que sejam aderentes do Centro de Arbitragem.*"

---

[40] CAPELO, M. J, *op. cit.*, pág. 106.

Tudo isto é lógico, como refere ÁLVAREZ ALARCÓN [41], desde a perspectiva que fundamenta a arbitragem de consumo na necessidade de proteger a parte mais fraca nas relações jurídicas de consumo. Continuando por afirmar, no que se refere ao Sistema Arbitral de Consumo Espanhol, que nada impediria que também os empresários pudessem ter capacidade activa.

Na verdade, a unidireccionalidade resume-se à capacidade para dar início ao procedimento arbitral, que no entanto estará sempre condicionado pela vontade expressa e inequívoca do reclamado em aceitar a resolução do litígio pela via da arbitragem voluntária. Poderemos considerar que é atribuída alguma capacidade activa ao fornecedor de bens ou serviços, pelo menos àquele que subscreveu a *adesão genérica* e que a publicita, informando o consumidor da sua disposição em resolver o litígio pela via da arbitragem voluntária? A colocação do símbolo distintivo nos estabelecimentos dos *aderentes* pode ser considerado como uma verdadeira "*oferta*" ao consumidor para a resolução de litígios pela via da arbitragem voluntária?

No entanto, o argumento do favorecimento da parte mais débil para fundamentar a unidireccionalidade do *sistema* pode, do mesmo modo ser utilizado para fundamentar o inverso. Neste sentido afirmam CAPPELLETTI e GARTH "*closing small claims courts to actions by businessmen may serve only to channel such actions to other forums, possibly less favorable to the consumer*", acrescentando logo a seguir que "*At any rate, it is certainly desirable to try to turn small claims courts into effective forums for the defense of consumers. Consumers are increasingly buying goods on credit, and they ought to be given the opportunity to refuse to pay and assert their defenses in a forum amenable to their needs*" [42].

Poderia argumentar-se, face à opinião expressa, que podemos correr o risco de transformar os Centros de Arbitragem em Tribunais de cobrança de dívidas. Perigo real e que não negamos. Mas, apesar disso, o direito de acesso à justiça do consumidor, a uma justiça rápida, acessível e eficaz, não deve estar limitado às situações de

---

[41] *Op cit.*, pág. 50.
[42] CAPPELLETTI & GARTH, *op. cit.*, pág 79 e 80.

litígio em que o consumidor, enquanto parte lesada, se apresenta como autor, pois não deixa de ser a parte mais débil e com menores recursos para exercer os seus direitos nos litígios de consumo em que seja réu [43]. Os obstáculos que se colocam ao consumidor no acesso à justiça são idênticos, independentemente da posição que assuma no processo.

3.3 Gratuitidade

O artigo 14.º da Lei de Defesa do Consumidor estabelece que: "*É assegurado ao consumidor o direito à isenção de preparos nos processos em que pretenda a protecção dos seus interesses ou direitos, a condenação por incumprimento do fornecedor de bens ou prestador de serviços, ou a reparação de perdas e danos emergentes de factos ilícitos ou da responsabilidade objectiva definida nos termos da lei, desde que o valor da acção não exceda a alçada do tribunal judicial de 1.ª instância*".

Esta norma da LDC isenta o consumidor de pagar as custas (taxa de justiça) do processo em tribunal Judicial, facilitando o acesso dos consumidores ao sistema judicial. Idêntico critério se aplica à arbitragem de Consumo. O êxito da resolução extrajudicial de conflitos de consumo passa pelo ausência de custos (ou custos limitados) para as partes em litígio.

A característica da gratuitidade no *Sistema Arbitral de Consumo* respeita a todo o procedimento e aplica-se a ambas as partes, não apenas ao consumidor, com a única excepção da realização de peritagens, as quais devem ser suportadas pela parte no processo que as solicitou.

Analisando a LAV e os regulamentos dos Centros de Arbitragem, nada resulta relativamente à gratuitidade do procedimento arbitral de consumo, com excepção do previsto no Regulamento do Centro de Arbitragem do Sector Automóvel que, no seu artigo 20.º, dispõe: "*O processo arbitral é gratuito até ao fim da mediação*" (n.º 1), definindo

---

[43] Neste sentido PIRES DE SOUSA, P., "A Unidireccionalidade da Arbitragem de Conflitos de Consumo", In *O Consumidor*, n.º 81, Fevereiro de 1999, pág. 46 a 48.

no n.º 2 os termos do pagamento de preparos: "*A passagem à fase de conciliação e arbitragem implica o pagamento, por cada parte, de um preparo de 3% ou 5% do valor em causa, conforme as partes tenham optado pelo árbitro singular ou colectivo, num mínimo de 5.000$00 (cinco mil escudos).*"

Por forma a garantir a gratuitidade do *sistema*, o legislador isentou "*de preparos e custas a execução das sentenças proferidas pelos tribunais arbitrais dos centros de arbitragem de conflitos de consumo*" (Decreto-Lei n.º 103/91, de 8 de Março), podendo considerar-se que tal isenção abrange não apenas o consumidor, mas também o fornecedor de bens ou serviços que tenha obtido decisão arbitral condenatória favorável, já que o seu artigo único refere, explicitamente, que "*o **exequente** está isento de preparos e custas na execução para obter cumprimento das sentenças condenatórias proferidas pelos tribunais arbitrais dos centros de arbitragem de conflitos de consumo.*" Isto apesar de, no preâmbulo do diploma, apenas se fazer referência ao consumidor como grande beneficiário desta isenção, o qual, "*obtendo do tribunal de pequenos conflitos, sentença condenatória favorável, tem já um direito concreto que merece ser juridicamente acautelado*".

Mas, a gratuitidade do *procedimento arbitral de consumo* para as partes, não significa que este não tenha os seus custos. Os Centros de Arbitragem são entidades com uma estrutura a manter, pessoal administrativo, juristas, despesas de manutenção e funcionamento, entre outras. Como já foi referido, a administração pública assegura, através da concessão de subsídios, a manutenção das Associações (privadas) que sustentam os Centros de Arbitragem, o que levanta alguns problemas, já focados.

As críticas que surgem à gratuitidade do procedimento arbitral para a resolução de litígios de consumo fundamentam-se na relação custo do processo – valor do litígio. Ao não haver um valor mínimo para um litígio de consumo poder ser dirimido em tribunal arbitral, existindo, no entanto, um custo fixo para o funcionamento dos Centros de Arbitragem, os detractores da *arbitragem de consumo* levantam a questão de se estar a pagar um custo muito alto para resolver litígios de pequeno valor (por exemplo, a média do valor dos litígios resolvidos pelo Centro de Arbitragem de Conflitos de Consumo do Distrito de Coimbra, segundo amostragem realizada pelo Centro de Estudos Sociais [44], foi em 1997: 109.625$00; o processo com o valor mais baixo foi de 650$00), não sendo fácil de apurar se os custos assumidos para financiar a arbitragem de consumo constituem um benefício face ao número de processos que foram desviados dos tribunais judiciais.

Mas esta questão não pode ser discutida apenas de um ponto de vista meramente quantitativo e economicista, há que valorizar o aspecto qualitativo, ou seja os Centros de Arbitragem proporcionam aos consumidores a resolução de litígios que, pelo seu pequeno valor, nunca seriam levados a tribunal judicial e aos quais, em consequência seria denegada justiça. Como refere Álvarez Alarcón *"En el fondo lo que se persigue es proporcionar una vía de justicia a los consumidores, aunque sea desproporcionado el coste económico de la vía establecida y la quantía en liza, pero es que lo que no tiene precio es la justicia"* [45].

Outra questão se coloca, partindo do mesmo fundamento da gratuitidade do procedimento, isto é, deverá impor-se um limite máximo de valor para que os litígios de consumo sejam dirimidos em sede de tribunal Arbitral?

Na medida em que o *sistema* foi criado para permitir a resolução das chamadas *bagatelas jurídicas*, parece não fazer muito sentido que se utilizem os mesmos meios, para mais gratuitos, para resolver litígios de valor elevado. No entanto, baseando-se o *sistema* na vontade das partes, nada obstaria a que os litígios tivessem um valor superior ao definido actualmente nos regulamentos dos Centros de Arbitragem (750.000$00) [46], já que a própria LAV não impõe limite de valor.

---

[44] PEDROSO & CRUZ (1999), *op.cit.*.

[45] *Op. cit.*, pág. 41.

[46] Valor definido para o Centro de Arbitragem de Conflitos de Consumo do Distrito de Coimbra (artigo 2.º, n.º 1 do Regulamento: *"A competência do Centro abrange os litígios de consumo de montante não superior ao valor da alçada dos tribunais de primeira instância"*; previsão idêntica (mas não indexada à alçada do tribunal de primeira instância) encontra-se no artigo 5.º, n.º 1 dos Regulamentos do Centro de Arbitragem de Conflitos de Consumo da Cidade de Lisboa e do Centro de

Mas esta limitação não se encontra em todos os Centros de Arbitragem, existindo, neste momento duas excepções, com diferentes características. A primeira, que não é verdadeiramente uma excepção, é a do Centro de Informação, Mediação e Arbitragem do Algarve, cujo regulamento prevê um limite de valor substancialmente superior, já que determina que: *"Os litígios no domínio do consumo cujo valor não ultrapasse o da alçada do Tribunal da Relação (3.000.000$00) podem ser submetidos pelas partes, mediante convenção de arbitragem, à resolução por Tribunal Arbitral funcionando sob a égide do Centro"* [47]. Em virtude de este ser o Centro de Arbitragem a ser criado mais recentemente, poderá esta alteração relativa ao valor limite dos litígios significar uma nova postura na política de consumo, que começa a compreender o valor e a importância que estes Centros de Arbitragem assumem na resolução de Conflitos de Consumo e no alívio dos tribunais judiciais. Falta pois que tal política produza os seus efeitos nos restantes Centros de Arbitragem.

A segunda excepção é a do Centro de Arbitragem do Sector Automóvel, o qual não tem limite de valor para a resolução de litígios de consumo para os quais seja competente em razão do objecto, como se pode inferir do artigo n.º 3.º do seu regulamento, o qual define as suas competências e que, no n.º 2 diz expressamente que: *"A competência do Centro não está limitada quanto ao valor do litígio"*. Este Centro de Arbitragem, cujo objecto se limita à resolução de litígios *"decorrentes da prestação de serviços de assistência, manutenção e reparação automóvel, da revenda de combustíveis e da compra e venda de veículos automóveis usados"* (art.º 1.º do regulamento), não resolve litígios de consumo em sentido estrito, nos termos em que se encontra definida a relação jurídica de consumo na LDC (art.º 2.º, n.º 1), já que admite que sejam submetidos à arbitragem litígios em

---

Informação de Consumo e Arbitragem do Porto; o Regulamento do Centro de Arbitragem de Conflitos de Consumo do Vale do Ave, artigo 9.º diz que *"o Tribunal Arbitral só poderá intervir na resolução de conflitos de consumo cujo valor não ultrapasse o legalmente fixado para a alçada dos tribunais de comarca"*.

[47] Autorizado a funcionar, com as competências definidas no seu regulamento, por Despacho do Secretário de Estado da Justiça, de 11 de Maio de 2000.

que ambas as partes sejam profissionais, exigindo apenas que os bens não sejam "*destinados a uso exclusivamente profissional*" (art.º 3.º, n.º 1).

Mais cedo ou mais tarde haverá que definir um critério único, sob pena de se descaracterizar o *sistema arbitral de consumo* (se acaso podemos falar de sistema), para o que urge reflectir sobre esta questão (entre outras).

Quanto a nós, relativamente à questão de impor um limite máximo para os litígios de consumo a submeter à arbitragem realizada pelos Centros de Arbitragem, há que ter em conta que a responsabilidade aumenta com o aumento do valor do litígio, pelo que haverá que ponderar se as estruturas que realizam a Arbitragem estão preparadas para assumir essa responsabilidade.

3.4 Eficácia

Artigo 26.º da LAV determina que "1. *A decisão arbitral, notificada às partes e, se for caso disso, depositada no tribunal judicial nos termos do artigo 24.º, considera-se transitada em julgado logo que não seja susceptível de recurso ordinário. 2. A decisão arbitral tem a mesma força executiva que a sentença do tribunal judicial de 1.ª instância.*"

As decisões dos tribunais arbitrais têm, assim, a mesma força vinculativa dos tribunais judiciais. No entanto, a eficácia não se resume ao valor vinculativo das decisões arbitrais, já que, essencialmente, a eficácia destas decisões depende do seu cumprimento.

Não são muitas, podendo até ser consideradas esporádicas, as decisões arbitrais não cumpridas. Aliás, o facto de o procedimento ser voluntário ajuda, em nossa opinião, a que as decisões sejam acatadas por ambas as partes, pois decidiram de comum acordo submeter o litígio a um organismo de resolução extrajudicial.

Mas nem sempre isso acontece e algumas decisões arbitrais não são cumpridas, o que implica que a parte a quem a decisão foi favorável vá a tribunal judicial exigir o seu cumprimento. O que, apesar de o processo executivo se encontrar isento de custas, neste caso concreto, implica custos, pois raro será o caso do consumidor que proponha um processo de execução em tribunal judicial sem para tanto contratar um advogado.

A eficácia resulta ainda da celeridade do procedimento arbitral. Assim, Pedroso, J. e Cruz, C. no estudo realizado sobre o Centro de Arbitragem de Conflitos de Consumo do Distrito de Coimbra, com base na amostragem realizada, concluíram que: *"De forma a aferir a veracidade desta afirmação utilizámos como fonte a informação contida nos processos por nós seleccionados, isto é, a data do início e a data de arquivamento dos 13 processos que findaram por mediação, dos 2 que findaram por conciliação e os 5 que findaram por arbitragem. Para o efeito estabelecemos uma média (em dias úteis)da duração do processo. Assim, pela análise dos processos findos por mediação concluímos que são necessários, em média, 68 dias úteis para a sua resolução. São precisos 108 dias para solucionar um processo findo por conciliação e 71 dias para solucionar um processo findo por arbitragem."*

A eficácia do *sistema arbitral de consumo* dependerá sempre da sua capacidade de resposta, simples e rápida, às solicitações que lhe forem feitas. Se as estruturas dos Centros de Arbitragem não tiverem capacidade para manter a rapidez do processo, este perderá a sua eficácia e seu valor face ao sistema judicial.

4. Procedimento

Relativamente ao procedimento utilizado nos Centros de Arbitragem, faremos apenas uma breve descrição, pois este merece uma análise mais pormenorizada, no sentido de verificar o estrito cumprimento dos preceitos imperativos da LAV e as inovações introduzidas na arbitragem por este *sistema*.

O modelo adoptado caracteriza-se por fazer coexistir no mesmo espaço um serviço de apoio jurídico e um tribunal arbitral.

Assim, o trabalho realizado não se resume à arbitragem, mas muito é feito em termos de informação, o que releva o trabalho de prevenção de litígios realizado por estes Centros de Arbitragem.

O procedimento aqui descrito é o que resulta do Regulamento do Centro de Arbitragem de Conflitos de Consumo do Distrito de

Coimbra (CACCDC), o qual pode apresentar algumas pequenas diferenças relativamente aos procedimentos de outros Centros de Arbitragem, os quais são basicamente idênticos.

4.1. A informação

O serviço de apoio jurídico presta informação, tanto aos consumidores, como aos fornecedores de bens e serviços, relativamente a questões relacionadas com relações jurídicas de consumo e procedimento arbitral.
Por vezes, a informação dá lugar ao processo de reclamação.

4.2. A mediação e a conciliação

A apresentação da reclamação desencadeia um procedimento que começa por ser, inicialmente, de mera mediação, a qual é realizada pelo Juristas do Centro de Arbitragem. Não terminando o processo nesta fase, as partes são convidadas a deslocarem-se ao Centro para a realização de uma Tentativa de Conciliação.
A Tentativa de Conciliação é obrigatória antes de o litígio ser sujeito a julgamento arbitral, como se pode deduzir da leitura do n.º 1 do artigo 9.º do Regulamento do CACCDC ("*nenhuma reclamação é sujeita a julgamento arbitral sem antes se procurar conciliar as partes*").
Se a Tentativa de Conciliação resultar num acordo entre as partes, será lavrada uma acta que, assinada pelas partes em litígio e pelo jurista que dirigiu a conciliação, será remetida para o juiz-árbitro do tribunal arbitral para efeitos de homologação. A validade do acordo depende de se verificarem os pressupostos necessários à realização de arbitragem, tendo a "*decisão homologatória o mesmo valor e eficácia da decisão proferida em tribunal judicial*" (artigo 11.º do mesmo regulamento).
Se a tentativa de conciliação não terminar em acordo, são remetidos os autos ao juiz-árbitro para designação do dia e hora do julgamento.

A mediação e a conciliação são momentos essenciais na resolução do litígio pela via extrajudicial, na mediada em que a maioria dos litígios terminam numa destas fases, não chegando sequer à fase de julgamento arbitral.

4.3 O julgamento arbitral

As partes são notificadas da designação do dia e hora para a realização do julgamento arbitral, sendo a entidade reclamada simultaneamente "*citada para contestar, querendo, por escrito, até à data marcada para julgamento, ou oralmente na própria audiência, devendo oferecer a prova com a contestação.*" (Artigo 13.º)

A falta de contestação não implica a "*condenação automática do pedido ou confissão de factos*".

Uma das peculiaridades dos Centros de Arbitragem, na sua maioria, é o facto de o Juiz-árbitro ser um juiz de carreira, nomeado pelo Conselho Superior de Magistratura, apesar de a LAV não o exigir (artigo 8.º: "*Os árbitros devem ser pessoas singulares e plenamente capazes*"). Esta opção que parece gerar maior confiança nos consumidores e nos fornecedores de bens e serviços, relativamente à decisão arbitral, pode ter algumas desvantagens, as quais se prendem com o facto de se transportarem dos tribunais judiciais para os arbitrais hábitos e procedimentos que não se coadunam com a simplicidade e a especificidade da arbitragem de consumo. Por outro lado, a relação jurídica de consumo é por vezes bastante específica, exigindo conhecimentos específicos sobre determinados assuntos, não sendo possível, por vezes, ao juiz-árbitro (singular) ser o bastante ecléctico para julgar todos os litígios que chegam à arbitragem.

Um colégio arbitral, tal como está previsto no sistema arbitral de consumo Espanhol (artigo 11 do Real Decreto 636/1993), poderia ser uma opção alternativa, já que estes colégios se encontram integrados por três árbitros, cada um deles designado por um dos sectores interessados na arbitragem de consumo: consumidores, empresários e administração. O presidente do colégio arbitral é sempre um funcionário da administração e os vogais representam as associações de consumidores e empresariais. Note-se que estes árbitros não representam as partes em litígio [48], no entanto não há que esquecer as críticas atrás apontadas a este tipo de formação dos colégios arbitrais, relativamente à possível falta de independência dos árbitros nomeados pelos representantes dos consumidores e pelos representantes dos profissionais, que poderão ter a tendência para decidir na defesa dos interesses do grupo que representam.

Face às críticas apontadas àquela forma de constituição de colégio arbitral, poderia pensar-se em recrutar árbitros não apenas através das associações representativas de consumidores e profissionais, mas fora do seu círculo, por exemplo através da Ordem dos Advogados.

Este esquema permitiria que, no âmbito das arbitragens realizadas sobre questões mais problemáticas, como os seguros, as telecomunicações, os serviços financeiros, entre outros, se pudesse recorrer a árbitros com experiência e conhecimentos específicos relativamente àquelas actividades económicas.

Por outro lado, prevendo-se a alteração do limite de valor máximo das causas a submeter à arbitragem de consumo, uma outra opção poderia ser a resolução do litígio por um juiz singular ou por um colégio arbitral, consoante o valor da causa, podendo aqui estabelecer-se uma certa analogia com o sistema judicial. O aumento do valor dos litígios submetidos à arbitragem pressupõe uma maior responsabilidade dos organismos arbitrais, muitas vezes acompanhada de uma maior complexidade dos litígios, bem como poderá proporcionar um maior número de recursos, caso as partes não renunciem a este direito [49].

Esta é mais uma questão a merecer discussão no âmbito da arbitragem de consumo em Portugal. Caberia, pois, fazer a avaliação do papel desenvolvido pelos juízes árbitros até agora e estudar a possibilidade de utilizar colégios arbitrais na arbitragem de consumo em Portugal, deixando-se aqui algumas ideias para análise e discussão.

---

[48] Apesar da possível tendência para representar os interesses de *"classe"*, representantes de empresários e consumidores acabam por se neutralizar mutuamente, sendo relevante o facto de a maioria dos laudos serem ditados por unanimidade.

[49] Segundo o artigo 29.º, n.º 1 da LAV *"Se as partes não tiverem renunciado aos recursos, da decisão arbitral cabem para o Tribunal da Relação os mesmos recursos que caberiam da sentença pelo Tribunal de Comarca"*.

4.4 As provas

Em tribunal arbitral pode produzir-se qualquer prova admitida em direito (artigo 18.º da LAV), sendo obrigatório o depoimento pessoal de ambos os litigantes, podendo ser prestado oralmente ou por escrito. A prova pode ser oferecida pela parte reclamada com a contestação, a qual pode ser apresentada até à data marcada para julgamento. (artigos 13.º e 14.º do Regulamento do CACCDC)

O número de testemunhas encontra-se limitado a três. Cabendo à parte que as apresenta a sua notificação, a menos que o solicite ao Tribunal Arbitral com a antecedência necessária.

4.5. A decisão arbitral

O tribunal arbitral profere a decisão, finda a produção da prova, a qual pode ser ditada para a acta ou, apresentando o litígio alguma complexidade, poderá ser proferida no prazo de 10 dias.

A decisão arbitral deverá cumprir com o disposto no artigo 23.º da LAV, ou seja, deverá conter a identificação das partes, a referência à convenção de arbitragem, o objecto do litígio, a identificação do juiz-árbitro, o local da arbitragem e o local e a data em que foi proferida, a assinatura do juiz-árbitro, para além de dever ser fundamentada.

A decisão será tomada segundo o direito constituído, a menos que as partes tenham convencionado que o juiz-árbitro pode julgar segundo a equidade (artigos 22.º da LAV e 16.º, n.º 3 do Regulamento do CACCDC). No *sistema arbitral de consumo* Espanhol a situação é inversa, a decisão será tomada segundo a equidade (art.º 4.2 da Ley 36//1988, de 5 de diciembre, de Arbitrage) a não ser que as partes em litígio tenham optado pela arbitragem de direito, caso em que, obrigatoriamente, os árbitros deverão ser advogados em exercício e o laudo motivado (artigo 11.º, n.º 3 e 16.º, n.º 2, respectivamente, do Real Decreto 636/1993).

Compreende-se que na arbitragem de consumo espanhola se tenha optado pela arbitragem em equidade, em primeiro lugar pela constituição dos colégios arbitrais, que assim não têm obrigatoriamente de ser advogados em exercício, e, em segundo lugar, pela especificidade dos litígios de consumo que, em virtude da especial relação de desequilíbrio entre as partes, pedem uma justiça menos formal.

No direito arbitral Português "*a autorização dada aos árbitros para julgarem segundo a equidade envolve a renúncia aos recursos*". Questão também muito discutida actualmente, a de as decisões arbitrais deverem estar ou não sujeitas a recurso, já que esta sujeição lhes retira eficácia e volta a remeter os litígios para os tribunais judiciais, quando se quiz precisamente resolvê-los fora do sistema judicial.

4.6. Recurso e anulação da decisão

Nos termos do artigo 29.º da LAV: "*Se as partes não tiverem renunciado aos recursos, da decisão arbitral cabem para o tribunal da relação os mesmos recursos que caberiam da sentença proferida pelo tribunal de comarca*".

A decisão arbitral poderá, ainda, ser anulada em tribunal judicial se se verificarem alguns dos pressupostos previstos no artigo 27.º da LAV, tal como na arbitragem em geral.

Conclusões

Muitos problemas foram equacionados ao longo deste trabalho e muitos ficaram de fora, não por esquecimento, mas porque cada um deles poderia ser tema de um outro trabalho.

Assim, apenas se fizeram breves anotações no que concerne ao procedimento arbitral dos Centros de Arbitragem de Conflitos de Consumo, o qual merece uma análise mais pormenorizada.

Chegámos à conclusão que se chegou a uma etapa de transição na arbitragem de consumo em Portugal. Há que discutir e reflectir para evoluir e essa reflexão dogmática encontra-se ainda por fazer.

O relevo social que os Centros de Arbitragem de Conflitos de Consumo têm neste momento exigiria da parte da administração uma atenção mais exigente e uma definição política mais objectiva. Não se trata de repetir até à exaustão um modelo que funcionou, trata-se de criar a partir desse modelo um verdadeiro Sistema Arbitral de Consumo. Não bastam protocolos de intenções, é necessário criar estruturas consistentes e dar-lhes os meios físicos e legais para trabalhar. E porque não uma Lei de Arbitragem de Consumo?

NOTAS BIBLIOGRÁFICAS

ÁLVAREZ ALARCÓN, A., "El Sistema Español de Arbitrage de Consumo", 1999, Ed. INC.
BOURGOIGNIE, Th., *Granting Consumers Effective Access to Justice: Should we only dream about it or will it become real?*, In Access to Justice for Consumers in Central and Eastern European Countries. 1996.
CALAIS-AULOY J., *Droit de la Consommation*, 4.ª Ed., Dalloz, 1996.
CAPELLETTI, M. & GARTH, B. *Access to Justice: a World Survey,* 1978, Vol I:I.
CAPELO, M. J. "A lei de Arbitragem Voluntária e os Centros de Arbitragem de Conflitos de Consumo (Breves considerações), In *Estudos de Direito do Consumidor*, n.º 1, 1999.
CARPI PÉREZ, J. "El Colegio Arbitral Y Las Partes Del Processo Arbitral De Consumo." In *El Sistema Arbitral De Consumo (Comentarios Al Real Decreto 636/193, De 3 De Mayo).* Eds. Ignacio Quintana Carlo and Angel Bonet Navarro. Pamplona: ARANZADI, 1997. 129-65.
FERREIRA DE ALMEIDA, C. "Negócio Jurídico de Consumo – Caracterização, Fundamentação e Regime Jurídico". In *Boletim do Ministério da Justiça*, 347 – 1985.
GASPAR LERA, S., "El Ambito de Aplicación del Arbitrage", Ed. *ARANZANDI, 1998.*
Grande Diccionário da Língua Portuguesa.1991. Ed. Alfa. Vol. VI, pág 100.
PEDROSO, J & CRUZ (1999) "A Arbitragem Institucional em Portugal: o caso do Centro de Arbitragem de Conflitos de Consumo de Coimbra e Figueira da Foz".
PIRES DE SOUSA, P., "A Unidireccionalidade da Arbitragem de Conflitos de Consumo", In *O Consumidor*, n.º 81, Fevereiro de 1999, pág. 46 a 48.

OS DESTINATÁRIOS DA LEGISLAÇÃO DO CONSUMIDOR

SANDRINA LAURENTINO
Estudante do Curso do CDC 1999-2000
Advogada estagiária

Sumário

INTRODUÇÃO. I NOÇÃO DE CONSUMIDOR. A) *Sentido lato da noção de consumidor.* B) *Sentido estrito da noção de consumidor.* II UMA EXTENSÃO DA NOÇÃO DE CONSUMIDOR? A) *O profissional como consumidor?* B) *A pessoa colectiva como consumidor?* C) *Novas propostas de definição do consumidor.* III A LEGISLAÇÃO DO CONSUMIDOR DESTINADA A PROFISSIONAIS NÃO EQUIPARADOS A CONSUMIDORES. A) *O Decreto-Lei n.º446/85, de 25 de Outubro (alterado), sobre Cláusulas Contratuais Gerais.* B) *O Decreto-Lei n.º383/89, de 6 de Novembro, sobre a responsabilidade objectiva do produtor.* C) *A Lei n.º 23/96, de 26 de Julho, sobre Serviços Públicos Essenciais* CONCLUSÃO

INTRODUÇÃO

O direito do consumo, ou direito dos consumidores – logo veremos como convém apelidá-lo – tem sido um tema na moda e alvo das atenções dos homens políticos. A situação económica, uma nova perspectiva do direito como protector da parte mais fraca e a pressão das associações de consumidores não foram estranhas a esta chamada de atenção sobre um tema que, entre nós, parece ser relativamente novo, ou então, que só alcançou um lugar de destaque relativamente recentemente.

Com efeito, no que diz respeito à perspectiva económica, temos assistido, ultimamente, ao surgimento de situações novas entre nós, ou que, pelo menos, não tinham no passado tanto relevo, como por exemplo as situações de sobreendividamento, que fizeram com que o tema da protecção dos consumidores voltasse a ser falado. Também o desenvolvimento do processo produtivo, o fabrico de produtos em cadeia, e existência de uma multiplicidade de intermediários entre o produtor e o consumidor final, fizeram surgir preocupações na opinião pública sobre a questão da protecção da saúde e segurança dos consumidores. Mas estas preocupações e estes novos elementos da sociedade moderna são apenas exemplos, sendo muitas outras as consequências do desenvolvimento económico sobre os consumidores.

A nova perspectiva económica levou os juristas a preocuparem-se com a questão da protecção dos consumidores. Com efeito, apesar de os códigos nacionais já conterem normas de protecção, como por exemplo, no Código Civil português, as normas sobre a boa fé (art. 227.º e 762.º, n.º 2), sobre o enriquecimento sem causa (art. 473.º), sobre a proibição dos negócios usurários (art. 282.º), o abuso de direito (art. 334.º) etc., estas revelavam-se insuficientes face aos novos dados da sociedade actual. O desequilíbrio crescente entre as partes contratuais, ou situações de desequilíbrio de facto na ausência de contrato (pensemos por exemplo nas vítimas de produtos defeituosos), requeriam novas intervenções legislativas destinadas a tutelar especialmente quem se encontrava em posição de inferioridade. Também o aparecimento de um movimento associativo muito activo na Europa, aparecimento tardio em relação ao que já se constatava nos Estados-Unidos, favoreceu a produção de normas de protecção do Consumidor.

Por conseguinte, antes mesmo de a questão surgir com mais acuidade entre nós, já era alvo de atenções a nível internacional. Assim, já em 1962, no dia 15 de Março, hoje dia emblemático para os consumidores (ou seja, para todos nós...), nos Estados Unidos da América, a "consumer bill of rights message" do Presidente Kennedy reconhece certos direitos fundamentais do consumidor: o direito à segurança, o direito à informação, o direito à escolha, o direito de ser ouvido [1]. Mais

---

[1] JOÃO CALVÃO DA SILVA, "Responsabilidade civil do produtor", Almedina, colecção teses, 1999.cit. p.29, nota 1.

tarde, em 1973, a "Carta de Protecção do Consumidor" do Conselho da Europa (Resolução n.º 543 da Assembleia Consultiva de 17 de Março de 1973) prevê a protecção contra os danos provocados à saúde por produtos defeituosos, a protecção contra os danos feitos aos interesses económicos, o direito ao ressarcimento dos danos, o direito à assistência, à educação, à informação e à representação. Também a nível da C.E.E, no Primeiro Programa Preliminar de 1975 foram assegurados cinco direitos fundamentais do consumidor: protecção eficaz contra os riscos para a sua saúde e segurança, protecção dos seus interesses económicos, melhoria da sua posição jurídica, informação e educação, consulta e representação nas decisões que afectem os seus interesses. Dez anos mais tarde, face à constatação de que os resultados obtidos estavam muito aquém das expectativas, foram fixados três objectivos: os produtos vendidos na Comunidade devem corresponder às normas de saúde e de segurança aceitáveis, os consumidores devem estar em condições de beneficiar do mercado comum, os interesses dos consumidores devem ser tomados em consideração nas outras políticas comunitárias (Resolução de 23 de Junho de 1986). Enfim, em 9 de Abril de 1985, também a ONU adoptou uma Resolução pela qual os Estados-membros obrigam-se a uma política de protecção do consumidor, nomeadamente contra os riscos para a saúde e segurança física [2].

Por conseguinte, a questão da protecção dos consumidores, apesar de mais falada entre nós há poucos anos para cá, é uma questão já mais antiga. Com efeito, também se pode constatar, a nível das legislações nacionais que não resultaram da transposição de directivas europeias, que o movimento, para certos países, começou anteriormente ao nosso. Assim, por exemplo, a questão do sobreendividamento dos consumidores, que é uma situação nova entre nós, e mesmo assim, que parece ainda ser uma situação marginal (ao contrário das situações de endividamento que são correntes e, hoje em dia, normais, e que devem ser distinguidas das anteriores), já foi em parte tratada em França por uma lei dita "Neiertz", de 31 de Dezembro de 1989, que veio prever a possibilidade de escalonamento das dívidas não profissionais em certos casos. Também a questão da **codificação** da legislação dos consumidores se pôs mais

---

[2] JOÃO CALVÃO DA SILVA, "Responsabilidade Civil do Produtor", cit. p.41-42.

cedo noutros países. Em França, a questão já era antiga, mas só deu luz ao "Code de la Consommation" em 1993 (aprovado pela Lei n.º 93-949, de 26/7/1993), que é na realidade uma colectânea de legislação do consumidor. No que se refere à Bélgica, a proposta belga de código já data de 1995. Também fora da Europa, no Brasil, o "Código Brasileiro de Defesa do Consumidor", que, formalmente é uma lei, data de 1990 (Lei n.º 8.078, de 11/9/1990).

No entanto, isto não significa que Portugal só tenha tomado consciência da existência dos problemas específicos dos consumidores há pouco tempo para cá. É certo que esta questão é relativamente recente à escala do tempo, mas já em 1976, a **Constituição Portuguesa** consagrou o objectivo de protecção do consumidor (quando Raymond Martin [3] situa o aparecimento da palavra "consumidor" na legislação francesa em 1972, ou seja muito pouco tempo antes...). Com efeito, o **artigo 81.º**, al. *h*) da Constituição refere a protecção do consumidor como "incumbência prioritária do Estado". E com as revisões constitucionais de 1982 e 1989, os direitos dos consumidores tornaram-se direitos fundamentais.

Mais precisamente, o **artigo 60.º** da Constituição consagra o direito dos consumidores à qualidade dos bens e serviços consumidos, à formação e à informação, à protecção da saúde, da segurança e dos seus interesses económicos, bem como à reparação de danos; proíbe a publicidade oculta, indirecta ou dolosa. Mas também os artigos 52.º e 99.º, al. *e*) referem expressamente a protecção do consumidor.

A nível legislativo, não existe em Portugal um Código do Consumidor mas, desde 1981, existe em Portugal uma lei-quadro de defesa do consumidor (Lei n.º 29/81, de 22 de Agosto de 1981) que foi substituída pela Lei n.º 24/96, de 31 de Julho, que consagra os direitos dos consumidores e das associações de consumidores e estabelece as regras e os princípios de concretização desses direitos. Trata-se de uma lei-quadro, logo de uma lei que é concretizada através de vários instrumentos legislativos, nomeadamente, resultantes da transposição de

---

[3] RAYMOND MARTIN, "Le consommateur abusif", D. 1987, crónica p. 150.: «Le mot consommateur apparaît pour la première fois en droit français, sauf erreur de notre part, dans la loi n.º 72-1137 du 22 déc.1972, dont le titre dit qu'elle est «relative à la protection du consommateur en matière de démarchage et de vente à domicile».

directivas (por exemplo, sobre o crédito ao consumo, sobre o "time-sharing", a responsabilidade do produtor, viagens organizadas, sobre cláusulas contratuais gerais, etc. ...).

Mas poderia pensar-se que Portugal apenas consagrou os direitos dos consumidores depois do 25 de Abril, seguindo o movimento da época e que depois apenas foi transpondo directivas comunitárias como um "bom aluno" da Europa.... Não foi o que aconteceu: a consagração dos direitos dos consumidores foi real no nosso país. Com efeito, convém fazer referência a uma importante decisão do Tribunal Constitucional n.º153/90, de 3 de Maio [4] sobre a protecção dos consumidores. O caso era o seguinte: vários vales de correio extraviaram-se, o que causou prejuízo ao destinatário que só os recebeu 6 meses mais tarde. Este pretendeu então receber uma indemnização por parte dos Correios de Portugal. Só que o Tribunal decidiu que os Correios não eram responsáveis porque uma cláusula dos estatutos destes dispunha que nas suas relações com os clientes, a responsabilidade dos correios não abrangia o "lucrum cessans". Foi então que o lesado recorreu ao Tribunal Constitucional que declarou a norma dos Estatutos dos correios **inconstitucional** por esta violar o imperativo constitucional de protecção dos consumidores que faz parte da ordem pública, como resultava do artigo 110, n.º1 da Constituição (agora, artigo 60.º, n.º1) que previa o direito dos consumidores à reparação dos danos. Por conseguinte, as cláusulas de exclusão de responsabilidade que são válidas quando não há dolo ou culpa grave, não o serão quando houver razões especiais de protecção social, no caso em apreço, de protecção do consumidor [5].

Por conseguinte, a consagração constitucional do imperativo de protecção dos consumidores é uma realidade em Portugal, protecção essa que está concretizada em inúmeras leis. Simplesmente, resta saber

---

[4] Acórdão do Tribunal Constitucional n°153/90, de 3 de Maio, DR, II Série, 7/ /9/1990, p. 10.022.

[5] Para uma descrição da situação jurídica portuguesa: ANTÓNIO PINTO MONTEIRO, "Responsabilité du fait des produits au Portugal", in «La Directive 85/374/CEE relative à la responsabilité du fait des produits: dix ans après», V.M. GOYENS, Centre de droit de la consommation de Louvain-la-Neuve, 1996; também, A. PINTO MONTEIRO e P. MOTA PINTO, « La protection de l'acheteur de choses défectueuses en droit portugais», in «Boletim da Faculdade de Direito», Universidade de Coimbra, vol. LXIX, 1993, p. 259; A PINTO MONTEIRO, "Cláusula penal e indemnização", Coimbra, 1990.

a quem se destina exactamente essa legislação. Com efeito, tem-se apelidado esse conjunto de normas, ora de "direito do consumo", ora de "direito dos consumidores", não se sabendo muito bem qual a fórmula mais correcta.... A fórmula "direito do consumo" parece remeter para a tradição francesa que fala de "droit de la consommation". No entanto, esta fórmula tem sido posta em causa, tendo sido defendido, nomeadamente pelo Professor Doutor PINTO MONTEIRO [6], que falar de "direito do consumidor" seria mais correcto. Com efeito, o consumo seria apenas a fase terminal do circuito económico enquanto o direito relativo a estas questões é mais um direito da produção, que não abrange apenas a fase terminal. Por conseguinte, a este direito estaria subjacente, na realidade, um **critério finalista**, ou seja "o de **protecção e promoção dos interesses do consumidor** como escopo das normas que constituem o seu conteúdo, o seu objecto e o seu domínio" de aplicação [7], e não o de protecção da fase final do circuito produtivo. Ora, se a ideia-força da legislação é proteger o consumidor, parte considerada como fraca e leiga perante outras entidades do circuito económico e que, por conseguinte, necessita de uma tutela específica que se vem juntar à tutela já existente no direito comum, resta saber **quem é o "consumidor"**, destinatário desta protecção.

Porque será que esta definição é tão importante? É evidente que, dizendo que o destinatário da legislação do consumo é na realidade o "consumidor", torna-se necessário definir o consumidor para se saber a quem se vai aplicar essa legislação!.

No entanto, a questão é na realidade bem mais complexa porque a noção de "consumidor" parece ter **vários conteúdos** em função das normas, das interpretações feitas pela jurisprudência, das necessidades

---

[6] De acordo com o ensino oral do Professor ANTÓNIO PINTO MONTEIRO no módulo de "Introdução ao direito do Consumidor" do Curso de Pós-graduação de Direito do Consumidor do ano lectivo 1999/2000.

[7] JOÃO CALVÃO DA SILVA, "Responsabilidade Civil do Produtor", cit. p. 57. No entanto, este Autor defende que na acepção do artigo 2.º da Lei n.º 24/96 de Defesa do Consumidor, este direito regula os "actos de consumo": "tal como a lei comercial regula os actos de comércio, assim também o denominado direito do consumo regulará os actos de consumo, relações jurídicas existentes entre um consumidor e um profissional" (cit. p. 80).

de protecção de pessoas que talvez não devessem ser consideradas como "consumidores".... Ou seja, talvez não haja uma noção única de "consumidor". Nesse caso, a legislação destinada aos consumidores estaria destinada à várias categorias de pessoas que seriam chamadas de "consumidores" para a aplicação de determinadas normas, mas que na realidade seriam apenas "equiparadas" a consumidores [8].

Por outro lado, também se põe o problema de saber se a legislação do consumidor se aplica sempre unicamente ao consumidor ou se não chega a oferecer tutela a pessoas que não sejam consumidores.

São estas questões que convém agora analisar.

I. A NOÇÃO DE CONSUMIDOR

É importante definir a noção de "consumidor" porque este é o principal destinatário das normas de protecção que fazem parte dos "Direitos do Consumidor". A noção que será analisada nesta parte é a noção que podemos qualificar de "originária", na medida em que, como veremos na parte seguinte, a noção de consumidor é também por vezes estendida a outro tipo de pessoas equiparadas ao consumidor.

Na Doutrina que se debruçou sobre a questão da noção de "consumidor", existe um consenso sobre o facto de se poder considerar que esta pode ser entendida num sentido lato e num sentido estrito [9]. Restará depois saber qual desses sentidos deve ser tomado em consideração para a aplicação da legislação do consumidor.

A) Sentido lato da noção de consumidor

Em sentido lato, o consumidor é aquele que adquire, possui ou utiliza um bem com o objectivo de o **consumir**. Por conseguinte, nesta

---

[8] De acordo com o ensino oral do Professor ANTÓNIO PINTO MONTEIRO no módulo de "Introdução ao direito do Consumidor" do Curso de Pós-graduação de Direito do Consumidor do ano lectivo 1999/2000.

[9] P. MALINVAUD, "La protection des consommateurs", D. 1981, crónica p. 49. JOÃO CALVÃO DA SILVA, "Responsabilidade Civil do Produtor", cit. p. 58.

perspectiva, será consumidor não só aquele que adquire para necessidades pessoais ou familiares, mas também o que adquire para uso profissional. Em ambos os casos, há um acto de "consumo". A única exclusão existiria no caso da compra para revenda porque nessa hipótese, não há "consumo" do bem.

O sentido lato da noção de consumidor encontraria a sua razão de ser no facto de a noção ter uma origem, não jurídica, mas **económica**, ou pelo menos, encontrar a sua razão de ser na legislação económica [10]. Esta é por exemplo a posição de Jean-Pierre PIZZIO que defende uma concepção objectiva do "direito do consumo" (nos termos do Autor) que corresponderia ao sentido "lato". Assim, para este Autor, existe, por um lado, uma concepção objectiva do "direito do consumo", ou um direito dos "actos de consumo", e por outro lado, uma concepção subjectiva do "direito do consumo", ou uma "protecção social dos consumidores não profissionais", que corresponderia ao sentido estrito [11]. Ora, o Autor defende que a noção de consumidor deve ser entendida por vezes num sentido objectivo. Assim, nos seus próprios termos: "Il n'est pas souhaitable, contrairement à l'opinion de la doctrine dominante, d'adopter une conception unitaire du consommateur, celle du consommateur non professionnel». E o Autor continua o seu raciocínio salientando que existe uma **dualidade da noção de consumidor** que faz aparecer os dois aspectos do direito do consumo (nos seus termos).

A questão é por conseguinte esta: será que a noção de consumidor em sentido lato é a que vigora no conjunto de normas relativas ao consumidor? Será que é a noção estrita? Ou então, será que existe verdadeiramente uma dualidade da noção?

Para poder responder a estas perguntas, convém analisar o sentido estrito da noção e referirmo-nos às definições dadas pela lei para decidir se um só dos sentidos vigora na legislação ou se a própria legislação portuguesa consagra uma dualidade da noção de "consumidor".

---

[10] RAYMOND MARTIN, "Le consommateur abusif", D. 1987, crónica p. 150.
J.-P. PIZZIO, «L'introduction de la notion de consommateur en droit français», D. 1982, crónica p. 91.

[11] J.-P. PIZZIO, «L'introduction de la notion de consommateur en droit français», D. 1982, crónica p. 91, ob. cit. p. 92 e 96.

B) Sentido estrito da noção de consumidor

Em sentido estrito, o consumidor é aquele que adquire, possui ou utiliza um bem ou serviço para uso privado, quer seja pessoal, familiar ou doméstico, de modo a satisfazer necessidades pessoais ou familiares e não necessidades profissionais. Nesta perspectiva, já não é o "consumir" o eixo da noção, mas sim a **finalidade** do uso.

Será esta a noção acolhida na nossa legislação?. A questão é complexa porque os diplomas são vários e a noção de consumidor pode nem sempre coincidir em todos eles.

Por conseguinte, para se saber quem é consumidor, convém recorrer à Lei de Defesa do Consumidor que, como lei-quadro, deve dar de um certo modo a noção de referência para a aplicação dos diplomas que a concretizam.

A Lei n.º 29/81, de 22 de Agosto, definia o consumidor, no seu artigo 2.º, como "todo aquele a quem sejam fornecidos bens ou serviços destinados ao seu uso privado por pessoa singular ou colectiva que exerça, com carácter profissional, uma actividade económica".

A Lei n.º 24/96, de 31 de Julho que a substituiu, define o consumidor, no seu artigo 2.º, al. *1*, como: **"todo aquele a quem sejam fornecidos bens, prestados serviços ou transmitidos quaisquer direitos, destinados a uso não profissional, por pessoa que exerça com carácter profissional uma actividade económica que vise a obtenção de benefícios"**.

Existem algumas diferenças entre os textos. A Lei n.º 24/96 veio precisar que ao consumidor podem ser "transmitidos quaisquer direitos", que a entidade contratante deve ter uma actividade económica "que vise a obtenção de benefícios", veio suprimir a precisão dada sobre o facto de a contratante poder ser uma pessoa singular ou colectiva, e veio substituir a expressão "uso privado" por "uso não profissional".

A ideia subjacente à precisão dada sobre a necessidade de a contratante visar a obtenção de benefícios é provavelmente a de oferecer protecção ao consumidor unicamente nos casos em que alguém retira lucro do seu contacto com ele. Nesse caso, a tutela dada ao consumidor visa compensar a situação de "exploração" em que este se pode encontrar. Em contrapartida, não há razão para desfavorecer o profissional desinteressado.

Mas mais importante é a ideia que o consumidor é o que adquire para **uso "não profissional"**.

Por conseguinte, podemos constatar que **a concepção acolhida na nossa Lei de Defesa do Consumidor é a concepção estrita,** ou seja, dependente da **finalidade** do uso do bem ou serviço.

Isto significa que um profissional também poderá ser considerado consumidor desde que o bem ou serviço tenha um **destino não profissional**.

O problema maior que se irá pôr neste caso será o problema do **"uso misto"** dos bens ou serviços. Com efeito, um bem pode ser adquirido para fins profissionais e privados, pode ser adquirido para fins profissionais e acabar por ter um destino privado, ou pode ser adquirido para fins privados e acabar por ter um destino profissional.... Neste caso, *quid iuris*?.

Se, no momento da aquisição, o comprador teve a intenção de usar o objecto adquirido na profissão e na vida privada, só haverá contrato de consumo se a coisa comprada for **predominantemente** destinada a fins privados [12]. No entanto, se o objecto, por sua natureza, puder ser utilizado para fins profissionais e não profissionais e houver dúvidas sobre o fim que o cliente perseguia no momento da aquisição, caberá ao profissional alienante o ónus de provar que, naquele momento, o adquirente não destinava o objecto predominantemente a uso privado.

Concluindo, a resposta à questão de saber quem é "consumidor" parece simples: na Lei portuguesa de Defesa do Consumidor, o "consumidor" é aquele que dá ao bem ou serviço um uso não profissional, ou seja, **a nossa lei adopta a noção restrita de "consumidor"**.

Porém, esta conclusão pode ser apenas provisória. Ela corresponde, sim, à realidade do texto, mas a questão é bem mais complexa. Podemos ver um sinal dessa complexidade já na alteração que foi feita ao texto do artigo 2.º da Lei n.º 29/81, com a substituição da expressão "uso privado" pela expressão "uso não profissional". Essa complexidade vai, por exemplo, manifestar-se na questão de saber se um profissional

---

[12] Neste sentido, J. CALAIS-AULOY, "Droit de la consommation », Précis Dalloz, 3ª ed., 1992.

poderá sempre ser considerado consumidor quando o bem tenha um destino não profissional, se não haverá casos em que ele poderá ser considerado consumidor apesar de o bem ter um destino profissional (o que parece ir contra o texto da lei), se uma pessoa colectiva pode ser consumidora.... Resumindo: não haverá uma extensão da noção de consumidor ou uma categoria de "consumidores equiparados"?

II. UMA EXTENSÃO DA NOÇÃO DE CONSUMIDOR?

A noção de consumidor do artigo 2.º da Lei de Defesa do Consumidor põe essencialmente dois problemas: o problema do profissional e das pessoas colectivas considerados ou não como consumidores.

Na medida em que a questão do uso profissional ou não profissional dos bens acabou de ser referido, vamos desde já analisar a questão que nos parece mais complexa, a do profissional considerado como consumidor.

A) O profissional como consumidor?

Vamos distinguir duas hipóteses: a do profissional que faz um uso não profissional do bem ou serviço e a do profissional que faz um uso profissional do bem ou serviço.

– Uso não profissional
Se seguirmos a letra do artigo 2.º da Lei de Defesa do Consumidor, o profissional poderá ser considerado consumidor desde que faça do bem ou serviço um uso não profissional. Assim, por exemplo, um advogado que compra um computador para a sua casa, para os seus filhos ou sem se servir dele para fins profissionais, será um consumidor.

No entanto, a questão surge quando, apesar de o uso dado à coisa ser não profissional, o adquirente tem uma competência específica relativa a esse bem. Por exemplo: um mecânico compra um automóvel para ele e a sua família. Será que ele é um consumidor?

Segundo o artigo 2.º, n.º1 da Lei 24/96, este é um consumidor na medida em que o uso dado ao bem é um uso não profissional.

No entanto, esta resposta é discutida por alguns Autores [13]. A razão desta dúvida reside na *ratio* da legislação do consumidor. Com efeito, considera-se que esta é uma legislação de protecção, destinada a compensar a desigualdade entre o consumidor, parte fraca, leiga, profana e por vezes débil economicamente, e o profissional, normalmente uma empresa. Pelo que este direito não deve conduzir à protecção especial de alguém que, muito embora actue formalmente na veste de consumidor, tem uma competência técnico-profissional que lhe permite não estar numa posição de inferioridade em relação ao profissional de quem adquiriu.

No exemplo dado do mecânico, trata-se de uma pessoa que é profissional do mesmo ramo e que, por conseguinte, tem toda a competência para contratar praticamente num pé de igualdade com o vendedor. Daí a questão.

É difícil dar uma resposta certa nestes casos. Deve simplesmente salientar-se que, atendendo ao texto do artigo 2.º, n.º 1 da Lei n.º 24//96, o profissional que faz da coisa um uso não profissional é um consumidor. No entanto, esta solução é muito discutida pela Doutrina que vê nela uma deformação do escopo da legislação do consumidor.

– Uso profissional

Seguindo também a letra do artigo 2.º da Lei n.º 24/96, de 31 de Julho, deveria dizer-se que o profissional que adquire para uso profissional não é um consumidor.

Só que podemos pôr a hipótese de esse profissional adquirir um bem totalmente estranho à sua especialidade. Assim, por exemplo, o advogado que adquire um computador para o seu escritório, adquire para uso profissional, mas não tem forçosamente toda a competência para enfrentar os problemas postos por um computador....

Neste caso, não se deveria considerar que este profissional está na realidade numa posição equiparável à do consumidor e que, por conseguinte, deveria beneficiar da tutela especial concedida aos consumidores?

---

[13] Por exemplo, JOÃO CALVÃO DA SILVA, "Responsabilidade Civil do Produtor", cit. p.62 e 63.

Para parte da Doutrina, nomeadamente para o Professor António Pinto Monteiro [14], a **equidade** justificaria a extensão da protecção do consumidor ao profissional de outro ramo, mesmo quando este faça do bem um uso profissional.

No entanto, parece-nos importante ter em conta a situação concreta desse profissional, ou seja, ter em conta os seus conhecimentos técnicos e o seu ramo de actividade. Como é evidente, só apreciando o circunstancialismo é que nos parece possível proceder a essa extensão da protecção com base na equidade.

Sintetizando, o nosso direito positivo adopta um sentido estrito da noção de consumidor, mas a Doutrina não exclui a aplicação da legislação de protecção a profissionais equiparados a consumidores quando a equidade o justifica. Como vemos, a questão não é pacífica....

Ainda menos pacífico foi o tratamento de essa questão a nível da jurisprudência francesa. Parece-nos importante referi-la aqui porque a precisa questão do uso profissional de bens por profissionais foi muito discutida para a aplicação do artigo 35.º da lei de 10 de Janeiro de 1978 sobre as cláusulas abusivas (hoje, artigo L132-1 do Code de la Consommation).

Com efeito, esse artigo dispõe: "Dans les contrats conclus entre professionnels et non-professionnels ou consommateurs, sont abusives les clauses qui ont pour objet ou pour effet de créer, au détriment du non-professionnel ou du consommateur, un déséquilibre significatif entre les droits et les obligations des parties au contrat».

A própria redacção deste artigo é relativamente ambígua, pois a expressão "non-professionnels ou consommateurs" parece querer dizer que estas noções são sinónimas, o que alguns Autores rejeitam expressamente [15].

---

[14] De acordo com o ensino oral do Professor António Pinto Monteiro no módulo de "Introdução ao direito do Consumidor" do Curso de Pós-graduação de Direito do Consumidor do ano lectivo 1999/2000.
Ver também João Calvão da Silva, "Responsabilidade Civil do Produtor", p. 63, nota 2.

[15] J.-P. Pizzio, « L'introduction de la notion de consommateur en droit français», D. 1982, crónica p. 91, ob. cit. p. 93: «le terme de non-professionnel ne peut se réduire à celui de consommateur, celui-ci visant seulement une catégorie spécifique de non-professionnels».

Logo, era necessário saber o que era um não profissional para poder saber em que circunstâncias a proibição se poderia aplicar. Será a pessoa que faz um uso privado dos bens, excluindo qualquer uso profissional? Ou será que se protege à mesma o profissional que adquire para uso profissional, mas fora da sua competência específica, numa área em que está na mesma situação do que um consumidor?.

A Cour de Cassation começou por julgar que, desde que se contratasse para fins profissionais, o artigo 35.º da lei sobre as cláusulas abusivas não era aplicável. Assim, um mediador de seguros não podia beneficiar da lei quando contratava com uma agência de publicidade com o fim de fazer publicidade ao seu escritório [16].

Só que a posição da Cour de Cassation alterou-se, num aresto de 28 de Abril de 1987 [17], em que decidiu que uma sociedade que exerce a actividade de agente imobiliário e que tinha adquirido um sistema de alarme para a protecção do seu local, beneficiava da protecção porque o contrato não entrava na sua competência profissional, estranha à técnica muito especial dos sistemas de alarme, de molde que estava na mesma situação de ignorância do que qualquer consumidor [18].

Por conseguinte, em 1987, o Supremo Tribunal francês decidiu que um profissional podia beneficiar da protecção da lei sobre as cláusulas abusivas, **mesmo que tivesse adquirido para uso profissional**, desde que tivesse adquirido num ramo **estranho à sua especialidade**.

Isto significa que, nessa altura, a posição francesa era idêntica à posição da Doutrina portuguesa, não se falando, simplesmente, de "equidade".

No entanto, posteriormente, a Cour de Cassation voltou à posição anterior. Com efeito, passou a decidir que as disposições sobre as cláusulas abusivas não se aplicavam aos contratos que tinham uma ligação directa (**"un rapport direct"**) com a actividade profissional

---

[16] Civ. 1ère, 15 de Abril de 1986, Bull. Civ.I, n.º 90; D. 1986.IR.393, anotação AUBERT.

[17] Civ. 1ère, 28 de Abril de 1987, Bull. Civ. I, 134; D. 1987, som. 455, anotação AUBERT; D. 1988,1, anotação DELEBECQUE; JCP 1987, II, 20893, anotação PAISANT.

[18] Sobre esta evolução da jurisprudência francesa: G. PAISANT, "Les nouveaux aspects de la lutte contre les clauses abusives", D. 1988, crónica p. 253.

exercida pelo contraente, e esta tem sido a posição do Supremo Tribunal francês até agora [19].

Consequentemente, o facto de se tratar de um profissional do mesmo ramo ou não já não parece ter relevância na jurisprudência francesa que utiliza agora o critério do "rapport direct avec l'activité professionnelle exercée par le cocontractant."

Esta posição, se fosse a posição portuguesa, seria a mais conforme à letra do nosso artigo 2.º da Lei n.º 24/96. No entanto, a nossa Doutrina continua a achar que o profissional deve beneficiar da protecção quando, por força das circunstâncias, é tão leigo quanto o consumidor. Esta posição merece ser defendida porque a *ratio* da legislação do consumidor é compensar situações de desigualdade que podem sempre existir, independentemente da qualidade de profissional ou não do contraente.

B) A pessoa colectiva como consumidor?

A Lei de Defesa do Consumidor não contém qualquer restrição expressa às pessoas singulares, ao contrário de outros diplomas, nacionais e comunitários, de tutela do consumidor. É por esta razão que se põe a questão de saber se uma pessoa colectiva pode ser consumidor.

Esta questão já foi objecto de decisões dos tribunais. Podemos assim referir o já citado aresto da Cour de Cassation, de 28 de Abril de 1987, que considerou que uma sociedade que exerce a actividade de agente imobiliária era consumidor.

No entanto, parece que uma pessoa colectiva só poderá ser considerada consumidor se não tiver competência específica. No caso contrário, a Doutrina portuguesa pende para o não reconhecimento às pessoas colectivas da qualidade de consumidor.

Todavia, convém salientar que para a aplicação de certos textos que as excluem expressamente, as pessoas colectivas não poderão ser consideradas consumidores. Também se deve acrescentar que há direitos

---

[19] Sobre a prática dos tribunais, J. BEAUCHARD, "Droit de la distribution et de la consommation", PUF, col. Thémis, 1ª ed., 1996, p. 334.

que, pela sua própria natureza, são "inseparáveis da pessoa singular" (artigo 160.º, n.º 2 do Código Civil), como é o caso, por exemplo, do direito à protecção da saúde.

Podemos por conseguinte concluir, sobre a questão do profissional e das pessoas colectivas considerados como consumidores, que a noção de consumidor do artigo 2.º, n.º1 da Lei de Defesa do Consumidor é uma noção, na realidade, elástica. Corresponde, sim, a uma concepção estrita da noção de consumidor, mas a doutrina portuguesa [20], sustentada por alguma jurisprudência, nomeadamente estrangeira, admite a existência de **consumidores equiparados**, o que provoca, de facto, um alargamento da noção de consumidor. É uma das razões pelas quais existem outras propostas de definição do "consumidor", quer na Doutrina, quer noutras legislações estrangeiras.

C) Novas propostas de definição do consumidor

Foi defendida uma nova proposta de noção de consumidor, segundo a qual não é a qualificação "privada" ou não profissional da aquisição ou utilização que deve fundamentar a autonomia da legislação de defesa do consumidor, mas o facto de essa aquisição ou utilização do bem ou serviço não se destinar a ser inserida num processo de produção, transformação ou comercialização desse bem ou serviço [21].

Só que este critério, próximo do utilizado no anteprojecto belga de "Code de la Consommation", tem por consequência que serão consumidores outras pessoas que não são destinatários finais. Por exemplo, quem adquire um bem e depois o vende em segunda mão será igualmente consumidor, desde que não o faça no quadro de uma actividade habitual e organizada. Ora, esta perspectiva parece alargar demasiado o âmbito da legislação de defesa do consumidor.

---

[20] De acordo com o ensino oral do Professor ANTÓNIO PINTO MONTEIRO no módulo de "Introdução ao direito do Consumidor" do Curso de Pós-graduação de Direito do Consumidor do ano lectivo 1999/2000.

[21] P. MOTA PINTO, "Direito da publicidade", aulas ao curso de pós-graduação de Direito do Consumo, 1999., p. 113, nota 101.

Por conseguinte, convém debruçarmo-nos sobre propostas que permitam evitar esse inconveniente.

De entre as legislações da União Europeia que optaram por definir o consumidor, convém referir em especial a **legislação espanhola**. Com efeito, o artigo 1.º da lei de 19 de Julho de 1984 sobre a defesa dos consumidores e dos utentes faz referência a toda a pessoa física ou colectiva que adquire, utiliza ou desfruta, como destinatário final, bens móveis ou imóveis, produtos ou serviços.... E mais longe, o texto vem precisar, *a contrario*, que não são considerados consumidores ou utentes os que, sem constituírem destinatários finais, adquirem, armazenam, utilizam ou consomem bens ou serviços para os integrarem num processo de produção, de transformação, de comercialização ou de prestação a terceiros.

Por conseguinte, a legislação espanhola acolhe uma noção do consumidor como "**destinatário final**". Neste caso, um profissional pode sempre ser considerado consumidor, desde que não integre o bem num processo produtivo que faria dele um destinatário não final.

Assim, a noção espanhola de consumidor é uma noção mais ampla do que a portuguesa, mas que evita considerar como consumidores pessoas que não sejam destinatários finais.

Fora da União Europeia, também o Código Brasileiro de Defesa do Consumidor acolhe uma noção de consumidor como destinatário final. Assim, o artigo 2.º deste diploma dispõe: "Consumidor é toda a pessoa física ou jurídica que adquire ou utiliza produto ou serviço como destinatário final".

Este conceito de consumidor adoptado pela legislação brasileira também é exclusivamente de carácter económico, à semelhança do conceito espanhol, só que tem suscitado discussões doutrinais precisamente sobre a questão que o próprio texto do artigo 2.º parecia vir esclarecer.

Com efeito, a adopção do critério do "destinatário final" parece excluir qualquer distinção quanto à utilização que é feita do bem. No entanto, como explica Cláudia Lima Marques [22], a Doutrina brasileira

---

[22] Cláudia Lima Marques, "Contratos no Código de Defesa do Consumidor – O Novo Regime das Relações contratuais", Editora Revista dos Tribunais, São Paulo, 1992, p.67-69.

dividiu-se sobre esta questão e parte dela veio reintroduzir a distinção feita entre uso profissional e uso privado do bem. Assim, para a tendência "finalista" da Doutrina, a figura do consumidor fica restringida àquele que adquire para uso não profissional, na medida em que este consumidor é o que merece tutela por ser uma parte vulnerável. Para a tendência "maximalista", o artigo 2.º do diploma deve ser interpretado o mais extensivamente possível para que as normas do Código de Defesa do Consumidor possam ser aplicadas a um número cada vez maior de relações de mercado e, nesta perspectiva, a noção de consumidor deve corresponder à de destinatário final, quer o uso do bem seja um uso privado ou profissional.

Todavia, apesar destas divisões doutrinais, o certo é que a letra do texto não faz qualquer distinção e que, por conseguinte, aparece sempre como mais aberta do que a noção portuguesa.

Em síntese, a noção de consumidor é, em Portugal, moderadamente restrita. Por um lado, o artigo 2.º, n.º1 da Lei de Defesa do Consumidor acolheu uma concepção restrita da noção, mas por outro lado, alguma Doutrina, apoiada por alguma jurisprudência, permite a aplicação da legislação a "consumidores equiparados".

Todavia, os destinatários da legislação do consumidor não são forçosamente só os consumidores. É o que vamos analisar a seguir.

II. A LEGISLAÇÃO DO CONSUMIDOR DESTINADA A PROFISSIONAIS NÃO EQUIPARADOS A CONSUMIDORES

Vários diplomas, tradicionalmente classificados como parte integrante da legislação do consumidor, também têm destinatários que não são normalmente considerados consumidores. Vejamos, então, alguns dos mais emblemáticos.

A) O Decreto-Lei n.º 446/85, de 25 de Outubro (alterado), sobre Cláusulas Contratuais Gerais

Este diploma, tal como no direito alemão, mas ao contrário do que é habitual nas outras legislações europeias sobre cláusulas abusivas, não se destina apenas ao consumidor, mas também aos empresários.

Deste modo, nos termos do artigo 17.º do diploma: "Nas relações entre empresários ou os que exerçam profissões liberais, singulares ou colectivos, ou entre uns e outros, quando intervenham apenas nessa qualidade e no âmbito da sua actividade específica, aplicam-se as proibições constantes desta secção e da anterior".

Por conseguinte, também para os empresários, haverá cláusulas absolutamente proibidas (artigo 18.º) e cláusulas relativamente proibidas (artigo 19.º), assim como serão proibidas as cláusulas contrárias ao princípio geral de boa fé (artigo 15.º). Aliás, podemos notar que estas proibições também se aplicam nas relações com consumidores finais, constituindo para estes um mínimo ao qual vêm acrescer proibições específicas.

B) O Decreto-Lei n.º 383/89, de 6 de Novembro, sobre a responsabilidade objectiva do produtor

Este diploma não especifica quais são os seus destinatários. Apenas proclama, no seu artigo 1.º: "O produtor é responsável, independentemente de culpa, pelos danos causados por defeitos dos produtos que põe em circulação."

No entanto, pode deduzir-se do seu artigo 8.º, n.º 1 quais são os seus destinatários. Com efeito, este artigo dispõe: "São ressarcíveis os danos resultantes de morte ou lesão pessoal e os danos em coisa diversa do produto defeituoso, desde que seja normalmente destinada ao uso ou consumo privado e o lesado lhe tenha dado principalmente este destino".

Por conseguinte, poderão invocar este diploma todas as pessoas, quer sejam consumidores ou profissionais, para o ressarcimento de danos resultantes de morte ou lesão pessoal. Todavia, os danos em coisas poderão apenas ser invocados por consumidores.

C) A Lei n.º 23/96, de 26 de Julho, sobre Serviços Públicos Essenciais

Esta lei destina-se ao "utente", ou seja qualquer pessoa, singular ou colectiva, que utilize o serviço. No entanto, deve especificar-se que a pessoa singular, considerada consumidor nos termos da Lei n.º 24/96 tem direito à facturação detalhada gratuita nos termos do Decreto-Lei n.º 230/96.

Enfim, além desses diplomas, podemos também referir rapidamente a obrigação geral de segurança e a informação sobre preços que se aplicam independentemente da qualidade do destinatário.

CONCLUSÃO

Já referimos que a expressão "direitos dos consumidores" era preferível à expressão "direito do consumo"[23], porque o escopo deste direito era essencialmente proteger o consumidor. Logo, os destinatários deste conjunto de normas eram os consumidores e convinha então definir esta noção. No entanto, após termos definido a noção, chegamos à conclusão que a palavra "consumidor" pode abranger várias categorias de destinatários. Também acontece por vezes que certas normas se destinem também a não consumidores. Com efeito, a protecção conferida por algumas normas não se pode limitar a uma categoria de pessoas. Outras categorias também podem encontrar-se na situação do consumidor, podem ser leigas ou impotentes perante certas entidades ou face a certos acontecimentos, como é o caso, por exemplo, perante os danos causados por um produto defeituoso.

Por esta razão, é difícil falar de um "direito do consumidor". Na realidade, temos evoluído para um direito que tem sempre como principal destinatário o consumidor, mas não só. Por conseguinte, hoje em dia, já não se pode falar de um "direito do consumidor", mas sim, de acordo com a expressão utilizada por MÁRIO TENREIRO, de um direito "autour du consommateur".

---

[23] De acordo com o ensino oral do Professor ANTÓNIO PINTO MONTEIRO no módulo de "Introdução ao direito do Consumidor" do Curso de Pós-graduação de Direito do Consumidor do ano lectivo 1999/2000.

Jurisprudência

JURISPRUDÊNCIA RELEVANTE
NA ÁREA DO DIREITO DO CONSUMO [1]

2000

Acórdão do Tribunal da Relação de Lisboa de 14.02.2000

Cláusulas contratuais gerais

O Tribunal é chamado a apreciar, à luz do disposto nos artigos 16.º e 21.º do Decreto-Lei 446/85, de 25.10, com as alterações introduzidas pelo Decreto-Lei n.º 220/95, de 31.08, a validade da cláusula, inserida num contrato de adesão relativo à utilização de um cartão de crédito, que atribui ao titular a responsabilidade pelos pagamentos resultantes da utilização abusiva do cartão por terceiro até ao momento da comunicação do seu extravio, furto ou roubo.

O juízo do Tribunal vai no sentido da validade da cláusula, considerado que opera uma equitativa repartição do risco desde que interpretada em conexão com a estipulação contratual que fixa o limite máximo de crédito concedido. Assim, o titular do cartão responderá pela respectiva utilização abusiva no período que antecede a comunicação mas só até ao *plafond* fixado como limite de crédito.

Colectânea de Jurisprudência, 2000, tomo I, pp. 110-114

---

[1] Recolha elaborada por Carolina Cunha, Assistente da Faculdade de Direito da Universidade de Coimbra

Acórdão do Supremo Tribunal de Justiça de 22.02.2000

Serviços públicos essenciais

Em causa estava um litígio entre o fornecedor de energia eléctrica e um utente, motivado pela pretensão do primeiro em receber a diferença entre o preço pago pelo segundo e o valor da energia realmente consumida, diferença originada por um defeito no contador de energia eléctrica.

O STJ começou por considerar que o contrato de fornecimento de energia eléctrica é um contrato de compra e venda de coisa móvel, com o preço fixado à razão de tanto por unidade, sendo devido o preço proporcional ao número ou medida real da coisa vendida. De seguida, analisa os pressupostos e equaciona a aplicação do artigo 890.º, n.º 1 do Código Civil, e do artigo 10.º, n.º 2, da Lei 23/96, de 26.07, concluindo pela prevalência desta última norma e pela necessidade de apurar o momento em que foi efectuado cada um dos pagamentos periódicos pelo utente, de modo a determinar se, para cada um deles singularmente considerado, já decorreu o prazo de caducidade do direito ao recebimento da diferença de preço.

Colectânea de Jurisprudência - Acórdãos do STJ, 2000, tomo I, pp. 110-114

Acórdão do Tribunal da Relação do Porto de 20.03.2000

Serviços públicos essenciais

O Tribunal considera que o prazo de prescrição dos créditos periódicos provenientes da prestação de serviço de telefone, fixado em seis meses pelo artigo 10.º, n.º 1, da Lei 23/96, de 26.07, diz respeito a uma verdadeira prescrição extintiva e não a uma simples prescrição presuntiva.

Colectânea de Jurisprudência, 2000, tomo II, pp. 207-209

Acórdão do Supremo Tribunal de Justiça de 11.04.2000

Cláusulas contratuais gerais

Aplicando o artigo 5.º, n.º 1 e 2, do Decreto-Lei 446/85, de 25.10, com as alterações introduzidas pelo Decreto-Lei n.º 220/95, de 31.08, o STJ considera que uma companhia de seguros não cumpriu adequadamente o dever de comunicação da cláusula contratual geral relativa à definição de «tempestade», cláusula que constava da «nota descritiva» anexa à «proposta» (aceite pela seguradora) em que se determinavam os riscos cobertos pelo contrato.

Deste modo, a cláusula contendo a «definição de tempestade» foi considerada excluída do contrato singular [artigo 8.º, alínea a)], sem que esta exclusão prejudicasse a cobertura do risco «tempestade» com o sentido que vulgar que correntemente lhe é atribuído.

Colectânea de Jurisprudência – Acórdãos do STJ, 2000, tomo I, pp. 152-158

Acórdão do Tribunal da Relação de Lisboa de 11.05.2000

Cláusulas contratuais gerais

Não é desproporcionada nem constitui por si só uma sanção a condenação de o predisponente dar publicidade à sentença de proibição do uso de determinadas cláusulas, uma vez que o seu objectivo é essencialmente o de dar conhecimento do facto aos consumidores em geral para os efeitos constantes dos artigos 32.º (invocação da declaração incidental de nulidade contida na decisão inibitória) e 33.º (sanção pecuniária compulsória) do Decreto-Lei 446/85, de 25.10, com as alterações introduzidas pelo Decreto-Lei n.º 220/95, de 31.08.

Colectânea de Jurisprudência, 2000, tomo III, pp. 81-83

Acórdão do Tribunal da Relação do Porto de 19.09.2000

Crédito ao consumo

O contrato de crédito ao consumo deve ser reduzido a escrito e assinado pelos contraentes, sendo obrigatoriamente entregue um exemplar ao consumidor no momento da respectiva assinatura.

A sanção para a não observância desta formalidade é a nulidade do contrato, apenas invocável pelo consumidor.

A ausência de invocação da nulidade do contrato de crédito ao consumo antes de recebido o crédito, e durante os quase três anos seguintes, assim como o pagamento mensal das prestações acordadas até Fevereiro de 1998 – o crédito foi concedido em Novembro de 1995 – cria na contraparte a confiança de que a nulidade não será mais invocada, tanto mais que o envio da cópia do contrato, posterior à sua celebração, não suscitou no consumidor qualquer reacção, antes este continuou a agir como se o considerasse válido.

A invocação da nulidade do contrato em Setembro de 1998, na situação analisada, constitui claro abuso de direito.

www.dgsi.pt, RP200009190021004

Acórdão do Tribunal da Relação do Porto de 10.10.2000

Crédito ao consumo

Um documento em que se constata a existência de uma situação de concessão de crédito associada a uma aquisição de bens de consumo, crédito que ascende a determinado montante, constante desse documento, que o devedor se comprometeu a reembolsar em prestações, serve de título executivo para o credor instaurar uma execução no caso de o devedor não pagar as prestações, desde que o devedor o assine.

www.dgsi.pt, RP200010100021017

Acórdão do Tribunal da Relação de Coimbra de 07.11.2000

Lei de defesa dos consumidores

Venda de coisa defeituosa

Estando a Autora privada do uso da viatura durante 17 dias por esta se encontrar a reparar, por força de defeito originário e dentro do prazo de garantia de doze meses assumido pelo vendedor, o período de reparação faz suspender este prazo de garantia, de acordo com o disposto no n.º 4 do artigo 4.º da Lei n.º 24/96, de 31/7.

A lei, ao exigir que a acção seja proposta dentro do prazo de seis meses sobre a data da denúncia do defeito, fá-lo no pressuposto que o defeito objecto da denúncia é conhecido pois, enquanto tal não suceder, não se compreende como pode o comprador propor a acção, exigir a reparação da coisa, a sua substituição , a redução do preço ou a resolução do contrato, como permite o n.º1 do artigo 12.º da Lei n.º 24/96.

Assim, apenas a partir da data em que a viatura foi inspeccionada e lhe foi diagnosticado o defeito é que deve iniciar-se a contagem do prazo para efeitos de caducidade, não se devendo contar o tempo que medeia da denúncia até à inspecção, à semelhança do que prevê o n.º 3 do artigo 12.º da referida Lei.

A acção de anulação de compra e venda por simples erro e a acção de condenação na reparação ou substituição em consequência de garantia de bom funcionamento estão sujeitas à caducidade cominada nos artigo 917.º a 921.º do Código Civil; porém, a acção de indemnização, cujo direito está sujeito a prescrição, observa o prazo geral do artigo 309.º do Código Civil.

Processo n.º 2182/2000, 1ª Secção, www.trc.pt

Legislação Nacional e Comunitária

LEGISLAÇÃO RELEVANTE NA ÁREA DO DIREITO DO CONSUMO [1]

2000

Legislação nacional

Decreto-Lei n.º 16/00, de 29.02

Este diploma altera o Decreto-Lei n.º 311/95, de 20 de Novembro, que transpõe para a ordem jurídica interna a Directiva 92/59/CE, do Conselho, de 29 de Junho de 1992, relativa à segurança geral dos produtos.

É de salientar criação de um procedimento expedito para, com força obrigatória geral e por proposta da Comissão de Segurança, se proibir o fabrico, importação e exportação, comercialização ou colocação no mercado de determinados produtos perigosos. A proibição deverá constar de portaria conjunta a aprovar pelos membros do Governo responsáveis pela tutela das áreas da defesa do consumidor, da saúde e da economia.

Por outro lado, a apreensão e retirada do mercado de produtos perigosos passa a fazer-se de acordo com o prescrito pelo regime das infracções antieconómicas e contra a saúde pública (Decreto-Lei n.º 28/84, de 20 de Janeiro).

O ensejo foi ainda aproveitado pelo legislador para uma actualização do valor das coimas aplicáveis aos ilícitos tipificados no diploma.

---

[1] Recolha elaborada por Carolina Cunha, Assistente da Faculdade de Direito da Universidade de Coimbra

Decreto-Lei n.º 27-C/2000, de 10.03

Este diploma cria o sistema de acesso aos serviços mínimos bancários, sistema cuja necessidade se explica pelo relevo crucial de certos serviços financeiros e bancários na organização económica e social das famílias, de tal modo que a sua indisponibilidade é susceptível de consubstanciar factor de exclusão ou estigmatização social justificando a intervenção do Estado. Ainda assim, optou-se por um regime de adesão voluntária das instituições de crédito, em detrimento de um sistema impositivo, com base na convicção (sustentada pelo direito comparado) da sua maior eficácia. Realce-se que o sistema apenas abrange, como destinatários, as pessoas singulares que não sejam titulares de nenhuma conta bancária

A noção de serviços mínimos bancários compreende «os serviços relativos à constituição, manutenção e gestão de conta de depósito à ordem e ainda cartão de débito que permita a movimentação da referida conta mediante transferência ou recuperação electrónica dos fundos nela depositados, instrumentos, manuais ou mecanográficos, de depósito, levantamento e transferência interbancária desses fundos e emissão de extractos semestrais discriminativos dos movimentos da conta nesse período ou disponibilização de caderneta para o mesmo efeito».

Pelos serviços prestados ao abrigo deste diploma não podem ser cobrados custos, taxas, encargos ou despesas que, anualmente, e no seu conjunto, representem valor superior a 1% do ordenado mínimo nacional.

É possível às instituições de crédito aderentes denunciar o contrato de depósito, devolvendo ao seu titular o eventual saldo depositado na conta, desde que haja decorrido pelo menos um ano após a respectiva abertura e desde que nos seis meses anteriores à denúncia essa conta apresente um saldo médio anual inferior a 7% do salário mínimo nacional.

Decreto-Lei n.º 101/2000, de 02.06

O diploma procede à transposição para a ordem jurídica interna da Directiva n.º 98/7/CE, do Parlamento e do Conselho, de 16 de

Fevereiro de 1998, que altera a Directiva n.º 87/102/CEE, de 22 de Dezembro de 1986, relativa à aproximação das disposições legislativas, regulamentares e administrativas dos Estados membros sobre o crédito ao consumo.

As alterações introduzidas ao Decreto-Lei n.º 359/91, de 21.09 dizem respeito à fixação da fórmula matemática de cálculo da taxa anual de encargos efectiva global (TAEG).

Decreto-Lei n.º 204/2000, de 01.09

O diploma estabelece as regras relativas às condições de acesso e exercício da actividade de animação turística, numa perspectiva de defesa dos interesses dos consumidores.

Neste quadro é de salientar a obrigatoriedade de celebração de um contrato de seguro da responsabilidade em que as empresas de animação turística venham a incorrer perante os respectivos clientes no exercício da sua actividade.

Portaria n.º 328/2000, de 09.06

Na sequência do disposto no Decreto-Lei n.º 146/99, de 4 de Maio, diploma que estabelece os princípios e regras a que deve obedecer a criação e o funcionamento de entidades privadas de resolução extrajudicial de conflitos de consumo e cujo artigo 5.º, n.º 2 prevê a regulamentação do procedimento e da admissibilidade do registo dessas entidades, a portaria em epígrafe procede à aprovação do Regulamento do Registo das Entidades Que Pretendam Instituir Procedimentos de Resolução Extrajudicial de Conflitos de Consumo através de Serviços de Mediação, de Comissões de Resolução de Conflitos ou de Provedores de Cliente.

O registo é realizado junto do Instituto do Consumidor, que fiscaliza a observância das condições exigidas e cujo presidente tem competência para recusar o registo na ausência das mesmas.

Portaria n.º 240/2000, de 03.05

Esclarece, no interesse dos consumidores, a forma da fixação de honorários no exercício da actividade dos advogados, uma vez que a esta não se aplica o prescrito pelo Decreto-Lei n.º 138/90, de 26 de Abril, na redacção que lhe foi dada pelo Decreto-Lei n.º 162/99, de 13 de Maio, diploma que regula a indicação dos preços de venda a retalho dos bens e serviços.

A indicação do preço (ou do respectivo valor-referência) deverá, regra geral, ser feita mediante a afixação de listas ou cartazes no lugar da proposta ou da prestação de serviços. Todavia, os critérios que estatutariamente presidem à fixação dos honorários dos advogados (a dificuldade do assunto, a importância do serviço prestado, as posses dos interessados, os resultados obtidos, a praxe do foro e o estilo da comarca) não permitem a aplicação daquela regra. Assim, «é suficiente que o advogado dê indicação aos clientes ou potenciais clientes dos honorários previsíveis que se propõe cobrar-lhes em face dos serviços solicitados, identificando expressamente, além do valor máximo e mínimo da sua hora de trabalho, as regras previstas no n.º 1 do artigo 65.º do Estatuto da Ordem dos Advogados».

Portaria n.º 262/2000 de 13.05

Determina que em todos os estabelecimentos de restauração e de bebidas que prestam serviços de cafetaria seja obrigatória a afixação, em local perfeitamente visível, e de forma clara e bem legível, de uma tabela de preços e as condições de prestação de serviços.

Prescreve ainda que no momento da prestação dos serviços de cafetaria é obrigatória a entrega ao consumidor, mesmo que este não o tenha solicitado, de um documento comprovativo da despesa efectuada e contendo a discriminação dos serviços prestados, o qual pode revestir a forma de bilhete de caixa, factura ou documento equivalente.

Legislação comunitária

Directiva 2000/31/CE do Parlamento Europeu e do Conselho de 8 de Junho de 2000 relativa a certos aspectos legais dos serviços

da sociedade de informação, em especial do comércio electrónico, no mercado interno («Directiva sobre o comércio electrónico»)

(Jornal oficial no. L 178 de 17/07/2000 P. 0001-0016)

No regime estabelecido por esta directiva destaca-se a obrigatoriedade de os Estados-membros assegurarem que o prestador do serviço faculte aos destinatários do serviço e às autoridades competentes o acesso a informações relativas à sua identidade e localização, devendo igualmente requerer que as comunicações comerciais realizadas respeitem certos requisitos.

Serão igualmente impostos ao prestador do serviço determinados deveres pré-contratuais de esclarecimento e informação da contraparte.

Resolução do Conselho de 25 de Maio de 2000 relativa a uma rede comunitária de organismos nacionais responsáveis pela resolução extrajudicial de litígios em matéria de consumo

(Jornal oficial no. C 155 de 06/06/2000 P. 0001)

Pretende incentivar os Estados-membros a tomar medidas para facilitar a colocação em rede dos diversos núcleos centrais nacionais de organismos de resolução extrajudicial de conflitos de consumo, a fim de formar uma rede comunitária destinada a facilitar a resolução extrajudicial de litígios transfronteiriços.

Tais medidas deverão privilegiar a criação e a coordenação dos diversos núcleos centrais nacionais, em especial através de meios técnicos que permitam a comunicação e a tradução em linha, bem como estimular os organismos extrajudiciais e os núcleos centrais a desenvolverem, na medida do possível, modalidades práticas a favor do consumidor, incluindo – em especial no caso dos contratos celebrados à distância – um procedimento escrito ou em linha particularmente adequado à resolução de litígios transfronteiriços, de forma a evitar que o consumidor seja obrigado a deslocar-se.

ÍNDICE

Apresentação 5

O CDC — **Centro de Direito do Consumo** 7

Protocolos 15

Protocolo Celebrados pelo Centro de Direito do Consumo no Ano 2000. 17

Protocolo 19

Protocolo de Cooperação 23

Sessão de Abertura do 2.º Curso de Pós-Graduação em Direito de Consumo 27

Discurso na Sessão de Abertura do 2.º Curso de Direito do Consumo
Ano Lectivo 1999/2000
António Pinto Monteiro 29

Discurso na Sessão de Abertura do 2.º Curso de Direito do Consumo
Ano Lectivo 1999/2000
A. Pires de Lima 33

Doutrina 41

A protecção do consumidor no quadro da Directiva sobre o comércio electrónico
Alexandre L. Dias Pereira 43

Il codice civile europeo: "e pluribus unum"
Guido Alpa 141

Directive 1999/44 du 25 mai 1999 sur certains aspects de la vente et des garanties des biens de consommation JOCE L 171, 7 juillet 1999
Jerôme Frank 159

La protección del consumidor en la Argentina
Roberto M. López Cabana 181

Conformidade e Garantias na venda de bens de consumo
A Directiva 1999/44/CE e o direito português
Paulo Mota Pinto 197

A protecção do consumidor de serviços públicos essenciais
António Pinto Monteiro 333

Sessão de Encerramento do 2.º Curso de Pós-graduação em Direito do Consumo 351

Discurso na sessão de Encerramento do 2.º curso
António Pinto Monteiro 353

Intervenções Fulcrais da Boa Fé nos Contratos
Mário Júlio de Almeida Costa 357

Trabalhos de Estudantes do Curso 369

A arbitragem de consumo
Isabel Oliveira 371

Os Destinatários da Legislação do Consumidor
Sandrina Laurentino 415

Jurisprudência 435

Jurisprudência relevante na área do direito do consumo 437

Legislação Nacional e Comunitária 443

Legislação relevante na área do direito do consumo 445